JN299930

「語り合い」の
アイデンティティ心理学

大倉得史 著

京都大学学術出版会

プリミエ・コレクションの創刊にあたって

「プリミエ」とは，初演を意味するフランス語の「première」に由来した「初めて主役を演じる」を意味する英語です。本コレクションのタイトルには，初々しい若い知性のデビュー作という意味が込められています。

いわゆる大学院重点化によって博士学位取得者を増強する計画が始まってから十数年になります。学界，産業界，政界，官界さらには国際機関等に博士学位取得者が歓迎される時代がやがて到来するという当初の見通しは，国内外の諸状況もあって未だ実現せず，そのため，長期の研鑽を積みながら厳しい日々を送っている若手研究者も少なくありません。

しかしながら，多くの優秀な人材を学界に迎えたことで学術研究は新しい活況を呈し，領域によっては，既存の研究には見られなかった溌剌とした視点や方法が，若い人々によってもたらされています。そうした優れた業績を広く公開することは，学界のみならず，歴史の転換点にある21世紀の社会全体にとっても，未来を拓く大きな資産になることは間違いありません。

このたび，京都大学では，常にフロンティアに挑戦することで我が国の教育・研究において誉れある幾多の成果をもたらしてきた百有余年の歴史の上に，若手研究者の優れた業績を世に出すための支援制度を設けることに致しました。本コレクションの各巻は，いずれもこの制度のもとに刊行されるモノグラフです。ここでデビューした研究者は，我が国のみならず，国際的な学界において，将来につながる学術研究のリーダーとして活躍が期待される人たちです。関係者，読者の方々ともども，このコレクションが健やかに成長していくことを見守っていきたいと祈念します。

第25代　京都大学総長　松本　紘

まえがき

　本書は2003年に京都大学大学院人間・環境学研究科に提出し受理された博士論文『「語り合い」のアイデンティティ心理学』を広く世に向けて公刊するものである。ただし，1冊の書とするために，以下のような諸事情に考慮してかなりの加筆修正を行っている。

　元々，拙論は第一部「理論編」と第二部「事例編」の2部構成となっていた。そのうち拙論の核とでも言うべき第二部「事例編」については，すでに1冊の単著（大倉，2002b）と2本の論文（大倉，2002a, 2002c）の形で公刊済みである。また，第一部「理論編」の中の方法論的議論についても，そこでの思索を発展させたものを別の拙著（大倉，2008）に収録してある。したがって，実は拙論の内容の半分以上がすでに公になっていると考えることもできるわけだが，それにも関わらずこのたび本書を改めて公刊することにした理由は，私がいわゆる質的研究法をとっていることと関係している。

　実験的・統計的手続きを踏むことによって，提出しようとする知見が多数の被験者に当てはまること，一般性を持つことを確認した上で公刊される数量的研究に対して，質的研究は個々具体の事象に潜在する深い意味，あるいはその意味を発見するための新たな視点や概念を見出そうとするものである。これまで知られていなかったような新たなものの見方を提示し，事象の深部をえぐってみせるところに，数量的研究にも勝るとも劣らない質的研究の明証性はあるが，その一方で，質的研究においては出された知見（ものの見方）が常に暫定的なもの（発展途上のもの）に留まるという側面がある。それは数量的研究において「信頼性」や「妥当性」が確認された「最終結果」として知見が出されてくるのとは対照的である。質的研究という営みは，研究者自身が常に自分自身のものの見方を問いながら以前の見方をいかにして乗り越えたか，いかにして事象の新たな意味を見出し

得たか，そのプロセスを明示していくところに成り立つものなのである。

したがって，今振り返れば文意が通じない稚拙な文章や，理論的な理解の浅さがかなり目に付く8年前の文章であっても，現在の私のものの見方がどのようにしてできあがってきたのか，そのプロセスを明示するという目的のためにはそれなりの意味を持つかもしれない。このような考えに立ち，本書はまず，特に未公刊の第一部「理論編」を収めたものとして計画されたのだった。

ところが，ここで一つの問題が生じてきた。それは，「理論編」だけだと単に小難しい理屈をこね回しただけの代物になってしまうということである。仮にも本書が心理学研究書としての価値を主張するためには，理論の証左となるような事例や，理論によってその深い意味が開示されてくるような事例はどうしても提示されねばならない。それら「事例編」は前述の単著，論文として別に公刊されてはいるのだが，読者にそちらを参照せよとだけ伝えて済ませるのはやや不遜にすぎる態度だろう。したがって，かなり目新しい用語を駆使して，従来にはない青年期アイデンティティ論を組み立てようとした本書が（一冊の独立した書として）理解され得るものになるためには，その例証となる事例はやはりどうしても必要だろうという結論に至り，すでに公刊済みの著作から必要な箇所を適宜転載することになった。

難しかったのはそこからである。最初は第一部の「理論編」という軸に，その例証となるような第二部の事例を自然な形でつなげながら織り交ぜていこうとしたのだが，そもそもは第一部も第二部も独立した各々の部分である。それぞれを細切れにして，うまいこと組み合わせるといったことはできそうもなかった。それゆえ，苦肉の策として，元々は長大な2つの章から成っていた第一部を中程度の長さの5つの章に分割し，さらに長大な第二部をやはり中程度の長さの5つの「Case Study」（事例研究）へと圧縮し，基本的にはこれらを交互に提示していくという方法をとることにした。

ただし，一部やや不恰好な形になった箇所がある。本書の第1章，第2章の中ほどにCase Studyを挿し挟んでいる箇所がそれである。せめて各

章とCase Studyを交互に配置することができれば良かったのだが，議論の進行上，どうしてもそれができなかった。したがって，本書は最初から最後まで息も切らさず読み進めていける本というよりは，ある程度の長さの理論部分を読み，それに該当する事例部分（これもある程度まとまった分量がある）を読み，そしてまた先の理論部分の続きに戻っていくといった「頭の切り替え」を読者に要求するものになってしまったと思う。しかし，逆に言えば，長々しい「理論編」にずっと読者をつき合わせるよりは，適宜箸休め的な事例を差し挟んでいるスタイルの方が，読者にとっても案外退屈しなくて済むのかもしれないと，プラスに考えておきたい。

　なお本論，Case Studyともにできる限り博士論文執筆当時の記述（原著）を活かすように努めたが，どうしても修正しなければならない点——文意が通じにくい箇所，明らかに誤解していた事柄，理論部分とCase Studyとのつながりを持たせるために最低限必要な論述等——については，必要に応じてかなりの書き換えや相当数の脚注の追加を行った。さらに，原著の最終考察では本書の鍵概念である〈他の場〉といわゆる物語論とを接合するような議論を行っていたのだが，その発想自体が今振り返ると非常に不満の残るものだったので，これについては思い切って削除し，正しい観点から議論を組み立て直して第6章の最終考察とした。これによってようやく，当時の不十分な思索も一応読むに耐えるものになったと思う。

　こうして本書ができあがったわけだが，その概要は次のようになる。

　まず，第1章では，E.H.エリクソンが青年期の中核的問題として「アイデンティティ対アイデンティティ拡散」の概念を提出して以来，実証的・臨床的・伝記的等さまざまな観点からなされてきた先行アイデンティティ研究を概観しながら，この概念に関する未だ解決されていない諸問題を整理していき，とりわけアイデンティティの意味的様態，すなわち人間の生をアクチュアルに描き出す側面が十分には取り上げられてこなかったことを明らかにする。その上で，これからのアイデンティティ研究は，アイデンティティの「意味」を問う志向性を持たねばならないこと，及び今を生きる個々具体の青年のありようを生き生きと描き出していかねばなら

ないことを指摘する。そして，続く第2，3，4章でアイデンティティとはそもそも何なのかという問題について私自身が多角的な思索を行い，青年期アイデンティティ問題を考えていくための理論的枠組みを構築することを試みる。

一方，こうした理論的枠組みの構築と並行して，5つのCase Study（事例研究）を提示していく。具体的には，5人の友人たちとの「語り合い」を通して，彼らの青年期のありようを生き生きと描き出すとともに，アイデンティティとは何なのか，それはいかにして見出されていくのかといった問題を中心に，アイデンティティの「意味」を考えていく。あらかじめ言っておくと，そこでは〈居住自己〉や〈他の場〉の〈否認〉，〈再認〉といった概念が抽出され，これによって，根深いアイデンティティ拡散の苦しみがどういったものであるのかが相当程度明確になるだろう。なお，事例から抽出されたこれらの概念に対しては，特に第3，4章で精神分析家ラカンに拠りながら理論的な裏づけを与えていくことになる。

さらに，第5章では，Case Studyで用いた「語り合い」法の方法論的正当性とその有効性について，原論的な考察を行う。個々具体の青年の生のありようを描き出すために，一切の学問的枠組みを保留してその青年とじっくり対話し，青年の語りの意味を間主観的に把握していく「語り合い」の方法論について，物語論的アプローチ（ナラティブ）などとも比較しながら詳細かつ根本的な観点から論じていく。

最後の第6章では，本書が先行アイデンティティ研究に何を付け加えたのか，アイデンティティの「意味」のさらなる探求のためにどんなことが課題となるかといった問題について議論を行い，最終考察とする。

こうして書き上げた本書全体を今一度見返してみると，結果的には原著の博士論文よりも数段まとまったものになったという印象がある。特に原著において十分実現されていなかった「理論編」と「事例編」との関連づけ，及び各概念の整理は，本書において随分進んだのではないかと考える。また，各章の冒頭にその章の概要を示した図を挿入したことによって，議論の流れもぐっと掴みやすくなったと思う。唯一心残りがあるとすれば，

原著の「事例編」で行っていたような一人ひとりの青年についての「厚い記述」(Geertz, 1973/1987) を半分程度に圧縮せざるを得ず，理論云々以前の青年の生き生きとした実像の描写が多少弱まってしまったかもしれないということだけだろうか。そうした描写こそ，まさに本書で用いる「語り合い」という方法の最大の特徴であり目標でもあるので，もし難解な理論的議論は措いて（「小説」でも読むように）まずは青年の生き生きとした体験世界を感じたいという読者がいたならば，ぜひ拙著『拡散 diffusion ――「アイデンティティ」をめぐり，僕達は今』（ミネルヴァ書房，2002年）にも当たっていただけたらと思う。

最後になったが，本書は2010年度京都大学人文・社会系若手研究者出版助成を得て刊行されるものである。本書の出版のために助成をしてくださった京都大学，さまざまな形でお力添えをいただいた冨田恭彦研究科長はじめ大学院人間・環境学研究科の諸先生方，読みやすい本にするために的確なご助言をいただいた鈴木哲也，斎藤至両氏はじめ京都大学学術出版会の方々，さらにはすでに公刊されている著書，論文からの引用・転載を認めていただいたミネルヴァ書房，新曜社に心より感謝申し上げたい。

2011年1月　筆者

目　　次

プロローグ　アイデンティティへのあくなき問い　1

1　アイデンティティを研究するとは，一体何を研究することなのか？
　　　　　　　　　　　　　　　　　　　　　　　　　　　　　　　　1
2　当初の発想——エリクソンをラカンで補う　2
3　生じてきた問題——一般構造から具体性・内容へ　4
4　本書の構成とその試論的価値——外部と内部をメビウス的につなぐ
　　「境遇（ウムヴェルト）」に，内容を流し込む　5

第1章　先行アイデンティティ研究の批判的検討　11

1　アイデンティティの理論的側面についての研究　13
2　アイデンティティ・ステイタス研究　24

> Case Study No.1　ある対照的な2人の青年の独特なありようについて　30
> 【問題・目的・方法】
> 【事例1】須賀の場合
> 　1）須賀との出会い　32
> 　2）「語り合い」の始まり　34
> 　3）私自身の体験とともに　36
> 　4）批判　37
> 　5）価値・規範の崩壊　39
> 　6）「自分」の意味　40
> 【事例2】川田の場合
> 　1）川田との出会い　43
> 　2）彼の来歴　44

ix

> 3)「語り合い」のぎこちなさ　46
> 4) 川田の強さ　48
> 5) 川田と私の相違　49
> 【考察】　51

3　統計的実証研究　54
4　一人の人間の生の意味を考えるためにヒントとなる諸研究　61

第2章　アイデンティティの意味を問う　71

1　アイデンティティの直観的把握について，およびこの概念の規定様式について　72
2　私の直観的把握——私が私であるということを支える「基盤」としてのアイデンティティ　73
3　現象学的精神病理学諸説を参照する際に，まず問題とされる事柄について　74
4　アイデンティティ拡散の正常性ないしは病理性に対するエリクソンの見解　76

> Case Study No.2　私たちの拡散体験　78
> 1) 私の拡散体験　78
> 2) 坂口　80
> 3) 間宮　86
> 4)「どこでもないような場所」で　91
> 5)〈居住自己〉　94
> 6)〈投げ出し―投げ出され〉体験　97

5「基盤」を明らかにするためには，社会論・文化論が必要である

101

6 モラトリアム人間の時代　103
7 小此木理論への疑問　106
8 成熟したモラトリアム人間はアイデンティティ人間である　110
9 モラトリアムという用語にも，アイデンティティという用語にも，それなりの意義がある　113
10 アイデンティティの意味の流動性　116
11 現代モラトリアム社会における青年の「全生活空間」　119
12 虚構のような現実と現実のような虚構が構成する「全生活空間」　123
13 私が私であるということを支える無意識の「他者」──ラカンより　126
14 モラトリアム青年がモラトリアム成人になるとは一体どういうことなのか　129
15 本章のまとめ──モラトリアム社会でこそ際立つアイデンティティ問題　130

Case Study No.3　拡散状態の深みから──須賀という人物　133
1) 完全主義的傾向と時間感覚の拡散　134
2) 優越感と劣等感　142
3) 異性の問題　148
4) 各概念の整理　154
5) フリーターとしてのアイデンティティ？　158

第3章　エディプス・コンプレックスとアイデンティティ　163

1 エディプス・コンプレックス論への入口　164

2 鏡像段階論　167
3 言語世界への参入——象徴界による去勢　169
4 対象 a　175
5 アイデンティティを支える対象 a——自己規定成立の条件　178
6 ラカン理論の特質とその射程　183
7 阿闍世コンプレックス　186
8 「甘え」理論——特に「心理的なもの」と「言語的なもの」の相互的規定性という観点から　190
9 異質な「言葉」概念——発達心理学と精神分析学　194
10 世界の構造と欲望の道筋は他者によって規定される　201
11 青年期には〈かつての自分〉が復活し，欲望の循環不全が起こるときがある　207
12 「跳躍」を決定する諸変数　213

> Case Study No.4　拡散はいかに収束していくのか　217
> 1）私の「せきたて」体験　217
> 2）坂口と間宮　220
> 3）目標はいかにして成立したのか？　222
> 4）「親そのまんま」を脱するために　225
> 5）「親」との和解　228
> 6）他者たちと共に　233
> 7）須賀の変容　238
> 8）恋人との関係　241
> 9）〈他の場〉の〈否認〉はなぜ起こるのか　244
> 10）〈否認〉の積極的意味　247

第 4 章　青年性とは何か　253

1 「跳躍」に肉づけされるストーリー　254
2 「青年性」とは何か──特にアイデンティティ拡散の観点から　257

> Case Study No.5　混乱しながらも〈否認〉状態に至らない青年　270
> 1) 緑川との出会い　271
> 2) 初回の語りから　271
> 3) 彼女と私の同質性，異質性　274
> 4) 理論的考察　278

第 5 章　「語り合い」の方法論　281

1 「語り合い」が必要になってきた理由　283
2 物語論的（ナラティブ）アプローチとの比較　286
3 「語り合い」法がまず第一に目指す了解について　289
4 体験を言葉にすることの困難と，それでも言葉が体験を伝え得る可能性について　291
5 言葉の記号的側面（シニフィアン）と意味的側面（シニフィエ）の関係　294
6 「語り合い」は「共通の言語世界」を作り上げる作業である　298
7 了解の保留について　300
8 孤独感に対してまだ付け加えるべきことがあった　302
9 「かつての私」と「今の私」をつなぐ「物語」はある「真理」を射抜いていなければならない　305
10 生きられる現実性（イメージ）とそれを支える事実性　308
11 イメージの再体制化について　314
12 「物語」が単に変容したという以上に，了解が深まったのである

13 完全な了解が不可能な中での方法論，およびそれが目指す「真理」観　324

　14 私は「物語」のアクチュアリティにいかにして迫れるのか　329

　15 「語り合い」法を支える研究観　335

　16 〈私〉と「私」を切り分けることは不可能であるが，しかし，それでも〈私〉は記述する　340

　17 「語り合い」法は「間主観性」の分析を通して他者の内面生活に関する資料を得る　342

　18 方法論の総括――間主観的アプローチとしての「語り合い」　349

第6章　最終考察――さらなる探究のために　353

　1 全体の振り返り　353

　2 アイデンティティ拡散とは何か　355

　3 本書で目指されたものと「自我」概念　356

　4 主体という概念　358

　5 他者関係とアイデンティティ　360

　6 本書を超えたアイデンティティの問いへ　363

　7 何が「強い」のか　365

　8 「病理的なアイデンティティ拡散」と「正常なアイデンティティ拡散」との境について　367

　9 「語り合い」法の検討，検証をしていく必要がある　368

文　献　370
索　引　379

プロローグ　アイデンティティへのあくなき問い

1 アイデンティティを研究するとは，一体何を研究することなのか？

　私がアイデンティティ研究を始めてから，5年になる[1]。しかし，その間，このアイデンティティという概念をうまくつかまえきれた気に，私はどうしてもならなかった。だからまた，これまで自分が何を研究しているのかということをはっきりとは説明してこなかったし，それが可能な状況でもなかった。

　別のところで述べた通り（大倉，2002b），研究という作業それ自体初めてだった学部4回生以来，私はかつて浪人だった頃の自分の体験，いわゆるアイデンティティ拡散と呼ばれるような不思議な苦しみの解明を目指し，興味と関心と好奇心の赴くままに，また周囲の思想的環境にも大きく影響されながら，いくつかの著作に触れてきた。その中でも特に私にとって重要だったものがある。エリクソン（Erikson, 1950/1977, 1959/1973, 1968/1969, 1964/1971, 1982/1989；西平直，1993, 1998）からはアイデンティティという概念の豊かさと難解さ，魅力が力強く香り，私は研究を始めるそもそもの取っ掛かりを得ることができた。ラカン（Lacan, 1966/1972, 1966/1977, 1966/1981, 1973/2000, 1975/1991, 1978/1998, 1981/1987, 1994/2006；向井，1988；新宮，1989, 1995）は，アイデンティティ拡散状態において私がかつて体験したさまざまな感覚を，整合的に説明するためのヒントを与

---

*1　2002年，博士論文執筆当時の年数である。

えてくれた。また，指導教官の鯨岡峻教授（1986a, 1986b, 1997, 1998, 1999a, 1999b, 2001）には，現象学的方法論を心理学に応用した独自の観察法と現場に密着した学問的態度の重要性を，また幼児期から青年期，成人期，老年期へと至る発達過程に関する有形無形の知見，ものの見方を，実に丁寧に教えていただいた。

それぞれ異なった立場，異なった方向性を有してはいるが，これら全てが私のアイデンティティ研究を進めていく上でなくてはならないものに思えたのである。そしてまた，これらがそれぞれ全く異なった理論であるがゆえに，私は常にある種の「もやもや」を感じ続けたのである——一体自分は何をやっているのか？　アイデンティティを研究するとは，一体何を研究することなのか？

2　当初の発想——エリクソンをラカンで補う

エリクソン本人も認めているように，アイデンティティとは実に捉えどころのない概念である（Erikson, 1968/1969）。西平直（1998）による整理を踏まえて言えば，(1) 社会と社会，文化と文化，前の世代と新しい世代，といった集団相互の関係を見る視点，(2) 個人を社会との関係で見る視点，(3) 個人を他者との人間関係の中で見る視点，(4) 個人の心の内側に関係を見る視点（例えば〈内的母親イメージ〉と〈内的自己イメージ〉との関係といった），(5) 存在論的に，「自己のあり方そのものが既に関係である」という視点（例えばサルトルの「それ自身との一致であらぬ一つのあり方，定かならぬ裂け目が存在の中に忍び込んでいることを前提にしている存在」といった言葉にあるような，存在論的差異の関係），という5つの次元全てにおいて，何かと何かの調和（アイデンティティ）ということが問題になってくる。エリクソンの著作は難解だとしばしば言われるが，その理由の一つは，こうしたさまざまな次元を縦横無尽に動き回る議論（ただし (5) のような存在論的議論はほとんどなされないが）の方向性が容易にはつかめないからである。個人の内的感覚を述べているかと思えば，いつの間にか社会・文化的次元の話へと移っていたりする。恐らくこうした議論を根本で支えているのは，

実に多元的な要因に決定されている人間存在のありようを，その多元性そのままに全体的に描き出すことで理解していこうとする，彼の最初の着想，学問的スタイルであろう。

ところで，私はこうしたエリクソンの議論に対して，当初，十分すぎるほどの説得力とともに一抹のもどかしさを感じていた。私にとっての一番の関心事は，かつての自分のアイデンティティ拡散体験を解明するということ，自分がなぜあのような状態に陥り，どのようにしてそこから抜け出ることができたのか――自らの体験でありながら，それが全く分からなかった――，あの独特の苦しい諸感覚とは何であり，どのようなものだったのか，それを明らかにしたいということだった。だが，この点に関してエリクソン（1959/1973）は，青年期には「過去の同一化群」が崩れ，（自我心理学で言うところの）「自我」はそれらを再体制化するよう迫られる，といった比較的あっさりとした説明をするのみで，議論を再び社会と個人との関係の分析へと移していく。そのことがどうにももどかしくて，私は，彼の豊穣な議論にもアイデンティティ拡散に陥るまでのプロセスと，そこから脱していくプロセスの説明，およびその際生じるさまざまな感覚，実感の描写が，まだ不十分であると結論せざるを得なかった（大倉，2002b）。

この問題に対して有力な手掛かりを与えてくれたのが，ラカンだった。いや，恐らくエリクソンに出会ったのとほぼ同時期に，ラカンにも出会ったがゆえに（新宮一成教授の『ラカンの精神分析』（1995）を通して），私は上のようなもどかしさを感じもしたのだろう。言語と主体との濃密な，非親和的関係という視点から，神経症的葛藤を理解しようとする彼の理論は，かつてのアイデンティティ拡散状態――一見何も動いていないように見えながら，実は激しい葛藤が繰り広げられている舞台――において起こっていたことを適確に言い当てていると思われた。またそれは，言語と主体との関係という一般的な問題を扱っているがゆえに，アイデンティティとはそもそも何であるかという同じく一般的な問題に対しても一定の回答を与えるものであるし，言語というものへの徹底した立脚は，ある意味ではエリクソン以上に「青年期向け」ですらある――というのも，青年期のアイデ

ンティティ拡散は，まず何よりも「言語的・観念的世界との格闘」という側面を抜きにしては語れないと，私には思われたからであるが――，そう直観されたのである。

3 生じてきた問題――一般構造から具体性・内容へ

　私のこれまでの理論的方向性は，エリクソンにおいて欠けていたアイデンティティ拡散状態に対するより詳細な説明と，アイデンティティの一般構造の提示を，ラカンにヒントを得ながら目指す，というものであったと要約できる。結果，大倉（2002b）において，これらの目標に対し私なりの回答を示したのだが，そこで一つの問題が生じてきた。

　私の概念構築の基礎にあったのは，主体と他者（言語）に関するラカン的発想である。そもそも乳児期以来，他者的なものと何とか折り合いをつけながら「自」を構成してきた主体が，人生のある時期（青年期）に再び新たな他者的世界に参入しなければならない状況に置かれ，そこにアイデンティティをめぐる葛藤，一つのドラマが生まれる。すなわち，新たな他者的世界と再び折り合いをつけなければ「自」を維持することができないが，その一方で新たな他者的世界の引き受けはそれまでの「自」を捨て去ることでもある，といった葛藤的状況の最中に，青年期独特のさまざまな感覚，実感が生じてくる。また，アイデンティティの一般構造について言えば，他者的なものの鏡映機能によって主体は初めて「自」を構成することができるのであり，したがって他者的なものと主体とのある種の「調和形態」がアイデンティティと呼ばれるものである――私はアイデンティティ拡散状態にある友人たちへの聴き取り調査を通して，彼らの実感をつぶさに描き出しつつこのような理論を導き，また，このような理論に即して彼らの実感とその意味を描き出したのだった。

　しかし，である。それにしても，主体と他者的なものとのある種の「調和形態」とは，一体どういうものなのか――博士課程修了を間近に控える今の私にとって，これが問題になってきている。実はこれまで私が押さえてきたのは，主体と他者的なものが「調和」したという事実までであって，

それがどのように「調和」しどのような「形態」を形作ったのかということまでは，未だ理論化しきれていないのである。調査に協力してくれた友人たちの実感を詳細に追うことで，どうやら彼らが「一皮剝けた」ようだということが分かり，それによって彼らがアイデンティティを「達成」したらしいことも確信されるのだが，では，それがどのようなアイデンティティであり，どのような意味を持っているのかと問われれば，私はまだそれに十分答えることができない。さらに言えば，アイデンティティがどのように形成されるのかという問いに関しても，その人固有の生育歴や性格，思想，価値観といったものは，その人の苦悩やその克服の仕方を大きく左右しているはずなのに，そうした視点からの分析が不十分であるがゆえに，アイデンティティ形成のプロセスの問題にもこれ以上突っ込んでいけない。これまでの理論は，主体と世界（言語）との一般的関係に関する議論を基盤にしているだけであるから，その世界の「ありよう」それ自体に対する理論化，ないしはどのような世界ならば主体がこれを引き受けることができるのかという問いに対する理論化が，必ずしも十分ではなかったのである。

4 本書の構成とその試論的価値
――外部と内部をメビウス的につなぐ「境遇（ウムヴェルト）」に，内容を流し込む

こうして「アイデンティティを研究する」ということは，これまでの一般的考察に加えて，より具体的・内容的検討を要請するものであることが明らかになってきた。エリクソンがアイデンティティ概念の定義をめぐって，"この概念の本質上，その定義自身は，変転きわまりない歴史的状況によって変わらざるを得ない"（Erikson, 1968/1969, p.3）と述べたことの意味，そして彼の議論が個人，社会，歴史といったさまざまな次元を自由に徘徊することの意味――そして，彼がある確信に基づいてそうしているように見えることの意味――が，改めて見直されてきたのである。

「アイデンティティを研究する」ことは，確かに個人の「自」のありようを研究することであろう。しかし，「自」にはそもそも他者的なもの

図1 「自」と「境遇」

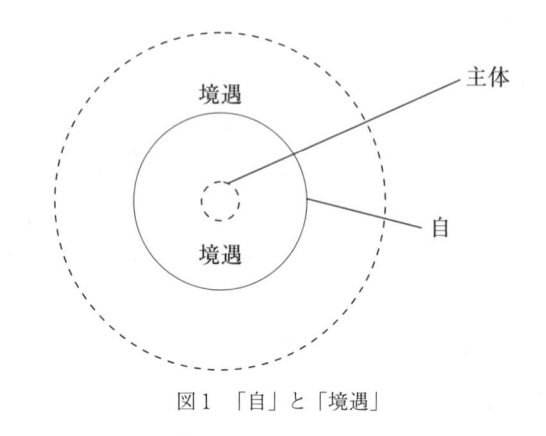

(言語，他者，社会・文化・歴史的状況) が抜き差しならず食い込んでいる。しかも，その他者的なものは，個人の内部にあるものとも外部にあるものとも言えるような「他者」である。エリクソンはこうした事態を次のように説明している。"たんにわたしたちの周囲にある環境のみならず，わたしたちの内部にもある環境を意味するものとして「境遇(ウムヴェルト)」という言葉を導入した。事実，発達論的観点からするならば，わたしたちの周囲にある「前者」の意味での環境は，永久にわれわれの内部に存在するのであり，また，われわれは，「前者」の意味の環境を創造するという連続的過程の中に生きている以上，われわれが，環境をもったことのない人間として環境に遭遇するなどということは……〈中略〉……決してないであろう"(Erikson, 1968/1969, p.17)。したがって，私たちは個人の「自」のありよう（あるいは，「自」の内部の「境遇」）を追究するうちに，メビウスの帯の裏側に出てしまい，いつしか個人の外部にある「境遇(ウムヴェルト)」のありようを問題にせざるを得なくなるのだ (図1)。

　これまでの私の議論は，良く言えば筋道の見えやすい，悪く言えばいささか直線的なものであったかもしれない。私の関心はあくまで，個がいかにしてアイデンティティを形成していくのかを明らかにすることに，そしてアイデンティティの一般構造を導き出すことに，集中していた。社会論・文化論にはなるべく触れず（それをしてみたい気がなかったわけではない

のだが)，むしろ個人の実感の推移という側面に関心を限定させることで，アイデンティティの「達成」とはいかなる心理状態を指すのかを，まずは考えようとしてきた。もちろん，この方向性が間違っていたわけではないだろう。これまで発表した論文，著書において(大倉，2002a, 2002b, 2002c)，今を生きる青年たちの生き生きとした様相を，実感という(実は先行アイデンティティ研究においてしばしば見逃されてきた)側面に焦点を当てることで，ある程度は示すことができたし，アイデンティティの一般構造に対する理解も進んだと考えるからである(実際，上記のように，エリクソンの議論の難解さの一つをアイデンティティの一般構造ゆえの必然として示すところまで来たのである)。

　しかし恐らく，これからは幾分議論の質を変えていかざるを得ないだろう。まっすぐに一つ所を目指す議論から，いろいろな次元，要因，側面を自由に徘徊するような議論に，である。今まで自分自身に課してきた制約，脇道にそれないような配慮，関心の限定を，私はあえてほどいていこうと思う。また，これまでその一般構造を明らかにするまでは極力使わないようしてきた「アイデンティティ」という言葉を，もう少し自由に使うことで(今やそれをしても良いくらいには，この言葉に対する理解が深まっていると思う)，議論の簡易化，円滑化を図る。そして，そうすることで，協力者のありようの理解を深めると同時に，やはりアイデンティティとは何なのか，それはいかにして形成されていくのかという問題に，より豊かな視点から立ち返っていきたいと思う。

　本書は元々博士論文として提出されたものであるから，当然大学院時代の研究報告——アイデンティティの一般構造の提示——というのがその主要な側面を成している。しかし，実は本書の狙いはもう一つあるのであって，それは今述べたように，これまで私が追究してきたアイデンティティの一般構造についての理論に，具体的内容についての理論を肉づけしていこうというものである。それに十分成功しているかどうかは分からないが，ともかく，本書は単なる「最終結果」の報告というよりも，現在進行形で発展している思索そのものとでも言うべき側面も有している。ときに議論

が錯綜したり，前後したり，十分な結論に至らなかったりしているのは，そのせいである。また，私が自らの文体と思考様式を変えていこうとする志向性を有し，いささか不器用ながらもそれを試みているということも全体的調和を欠く原因になっているかもしれない。しかし，そうすることがこれまでの私の研究成果をより適切に位置づけ，次なる研究に開いていくことにもつながるだろうということ，読者諸氏にはそれをお含み願いたいと思う。

なお，本書の概要は以下の通りである。

第1章ではまず，先行アイデンティティ研究ならびに関連諸領域の知見を概観しつつ，これからのアイデンティティ研究がいかなる方向で進められるべきかを模索する。そこでは，アイデンティティ概念の持つ多面的な性格が明らかになるとともに，アイデンティティの「意味」を問いつつ，青年の生き生きとした姿を描き出していくことの必要性が示される。

これを踏まえて，第2章，第3章では，私なりにアイデンティティの「意味」を問うという作業を進めていく。第2章では私自身のアイデンティティ拡散体験から出発し，精神病理学や現代社会論の中で用いられるアイデンティティ概念の多義性について検討することを通じて，本書がどのような領域の問題を扱っていくのかを明確にしていく。第3章では，精神分析学のエディプス・コンプレックス論を徹底的に吟味する中で，青年期のアイデンティティ問題がいかなる出自を持ち，どのようにして潜り抜けられていくのかについて，独自の理論構築を行っていく。

短い第4章は，アイデンティティ拡散体験についてここまで明らかになった事柄を踏まえつつ，必ずしも拡散状態に陥らない青年までをも含めた一般的青年期論の方向性について模索する，簡単なまとめの章である。

なお，これら4つの章の理論的考察の展開に呼応させた形で，適宜5つのCase Studyを差し挟んでいく。理論的考察とCase Studyは，どちらが欠けても本書の説得力が著しく減じてしまうような車の両輪である。すなわち，これらの事例研究によって本論での理論的考察が単なる机上の空論ではないことが示されるという側面と，逆に事例研究の中で導かれた諸

概念がどういった理論的裏づけ（奥行きと射程）を持っているのかが本論によって一層確かなものとなるという側面とがあるはずである。

　さらに第5章では，方法論的検討を行う。本書のCase Studyで用いている「語り合い」という方法は，従来の心理学の方法とはかなり異質であるが，そういった方法がとられねばならなかった必然性，およびそれが研究としての正当性を持つ根拠とが示される。

　そして，最後の第6章が最終考察となる。

第1章 先行アイデンティティ研究の批判的検討

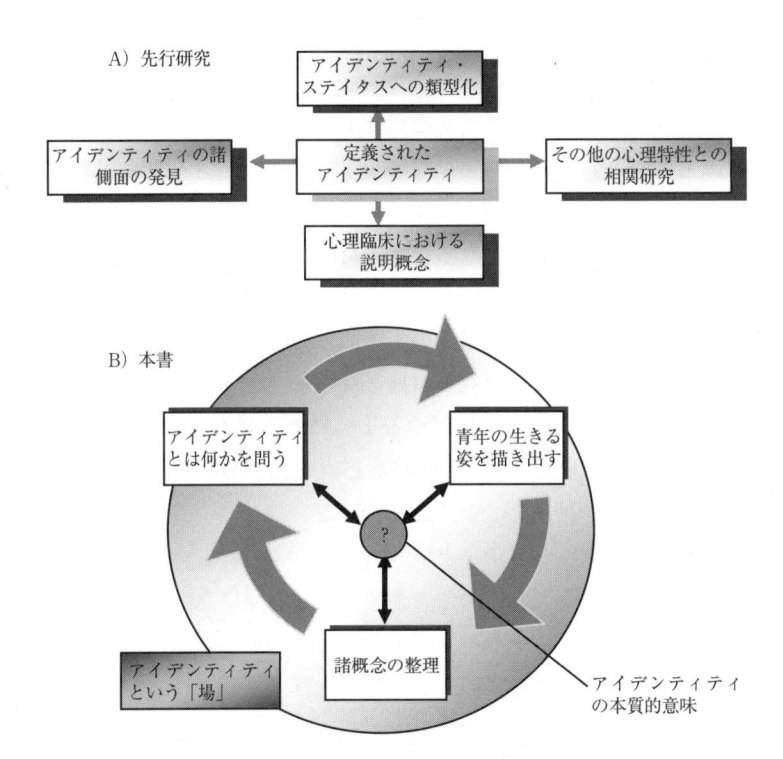

A) 先行研究

```
                    ┌──────────────────┐
                    │ アイデンティティ・│
                    │ ステイタスへの類型化│
                    └──────────────────┘
                            ↑
┌──────────────┐    ┌──────────────┐    ┌──────────────┐
│アイデンティティの│←──│  定義された   │──→│その他の心理特性との│
│  諸側面の発見   │    │アイデンティティ│    │   相関研究     │
└──────────────┘    └──────────────┘    └──────────────┘
                            ↓
                    ┌──────────────────┐
                    │ 心理臨床における  │
                    │    説明概念      │
                    └──────────────────┘
```

B) 本書

```
        ┌──────────────┐          ┌──────────────┐
        │アイデンティティ│          │青年の生きる   │
        │ とは何かを問う │          │  姿を描き出す │
        └──────────────┘          └──────────────┘
                    ↘    ?    ↙
                        ↓
              ┌──────────────┐
        ┌─────│  諸概念の整理 │
        │     └──────────────┘
┌──────────────┐
│アイデンティティ│         アイデンティティ
│  という「場」  │         の本質的意味
└──────────────┘
```

　従来のアイデンティティ研究は，エリクソンによってアイデンティティの定義がすでになされていることを前提に，この言葉を用いて現象を説明したり，アイデンティティをさらに細かく分類したり，これと他の心理学的概念との関連を調べたりしてきた。しかし，実はアイデンティティの意味は，エリクソンによっても十分明らかにされていない。むしろ，青年が痛切に求めているものをとりあえずアイデンティティと名指しておき，それによって青年の生きる姿を描き出しながら，そもそもアイデンティティとは何なのかという問いに立ち返っていくというのが，彼の本当の戦略だった。本書もこれに倣い，アイデンティティの本質的意味とは何かを常に問いながら，青年の生きる姿を描き出し，抽出された諸概念を整理し，再度アイデンティティとは何かという問いに立ち返っていく，といった循環運動を行っていく（アイデンティティ概念を，議論を行うための「場」として用いる）。この第1章では，先行アイデンティティ研究が有している問題点を検討しながら，なぜそうすることが必要なのかを明らかにしていく。

冒頭いきなりであるが，単刀直入に議論を始めるために，私はまず次のようなテーゼを提起したい。

　テーゼ1：アイデンティティ研究は，アイデンティティの意味を志向しなければならない。

　これは，私がアイデンティティを研究するとはいかなることなのかということを考えてきた中で，次第に輪郭をなしてきた一つの問題意識である。すなわち，このテーゼを導いたのには実にさまざまな理由があるのであって，何故にこれが導かれねばならなかったのか，そしてこのテーゼの意味するところがどういったことであるのかは，本書全体を通して明らかにされるだろう。まずは，全ての議論の手始めとして，この第1章では従来の心理学的アイデンティティ研究を概観しながら，アイデンティティ研究はいかにあるべきかということに関する4つのテーゼ（上のテーゼもその一つである）と，アイデンティティとは何かということを解き明かすための鍵になる5つの問いを抽出していくことにする。
　ところで，アイデンティティという言葉は，すでに広く一般にまで流布しており，心理学はもちろんのこと他の諸学問領域においてもごく普通に用いられている。ただ，そうやって単にアイデンティティという言葉を用いるだけではなく，これを主題として取り上げ，これについて研究してきた領域がある。すなわち，アイデンティティ心理学と呼ばれる領域である。第1章で見ていく「心理学的アイデンティティ研究」とは，主にこの領域における諸研究を指すものと考えていただきたい。
　とは言うものの，この領域における研究の数はそれだけでも非常に膨大なものであり，私一人の力でこれらを整理することはとてもできない。しかし，鑪らによる『アイデンティティ研究の展望』と題されたシリーズ（鑪・山本・宮下，1984；鑪・宮下・岡本，1995a，1995b，1997）がナカニシヤ出版から刊行されており，そこには従来のアイデンティティ心理学研究が外国のものも含めて網羅的に紹介されており，各論文の適確な要約と併せて

参照することで，これまでのアイデンティティ研究の流れをかなり詳細につかむことができるようになっている。鑪らの地道かつ実り多い努力に敬意を払いつつ，その助けも借りながら，私なりに議論を組み立てていくことにしたい。

鑪・宮下・山本（1997）は，日本におけるアイデンティティ研究を，(1) アイデンティティの理論的側面，(2) アイデンティティの測定，(3) アイデンティティ障害に関する研究，(4) 性アイデンティティに関する研究，(5) 民族アイデンティティに関する研究，(6) 宗教とアイデンティティに関する研究，(7) 日本文化におけるアイデンティティに関する研究，(8) アイデンティティとパーソナリティ・適応との関係，(9) 成人期以降のアイデンティティ発達，(10) それ以外のアイデンティティ研究，という10項目に分類して整理している。このうち (8) については，さらに (a) アイデンティティの発達的変化，(b) アイデンティティと自己概念，(c) アイデンティティとパーソナリティ，(d) アイデンティティと対人関係，(e) アイデンティティと家族，(f) アイデンティティ形成の要因，(g) アイデンティティと適応，(h) アイデンティティと職業，(i) 女性のアイデンティティ，(j) その他，という下位分類がなされている。

一口にアイデンティティについての研究と言ってもこれだけ多くの視点があるということに驚かされるが，それもこの概念の「豊かさ」[2]によるものであると今は捉えておくことにしよう。私たちも上の分類を参考にしつつ，外国の研究も含めて見ていくことにしたい。

1 アイデンティティの理論的側面についての研究

まずは，アイデンティティの理論的側面についての研究である。
アイデンティティ概念についての最も基本的なところを丁寧に解説した

---

*2 この概念の「豊かさ」と「多義性」は表裏一体である。この概念を用いるときには，それが何を意味しているのかについて常に自覚的であらねばならない。さもなければ，この概念の多義性に議論が翻弄され，収拾がつかなくなるだろう。以下で行う議論も，この概念の多義的な意味を整理するためのものである。

ものに鑪 (1990) がある。彼によれば，アイデンティティは「自分意識」と深く関係している。しかも，その「自分意識」は単に自己の内部で成立するのではなく，社会的なものである。例えば，外国でパスポートを失くしてしまうと，自分が誰であるかということを証明するのにひどく苦労する。あるいは，思春期の頃から，人は自分の中に「もう一人の自分」(観察自我) を飼い始め，それによって社会から見た自分の姿を想定し，自らの行動を調節するようになる。その一方で，この「自分意識」は自己のルーツとも深い関わりがある。ある日突然，自分が養子だと知らされた子どもたちが本当の親探しを始めるように，人は自己のルーツをしっかり把握しているときにこそ「自分が誰であるか」を確信していられるのである。

　社会の中での自己の一貫性と，来歴という時間軸の中での一貫性とが交わるところに「自分意識」としての「アイデンティティ」が成立するという彼の見方は (これはすなわちエリクソンの発想そのものなのだが)，まさにアイデンティティ概念の中核をなす考え方であって，複雑多様に展開されていくアイデンティティ研究の原点となるべきものである。私たちは，この最も素朴かつ重要な出発点を忘れないようにしよう。そして，この出発点において次のような問題がすでに生じていることを確認しておこう。

　問い1：アイデンティティ（自我同一性）とは最も素朴に言えば「自分意識」や「自分が自分である感じ」といった主観的意識・感覚であるはずだが，なぜそれは自己の内部だけで生じ得ないのか。なぜ社会的な自分の姿や自己のルーツの把握を必要とするのか。そしてまた，なぜ私たちは「自分が誰であるか」ということを知ろうとするのか。すなわち，なぜアイデンティティを希求するのか。

　一方，小此木は，有名な『モラトリアム人間の時代』(小此木, 1977/1978a) の中で，現代日本人の「社会的性格」が次のように変容してきていると論じた。すなわち，エリクソンが心理・社会的猶予期間（モラトリアム）という概念を導入した頃の青年たちは，半人前意識と禁欲にさ

いなまれつつ，一刻も早く一人前の大人になるべく，真剣な自己探究をしていた。それに対して，現代日本社会においては青年たちが消費活動の主役となったこと，急激な社会変動の中では，「本当の自分」などに縛られず変幻自在に振る舞えるモラトリアム人間の方が社会適応的になったことによって，青年たちのモラトリアム心理が質的に変化し，しらけや自我分裂，遊び感覚といった特徴が際立ってくる一方，そうしたモラトリアム的性格が成人たちのあいだにも広がってきたというのである。この論文については後にもう一度詳しく検討するが，彼はこうした心理的変化は民主主義社会における必然的な変化であり，決して否定的なものではないとして，成熟したモラトリアム人間となる道を探っていくことが，今後の日本人の課題であろうと結んでいる。

福島(1979)は，アイデンティティ拡散状態を回避する防衛法の一つである「否定的アイデンティティの選択」というエリクソンの概念を発展させ，「対抗同一性」という概念を提出した。これは「社会的・文化的・政治的・民族的・思想的に少数に属する人たちが，自らの独自の生き方に積極的な価値を認め，多数者や体制に対抗し，それとの強い緊張関係を維持しながら自らの独自の価値を主張する過程で形成されていく同一性」である。彼は対抗同一性の基礎となる三種類の同一化があるという。第一は「弱者への同一化」であり，社会的強者に同一化できなかったり，それに失望したりした人々が，抑圧され疎外されている絶対的弱者・少数民族などに熱い連帯と同一視を向けるものである。第二は「反立する価値への同一化」であり，忠君愛国の時代における共産主義者，立憲君主制下の無政府主義者，カトリック教会に反抗するプロテスタントなど，その社会で公認されている価値と正反対の価値を選択するものである。第三は「超越的な同一化」であり，アメリカのヒッピーなどのように，現存の価値を無視または超越し，それとあからさまには対立しない価値を選択するものである。しかし，これらの対抗同一性は，対抗すべき強者を必要とするというまさにその点で，相補的な同一化に留まらざるを得ないという面を持つ。例えば作家の大江健三郎が，弱者への同一化によって自らの同一性を支え

ていた状態を抜け出して，能動的，自立的な同一性を獲得していったように，これは多くの場合，青年期において一時的に採用される仮の同一性であり，真の同一性確立のための過渡的同一性であるという。

　小此木や福島のアイデンティティ（同一性）概念の用い方は，上記の問い1とは少し違った次元に位置づけられる。つまり，彼らはある人が身に付けているアイデンティティの「性格」を問題にしているのである。なるほど，アイデンティティが社会的なものであってみれば，社会のあり方は個人のあり方に色濃く反映されるだろう。彼らが問題にしようとしているのは，社会がどのような仕方で，どのような影響を個人に及ぼしているかということである。しかし，ここで次の問題が生じる。例えば小此木は，今の日本社会において，エリクソンの時代のような古典的アイデンティティ概念が通用しなくなっているかのように「成熟したモラトリアム人間」といった言葉を用いているが，ではそうなると，先に挙げた最も素朴なアイデンティティの捉え方，「自分意識」や「自分が自分である感じ」としてのアイデンティティはどこに行ってしまうのだろうか。あるいは，エリクソン（1950/1977）がそのライフサイクル論において，青年期の危機として提出した「アイデンティティ対アイデンティティ拡散」の段階，「アイデンティティ」の量が「アイデンティティ拡散」の量を上回ることによって通過されねばならないとしたあの段階は，もう時代遅れになってしまったのだろうか。同様に，福島が「仮の同一性」「真の同一性確立のための過渡的同一性」と捉えた対抗同一性は，一つの「自分意識」であり，青年期に獲得される一つのアイデンティティ（同一性）であるとは言えないのだろうか。

　私は彼らの研究を批判しているわけではない。というのも，彼らの方法は，例えばエリクソン（1950/1977）がアメリカ・インディアンのアイデンティティを研究する際にとった方法に見事に則ったものであるし，エリクソン自身，自らのライフサイクル論と一見矛盾するような，"同一性形成そのものは，青年期に始まるわけでも終わるわけでもない"（Erikson, 1959/1973, p.149）という言葉を述べているからだ。差し当たり，今は次の

ような問いを提示しておくことにしよう。

問い2：今の日本社会において，アイデンティティ概念はもう古くなってしまったのか。「成熟したモラトリアム人間」を「アイデンティティ人間」と呼び得る可能性はないのか。逆に言えば，エリクソンの言うような青年期に達成されるべきアイデンティティとは一体何なのか。アイデンティティ形成過程の先に目指される「真のアイデンティティ」とはどのような「性格」を持つものなのか。そして，最も素朴な「自分意識」としてのアイデンティティ概念と，人間のあり方の「性格」としてのアイデンティティ概念とを，どのように接合すれば良いのか。

小此木（1983）は上述書の続編として，自己愛（ナルシシズム）の視点からモラトリアム人間の心理構造を分析した。彼はエリクソンの言う「アイデンティティ人間」が，自分を越えた国家や社会，組織に忠誠を尽くすことを生きがいとし，これを活力源として人生を送るのに対して，モラトリアム人間の内面を特徴づけるのは自己愛であり，彼らは自己愛を満たすことを活力源としているのだと捉える。それが露わになったのがいわゆる「ミーイズム」であり，自己中心主義なのだという。

これを素朴に受け止めるならば，現代のモラトリアム人間（自己愛人間）はエリクソンの「アイデンティティ人間」と正反対の人格構造を持っていることになる。

こうした小此木の考え方と対照的に，一丸（1989）は，アイデンティティとナルシシズムはこれまで対立するものと考えられていたが，成長や生産性を促進させるようなナルシシズム（健康なナルシシズム）というものは，他者や世界に広がり，その一つひとつが積み重なって健全な自信や自尊心につながっていくのであって，むしろアイデンティティはこうした健康なナルシシズムによって支えられていなければならないとした。彼がここで依って立っているのは，健康なパーソナリティは成熟した自己愛によって備給されているとするコフート（Kohut, 1971/1994）の考え方である。

一方で西平直喜（1987）は，「コンプレックスとアイデンティティ」と題された論文において，コンプレックスという概念はその内面的な力学を捉えるために底へ底へと沈潜していく方向性を要求するが，アイデンティティ概念の方はむしろ，コンプレックスを有する自分が世界とどういった関わり方をすれば良いのか，そこにどのような意味を見出していくのかといった拡がりをもつ現象学的記述を指向すると主張した。さらに，彼によれば，コンプレックスの対照はコンピテンス（有能感・適格性）であり，アイデンティティではない。アイデンティティという語は，期待される自己，自分でそうなりたいと思う自己，自己と同一視した人間像などを，自分の個性に合うように統合していく力を含んでおり，コンピテンスを持っていても，それが自己と世界との関わりという枠組みの中で自覚されない限り，アイデンティティとはならない。

　彼はこうした主張を，エリクソンの『ガンディーの真理』（Erikson, 1969/1973, 1969/1974）を引きつつ導いている。すなわち，ガンディーは父親との葛藤やインド人としての民族的劣等感など多くのコンプレックスを持っていたが，同時に人間関係において人並みはずれた親密性や信頼感を醸し出す能力も持ち併せていて，このコンピテンスと結びついたアイデンティティが，彼をして救国運動に立ち上がらせる使命感を育て，コンプレックスの持つエネルギーを吸収して驚くべき精力的な政治運動に邁進させた。つまり，アイデンティティとは，コンピテンスのようなプラスの要因とコンプレックスのようなマイナスの要因，受動と能動，過去からの暗い促しと未来からの明るい誘因など，複雑な諸要因・諸状況を生産的な方向に統合していく能力を意味するというわけである。

　これら3点の論文はいずれも，アイデンティティ概念の出自でもある自我心理学の観点から，その「構造」について論じたものだと言える。これらを理解するには，ある程度精神分析学や自我心理学の考え方に馴染んでおく必要があるだろうが，例えば小此木と一丸の対立は，これらの学問領域においてもまだ混乱の多い難問——自己愛とは何か——に関わって起こっているように見える。アイデンティティを理解するために，精神分析

学の難問へと導かれねばならないという厄介な事情があるのだ。
　今, この問題について私なりに少し踏み込んで考えておきたい[3]。
　人間は他者に善行を施すことによっても, 自己愛を満たすことができる。恐らくこれは一丸の言うような健康な自己愛に近いだろう。しかし, それが他者愛に基づいたものではなく, 自分の利己心を満たすための偽善であったとしたらどうだろうか。この場合には, これを小此木の言う自己中心主義という文脈で捉えることも不可能ではなくなる。その人が自分勝手な偽善によって, 実は他者を苦しめ, 自分自身は自己愛を享受するというのは, 結構よくある「困った人」の一例だろう。そういう人のあり方は,「諸要因・諸状況を生産的な方向に統合していく」ものとは到底言えないだろうし, 西平もそれをアイデンティティとは呼ばないかもしれない。ところが, その人がその人なりに, 自分のコンプレックスとコンピテンスを統合しようとし, 自分と世界とを前向きに意味づけようとした結果が, その偽善的な行為であったとしたらどうだろうか。それはその人なりのアイデンティティのあり方なのであって, その人自身が自己愛を満足させることができているのだから,「統合力」としてのアイデンティティも十分に機能しているのではないかといった見方も成り立ち得る。しかし, やはり逆に, 不幸にもその人の「統合力」には若干問題があるのであって, その人のアイデンティティはコンプレックスに支配されてしまっているのだ, といった議論を組み立てることもできるだろう。
　このように, 自己愛と「他者や世界に広がっていく」ような愛（他者愛）とを隔てるもの, あるいは「自己中心的な自己愛」と「健全な自己愛」とを区別させるものが,「偽善」という事態においてはひどく曖昧になってしまうことが分かる。その人自身が「他者のために」ということを確信してとった行動が, 実は本人の気づかぬところで「自分のため」だけのもの

---

*3　あらかじめ言っておくと, 以下の考察はアイデンティティをあたかも「統合能力を持つ器官」であるかのように論じる自我心理学的慣習から距離をとろうとするものである。私見では, アイデンティティは実体的な器官ではないし, 個体内部に帰属させることのできるような機能や能力でもない。

になってしまうという事態において、私たちはそれを「健全なもの」と呼ぶべきか否か。そして、その難問は当然、アイデンティティについても当てはまる。他者と自分自身の利益を相乗的に統合する「健全なアイデンティティ」は、いつでも、自分自身の利益だけを追求するような「問題あるアイデンティティ」ないしは「コンプレックスに支配されたアイデンティティ」に陥り得る。あるいは、その人の内側に寄り添って考えたときには「うまくやれている」という感覚（アイデンティティ）だったものが、その人の外側から見たときに「彼（彼女）はちっともうまくやっていない」という厳しい客観的評価（コンプレックスに支配されているという見方）にもなり得る。

　私見では、実はこの両者、すなわちその人内部の「主観的なもの」と外部の「客観的なもの」の調和形態がアイデンティティである。「なんだ、そんなことならば西平がすでに言っていたではないか」と言われるかもしれない。実際、西平は当人の「主観」内部のコンピテンスと、それと「客観的」現実を統合したアイデンティティとは違うのだということを主張しているようにも見える。しかし、今の議論の途上で、「うまくやれている」という「主観的感覚」は西平の言うようにコンピテンスとコンプレックスを統合した結果生まれたものであったことを思い出そう。つまり、すべての問題は、コンピテンスとコンプレックスとを統合した結果生まれた「アイデンティティ」の感覚が、実はただの有能感（＝コンピテンス）にすぎないという可能性が常に存在するという点にある。これは、個人の内部にどれほど有能な統合力を備えた「アイデンティティ」を想定したとしても、どうしても否定できない可能性である。しかし、それにもかかわらずその人の「主観的なもの」と「客観的なもの」がほとんど「奇跡的」とも言える一致を見ることが実際にあるのも確かであり――そして、比較的多くの人がその一致を何らかの形で実現するのであり――、あえてそれを一致させるものを想定するとすれば、それこそがアイデンティティなのだと言うこともできるかもしれない。

　したがって、図２のようにアイデンティティは、ある意味、個人の内部

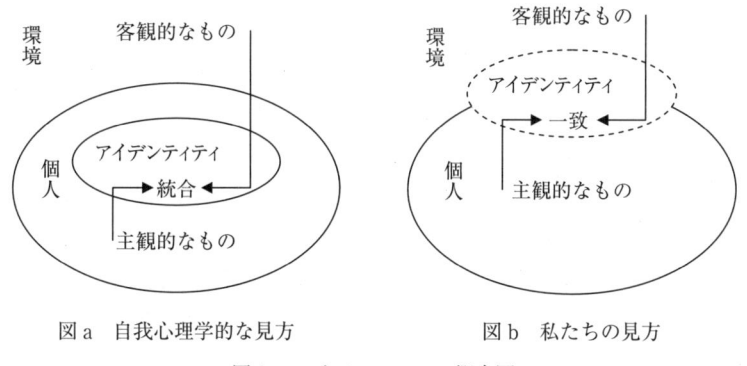

図a　自我心理学的な見方　　　図b　私たちの見方

図2　アイデンティティ概念図

からはみ出している。個人内部の統合力を備えた機能としてのアイデンティティが，周囲の環境から「客観的評価」を取り入れ，それと自分のあり方とを統合するのだといった自我心理学的な枠組み（左図a）を乗り越えて——というのも，取り入れられた「客観的評価」はすでに「主観的なもの」になってしまうから——，むしろ「主観的なもの」と「客観的なもの」がそこにおいて出会い，「和解」する場こそがアイデンティティであるという見方（右図b）を取らなければならない[4]。自我心理学出自でありながら，すでにこれを乗り越えていたのが，エリクソンのアイデンティティ概念なのである。

　私は何もアイデンティティを神秘化しようとしているのではない。個人の内部にあるアイデンティティが「主観的なもの」と「客観的なもの」とを「統合」するという左図aのような見方が，幾分「能動的」にすぎるということを強調するために，右図bでは「一致」という言い方にしてあるが，この「一致」は個人的なものを越えた何かではあるにせよ，それは間違いなく主体の努力によってもたらされる[5]。

＊4　平たく言えば，アイデンティティは個人が「このようになりたい（このような者であるはずだ）」と思って能動的・主観的に形作っていく側面と，「いつのまにかそうなっていた（他者からそういう者としてみなされていた）」という受動的・客観的側面とが折り合うところに成り立つものである。

また，右図bにおいてアイデンティティを点線にしてあるが，それには，個人をはみ出したアイデンティティというものを考えるときにはそれに明確な輪郭を与えることができない，ということの他にもう一つの理由がある。すなわち，これによって私は，右図bの「アイデンティティ」の円と「個人」の円とを合わせた領域全部を個人の内部として捉えることも可能であるし，逆に，やはり「アイデンティティ」の円は「個人」の円の外部にあると捉えることも可能である，ということを表そうとしているのである。だから，私は必ずしも左図aのような見方が間違っていると言っているわけではない。左図aにおいても，個人の内部にあるアイデンティティの中に，何か「超個人的な」要素，外部的な要素があることを認めさえすれば，それは私の見方に非常に近くなるのである。

　さらに，このように個人がアイデンティティを自己の内部だけで形作れないということを認めるならば，次のような問題が生じてくる。すなわち，「自分を世界に対してどのように関わらせていくのか，そしてそこにどのような意味を見出していくのか」ということを，果たして個人が（ないしは個人内部のアイデンティティが）「決定」すると言い得るのだろうか，という問題である。私は，いつも常に，もう一つの見方が成り立ち得るのではないかと思う。つまり，個人の中にある外部的な要素どうしの絡み合いの中で，必然か偶然か何らかの「意味」が産出され，個人がそれに乗せられていくという見方，個人は「世界」や「意味」といった外部的な要素によって，いつもすでに絡め取られているのだという見方である。ここには，個人が外部的なものに対して能動的な立場にあるのか，それとも受動的な立場にあるのかという，決定的とも言える見方の相違がある。そして，それにもかかわらず，そのどちらの側面もあるというのが本当のところだろう。だから，私たちが立ち会わねばならないのは，外部的なものに対する受動性が能動性へと変換され，逆に能動性が受動性の裏づけを得るような

＊5　私の使う「個人」と「主体」という概念は微妙にずれている。以下に述べるように「個人」の中に「外部的なもの」が食い込んでいるという立場をとるので，その「外部的なもの」の対義語が別に必要になってくる。それが「主体」である。

現場，そのように能動性と受動性が交錯する場としてのアイデンティティなのである。

　西平の議論は，コンプレックスという概念をそれによって個人が動かされているという受動的な相のもとに，アイデンティティという概念をコンプレックスや外部にある世界を統合するという能動的な相のもとに捉え，両概念の性格づけを試みたところに一定の価値がある。しかし，今述べたような能動性と受動性が交錯する現場にあくまで立ち会おうとするならば，私たちはアイデンティティに対して何らかの能動的機能を付与することに慎重でなければならない。アイデンティティに能動性を付与することで，本来受動性と能動性が混交しているはずの現場がいわば「能動性一色」になってしまい，受動性と能動性の複雑な絡み合いが覆い隠されてしまうからだ。そして実のところ，元来その偉大さに包まれていたガンディーという人物の心理力動に関して，（コンプレックスなり環境要因なりによる）秘かなる受動性が能動性に変換される現場（ガンディーのアイデンティティ）を見事に描き出したところにこそ，エリクソンや西平の着眼の鋭さがあるように私には思える。

　だいぶ先に進み過ぎたようである。今，私が述べたことは，本書全体を通じてその意味が明らかになるだろう。ともかく，以上の議論を踏まえて，ここで新たなテーゼと問いを提起しておこう。

テーゼ2：個人の内部にあるアイデンティティが，コンピテンスやコンプレックス，および周囲環境を統合するのだ，といった自我心理学的枠組みを乗り越えて，私たちは「主観的なもの」と「客観的なもの」とが「奇跡的」な一致を見る現場，ないしは外部的なものに対する受動性と能動性が絡み合う現場としてのアイデンティティを追究しなければならない。

問い3：だとすれば，アイデンティティの精神分析学的「構造」は，いかなるものなのか。そして，その「構造」内部において，あるいはそれ

に対して，自己愛というものはどのように位置づけられるのか。さらにまた，アイデンティティの「自分意識」としての側面や「(社会的)性格」としての側面と，その「構造」とはどのような関連にあるのか，それをどのように記述していけば良いのか。

2 アイデンティティ・ステイタス研究

実証的アイデンティティ研究がもたらした大きな成果として，マーシャに始まる一連のアイデンティティ・ステイタス研究がある。

マーシャ（Marcia, 1964/1965, 1980；鑪・宮下・山本, 1984）は「ある青年が，メソジストであり共和党の農夫である父親と同じように，ほとんど何の疑問も感じることなく，メソジストの共和党の農夫になっているならば，この青年は，はたして，本当にアイデンティティを達成していると言えるのだろうか」という疑問に基づいて，それ以前に用いられていた「アイデンティティ達成－拡散」の一次元的な尺度においては，どの程度のアイデンティティが達成されたかを決定できるような基準がないことを指摘し，自らはその基準として「危機」の有無と「積極的関与」という二つを取り上げた。「危機」とは「意味ある選択をしようと努力している時期」であり，「積極的関与」とは「実際的にどの程度その選択に対して自己企投していっているか」である。そして，彼はこの「危機」と「積極的関与」を測定するために，質問項目にある程度自由度を持たせる半構造化面接という方法を開発した。これは，職業とイデオロギー（政治的イデオロギーと宗教的イデオロギー）という青年期のアイデンティティにとって最も重要な問題について，比較的自由な質問をする中で，その人がどのステイタスにあるかを判定しようとするものである。

彼はこうした方法によって，「危機を経験したことがあり，現在は職業やイデオロギーに積極的に関与している」アイデンティティ達成型，「危機を経験したかどうかは分からないが，積極的関与の欠如がその最大の特徴である」アイデンティティ拡散型，「現在危機を通過中であるが，積極的関与も見られる」モラトリアム型，「危機を経験したことがないが，積

極的関与をしている」予定アイデンティティ型（foreclosure）の4類型（アイデンティティ・ステイタス）を導いたのである。

　4類型の諸特徴は次のようになる。まず達成型は自らの選択で一定の職業やイデオロギーに関与している。かつて危機を経験したが，それも解決し行動している。環境が急変したりしても，物事を処理していくだけの力を持ち合わせているように感じられる。これに対し，拡散型は危機の経験の有無でさらに2つの下位型に分けられる。危機前拡散型は，今まで自分が本当に何者かであった経験がないため，何者かである自分を想像することが困難な人たちである。危機後拡散型は，全てのことが可能であるような状態にしがみつき，全てを可能なままにしておかねばならないという人たちである。モラトリアム型は現在危機にあり，意志決定しようと模索している人たちである。積極的関与の仕方は一定の方向を向いていないが，それでも選択にあたって一生懸命に努力，奮闘していることが特徴である。また，予定アイデンティティ型は自分の目標と両親の目標との間に不協和がなく，すべての体験が幼児期以来の自分の信念を補強するだけになっている。ある種の「堅さ」（融通のきかなさ）が特徴的である。この型は積極的関与と「見せかけの自信」のため，一見達成型と同じように見えるが，両親の価値観が通用しないような状況下におかれると，たちまち途方にくれたり，混乱を来したりすることが予想される。

　例えばマーシャ（Marcia, 1966）は，概念達成課題（CAT），権威受容性，文章完成法を用いたアイデンティティ測定結果と，アイデンティティ・ステイタスとの関連について調べている。その結果，達成型はアイデンティティ得点とCATにおいて高得点であり，困難な課題に対しても辛抱強く取り組めることが示唆された。モラトリアム型は被験者によってCAT得点のばらつきが大きいのが特徴であった。予定アイデンティティ型は権威受容的であり，また，概念達成課題を失敗したときにもあくまで高い目標を持ち続けようとした。拡散型はアイデンティティ得点が低かったが，CATでは当初考えられたほどには低得点ではなかった。これについて，マーシャは拡散型と言っても「プレイボーイ的拡散型」と「分裂的拡散

型」とを両極とするさまざまな程度があって，より病理的な不安を抱える拡散型がそもそもこの実験に参加しなかったためであろうと考察している。

　私見では，こうした初期のマーシャの研究は，エリクソンが提出した「アイデンティティ対アイデンティティ拡散」という青年期の図式では捉えきれないような，さまざまなタイプの青年がいることを明らかにしたという点で，たいへん示唆に富んだものであったと言える。もちろん，エリクソン自身，全ての青年がアイデンティティ拡散から達成へと至ると言っているわけではなく，「アイデンティティ」と「アイデンティティ拡散」の総体的比率において，前者が後者を上回ることによってこの段階が通過されるのが望ましいと述べているだけであるから，恐らくはその比率の程度において，さまざまな青年がいることは当然予想されることではあった。しかし，エリクソンがそれ以上この問題について言及しなかったのに対して，マーシャは拡散と達成の中間段階としてのモラトリアム型や，そもそもこの危機を通過しない予定アイデンティティ型といった類型を発見することで，青年期の多様性にアプローチするための一つのヒントを与えてくれたのである。

　ところが，このアイデンティティ・ステイタス研究に，いくつかの難問が生じてくる。

　まず第一に，すでに上で見たマーシャの研究において，拡散型には「プレイボーイ的拡散型」と「分裂的拡散型」という2つの下位ステイタスがあることが指摘されたが，これと同様に，基本的な4類型のさまざまな下位ステイタス，ないしはそれらに収まりきらない新たなステイタスがあることが指摘され始めたのである。鑪・山本・宮下（1984）のまとめによれば，「発達的予定アイデンティティ型」と「固定的予定アイデンティティ型」（Jordan, 1971），「モラトリアム－拡散型」（Donovan, 1975），「疎外的達成型」（Bob, 1970；Orlofsky, Marcia, and Lesser, 1973），「予定アイデンティティ－拡散型」（Marcia, 1976）などがあるが，このようにかなり細かいステイタス分類がなされるようになった。こうした細かい分類は，青年期の多様性をより網羅的に押さえるために持ち出されたものだと考えられるが，

かえってそれにより，青年期の何たるかが分かりにくくなってしまったようにも見える。多様な青年たちを限られたカテゴリーに分類することで事象をすっきりと見通そうとするところにステイタス研究の本来の持ち味があったとすれば，そうした新たなステイタス設定はやや煩雑に過ぎるという感が否めないのである。

第二の問題は，各ステイタスの変化を縦断的に検討した諸研究の動向から明らかになる。当初，こうした研究の多くは，年令や学年が進むにしたがって達成型やモラトリアム型といった高いステイタスへと移行するという妥当な結果を示していたが，中にはそれとは逆にステイタスの退行的変化を見出す研究が出てきた。

例えば，マーシャ自身が行った追跡調査（1976）もその一つである。すなわち，6～7年前の大学時代にモラトリアム型だった7人全てが他の何らかのステイタスへと変化していること，達成型だった7人中4人が他のステイタスへ（驚くべきことに主に予定アイデンティティ型へ）と移行していること，予定アイデンティティ型や拡散型だった16人中13人がモラトリアム型や達成型へと移行していることが，確かめられたのである。

また，各ステイタス間の移行過程について重要な知見をもたらしたものに Waterman（1982）の論考がある。彼は青年期のアイデンティティ形成を成人初期まで拡大して捉えるとともに，図3のような「アイデンティティ発達の連続的パターンのモデル」を提出している。これは，より低いステイタスへの退行的変化も説明したものであり，なかなか示唆に富んではいるが，次のような問題を抱えてもいると考えられる。

まず，各ステイタス間の移行の説明が，かなり一般的ないしは表面的なものになってしまっていて，この移行を引き起こすものが一体何であるのかという問いに十分答えられているとは言えないという点である[6]。例え

＊6　私見では，ステイタス研究に限らず，アイデンティティの変容プロセスを「モデル」で説明しようとする研究（e.g. 高村，1997）は一般的にこの種の弱みを抱えている。質的アイデンティティ研究が目指すのは，果たして「モデル構成」（やまだ，1997）なのだろうか。

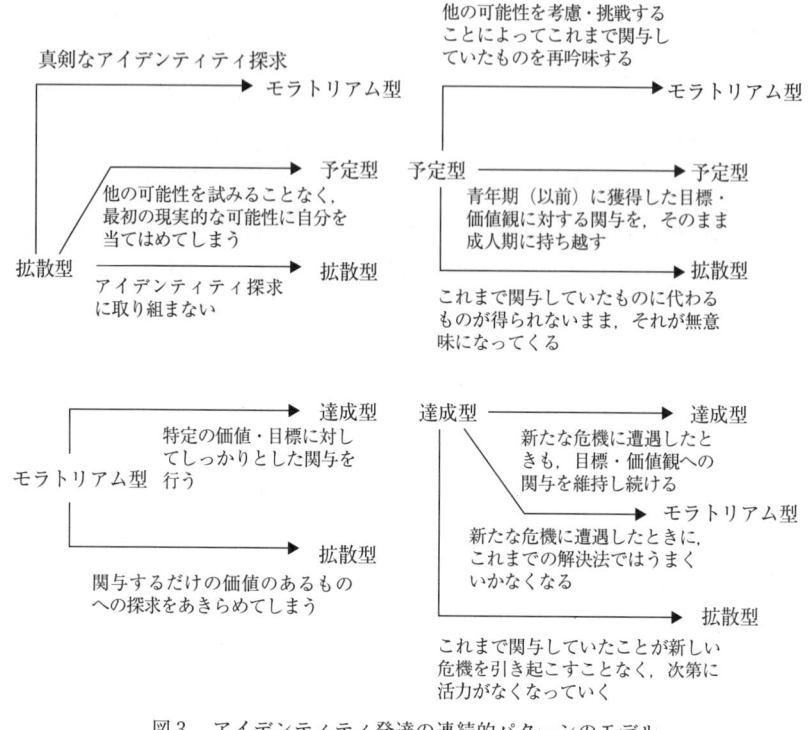

```
真剣なアイデンティティ探求                              他の可能性を考慮・挑戦する
  ┌─────────────────→ モラトリアム型          ことによってこれまで関与し
  │                                           ていたものを再吟味する
  │        ┌──────→ 予定型       予定型 ─────────────────→ モラトリアム型
  │        │他の可能性を試みることなく,              ┌──────→ 予定型
  │        │最初の現実的な可能性に自分を     青年期（以前）に獲得した目標・
  │        │当てはめてしまう                 価値観に対する関与を, そのまま
拡散型 ────┤                                 成人期に持ち越す
           │                                                    ──→ 拡散型
           └──────→ 拡散型              これまで関与していたものに代わる
             アイデンティティ探求           ものが得られないまま, それが無意
             に取り組まない                 味になってくる

           ┌──────→ 達成型       達成型 ─────────────────→ 達成型
           │特定の価値・目標に対し              新たな危機に遭遇した
           │てしっかりとした関与を              ときも, 目標・価値観への
モラトリアム型 行う                              関与を維持し続ける
                                                       ──────→ モラトリアム型
           └──────→ 拡散型              新たな危機に遭遇したときに,
             関与するだけの価値のあるもの     これまでの解決法ではうまく
             への探求をあきらめてしまう       いかなくなる
                                                           ──→ 拡散型
                                           これまで関与していたことが新しい
                                           危機を引き起こすことなく, 次第に
                                           活力がなくなっていく
```

図3　アイデンティティ発達の連続的パターンのモデル
（Waterman, 1982；鑪・山本・宮下, 1995を一部改)

ば，ある予定アイデンティティ型の人が「青年期（以前）に獲得した目標・価値観に対する関与を，そのまま成人期に持ち越す」のに対して，別の予定アイデンティティ型の人が「これまで関与していたものに代わるもの」を必要とするようになり，それが得られないために拡散型に陥っていくのは一体なぜなのか。恐らくそれは，個人特有の要因と偶発的環境要因，心理力動的要因と心理社会的要因の複雑な絡み合いの中で決まってくる事柄であり，多数の青年たちをあるカテゴリーに分類していくような実証的研究の枠内では極めて答えにくい問題であろう。

　次に，このモデルによっても，達成型から予定アイデンティティ型への移行を認めた，上のマーシャの研究結果を説明できないということがある。

そもそも，危機を経験し，これを何らかの形で解決した達成型から，危機を経験したことのない予定アイデンティティ型への移行は，理論的に明らかに不合理である。少なくともこの研究について言えば，ステイタス測定のための方法に不十分なところがあったか，達成型や予定アイデンティティ型に関する理論のどこかが不備であるかのどちらかだと言うしかない。例えば前者の可能性については，杉原（1988）が，ステイタス面接で典型的な予定アイデンティティ型と判定された一人の青年に対して，ロールシャッハテストや不安尺度などを実施し，その結果問題をはらんだ外向機能および内向機能や，性アイデンティティの問題，人間関係における不安の存在などを見出し，一回きりの面接で行ってきた予定アイデンティティ型の評定が，浅薄で一面的である可能性を指摘したのは興味深い。また，後者の可能性については，達成型の人における危機の忘却の問題や（実はこれは，危機を解決したという意識的ないしは無意識的な記憶に基づいて活力を得ている人間存在のあり方にも関わる奥深い問題である），そもそも，達成型の人と（それとは「一見したところ見分けのつかない」）予定アイデンティティ型の人とを，単純に危機の有無によって区分したマーシャの最初の発想が抱える問題などを，私たちは改めて検討しなければならないのではないだろうか。もう少し言えば，現象的にはかなり似通ったあり方をしている人たちを区分するものとして，危機の有無という一見巧妙な指標はどれだけ練られたものだったのかということ，そもそもこれを区分しようとしたことが正しかったのかということ（危機を通り抜けなければアイデンティティが達成されないという見方は果たして正しいのかということ）が，今問題になってきているように思われるのである。

　以上のような問題を提起するところまで私たちを導いてくれたアイデンティティ・ステイタス研究の功績は，極めて大きい。また，ステイタス判別のための半構造化面接という手法も，多数の被験者に対して行える利便性を持ち，同時にアイデンティティを「達成‐拡散」という一次元的な得点としてではなく，その「質」の面からも測定できるものであり，非常に有効なものである。

しかし，私たちはステイタス研究が提起した上のような問題に答えるためにこそ，やはりこれとは違った角度から研究を進めていく必要があるだろう。多数の青年たちをある類型へとまとめあげること（抽象化）によって成り立つステイタス研究は，その抽象化の段階で個人特有の要因や環境要因，心理力動的要因や心理社会的要因を無視せざるを得ない。しかし，各ステイタス間の移行という発達的問題を解く鍵は，恐らくその無視されたものの中にある。ここに，私たちが実証研究においていつも目指されている「一般化」という方向性によってではなく，個別具体的な事例を詳細に検討することによって事象の理解を押し進めていこうとする動機が生まれてくる。恐らく，ステイタスの細分化や新たなステイタスの設定によらずとも，そうする中で多様な青年のあり方に対する理解が自然と深まっていくだろう。

　ともあれ，ここでも上の議論を問いという形でまとめておこう。

　問い4：ある一つのあり方から別のあり方へ，青年はどのように移行していくのだろうか。そこにはどのような心理力動が働くのだろうか。また，社会的環境要因はどのように作用しているのだろうか。さらに，予定アイデンティティ型と達成型とを切り分けるものは何なのだろうか。果たして，その区分は妥当なのだろうか。それにしても予定アイデンティティ型なり達成型なりといった青年たちは，本当のところ，どのように生き，どのようなあり方をしているのだろうか。

Case Study No.1　ある対照的な2人の青年の独特なありようについて[7]

【問題・目的・方法】
　第1章のここまでの議論を踏まえ，ここでマーシャのパラダイムで言うところの「アイデンティティ拡散型」と「予定アイデンティティ型」に該当すると思われる2人の青年（どちらも私の友人である）が，それぞれどんなあり方をし，どんなふうに青年期を

＊7　このCase Study No.1は大倉（2002a）を本書の議論に合うよう要約，加筆修正したものである。

送っていたかを見ておくことにしよう。

　私見では，従来のステイタス研究は，本来見分けがつきにくい「予定アイデンティティ型」と「アイデンティティ達成型」とをあまりにきれいに切り分け過ぎている点や，前者に対して「両親の価値観が通用しないような状況下におかれると，たちまち途方にくれたり，混乱をきたしたりすることが予想される」といった低い評価を与えている点で，若干問題があるように思われる。また，問い1～4に挙げたような，そもそもアイデンティティとは何なのかという問題や，現代を生きる青年たちが実際どんなことに思い悩み，どんなふうにこの時期を潜り抜けていこうとしているのかといった問題についても十分答えてくれているとは言えない。「危機」と「積極的関与」の有無という2軸で操作的に定義するところから出発するため，前者の問題は問題にすらならないし，議論の対象となるのが抽象的なステイタスであるだけ，後者の問題についてもなかなか現代の青年の実像がイメージできないのである。

　もちろん，ステイタス研究のような実証的試みを否定するわけではないのだが，それらは今の青年の姿を生き生きとした形で描き出すような「質的研究」とともにあってこそ，初めて「分かる」ものになるのではないだろうか。そうした意味において，これからのアイデンティティ研究には，さまざまな青年の姿を具体的かつ詳細に描き出すような方法と，それを通じて「アイデンティティとはそもそも何なのか」をもう一度問い直していくような議論とが同時に求められていると言えるだろう。

　そこで，ここではどの青年が何型かといったステイタス研究の枠組みを一旦留保した上で，まずは素朴に2人の青年の存在感を描き出すことから始める。具体的には，「語り合い」法という方法を用いて，2人の独特なありようを生き生きと描き出しながら，両者の異質性を基礎づけているものが一体何であるのかを考えていく。「語り合い」法の方法論については第5章で詳しく議論するので，ここでは簡単にその概要だけを示しておこう。

　「語り合い」法は，平たく言えば今を生きる青年と一対一で語り合い，それを通して彼らがどんなアイデンティティ問題の潜り抜け方をしているのかを探っていこうとする方法である。アイデンティティについての調査ということと，あとは何でも思いつくまま自由に会話してほしいという教示を与える以外は，一切の構造化を行わない。アイデンティティとは何であるかをはじめに定義してかかるのではなく，研究者側が持ち出す枠組みはできる限りゆるやかなままに留め，むしろ事象からのボトムアップによってその枠組み自体を見直していこうとするわけである。

　さらに「語り合い」法は，一般によく行われている聞き取り調査式のインタビュー法などとも異質である。聞き取り調査の場合，聞き手と話し手がかなり明確に役割分けされると同時に，話し手が語った言葉だけが呈示され，それをできる限り「客観的」に分析することが目指される。ところが，実際は語られた言葉の意味というのは，そもそも聞き手，話し手双方が抱える価値観や世界観，常識，語彙体系，社会的文化的背景，これまでの経験，さらには両者の関係性やその場における雰囲気，文脈，それが語られる調子やトーン，そこに交えられる身ぶりや表情といったありとあらゆるものの上に，一

つのゲシュタルト的なまとまりとして「感受」されるものだと考えられる。一見「客観的」に見える語られた言葉のみの呈示，分析であるが，実はそれはそうした諸々の前提条件に大きく左右されるものであり，研究者というフィルターを通してしか事象に触れることができない読み手の側にとってみれば，むしろ呈示してほしいのはそれらの前提条件それ自体だということになる。語りの意味が本当に読者に通じ，そこで生み出された理論的考察が妥当なものであるかを読者が判断しうるためには，実はそうした前提条件および研究者に「感受」されたものこそが積極的に呈示されなければならないのである。

「語り合い」法で目指されるのは，静的な「聞き手－話し手」関係に基づく，言葉の「一般的・客観的意味」の分析だというよりは，むしろ聞き手と話し手が相互に入れ替わりながら両者の「主観」が交わり合うことで生まれてくる，固有の関係性に基づいた言葉の「私的意味」の分析である。そこでは研究者の「主観」が積極的に呈示され，語られた言葉と併せてそれこそがもう一つの分析対象となる。平たく言えば，何がどういうふうに語られたか，そこで何が感じられたのかがまず呈示されると同時に，それがそういうふうに感じられたのは，研究者自身のいかなる体験，いかなる暗黙の前提によるのかを考察していくことで，協力者のあり方を逆照射していくのである。

以上のような問題意識，方法論に基づいて，さっそく始めていくことにしよう。なお，以下の議論においては，これまで低い評価を受けがちであった予定アイデンティティ型については，その「強さ」に焦点を合わせて論じることで，従来の評価を見直す可能性を開こうとする意図があることを，あらかじめ断っておく。

※調査方法
　「語り合い」法。協力者は私が日頃から親しくしていた2人の友人（名前は仮名。年齢，身分は調査開始当時のもの）。
・須賀友哉（男。23才。大学4回生）
・川田智（男。21才。大学2回生）
　調査期間は1997年10月から1999年12月にかけての約2年間。1人につき10回程度の「語り合い」を行った。場所は私と協力者双方の自宅や研究室などで，一対一で落ちついて話せる雰囲気を作った。時間は「話す気が持続するだけ」という感じで，45分から3時間ぐらいのあいだ，特に決めなかった。会話は了解を得た上でテープレコーダーで録音し，分析はその録音とそれを文字化したものによって当時の雰囲気を思い起こしながら行った。友人ということで日頃からある程度の信頼関係はできており，お互い率直に話せる雰囲気は十分にあったと考えられる。

【事例1】　須賀の場合
（1）須賀との出会い
　私が須賀に「語り合い」を依頼したのは，私も彼も同じ大学4回生だった年の秋頃だった。彼とは2回生のとき大学のサークルで知り合ってから，同じ目標に向けて努力

したり，それ以外にも事あるごとに一緒に行動したりと，気の置けないつき合いをさせてもらってきた。私にとっては，必ずしも勉学に励んだとは言えない大学生活の中で，唯一自分なりに一生懸命やったと思えるのはサークルの活動だったし，共に飲んだり，話し込んだり，ボーっとしたりするのも，毎日のように顔を合わせるサークルの連中とが一番多かった。そして，そうした事情は彼にとっても大きくは違わないはずだった。

　彼はサークルの中でも中心的存在で，仲間どうしで集まったときなどは，彼がそこにいるだけでその場全体が何か明るくなり，笑いが起こったり，話が弾んだりし始めることがしばしばあった。またサークルの運営などについて皆の意見が衝突したときには，どちらかの側に加担して議論を白熱させるというよりは，各自の意見をしばらく黙って聞いた上で，「それも分かるけど，これも分かるよ」といった感じの発言をし，皆の頭をすっと冷ましてくれるようなことも多かった。そんなどっちつかずの意見は，ときどき一部の仲間から「はっきりしろ」といった反論を食らうこともあったけれど，しかし，たいていの者には「そういう見方もあるな」と思わせてしまうような不思議な「大きさ」，人の心をさっと解きほぐしてしまうような不思議な魅力が，彼にはあった。

　そんなふうに，ある意味頼りがいのある彼だったが，彼自身は決して「しっかりした奴」ではなかった。サークルの集合時間や，遊びのときの約束の時間に寝坊などで遅刻するのは当たり前だったし，大学の授業にもほとんど出ずに，毎日遊びほうけていた。私のいたサークルには，「授業ブッチして（サボって）一人前」とでもいうような不思議な雰囲気があったから，皆多かれ少なかれ「ブッチ」していたのだが，彼の場合それはたいへん徹底していた。あまり授業に出ないと言っても，一応「一流」と呼ばれる大学にまで入ってきた者の要領の良さとでも言うべきものがある。テスト前には集中力を発揮して，単位だけは何とかそろえるという仲間が多かったのだが，彼は違っていた。他の者がテスト前に慌てているのを見てか見ないでか，ともかく全くテスト勉強をせずに，「確実に」単位を落としていった。そうやって必要単位もそろえぬまま迎えた４回生だったのだが，本人は「（卒業）６カ年計画」などと本気とも冗談ともつかぬことを言いながら，やっぱり今までと同じような生活を続けているようだった。「須賀はどうするんだろう？」という心配と好奇心の入り交じった周囲の関心をよそに，端から見れば何とものんきな生活を続ける彼には，ここでも妙な大物感が漂っていた。

　私が彼に「語り合い」を依頼したのは，彼のそんな不思議な魅力にどこかで惹きつけられてのことだったのかもしれない。また，私にとってサークルの中でも彼は最も話しやすい仲間の一人であり，これまでに何度もいろいろなことについて語り合ったり，議論してきたということもあった。さらに，嬉しいことには，彼の方でも私が本当のところ何を考えているのかということには，常々興味を引かれるところがあったようだ。そんな両者の思いが何となく響き合ったからだろうか，彼は「アイデンティティの調査で，話を聞かせてほしい」という私の依頼を快諾してくれた。こうして彼との「語り合い」が始まったのである。

(2)「語り合い」の始まり
　語り1　ふらふらした自分　須賀（4回生・秋）
　（一通り調査の主旨と方法を理解してもらってから「まあ，まずやってみようか」という感じでテープレコーダーのスイッチを押す）
　（私）まずアイデンティティについて思うところを語ってほしいんだけど。
　（須賀）俺がどうしてこんな人間になったかということ？
　（私）うん，まず自分がどんな人間かというところから。
　（須賀）……ふらふらしてるというか，これだというのがない人間。なんにしても。あらゆることに疑問を感じて，それでいて自分は何もしない人間。しかも，それについて突き詰めて一人で考えるかというとそうじゃない。みんなのほうに，楽しいほうにワーッとなる。
　　わりと自分ができるというか，考えられるというか，そういう人間だと思ってるんだけど，それに自信がもてないというか，みんなにそう思われたいという……。

　「語り合い」法では，私の方で何か決まった質問を準備しておくわけではない。この方法は全くの手探りで始まったものであり，一体どうなることか，うまくいくのだろうかといった一抹の不安もあったのだが，上のように彼は比較的すんなりと「語り合い」に乗ってきてくれた。傍らではテープレコーダーが回っているにもかかわらず，それほど緊張も見せず，飾らない言葉をポンポンと軽快に継ぎ足していくあたり，普段の彼と何も変わることがなかったと言って良いだろう。
　ここにある通り，彼は「ふらふらした人間」として自分を規定するところから始めた。「自分はどんな人間か」などといったたいへん漠然としたテーマに対して，彼がまずそこから語り始めたというのは，この「ふらふらさ」こそが彼にとって一番素朴な自己観であり，同時に一番の問題だったということなのだろう。彼の言う「ふらふらさ」とは一体どういうものなのだろうか？
　それから彼は，これまで自分が通ってきた道を話し始めた。

＊＊＊

　彼は地方都市のごく平均的な家庭で生まれ育った。小さい頃は，いわゆる「いい子」だったという。小学生の時はそうやって何も考えずに，楽しく過ごしていたのだが，「あるときただの『いい子』では面白くないな」と思い出し，「どこまでやったら親は怒るかな」と「ちょっとした冒険」をするようになった。もちろんそれは，夜遅く帰ったり，校則違反のズボンをはいたりと，今考えると実にかわいいものだったし，親からも「こっぴどく怒られるということはなかった」。ただ，高校の時に，何日か夜遅くまで外出を続けたことがあり，寝ずに自分を待っていてくれる親の姿を見て，「親に悪いな」と思い出したのだという。それからは，「いろんな悪いことをしなくなった」。
　高校は一応進学校だったが，成績は下から数えて何番目というぐらい悪かった。一度留年しそうになったこともあり，さすがにそのときには親も「それはやばい」と言ったが，それ以外はほとんど何も言わない親だったという。「浪人するよ」とかねてから公言していた通り，一浪することになったのだが，そこで「なんで大学に行くのか」と考

えた。親には「可能性が広がるから」と言われ，自分としても他に何もなかったから，「ああ，そうか」と思って難関と呼ばれる今の大学に入ってきた。
　そうした彼の進路決定を裏から支えていたのは，中学，高校を通していつの間にか染みついていた「エリート」志向だったのだという。「いい大学，いい企業」を経て，「金をもらうことがいいことだという基準があったのかな？」と彼は言う。もう一つ彼にとって重要なことは「女の子にもてたい」ということだったが，「好きだった子がたまたま賢かった」ということも手伝って，「さらなるネームバリュー」「もてるエリート」を目指して今の大学に入ってきた。
　ところが，大学に入学後，彼のものの見方は大きく変わる。まず，「お金もらっている人というのは，それなりの仕事をしているんだ」ということに気づく。「親父とかしんどそうなのを見ているじゃない？　仕事が。考えたら，それは俺には楽しくないんだよね」。同じ頃，彼はある政治団体と関わりを持つようになり，そこから現代の資本主義社会に対する批判的な見方を取り込む。すなわち，就職しても「自分のために働けない」。自分が一生懸命働いてもそれは資本家たる「社長のため」にしかならず，むしろ自分は企業の悪しき競争原理に組み込まれ一歯車にされるだけだと感じる。今まで漠然と目指していた「エリート」は今や全く魅力のないもの，いや，むしろ社会的弱者から利益を「吸い上げる」悪しき存在として，彼の一番の攻撃対象になってしまう。
　そうやって目指すべきものを失った彼は，何になろうかと考える。「どうしようと考えたのが，一つは俺のためと思える仕事をするということ」だったが，それも「あんまりぱっと浮かばなかった」。唯一浮上してきたのは，仕事以外の「暇」が多そうな高校教師という選択肢だったが，それも「やっぱりそれになりたいわけじゃなくて，妥協案なんだよ」。「どうしてもなりたいわけじゃないから，前に進めない」。

　　　　　　　　　　　　＊＊＊

　こうして，結局今の自分には，なりたいもの，やりたいことがないのだということと，そこに至るまでの経過を彼は詳しく語ってくれた。
　日頃からある程度彼のものの見方には触れてきた私だったが，彼が自分の生き方をこうした一つの筋で語るということはこれまでなかったし，そうした背景があってこそのあの日常生活だったのかと少し納得できたような気もして，何だかとても新鮮な感じがした。私自身もときには自己開示しながら，彼の語りを興味深く聞いていたのだが，彼もまた自分の生き方を一つの筋で人に伝えるという珍しい試みを楽しんでいるようだった。要するに，私たちは共にかなり「ノッて」いたのである。
　「アイデンティティ」の調査としての「語り合い」が，まさにそれとして進み始めたような感じとでも言うのだろうか。今まさにアイデンティティを模索しつつある彼自身の関心と，同世代にありやはり自らのアイデンティティを問うている私，さらには研究者としての私の関心が響き合っているかのように会話はどんどん進んだ。慣れない調査への当初の不安はどこへやら，まさしくアイデンティティ問題について語り合えている，そんな感覚が私の中で芽生え始めていた。

（3）私自身の体験とともに
　私にとって，彼の語りが上のように捉えられた背景には，私自身のかつての体験がある。まずは彼が今の自分の心的風景をふと比喩的に表現した次の語りを見ておこう。

> 語り2　大草原の真ん中で　須賀（4回生・冬）
> （最近，毎日どんなことを考えるかという話の流れで）
> （須賀）でね，最近俺はやっぱりあれなのかなって，やっと最近俺は（考えること，面倒なことから）逃げてるんだなっていうことを実感してきてさ。実感ていうか，ああ逃げてるんだな，だろうな，逃げてんだろうなっていうのは，「ああそうだな」って思うんだけどさ……。ううん，選択の幅が広がりすぎちゃったんかな。今までこう狭い道であったのが，急にぽんと，大学入ったからじゃないよ，大学入っていろいろ，今までレールに乗ってたっていうのに気づいたから，レールを降りてみようと思って降りた瞬間に，大草原にポツンと。今，大草原のまんなかで立ち止まってるんだけど，「あっち行ったら何かあるんかな」って，で，こう方向だけぐるぐる回っちゃってさ，「こりゃ進まない」ってんで。
> 　で，今確実に立ち止まってるっていうのには気づいたんだけど，どこに向かって……なんて言うか，パワーを使ったらいいか……どこに向かおう……。

　私には彼ととても似たような経験があった。大学受験に失敗して浪人生活を送っていた頃だった。私もまた「何のために大学へ？」というよくある疑問を抱き，一旦は「レール」を降りてみた一人だったのである。受験勉強を中断して，「自分は何になろうか」ということをずっと考えていた。大学に行くのか？　行くとしたらどこの大学の何学部に入るのか？　そして，将来何になってゆくのか？　あるいは，大学に行かないのか？　だとしたら，どういった職に就くのか？　結局自分はどういった生き方をしていくのか？　何を喜びとし，何を励みとして生きていくのか？　何を信じ，何に価値を見出していくのか？　そもそも自分がこの世界に生まれ落ちたというのは，どういうことであり，一体何のためなのか？
　問いは自己増殖的に増大し，かつどんどん大きく，難しく，根本的になっていった。そして，そうなればなるほど答えは全く見えなくなっていった。何も決められないまま，まさに「大草原のまん中」に立ち止まっているような感じだった。
　周囲に目にするどの職業も，どの生き方も，それなりに魅力的ではあると思った。けれども，どの一つも自分のものとして選択するには，何か物足りなかった。須賀と同じように，競争社会の中で疲弊していくというのは最も避けたい生き方だった。しかし，ではどうするのか？　進むべき道さえ決まれば「パワー」はあるのに，という思いも空しくそれが全く見えなかった。
　そうした終わりのない問いの渦の中で，早く自分の進路を決定しなければならないと，気ばかりが焦る。それは非常に苦しい状態だったし，結局はこんなことを考えていても意味がない，とりあえず大学に入ってしまおうという「妥協案」で，何とか自分を奮い

立たせたのだった。

＊＊＊

　こうした私自身のかつての「アイデンティティ拡散」体験が，「アイデンティティ研究」をするようになってからも，私の中で「アイデンティティ問題と言えば，まずこれ」とでも言うべき基本軸になっていることは否定できない。例えば上のような須賀の語りを聞いているときに私の中に呼び起こされてきたのも，やはりそうしたかつての体験だったし，また，実際彼の「レール」批判というのが私にとってかなり親和的なものだったこともあり，私には彼の言っていることが，とても「よく分かる」ような気がしたのである。そして，恐らくはそうしたスタンスで私が耳を傾けていたことが，互いに「ノッて」いる雰囲気を生み出すのに一役買っていたのだろう。

（4）批判
　概ねそんな感じで，語り合いは続いていった。彼は「働くことに意義を感じない」と言った。大学入学以前は，大学さえ卒業すれば「年収何千万という安易な」考えしか持っていなかったのだという。けれども，実際は多くの人がそれこそ懸命に働いて，やっと生活していけるぐらいの給料をもらっているというのが現実である。彼自身は，お金をもらうためにそこまでするのは嫌なのだという。
　大学を4年で卒業していく。就職する。時間外労働，休日出勤は当たり前。自分のしたいこともできず，ただただ会社の利益のために奉仕させられる。そして，給料はあまり大したことはない。彼の中では，就職はそんなイメージで思い描かれていた。そして，そうした大きな流れに巻き込まれていく大多数の人たちというのは，「まあ怒りを感じてるとは思うんだけど，でも，もう辞めることはできないじゃない？」という言葉に表れているように，彼にとっては「働かされている」存在，言葉を悪くすればどこか「騙されている」存在だった。
　その一方で，「生きていくためには働かなければならない」という当たり前の事実が彼を苦しめていた。「生きていくのは俺のためなんだけど，働くっていうのは俺のためじゃない」という「矛盾」した感覚が，彼を支配していた。私が「食っていくだけのお金を稼がせていただく」とは考えられないかと提案すると，彼は実際問題「食ってくだけでいいからその分働かせてくださいというのができるか」と反論し，「そういう意味でまあ教師かということになるんだけどね」と言った。
　企業への就職は，自分が会社の一歯車にされてしまうこと，厳しい競争原理によって弱者を踏み台にして生き延びることであり，彼にとっては全く考えられない選択肢になっているようだった。それに対して教師というのは，そうした悪しき社会的風潮に異議を唱えるような視点を提供できる可能性，「俺のように考える人間」，そう簡単には騙されないような人間を「作る」可能性を有している。企業に比べれば「暇」も多い（と彼は言う）。また，高校時代野球部だった経験を活かして，顧問で野球を教えるというのも面白そうな気がするという。そうした活動をしながら，子どもたちに何かしらの影響を与えていくという方向性。

けれども、そこで踏み切れない。「影響を与えたいっていうのはあるんだけどね、だけど、そこでまた考えるのは、影響を、俺、何のために影響を与えるんかなって」。何か自分の中で許せないことなり、伝えたいことなりがあれば、教師になるというのは一つの有力な方向性だろう。けれど、「俺は何が今不満なんだろうっていうのが、まあ、はっきりしていない」のだという。現代社会の悪しき点を指摘し、正していくということも、彼の職業選択の動機にはならないようだった。他にもそうした職業としてジャーナリストや国連職員といったものもあるが、と私が言っても、彼は全く興味を示さなかった。

というより、むしろ今度はそれらに対して批判の矛先を向けるというのが、彼の特徴だった。例えば、教師になって野球を教えたいと言った次には、日の丸を掲げたり、監督の言うことには絶対逆らえなかったりとどこか「軍国主義」的なところのある今の学生野球、あるいはそもそも野球という競技が持つ競争的側面を批判した。国連は平和維持活動と称して、湾岸戦争で「爆弾ボコボコ落とした」点をやり玉に挙げられた。結局そういった形で、ありとあらゆる選択肢を批判し却下しつつ、やはり「生きていくためには働かなければならない」と同じところに舞い戻っていく、それが彼だったのである。

＊＊＊

私にとっても、彼の批判の一つ一つは確かにうなずける部分が多かった。ときに明らかに行き過ぎる企業の競争原理。就職してからの厳しい労働条件。ときに危険な仕方で美化されている学生野球。国連の「平和維持活動」の危うさ。少なくとも私には、それらは確かに絶えず視野にだけは入れておかねばならない諸問題のように思われた。

しかし、である。そうした問題があるから就職できない、とでも言わんばかりの彼の論理、そこだけがどうしてもこのときの私には分からなかった。今の社会や、自分が就こうとしている職業に問題点があるならば、少なくとも自分はそれに巻き込まれないような形で、あるいは自らがそれを改善していくような形でそこへ参入していくというのは、難しいが決してできない話ではない。企業にだっていろいろあるし、仕事に対してだっていろいろなスタンスをとり得る。教師にだっていろいろあるし、野球の仕方にもいろいろある。にもかかわらず、彼においてはそれらの悪しき点ばかりが強調され、かなり一面的に捉えられているという印象を受けたのだ。

今、そうした彼のものの見方は、「このときの私には分からなかった」という表現を使った。けれど、かつてあの拡散体験を潜り抜けていた頃は、私にもちょうど彼と同じような感じであらゆるものが見えていたというのも、また事実である。すなわち、この社会、この世界のあらゆるものに善悪両面があり、どれを選んでも自分がその「悪」の側面に加担することになるのではという不安が拭い去れない。「青年」から「大人」になるために、この「矛盾」多き社会に自ら巻き込まれていこうとするとき、自らの正当性は一体何によって保証されるのか。結局、かつての拡散状態の頃の私には、「矛盾」多き社会の一員となりつつ、それでも「自分は決して間違ってはいない」と言い切るだけの信念とも開き直りとも呼べるようなもの、言うなれば「自分」に対する最低限度の自信のようなものがなかったのだと思う。

あれ以来私の世界観がそう大きく変わったわけではないし、今もそれほど自分に自信があるわけでもない。けれど、当時何も決められない苦しみが頂点に達し、一体いつまでこんなことを続けるのか、結局自分は「考えている」と称して受験勉強から逃げているだけではないのかということが心底実感されたあのとき、私の中で惨めでちっぽけな「自分」が鮮明なイメージとして浮かび上がり、それまで探し求めていた「完全な選択」でなく「妥協案」で良いからとにかく行動しようという衝迫が押し寄せたのを忘れることはできない。「自分」の手掛かりを求めて暗中模索する中で、たとえ惨めでちっぽけであっても、あの「自分」に出会えたことがバネとなって、その後私は自信を再び取り戻すべく、ともかく行動できるようになったのだった。

＊＊＊

須賀の社会批判は極めて論理的で、なるほどと思える部分も多い。けれどその一方で、そうした批判を踏まえて彼自身がどうするのかということがなかなか伝わってこない。言うなれば、どこか宙に浮いた、批判のための批判になっているようなところがある。もちろんそれは、彼自身自分がどうしたいのかが分かっておらず、自分のやる気をかきたてるようなものがないこの社会に対する不満を訴え続けるしかないというところに起因するものだろう。しかし、そこからもう少し踏み込んでみると、実はその背後に、「矛盾」多き社会に巻き込まれたときにもはや自分の正当性を維持できなくなるのではないかという不安感、あるいはたとえ「教師」になったとしても自分は「良い影響」を与えられるほどの人間なのかといった無力感が響いていることが見えてくる。つまり、「自分」に対する根本的な自信のなさが彼の行動を止めていて、ただでさえ八方塞がりな状況をより根深い閉塞感で包んでいたのである。

（5）価値・規範の崩壊

最初はアイデンティティ問題にうまいこと踏み込めたという感覚も手伝って、「よく分かる」というスタンスで聞いていた彼の語りに対して、上のように私は次第に距離をとり始めた。あれはダメだし、これもダメだ、でも生きるためには働かなければならない、と同じところをめぐる彼に対して、私は「分かるよ」とも「分からないよ」とも言えない微妙な立場をとるようになっていったのである。

私はしばしば、「そんなに物事の悪い面ばかり見なくても」といった方向で発言したり、世の中にはもっといろいろな職業があるんだということを言おうとしたりせずにはおれなかった。それに対して彼は私のことを「穏和」だと言い、その職業は斯々然々の理由でダメなのだと説明した。その理由はときにとても鋭い視点からのものだったりすることもあって、正直最初のうちどこかにあった「私の方が成熟している」というような感覚は、容易に崩れ去っていた。先に述べた彼の「6カ年計画」の背後には、そうした周到な論理が隠されていたのである。

「なんで4年で出なあかんのか、そう考えるとさ、そうすると出なきゃいけない理由がなくなっちゃって」と彼は言った。一見「善」と思われているようなものも含めて、あらゆるものを疑問のふるいにかける彼である。「卒業しなければならない」という常

識的規範もその疑問にさらされていた。なんで卒業しなければならないのか。私の場合そうした疑問が生じたことはなかったのだが，考えてみれば答えがなかなか見つけにくい。一つあるとすれば「親の手前」ということだろうし，彼も「大金出して大学入れてもらった」親のことを気にかけることはあったが，それすらもやはり自分が卒業する動機としては不十分なようだった。そんな彼の世界から私は距離をとった。とらねばならなかった。

　なぜと訊かれたら答えることはできないけれど，でも生活していくためには理由無しで従っておくほかない規範や倫理というのがある。「卒業しなければならない」はかなりそれに近いし，「生きるためには働かなければならない」という先の命題はまさにその最たる例だろう。

　一応は「生きるために働かなければならない」という大前提に絶えず回帰しつつも，須賀の疑問の立て方は，そうしたある意味触れてはならないような規範や倫理をも相対化してしまいかねないほどの勢いを持っていた。実際彼は「今，こうね，規範，何を拠り所にして，何をもって，何を信じて生きて行ったらいいのかっていうがね，全部崩れてる。今まで生きてきた価値観というのが，全部崩れてる段階なんだよ」と言った。ありとあらゆる規範や価値観が相対化されてしまい，「生きるためには働かなければならない」という大前提だけが，かろうじてその絶対性を保っているような感じ。あるいは，その大前提すらも彼の行動を引き起こすほどまでには，効力を持っていないような感じ。

　それでも彼は信頼できる規範や価値観を見出すためにこそ，問いを発し続けていた。恐らく今の「自分」に自信が持てないがゆえに，自分の正当性の拠り所となるものをより強く求めていたのだろう。しかし一方では，あらゆる規範や価値観の「理由」を問うことで，ますますそれらの信頼性が怪しくなっていく。そんな逆説の中にあった彼の語りから，私は日頃の明るい印象とは対照的に，ある種の悲壮感すら感じるようになっていった。

(6)「自分」の意味

　こうして彼と語り合ううちに，実は彼がとても苦しい思いをしているのではないかという印象が徐々に確固たるものになっていった。仲間との議論におけるどっちつかずの意見というのは，従うべき規範だとか価値観だとか信念だとかを確定し得ず，それゆえ自信を持って一つの意見を押し出していけない今の彼のあり方の裏面であるということ，卒業延期にしても，順調に卒業し就職していくことに意義を（見出したくても）見出せないという苦渋の選択だということが，次第に明らかになっていったのである。ときおり自分が一つの意見に縛られないということ，世間の常識的な価値・規範に縛られないということに，一種の優越感のようなものを漂わせることもあったが，やはりそれはすぐに，何も言えず何もしていないという自信のなさに取って代わられるのだった。

語り3　無意味な「俺」　須賀（4回生・秋）
　（須賀）何を考えても中途半端なんだよな，俺は，多分。中途半端，中途半端なんだ

よ，何を考えても。でもね，中途半端って，それはいいとか悪いとかじゃなくて，中途半端にならざるを得ないんじゃないかっていう……なんて言うかね，こういう考えをしてたらっていうかさ，中途半端にならざるを得ないんじゃないかねって，なんとなく分からんかね？
（私）もうちょっと具体的に……。
（須賀）具体的にか，ちょっとうまく言えないんだけど，中途半端を肯定するわけじゃない，それでいいんだっていうわけじゃないんだよ。けどね，それは野球の話でもさ，まずもって複雑なわけじゃない？
（私）何が？
（須賀）その，そもそも野球っていうのは何なのかって考え出したりするとさ，何だろうって。分かりっこないやん。野球って何なのかって言ったって分かんないでしょう？
（私）うん。
（須賀）野球っていうのは，野球じゃない？　そこがこう，固定しないから，こう，方向をつけたときに，こう遡っていくと，なんて言うかな，遡り切れない？
（私）ああ，うん。
（須賀）というのかさ，野球の話で言ったらそうなんだ……教師というのは何なのか……まあ，俺っていうのが何なのかっていう話なんかな。俺っていうのは何なのかっていうのは，もう俺以外の何者でもなくさ，確定しないっていうかさ……俺っていうのは俺だっていう，そこに意味もくそもないんだよね。ないことない？　……ないっていうかさ……俺っていうのは俺なんだっていうのに，それ以上の意味はないというかさ……それ以上に意味はなくてさ……そのことに意味があるかって言ったら，ないっていうかさ……ないんじゃないかなあと思って……。
（私）その「俺は俺だ」という「俺」は，つまり「非常に不安定で」ってこと？
（須賀）というか，ここにこうして在るっていう俺……なんて言うかな……それ，ちょっと良く分かんないんだけど，うまく言えないというか……良く分からないんだけど……。
（私）こういうふうに言ったらどうかな，「俺って不安定やけども『俺は俺だ』っていうところで，かろうじて『俺である』っていうのを保ってる」というか……。
（須賀）ああ，そうだね。そっちの方が合ってるね。うん，ああそうか，そうか……。……いろんな矛盾を受け入れられないのかな。
（私）受け入れられない？
（須賀）受け入れられないっていうか，自分をさ，もう自分をあるもんだと思って進めないというかさ。矛盾があったら解決しなきゃいけないっていう……ああ，そうか，そうなのかもしれないね。解決しなきゃいけないって思うから……。

　「俺っていうのは俺だというのに，それ以上の意味はない」という言葉の繰り返しの中で，彼はもう少しで言葉になりそうな，けれど実際言葉にするととても難しい何かを言おうとしているようだった。うんうんと考え込みながら一生懸命言葉にしようとするのだが，どうしても最後の一言が出てこない感じだった。そこで私が提案した

「俺って不安定やけども『俺は俺だ』っていうところで，かろうじて『俺である』っているのを保ってる」という言い方は，彼にとってもぴったりくるものであったようで，彼は「ああ，そうだね」と思わず声が漏れたという感じで同意してくれた。「俺っていうのは俺だというのに，それ以上の意味はない」という謎めいた言葉を繰り返しながら，彼は何を伝えようとしていたのか。

　私たちは「自分は〇〇だ」という〇〇の部分に，さまざまな言葉を当てはめることができる。例えば私は「大倉得史」という名前で，「日本人」であり，「大学教員」であり，「心理学研究」をしており，「妻の夫，子どもの父親」であり，「優柔不断」なところがあって「酒好き」である……云々。ただ，こうした記述を積み重ねていっても私の全体には決して行き着かない。私はいつもこうした言葉の言外に〈主体〉としての自らの存在を感じている。逆に言えば，主体が「大倉得史」という名前や「日本人」「大学教員」といった規定を自分のものとして引き受けているという構造があるとき，その全体がまさに「私」として感じられているのだと考えられる。そうした言葉一つ一つは，社会的にある種の「意味」を付されており，私の欲望はそれを自分の「意味」として引き受けている。主体の周りに「大倉得史」「日本人」「大学教員」といった「意味」が，矛盾しない形で織り合わされ，主体を繋ぎとめていることで，私は自分に安定感を感じ，「意味」があるということを感じ，それが自分の欲望に沿ったあり方だとも感じているわけだ。

　けれど，そうした主体と個々の「意味」との連結に何らかの必然性があるかと言えば，必ずしもそうではない。例えば，確かに私は自分のことを「大学教員」だと思っている。けれど，これが本当に天職なのかと訊かれればいささか心もとない。他にももっと就きたい職業，自分に適した職業があったのではないかという気がしないでもない。つまり，主体に対してどんな規定を与えてみたところで，そう呼ばれている主体が本当のところ何なのかということはどこまでも問い続ける――誰が何と言おうが疑い続ける――ことができるし，その点において主体と「意味」の結びつきは恣意的なものである。もちろん，「あなたは誰ですか？」と尋ねられれば私は「大倉得史」であり「大学教員」であると答えることにしているし，普段は自分でもそのことを確信しているわけだが，このように考えてくると，その確信は決して論理的なものではないということが見えてくる。すなわち，主体と「大倉得史」や「大学教員」との連結を支え，確信の感覚を生み出しているのは，むしろ「大倉得史でありたい」「大学教員でいたい」という私自身の欲望なのだ。

　実はここで須賀が一生懸命言葉にしようとしているのも，主体が「意味」を纏おうとするときに孕まれる，そうした本源的な不確かさの感覚であるように見える。今の彼にはやりたいこと（欲望）が明確ではなく，社会的「意味」がない。もちろん，「須賀友哉」という名前や「日本人」だというあたりまでは問題ないだろうが，「〇〇大学の学生」というあたりになるとかなり怪しくなってくる。というのも，彼は「学生」らしいことをしていないし，むしろそんなことをして何になるのかということをこそ問うているからだ。彼にとっては「学生」であるということが，「意味」として引き受けられな

い。彼という主体――欲望の主体――が「学生」という「意味」を拒んでいる。
　そんな具合に社会的「意味」の皮膜を引きはがされても、それでもなお残る「主体としての俺」。彼はその「主体としての俺」に一生懸命問いかけている――「お前は（自分は）誰なのか？」。そして、その度ごとに返ってくる「俺」という答え。「俺は俺だ」としか言いようがない。そこにそれ以上の「意味」はない。いや、もしかしたら「俺」が「俺」だということにも何の必然性もないのかもしれない。「俺」という言葉には、本当はバラバラな何かを無理やり一つのものとして取り繕う接着剤のような機能があるだけで、それを「俺」と呼ぶ必然性など何もない。固定的な意味によって繋ぎとめることのできない「俺」。「ふらふらした俺」。
　こうした感覚を私は「俺って不安定やけども『俺は俺だ』っていうところで、かろうじて『俺である』っているのを保ってる」という言葉で表現してみた。彼もそれに同意してくれたし、彼が語っていたのは確かにそういうことだったのだと考えられる。そして、こうした感覚に苦しめられながらも、やはりどこかに悠然とした大きな構えを残しつつ、彼はこの後留年を続けていくことになったのである。
　次に、須賀とはとても対照的な川田との「語り合い」に向かうことにしよう。

【事例2】　川田の場合
（1）川田との出会い
　私が川田に「語り合い」を依頼したのは、須賀とほぼ同じ頃、私が4回生だった年の秋だった。彼はその頃まだ2回生で、私とのつき合いは1年半ほどであった。彼ともやはりサークルで知り合ったのだが、須賀と同様私にとっては全く気の置けない仲間だった。私のいたサークルには、一応上下関係のメリハリはあったのだが、同時に学年を問わず一緒に飲んだり、遊んだりするような雰囲気もあり、私も何人かの後輩とは特に親しくさせてもらっていた。彼もそうした後輩の一人だった。
　川田の性格というのは、一言で言えば「素朴」であろうか。須賀の「大きさ」とはまた違った仕方で、人の気持ちをほっとさせるようなところ、どこか憎めないところが彼にはあった。全く飾ったところ、気負ったところがなく、意見を求めればたいへん素直に思っているところを返してくれる正直さ、年上の者に対して一応の礼儀は踏まえつつ、相手が年上だからといって変に身構えたりすることのない率直さが、後輩たちの中でも特に彼が上回生にかわいがられていた理由だろう。彼もまたそんな上回生たちとのつき合いにある種の居心地の良さを感じていたのか、同回生や後輩よりもむしろ先輩たちと仲良くするようなところがあった。また、少し舌足らずの、地方訛りの話し方が、そうした彼の性格を一層引き立たせていたのかもしれない。
　前にも述べたように、私のいたサークルには「授業ブッチ」の風潮があって、彼もまたご多分にもれず勉学に励んでいるとは決して言えない日々を送っていた。もちろん私とのつき合いが深まっていったのも、そうした遊びを通してである。ただ彼には、須賀と違って試験前には集中して勉強し必要単位だけはそろえていくという堅実さ、それができるだけの意志の強さがあった。遊ぶときには思いきりハメをはずして遊ぶが、やる

べきことだけはきちんとこなしていく，それが彼の印象だった。

　私が彼に「語り合い」を依頼したのは，まず何よりも彼とならば話しやすいということが一番だった。須賀もそんな存在だったのだが，私にとって「語り合い」という当時まだ全く未知だった方法が成立するか否かは，二人きりで話していてもそれほど妙な雰囲気が漂わないことが前提条件であると思えたのである[8]。そして，その点においては，川田は須賀と同じく絶好の協力者になってくれるのではないかと期待できる存在だった。彼もまた持ち前の人なつこさや他者に対する基本的な好意，そして私との日頃からの信頼関係があったからだろう，調査協力依頼を「はあ，いいですよ」といった形で引き受けてくれた。こうして川田との「語り合い」が始まったのである。

（2）彼の来歴

　川田もまた地方の平均的な家庭で生まれ育った。父親が厳しく，「親を馬鹿にするな」という雰囲気の家庭だったという。小学校低学年のときは「結構明るくて，活発だったけど，いじめられていた」という。もちろん，今思えば「そんな大したことではなくて，からかわれていただけだと思うけど，まあ結構よく泣いていた」。5年生になってクラスが変わり，いじめっ子と違うクラスになってからはそんなこともなくなった。父親が公務員でその官舎に住んでおり，1年生から6年生まで仲良く遊ぶような近所の友達仲間のあいだで，基本的には楽しく過ごしていたようだ。

　私立中学に進学後も，男子校の「ばかまるだし」の雰囲気の中，「本当に楽しかった」という。部活動に一生懸命打ち込むと同時に，勉強の方もコツコツと陰ながら努力していたようだ。その部活の仲間の中に，一人皆と「ばか」をやらずに，「こびるというか」「世の中をうまく渡っていきそうな」奴がいた。その子のことが嫌いで，またその子が勉強ができたこともあって，「こいつには負けまい」と思って勉強したという。

　高校に入るときにちょっとしたエピソードがある。通っていた中学校は「あまり大したことない」学校で，彼は進学塾に行っていた。そこの塾の先生の薦めで，彼はそのとき通っていた私立中学の付属の高校ではなく，県下でもトップランクの難関高校に進学を希望した。ところが，親はそれに猛反対し「お前，もう絶対そのまま（付属の高校に）上がれ」「上がらないかん」と言って一歩も引かなかったのだという。彼は「もう大泣き」したのだが，結局そのまま付属の高校に進学することになった。ただ，そのことを今自分の中でどう思っているのかという質問に対しては，「今はまあ，今の大学通ったし，あえてリスクを冒さないで良かったな」と答えている。

　付属の高校に入ってからは，自分より勉強のできる人がたくさんいて，「まあそいつらに負けまいと思って勉強した」。部活に入ることもあきらめ勉強に専念しようとした

＊8　ただし，その後この方法が洗練されてくるにつれ，私は友人以外のいろいろな人たちと，さまざまな体験（アイデンティティ拡散体験，初めて親になるという体験，障がいを持つという体験等）について，「語り合い」を行い得ることを確信するようになった（大倉，2008）。

のだが，結局は一浪することになってしまう。この点に関してだけは，今から思えば，どうせ一浪するぐらいなら部活をやっておけば良かったと少し後悔の念を見せる。

受験勉強は本当に「もうしんどかった」し，「ああ，もうどうなるんやろ」と精神的にも「行き詰まったものがあった」という。けれども，「自分が，こう，何したいっていうのが分からんうちに狭めたく，可能性を少なくさせたくなかった」のと，仲間に負けたくないという思いで，「胃が痛く」なるほどがんばり，今の大学に合格することができた。「そんな苦しみを味わわないで楽々と通ってきた奴よりかは，精神的には強くなっている」とは思うが，一方では自分はまだまだ精神的に弱いのだと彼は言う。

将来は大学院に進学した後，研究を活かせるような職に就きたいと思っているとのことだった。

＊＊＊

以上のように，彼が語るこれまでの自分の道のりは，高校時代に部活をあきらめてしまったことが唯一の後悔である以外は，あとは概ねかなり自己肯定的に捉えられていた。彼もまた浪人時代には大いに苦しんだようだったが，それは私や須賀の苦しみ方とは根本的に異質であるようだった。すなわち，私や須賀が「何のために勉強し，何のために大学に入るのか（入ってきたのか）」といったところで思い悩んでいた（たとえそれがどこか勉強からの現実逃避だったにせよ）のとは対照的に，川田にとってはあくまで勉強が「しんどかった」ようなのである。そして，そんな「しんどさ」を生み出すのは，学歴社会の悪しき風潮だったというよりは，むしろ自分が精神的に弱かったということそれ自体であると捉えられている。

また，彼においては父親の影というのが極めて色濃く匂っている。須賀の「何も言わない親」とは対照的に，川田の父親というのは自分の主張を息子に自信を持って呈示できるような人だったようだ。高校入学の際のエピソードからもそれは窺える。また，彼は大学に入るのは可能性を狭めないためだという主張を（私とのかなり激しい議論の末にも[9]）決して譲らなかったのだが，実はそこにも親の考え方というのが大きく影響しているらしい。そして，実際彼は狭まらなかった「可能性」としての研究職に，将来は就こうと考えている。浪人時代，親が示してくれた「いい大学，いい企業」という「可能性」に，完全に幻滅してしまった須賀と違って，川田においては大学入学後も「可能性」は「可能性」として生き延びたのだと言えるのかもしれない。

そんな川田の語りを聞いているとき，正直私は，一浪して受験勉強に苦しんできたという点では，ある程度同じ道を歩んできながらも，自分と全く異なるものの捉え方をする彼のことが，「よく分からない」という感じにしばしば捕らわれた。以下では，そんな彼との「語り合い」を考察しつつ，彼という存在者の独特のありようを描き出してい

＊9　須賀の「レール」批判と同じようなものの見方をする私にとっては，川田はまさに「レール」に乗せられているように感じられ，その点については彼とかなり激しい議論を交わしたのである。「語り合い」法を洗練していく中で，そうしたぶつかり合いは必ずしも好ましくないことが分かったが（大倉，2008），このときは結果的にそれが川田という人物の存在感を際立たせることとなった。

きたい。

（3）「語り合い」のぎこちなさ

彼との初回の「語り合い」は，須賀の場合のようにうまくは運ばなかった。私の質問に彼は一生懸命答えてくれはするのだが，「質問 – 答え」という一問一答形式で会話が終始してしまったのである。考えてみれば，アイデンティティの調査ということを伝え，思いついたことを話してほしいという漠然とした教示を与えただけで，「俺がどうしてこんな人間になったかということ？」と自ら切り出してくれた須賀の場合の方が，ある意味できすぎている。「語り合い」がいかなる方法なのかは，恐らく実際に何回かやっていく中で初めて分かってもらえるという側面があるにしても，私はもう少し丁寧な導入の仕方が必要であると考えた。

そこで2回目の「語り合い」では，私はまず彼にアイデンティティの問いがいかなるものなのか見当をつけてもらうために，『自我同一性研究の展望　I』（鑪・山本・宮下，1984）より適当な箇所を読んでもらった。その直後の会話が以下である。

語り4　別にない　川田（2回生・秋）
（私）そこに書いてあるけど，自分は何のために生きていると思う？　あるいは，何のために生まれてきたかとか考えたことない？
（川田）別にない。難しい質問だから。
（私）まあ，難しい質問だけど，青年期というのはこういう問題を考える時期かなと思っているんだけど……〈中略〉……そうか，「ない」か。そうしたら，今まで自分はこれについて一番悩んだとかいうものはある？
（川田）思い当たらない。
（話が少し流れて）
（私）何か今，じゃあ，これはやってみたいなっていうのはある？
（川田）今？
（私）今っていうか，こう，自分が生きていく中で，「こういうことはやってみたいな」っていう……。
（川田）ううん……今別にない。
（私）ああ，今別にこれと言って？
（川田）休憩……休憩みたいなもん……。
（私）休憩？　今が？
（川田）高校までは，受験勉強ってもんがあったから，それはみんなが持ってるものじゃないですか……だから，それをそういうもん（やるべきもの）としてきたけど，まあ別に今はない……。
（私）ふうん……まあ，受験勉強，与えられたものとして「これ，やらなあかんな」と，やってきて，まあ受験勉強もとりあえず終わったやん，そしたら，とりあえず，「何がしたいか探そう」とかそういう気持ちはある？
（川田）……（首をかしげる）。

(私)あ,別に? ふうん……。
(川田)まあ,だからそういうのは……まあ,次にあるそういう大きなもんと言ったら,あれでしょ,「自分がどんな研究室に入っていくか」って感じと思うけど,多分……まあ,そういうのは,別に今はないから……。
(私)研究室の選択を迫られるまでは,「ぼうっとしておこう」って感じ?
(川田)かな? ……まあ,分からないですけどね……。
(私)分からないというのは?
(川田)今は多分そう,そう思うけど,まあそれまでにまた,やりたいことが出てくるかもしれないですね……。
(私)なるほどね……そしたらさ,例えば川田の中で今の時期の,なんて言うの,位置づけっていうか……今は何をすべきとき?
(川田)今ですか? ……まあ,今は遊ぶとき……遊ぶときって言っても大して遊んでないけど……とりあえず,まあ,暇なうちやし……。
(私)暇なうちやしね……あまり自分の中で,そういう,なんて言うんだろう,人生の問題とか,あの,例えば「明日自分がどうなっているのか」とか,難しい問題?を考えないようにしてるっていうところはある?
(川田)……別にそう,そういうふうに考えてないけど……。
(私)考えないようにしてるっていうか……。
(川田)(私の話をさえぎるように)考えないようにはしてないけど,「考えないようにしてる」っていうか考えてないんやけど……考えてないことに対して,別に「考えないようにしてる」っていうわけでもない……。
(私)ああ,そう……。
(川田)あえて,あえて考えないようにしてるわけじゃないけど,考えてません。

　彼と語り合う前まで,私の中には「自分は何のために生きるのか?」といった問いは誰しも一度は経験するものだろうという前提があった。その問いの答えが見つからずに苦しむという須賀や私の体験ほど深刻ではないにしても,少なくともふと自分に問いかけたぐらいのことは,誰にでもあるのではないかと考えていたのである。けれども,それは川田によってきっぱりと,しかもたいへんあっさりと否定されてしまった。
　「え,そんなはずは……」という動揺。確かに私の質問もあまりうまくはないのだが,それにしても,この場で今の自分の生活や,これまでの自分の生き方を振り返り,もう一度それがどんなものであったかを考えてみてほしいという私の意図が,川田によっていとも簡単に跳ね返されてしまう感じ。私の質問が彼に「入っていかない」し,彼もまた私との「語り合い」に須賀のようには乗ってこない感じ。アイデンティティ問題(と私が考えていたもの)を彼に何とか導入し,彼のアイデンティティ体験を聞いてみたいという思いから,会話の前に文章を読んでもらったのだが,それも「難しい質問」という言葉で片づけられてしまった。つまり彼にとっては,どうもそれらはたいへん縁遠いもの,はっきり言ってしまえばどうでも良いものであるらしかった。
　ただ,「自分は何のために生きているのか?」といった問いや,そうでなくともそれ

に類する問いを考えたことすらない人などいるものだろうか。私は須賀と川田の他にも3人の協力者（後述）と「語り合い」をしていたが、少なくとも皆その問いについて考える下地のようなものはあったように感じられた。普段はあまり考えない問いであることは確かだとしても、私との「語り合い」に際して、あえて考えてみようという姿勢だけは見せてくれたのである。だから、それと対照的なここでの川田の語りは、私の中に一つの違和感を生じさせた。

あまりに強く、きっぱりと「考えない」と言い切る彼の言葉は、実は「考えないようにしている」という意味なのではないかと私には思えたし、実際そういう方向でしつこく質問している。そのしつこさに彼は少し苛立ったのかもしれない、私の言葉をさえぎって「考えないようにしているわけじゃないけど、考えてません」と少し怒ったように念を押した。

須賀と私とのあいだでは当初からそこにあり、2人が共にその上で語り合っていた「土俵」が、川田とのあいだには決して作り得ないという感じ。恐らくは、私がどんな方法でもって彼をアイデンティティ問題（だと私が思っていたもの）へと導こうとしても、それが失敗に終わりそうな直感のようなものが私の中に生じてきていた。

（4）川田の強さ

それでもしばらくは、私は自分が質問しすぎるのが悪いのではないかなどと思って、わざと沈黙を続けたりもしてみた。他の協力者の場合、それが直前の自分の発言に対して「本当にこの言い方で良いのかな？」といった思考の揺れを引き起こし、さらに話が展開していくこともあったからである。けれども、彼の場合は、そうやって自分に向かって問いかけるというよりは、むしろ私に向かって問いを発したり、自分はこう思うという主張を繰り返したりする傾向が強かったと言える。彼とのそうした「語り合い」は、やはり何か私が思い描くアイデンティティをめぐる「語り合い」とは別種のものだったのである。

彼は「厚みのある人間」「人のことを考えられる人間」になりたいと言った。そして今の自分自身は「まだまだ成長していくべき点がたくさんある人間」だとも言った。どういった形で成長し、厚みを増していくのかという問いに対しては、「経験」を積むことだと答えた。ともかく、今の自分には圧倒的に経験が足りない。生きていく中で生じてくるさまざまな出来事に対処するうちに、そうした経験を積み、自然と厚みが増していく、そんなイメージを持っているようだった。だから、今取り立てて何かを決断したり、がんばって努力したりする必要に迫られているわけではなく、日々着実に「コツコツ」とやっているような感じなのだという。それは、今何かを決断し、今何者かに（ほぼ理想形に近い姿で）なってしまおうとする須賀とは正反対の態度だった。

将来のことについては、漠然と研究職ということを考えているぐらいで、あとは希望の研究室をどこにしようかとのんびり考えているような状態だった。それについては、彼がまだ2回生だったということが大きいのかもしれない。ただ、私の体験を再び引き合いに出せば、これからどうなっていくのだろうという不安は、浪人時代ほどひどくは

なかったにしても，大学時代も常に気分の底の方に鬱積していた。彼の場合，ときどき夜眠れないときなどに「これから将来どうなるんやろ」と思うことはあるらしいが，それでも一晩寝たら忘れてしまうのだという。そうした不安が生じてくることについてはどう思うかという質問に対しては，「仕方ないことだと思うんですけどね」と，やはりどこかあっさりした答えでかわすのだった。

　彼は次のようにも言った。「逆にそういう（進路選択などの）判断というのは，こう，そういう考えをする必要に迫られたときに，突然『これせないかん』という感じの判断で下した考え方じゃないと思うんですよ。こう，ある周期，ある時間を，こう，そのことについて考えた上で，そういう決断を下したと思うから」。つまり，選択しなければならない状況に立たされたときでも，「ある周期，ある時間」をかけて気づかないところでそのことについてずっと考えてきているから，いつもすでに大体の結論は出ているのだということらしかった。

　そんな彼と話していると，元来心配性でどこか強迫的な傾向のある私も，一体何をそんなに「悩む」だとか，「苦しむ」だとか言っているのかが分からなくなり，不思議と楽観的になってしまうことが多かった。私の思い描くアイデンティティ体験の持つ陰鬱さ，須賀と語り合うときには逆にどんどん喚起されてきた閉塞感は，川田との「語り合い」の中には影も形もなかった。

　「コツコツ」とやる自分について彼は言った。「僕の考えはそんな急にやっても身に付かないし，もしそのこと（困難なこと）がまたふりかかってきても，どう言えばいいのかな，それを一気にやるということで，乗り越えられないと思ってたから。それに，なんとなく，一気にやる苦しみより，毎日ちょっとずつ分散して苦しんだ方が，僕はなんか良かった。良かったっていうか，一気にやる苦しみに耐えきれんかったから。耐えきれずに仕方なしにそうなったのかもしれない」。そんなとても堅実な考え方と，実際にそれを実行できるだけの意志の強さ，そしてそのやり方で確実に目標を達成していけるだけの能力とを，彼は併せ持っていたのである。

（5）川田と私の相違

　勉強しなければならないという規範に従い，周りの友達に「負けまい」と思って努力し，大学に入学。それなりに遊び，それなりに単位をそろえながら淡々と大学生活を送り，やがては研究職に就いていく。彼はそれで十分満足しているようだった。正直私から見れば，それこそ「レール」に乗せられているようにも見える彼なのだが，彼はそれをきっぱりと否定した──「やらされているという感覚は，僕にはない」。たとえそう思っていたとしても，一旦その感覚を保留して，せめて気づかぬうちに「レール」に乗せられている可能性だけは吟味してもらいたいと，私はその点についてはさまざまな話題を通してずいぶん突っ込んだのだが，やはり私の意図が彼に「入っていく」ことは決してなかった。

　学歴社会はいけないとは思うし，下の者を踏み台にしたり，上の者に「こびる」ような生き方だけは絶対したくはないという彼だったが，ある程度の競争や，自分が「一流

大学」を経て人の上に立つことになるだろうということは「仕方ない」とも言った。須賀との「語り合い」と同じように，話を社会だとか資本主義だとかいったやや抽象的なレベルに持っていこうとすると，「そんなこと僕には分からない」を連発した。そんな抽象的で難しい問題を，こんな場で私などと話していても仕方ないではないか，彼の根底にはそんな思いがいつもあったようだ。ともかく，全ての問題を自分の素朴な実感に引き寄せ，良いと思うものは良いと言い，悪いと思うものは悪いと言う，それが彼だった。私は，あまりに「正しい」彼の言葉を，いつも複雑な思いで聞いていた。

語り5　可能性　川田（3回生・秋）

（職業選択の際に考える可能性について。私はかつての自分の体験を思い起こしながら，弁護士，政治家，作家，スポーツ選手，国連職員，流浪の旅人，会社の社長，映画監督，俳優など，さまざまな可能性を考えたと言う。それに対して，彼はそんなことはあまり考えなかったと言う。）

（川田）それっていうのはでも，みんながちょっとは考えることじゃないんですか。
（私）本気で考えた。
（川田）かなり本気で考えたら，やっぱりそういうところ（オーディションなどを）受けたりするんちゃいます？　俳優学校とか行ったりしたわけじゃないでしょう。別に大学入ってからでも劇団入ってこう，俳優になる道があったじゃないですか。それなのになんでそういうのを切り捨てたんですか？　……〈中略〉……なんで，こう，自分の可能性も試さずに，こう，そういうのを切れたんですか？
（私）逆に言えば俺の場合そういう可能性が多すぎちゃったんだよ。その中から一つに選ぶっていう作業がすごいしんどいことで……。
（川田）ああ。でも本気で考えたわけじゃないと思いますよ。ほんまに俳優になろうって思ってたっていうのは考えられないと思いますわ。
（私）なろうと思ったらそれはもう可能性じゃなくて，実際の行為やんか。俺が言ってるのは可能性。
（川田）それはだって結局みんなが考えるところじゃないですか？　スポーツ選手とか。そういうのってやっぱり小学生のなりたいものの上位に来るものでしょう。
（私）だから小学生として考えたんじゃない。小学生みたいに，その，非現実的なあれじゃなくて，そういう意味では，そういう意味では浪人のときに考えたから，非常に現実的な考えだったんだよ。
（川田）ああそうなんですか。
（私）ただ頭の中でやってるだけっていうのでは，非現実的な可能性であった。
（川田）でもそれを行動に起こしたわけじゃないんでしょ？
（私）うん。
（川田）だったら一緒じゃないんですかね？
（私）……うん。
（川田）だって子どものときに，考える可能性っていうのは，こう，上位に来てるもんがあるじゃないですか，ああいうの，結構みんな考えてたことでしょう。そういう上位に来ている以上，たくさんのことを。だってそう思ったら，どっかでそういうの

はいつまで経っても，（憧れとしては）思ってることやと思いますよ。

　私が浪人時代に考えた「可能性」。それは彼も言うとおり，実際の行動には結びつかない非現実的な「可能性」だった。けれども，それが小学生のときに夢見るような，全くと言って良いほど現実感のない「可能性」と同じものだったかと言えば，何か違うのではないかという感覚が私を捕らえていた。私はあの頃実際に「大人」として，自分が何になれるのか，何になるべきなのかをずっと考えていた。それにもかかわらず，彼と同じように大学に入り，漠然と研究職への道を歩んできた自分に気づくとき，あの「可能性」はやはり「夢」にすぎなかったような気もする。

　あの「大草原のまん中」は，とても不思議な時空だったと言って良い。自分は現実的な方向を模索しつつあれこれ考えているつもりなのに，それこそ「方向だけがぐるぐる回って」，「てんで進まない」。進まないがゆえに，実際何をしたかと問われれば，何もしていないと言うしかない。少なくとも「考えていた」とは，言えるのだろうか。いや，今自分が歩んできた道が，その頃全く想像だにしなかったものであることを踏まえて言うと，むしろ彼も言うように「本気で」考えていたわけではないような気もする。けれど，やはりあの頃の自分は決して小学生ではなく，これから「大人」になろうとする者として「考えていた」のだと，そしてそれがどこかで今の自分の糧になっていると言いたい。

　川田には，そのような体験は「分からない」ものだったのだろう。そんなものは非現実的だという彼の主張にも，確かに一理ある。そして，恐らくそんな現実とも非現実ともつかない「可能性」を，きっぱりと「夢」にすぎないと言ってしまえるということ，それが彼の強さなのだ。須賀の思考は，生活するためには触れてはならない規範や倫理をも相対化するほどの勢いを持っていたが，逆に川田はその「生活」という次元から決して遊離せず，いつも現実的で，いつも着実であった。もちろん，彼に夢や希望がないわけではない。彼は「研究職」にそれを見ている。

　そしてさらには，やはり彼は彼なりにいろいろな出来事に出会う中で，これからの人生の貴重な糧となるような経験も積み重ねているようだった。実際，彼はほぼ順調に大学院に進学していったのだが，そんな彼からは一度も困難を潜り抜けたことのない「ひ弱さ」よりは，むしろこれから先も持ち前の堅実さでもって力強く，さまざまな問題に対処していきそうな印象を受けたのである[10]。

【考察】
　ここでは2人の対照的な青年のありようを描き出してきた。彼らの決定的な印象の違いは一体何によるものなのだろうか。
　川田の特徴は，自己イメージや自分が信頼を置いている価値観，規範が決して揺らが

＊10　すなわち，「両親の価値観が通用しないような状況下におかれ」ても，「たちまち途方に暮れ」そうにはないような力強さで。

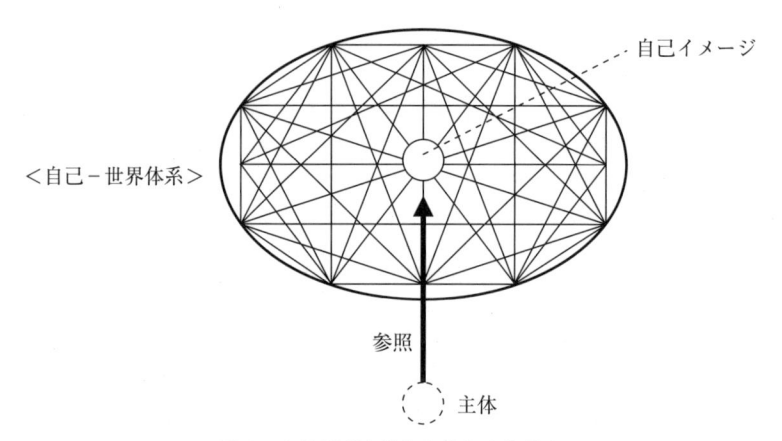

図4 主体が「自分」を捉える仕組み

ないところにあると言えるだろう。自分がどんな人間になり、どんな価値・規範を信頼したら良いのかを問うていた須賀とは対照的に、川田の全ての発言は、彼の自己イメージや価値・規範に基づいてなされているように見える。アイデンティティの問題とは、これらを「問う」ところに開けてくるものであるから、そこに「基づく」以上のことをしようとしない川田との「語り合い」が、何かぎこちなかったのだと考えられる。

須賀の事例で見たように、自分がどんな価値・規範を信頼するのかということと、自分がどんな人間であり、どんな生き方をするかということは、不可分の問題である。さらにそこには、世界や社会をどう捉えるか、人生をどう捉え、自分が生きているこの時代をどう捉えるかという世界観、人生観、歴史観なども絡んでくる。主体はこれらに基づいて固有の「世界」を構成し、その中に「意味」ある形で自己イメージを位置づけることで初めて、自らを「自分」として把握できるのだと考えられる。したがって、価値・規範や世界観・人生観、それらに基づいて構成される世界、自己イメージの総体を〈自己－世界体系〉と呼ぶことにしよう。主体はこの〈自己－世界体系〉を暗黙のうちに参照しながら、「自分」を捉えているのだと考えられる（図4）。

「暗黙のうちに」というのは、私たちはいつもすでに自分固有の〈自己－世界体系〉を有しているにもかかわらず、それが普段はなかなか意識化されないからである。私たちは、何か判断を下さねばならないことが生じたとき、ほとんど非意識的にこの〈自己－世界体系〉に照らして判断を下す。しかし、そういう判断を下した理由、そしてその理由の理由、その理由の理由の理由……を問うていくとキリがない。つまり、その判断の根拠となる〈自己－世界体系〉の総体は決して完全には意識化・対象化され得ないものなのである。

須賀においてはこの〈自己－世界体系〉が揺らいでいると言える。彼は何を信じたら

良いのか，どういった生き方をすべきかを見失う一方，「自分」というものが固定せず，「ふらふら」しているという感覚に苦しめられていた。これは暗黙の参照枠としての〈自己－世界体系〉が揺らいでいるために，一貫した自己イメージを維持できないことの現れだと考えられる。そして，それはたいへん落ちつかない感覚，不安な感覚を生じさせ，彼を苦しめている。彼はそんな苦しみを何とかしようと，いかなる〈自己－世界体系〉を持つべきかを問い，これを修正し，安定させようとしているのである。

ところが，上にも述べたように〈自己－世界体系〉の総体は，それとしてはなかなか捉えることができない。むしろそれを「問う」ことは，究極的には「生きるとは何か」「世界とは何か」といったほとんど解答不能の問題へと行き着き得る。須賀の場合，「問う」ことによって，逆にあらゆる価値・規範が相対化されたり，より難しい問題が生じたりして，〈自己－世界体系〉はますます混乱していっているように思われるのである。

逆に川田において徹底しているのは，この〈自己－世界体系〉を決して問わないことで，「自分」を捉えるための拠り所，何らかの決定の際の判断基準としてのそれを堅持しようとする態度，そこに「基づく」以上のことをしない態度である。問題が難しくなってきたときの彼の「分からない」という言葉や，そもそも普段はそんな問題を「考えない」というあり方は，非意識的な一種の「防衛」であると言えるだろう。

〈自己－世界体系〉をめぐる2つの態度――須賀の「問う」態度と川田の「基づく」態度。彼らの印象の相違の本質はそこにあると考えられるが，それは一体何によるのだろうか。鍵となるのは「いい大学，いい企業」という「レール」に不満を感じた須賀と，「研究職」へ着実に向かっている現状に満足している川田の「欲望」のあり方だろう。2人とも大学に入って新たな価値観に出会ったり，環境の変化があったりして，自分の世界が広がったのは恐らく確かである。けれども，そこに分岐が起こる。すなわち，須賀の欲望がそうした世界の広がりに際し，何らかの修正を受けるべきあり方をしていたのに対し，川田の欲望は今までのあり方を変えずともやっていけるようなあり方をしていたのではないだろうか。今の「自分」に概ね満足しているという事情が，川田が〈自己－世界体系〉を問わない最大の理由だと思われる。逆にそうした態度が徹底していて，彼の〈自己－世界体系〉が揺らがないがゆえに，彼は今の状態に自足しているのでもある。

ただ注意が必要なのは，このように言うと川田がいかにも楽に日々の生活を送っているように聞こえてしまう点である。そうではない。例えば勉強がどんなにつらくても，「何のために？」に逃避することなく「勉強しなければ」にあくまで従い続けること，延いては〈自己－世界体系〉を守り抜くために「胃が痛く」なるまで努力し続けること，それはそれで大変なことである。自分のかつての体験から，アイデンティティ拡散の苦しみにこそ共感していた私は，正直なところ頑なに自分のあり方を貫こうとする川田に，羨望とも反感ともつかないような複雑な思いを抱いていたが，彼もまた彼なりの苦労をしているのではないかということに気づいたとき，何となく彼のことが「分かる」ような気がしたのである。

ともあれ，以上のような考察は重要な問題を提起する。すなわち，須賀の「問う」態

度——問えば問うほどに〈自己‐世界体系〉が揺らぐという側面がある——の先に，ある程度の「基づく」態度が必要不可欠だと思われる「アイデンティティ達成」という状態がどのように実現されていくのかという問題である。一般的には，アイデンティティを探し求め，やがてそれに出会うといった図式でアイデンティティの確立が思い描かれやすいが，そうした「問う‐見つける」の直線的図式では捉えきれない，複雑なプロセスがそこには孕まれているのではないだろうか。この難問については，今は提起するだけに留め，これから先の議論で徐々にその答えを探究していくことにしよう。

3 統計的実証研究

引き続き，先行研究のレビューを続けていこう。

アイデンティティを達成した状態，ないしはそれが拡散した状態において，どのような感覚やパーソナリティ特性が存するのかといったことや，アイデンティティと他の心理学的概念とにどのような相関があるのかといったことを統計的に実証しようとしてきた研究は非常に多い。臨床的観察を中心としたエリクソンの記述が，実際のところ青年一般にまで拡大できるものなのかどうかを確認しようとしたという意味で，それらは有意義なものであったと言えるだろう。ただし，同時にそれらはある種の根源的な「危うさ」とでも言うべきものを抱えているのであって，その点に無自覚であると，（この種の研究が多いだけに）かえってアイデンティティ心理学自体を不毛なものにしてしまうことになりかねない。そうした問題を検討するために，まずは膨大な数にのぼるそれらの研究の一部を概観しておこう。

Rasmussen（1964）は，エリクソンの記述を参照して，計72項目から成るアイデンティティ尺度（Ego Identity Scale：以下 EIS）を作成した後，入隊したての海兵隊員の適応・不適応（ソシオメトリー式の指名法によって適応群と不適応群を選出）との関連を調べた。そして，適応的な者ほどアイデンティティ得点も高いことを見出した。

宮下（1987）はこの EIS に注目して，その邦訳版を作成し，信頼性，妥当性を確かめている。彼の邦訳版によるこの尺度項目をいくつか挙げると，「誰も私のことを理解してくれないように思う」「私はコンパやパーティで，

他の人をなごませたり，楽しませたりする社交性があると思う」「スポーツや試合など，いつも人と競争したり勝つことを要請されるようなものは，好きになれない」などといったものがあり，日常生活における諸々の心理的葛藤を統合した状態としてのアイデンティティを，何とか測定しようとする努力が伺える。ただ，やはり，この尺度で測られているものは何なのか，それはむしろ（Rasmussen がそれとの相関を調べた）適応的パーソナリティそのものではないのか，といった素朴な疑問は残る。

　砂田（1979）も，それまでのアイデンティティ尺度は"同一性が確立された状態を想定して定義しているため，同一性の問題を一般的適応状態から区別できないうらみがある"と述べ，彼自身はアイデンティティ混乱の状態像に関するエリクソンの記述に基づいて，同一性混乱尺度を作成している。適応性と区別しにくいアイデンティティ達成状態の記述よりも，むしろその混乱の方に焦点化することで，この問題を乗り越えようとしたのだと思われる。その上で彼は，「さまざまな利害関係の矛盾」を抱える現代社会の規範の矛盾，あるいは家族，市民社会，国家といった異質な共同体間の規範のずれが，"個体の自己性をひきさき，同一性混乱を引き起こす大きな原因である"という独自の仮説（アイデンティティ観）を立てた。そして，自己，家族，大学，世間それぞれの規範のずれ具合と，アイデンティティの混乱の度合いとの関係を調べている。その結果，自己規範と各共同体の規範のずれの統合が不十分なほど，アイデンティティの混乱が強くなることを見出した。ただし，ここで用いられているのは，例えば「世間の人から見た私」と「世間の人から望まれている私」を，「外向的な－内向的な」「丸い－角のある」「安定な－不安定な」などの形容詞によって判断させ，その得点の差異を測るという Self - Differential 法であり，本来は複雑なイデオロギー的意味をもつだろう規範というものを，どこまで押さえきれているかには疑問の余地がある。実証的研究であるのだから，ある程度の抽象化は必然であるが，その抽象化によって切り捨てられたものの内容を（つまりそれがアイデンティティの本質部分に関わっていないかどうかを），吟味する作業は必要だろう。

ところで，都筑（1994）はアイデンティティ・ステイタスと時間的展望の関連を調べ，拡散型が未来をよりネガティブに見ていることなどを明らかにしたが，これを踏まえて杉山（1995）は，時間軸上の3つの自己像（現在の自己，予想の自己，理想の自己）間の不一致，および過去・現在・未来への肯定的態度と，アイデンティティの関連について調べている。ここでも，アイデンティティレベル高群ほど，自己像間の一致度が高く，過去や未来への態度も肯定的であるといった，他の諸研究が示唆するところとほぼ同様の結果が導かれている。ただ，ここで興味深いのはアイデンティティレベル低群においては，現在自己と理想自己との差異が大きいほど，現在に対する態度がネガティブになっているのに対し，高群においてはそこに有意な相関が見られなかったことである。杉山は考察していないが，これは「アイデンティティ達成者は現在と理想のギャップはあまり気にせずに，むしろ将来における自分（予想自己）が理想自己に近づけるどうかを問題にする」ということを示唆しているようにも見える。私見では，アイデンティティ高群と低群で，すでに「理想」の質そのものが違うのではないかと思われる。

　さて，これら一連の時間的展望研究の背後にあるのは，乳児期の「基本的信頼感対不信」の危機が，青年期に「時間的展望対展望の拡散」の危機として再び現れてくるとした，エリクソンのライフサイクル論（1959/1973）である。

　これにしたがって，天貝（1995）は，アイデンティティ・ステイタスに及ぼす信頼感の影響を調べた。その際，信頼感が「アイデンティティ達成型」というよりも，むしろ自己の積極的な希求や模索のエネルギー源といった形で「積極的モラトリアム型」と特に強く関連することを見出し，「アイデンティティ達成型」の信頼感は，やはり量よりもその質やバランスの方が重要になってくるのではないかと考察している。

　また，谷（1998）はエリクソンの言う時間的展望と基本的信頼感との関連構造について検討した。その結果，基本的信頼感は時間的連続性と密接に関わる一方，それは対人的信頼感とは異質の概念であることが見出され

た。この研究の標的となったのは，Rasmussen（上記）の EIS である。この EIS の下位カテゴリーである「基本的信頼感」に分類される項目が，主に「対人的信頼感」因子を構成しているとし，谷は Rasmussen がエリクソンの概念を誤解している可能性を指摘したのである。

　天貝や谷の研究は実証的手法に基づきつつも，結果的には何らかの形で（基本的）信頼感という概念の「質」を問題にするような考察をしている点で評価できるだろう。もちろん，ではそれがどういった「質」なのか，という問題にはまだ十分には答えられていないのであるが。

　さて，「対人的信頼感」と「基本的信頼感」とは別物であるというのが谷の研究であったが，しかし，エリクソンが対人関係とアイデンティティとの関連性を指摘しているのもまた確かなのであり，金子（1995）も，他者との関係のとり方とアイデンティティの関連について調べている。その結果，アイデンティティの達成度と「他の人との違い意識」が相関し，アイデンティティ拡散感に「左右されやすさ」と「距離をおくこと」が相関していることが明らかになった。金子はこれを踏まえ"「同調的」な他者関係や「隔絶的」な他者関係が，「私は誰？」というような感覚と関連している"と考察している。これも，実証的手法の枠内で，できる限り対人関係の「質」にまで踏み込んでいこうとしているところに，その価値を有する研究だと言えるだろう。

　以上，ごくかいつまんで見てきたが，他にも「不安」（水野，1982），「対人恐怖的心性」（谷，1997），「充実感」（大野，1987），「自尊感情」「性格（YG 性格検査）」（遠藤，1981），「自己愛傾向」「情動的共感性」（佐方，1988），「自己解放性」「親密性」（伊藤，1984），「親子関係」「性役割指向」（福富・服部，1984），「家族環境」（永田，1987），「クラブでの対人関係」（近田，1983），「退職に対する態度」（武則，1981）などといったものと，アイデンティティとの関連が研究され，中には興味深い結果を見出しているものも多い。

　しかし，それにしても，これだけ多様な心理学的概念と比較されながら（あるいは，だからこそ，と言うべきか），アイデンティティの「本質」とでも

言うべきものがなかなか見えてこないのは,一体なぜなのだろうか。本来,統計的実証的研究は,その一つひとつは細分化された諸研究が積み重なり,やがてはアイデンティティなり青年の全体像なりがそこから透けて見えてくることを期待してなされるものだと思うが,実際のところは,各研究が有機的なつながりを欠いたまま,断片的なものの集合体となっているというのが最も素朴な印象ではなかろうか（若松,1994）。上記の研究には,確かになるほどと思わせるようなものも多く,私自身も統計的研究はぜひとも必要だと思うのだが,ただ,これのみによって,無数の要素が非常に複雑な連関を成して成立している人間存在のありようを明らかにしていくのは,かなり難しい。これらの研究一つひとつからの,あるいはその蓄積物からの知見を踏まえた上で,例えば「典型的な」ある青年が実際どのように生きているのかを説明しろと言われても,私は困ってしまう。青年は,どんなことに悩み,どんなことに怒り,どんなことに喜びを見出すのか。青年は,どのような「思い」を抱いて,どんなふうに生活しているのか。そうした,真に生き生きとした青年の姿をこそ,少なくとも私は捉えたいと思う。

　また,学問的(アカデミック)な観点から言っても——とは言え,そもそも,生き生きとした人間像と学問的人間像とは決して別個に語られるべきものではないが——,これらの研究は問題を抱えている。端的に言って,用いられている概念が,各研究者によってバラバラなのである。その最たる例が,アイデンティティという概念であろう。

　上記の諸研究は,恐らくアイデンティティを「一貫性をもった,しっかりした自我」「望ましい人格的基盤」ぐらいの漠然とした意味で捉えている。ところが,そうは言っても,研究者ごとにその捉え方は微妙に異なっているのであって,例えば上記の砂田（1979）が,各規範のずれが“個体の自己性をひきさき,同一性混乱を引き起こす大きな原因である”と言うときのアイデンティティと,杉村（1998）などが,“自己と他者の関係のあり方こそがアイデンティティである”と言うときのアイデンティティとは,かなり異質なものであるように見える。あるいは,「各規範のずれ」と

「他者との関係性」という2つの要素が，アイデンティティというものに結びつけられているのだが，アイデンティティそのものの意味はブラックボックスになってしまっていると言う方が良いのだろうか。なるほど，異なった規範に出会うときや，他者との関係がうまくいかないときなどに，「自分が揺らぐ」というのは大いにありそうな話なのだが，それだけのことならば，何もアイデンティティなどという用語を使わずとも済みそうである。それが，例えば「適応」とか「時間的展望」とか「信頼感」とかいったものとも結びついているのだということを言うためにこそ，やはりアイデンティティという概念を用いたいところなのだろうが，しかし，それらが一体どういった結びつき方をしているのかが，アイデンティティというブラックボックスに隠されて全く見えてこないのである。つまりは，そもそもアイデンティティが何であるかということ，アイデンティティの意味自体が判然としないままに，「アイデンティティはこれこれのものと相関がある」「アイデンティティにはこうした側面がある」などといった議論が盛んになされているのである。

　かつてメルロ＝ポンティは，"心理学は，認識するためには事実に注意するだけで十分だと思い込んでいます。そしてそのあげく，心理学はなかば盲滅法な状態で事実を検討し，いざそれを整理しようという段になると，科学以前の経験から借りてきた混乱した概念を使うことになるのです"（Merleau-Ponty, 1962/1966, p.41）と，心理学を痛烈に批判した。例えば，心理学は「人間」という概念を使うが（あるいは，少なくとも「人間」に関する事実を収集するが），それが正しくは何を意味しているのかは決して明らかではないのだと彼は言う。「人間」の中にはその名に値しないような非人間的な者もいれば，逆にチンパンジーに対して極めて「人間」的な属性（知能であれ，感情であれ）を見ることもできる。心理学はそうした事実をひたすら拾い集めることによって，やがては「人間」とは何であるかが明らかになるに違いないと思い込んでいる。しかし，ごく普通に「人間」と呼ばれている者たちの性格や，チンパンジーの「人間」的な性格について，いくら事実を収集してみても，そこで得られた諸性格のそれぞれが，果た

して「人間」の定義を構成するにふさわしいのか否か，つまりは「人間」に本質的なものか偶有的なものかについては見分けがつかないではないかと，彼は指摘するのである。

　統計的アイデンティティ研究は，この種の罠に陥ってはいないだろうか。エリクソンの記述からアイデンティティを操作的に定義し，調査を通じてそれが他の何らかの概念と関係することが分かっても，それがいかなる関係なのか——アイデンティティの内的構造に関わるのか，それともアイデンティティに対して他の要素を通じて外的に関わっているのか，それともトートロジー的な関係なのか——は判然としないままである。アイデンティティの本質とは何であるのか，対して偶有的なものが何であるのか——アイデンティティそれ自体の構造や本質的意味——を見極めなければ，統計的諸研究は決して有機的には結びつけられないし，結局，そこから一人の全体的人間像が浮かび上がってくることもないだろう。この種の解明には，現象学が言うところの「還元」(Husserl, 1950/1965)，つまりはアイデンティティの意味自体を一旦保留しておいて（それを操作的に定義するところから始めるのではなく），何がそれを成り立たしめているのかを「反省」していく作業がどうしても必要になる。心理学は，自身が理論的考察や「反省」に傾き過ぎると，とかく「これは実証されたレベルをはみ出した単なる仮説にすぎない」などと考えがちな面があるが，むしろ逆に事実の収拾を通じて，より深い考察なり「反省」なりを展開することが心理学の目標となるべきであり，そこにおいてこそ真に豊かな人間理解が導かれるのだと思われる（西平, 1992）。自然科学が広大な未知の世界の新事実を次々に発見し，美しい数学体系——心理学ではそもそもこうした共通言語が与えられておらず，現象の何を取り出し，それを何と名づけ，どういった論理に載せていくかという点からして多様なのである——によってそれを説明しながら，ついには人を宇宙にまで連れていくようになったのとはまた少し違った戦略が，人間科学，とりわけ心理学には必要なのである。

　問い5：アイデンティティとは，そもそも，一体何であるのか。青年は，

今という時を，どのように生きているのだろうか。

テーゼ3：これはアイデンティティ研究にとって，本質的な問い（西平，1997）である。というのも，アイデンティティ概念は，そもそも生き生きとした青年を描き出すためにこそ提出されたものなのだから。アイデンティティ研究は，アイデンティティの意味を明らかにすることを志向しなければならない。そして同時に，それが真に生き生きとした青年の姿を理解させる作業にならなければならない。

4　一人の人間の生の意味を考えるためにヒントとなる諸研究

　生き生きとした人間像を描き出すということに関して，思い起こされる研究がある。細見和之（1999）の『アイデンティティ／他者性』である。彼はここで，ナチスによるホロコーストを体験したユダヤ人の作家プリーモ・レーヴィ，詩人パウル・ツェラン，そして日本による朝鮮支配の時代に祖国で育ち，その後その「分断」を背景に日本へ渡った詩人 金時鐘（キム・シジョン）という3人の「アイデンティティ」をテーマに，彼らの生きざまを描き出している。心理学論というよりはむしろ文学論ないしは伝記的研究なのだが，そうしたジャンル分け自体が，そもそもこの研究には馴染まない。上の3人は，いずれも自らの民族を支配・蹂躙していた国の言語（ドイツ語や日本語）を「母国語」として身に付けてしまった人たちである。自らのアイデンティティを保証する「母国語」という次元において——しかも，言葉を「生業」としたがゆえに他の人よりもさらに深い次元において——，気づいたときにはすでに深い「他者性」を刻み込まれていた彼らの内面が，見事な筆致で照らし出されている。
　細見は言う。"「自我の確立」という問題設定は，個々の表現者の個としての位置を，そしてとりわけそれが「表現」としてなされていることの意味を主題的に考察しようとする場合，どうしても妨げになる気がする。

レーヴィもツェランも金時鐘もともに「自我の確立」をもとめて苦闘したなどというのでは，実際，何を語ったことにもならないだろう。要するに，ぼくにはこの方向での「アイデンティティ」論は，安易な類型化をまぬがれない気がするのである"（細見，1999, p.2）。そして，彼自身は，まずアイデンティティ概念をぼんやりと柔らかく捉えておきながら，「心理」や「自我」というよりも，むしろ「身体」や「生命」といった観点から，鋭く生々しい生の様相に切り込んでいくという戦略をとっている。

　実際，エリクソンが志向したのも，そうした方向性だったように見える。西平直（1993, p.59）に従えば，彼は"生きた現実との往復運動の中に自らを住み込ませるための場，たとえば，戦場からの帰還兵たちの生きている世界をまるごと捉えるための，より正確には，彼らとの関係の中に住み込むための手掛かりとして"，アイデンティティという語を用いていた。すなわち，それは"現実の曖昧さを処理し説明するために使われたのではなく，むしろ，その曖昧さと付き合い続けるための手掛かりとして，いわば「発見的（heuristic）」な機能を"持っていたところにこそ，その真価があったのである。

　もちろん，エリクソンは，それを「自我」に対しても関係づけようとした。ただし彼は，アイデンティティとは「自我」が"過去の同一化群"をまとめあげることによって生じる"心的ゲシュタルト"であり，過去の同一化群の総和以上の何かである，という言い方をする（Erikson, 1959/1973, pp.147-148）。彼は，アイデンティティを作り上げているのは「自我」であるが，しかしそこで作り上げられたものは「自我」を超えた何かなのだ，と言っているのである。ゲシュタルト心理学で有名な「若い女と老婆」の絵があるが，あれを思い起こしてみれば分かりやすいかもしれない。最初，それを見て「若い女」が向こうを向いている絵だと思っていた鑑賞者は，見方を変えてみれば，それが大きな鼻の「老婆」にも見えることに驚く。そして，その絵が「若い女の絵」だったのではなく，「自分がその絵に若い女を見ていた」ということに気づく。つまり，私たちは実際に自分が知覚している事実以上の何か――「若い女」なり「老婆」なりといった何ら

かの意味——を，いつもすでに「現実として」見て取っているのである。こうした事実性の次元と現実性の次元（意味の次元）を区別する必要があるだろう。エリクソンが言っているのは，おそらく，事実性の次元で見れば「自我」が「過去の同一化群」をまとめあげているということであるが，しかしそれは現実性の次元において，それ以上の何か（意味）になっているのだということだと考えられる。細見が「自我の確立」という問題を立てるのではなく，「表現」としての意味を考察するのだとした理由も，そこにあると言えるだろう。

　実際，そうした試みが心理学的アイデンティティ研究——こうしたジャンル分けが，そもそも意味をなさないだろうが——の内になかったわけではない。いや，むしろエリクソンにおいてすでに，マルティン・ルターやマハトマ・ガンディー，ジョージ・バーナード・ショウ，アドルフ・ヒトラーなどといった人物を題材にした，卓越した伝記的・歴史的研究は提出され始めていたのである（Erikson, 1958/2002, 1958/2003, 1959/1973, 1969/1973, 1969/1974）。また，日本でも西平直喜（1983, 1990b）などが，こうした方向性の中で豊かな成果を挙げている。それらは，個人の生育史や心理力動，社会・歴史的背景などの複雑な絡み合いの中で成立する，一人の人間の生きざまを見事に描き出しており，私たちはアイデンティティという概念の持つ「力」を，そこにこそ見る思いがするのである。

　さて，そうした伝記的・歴史的研究が，一人の人間の生のありようを真に生き生きとした形で照らし出していることを認めた上で，では，現代という時代をごく平凡に生きる一人の青年は一体どのようにして生を送っているのだろうか，と問うてみよう。彼ないし彼女は，自らの内面をとりわけ豊かな文体で「表現」しているわけでもなく，その人生史が後世に残されるほど「波瀾に満ちて」いるわけでもないような，ごく普通の青年である。歴史を変革するほどの強烈な個性を発揮しているかと言えば，必ずしもそういうわけでもない。しかし，だからと言って，それはあえて取り上げるまでもない，一つの平凡な人生であると，それで済ませてしまうことはできない。むしろ逆に，彼ないしは彼女の（とりたてて大きな劇性（ドラマ）がある

わけではないかもしれないが、しかし、少なくとも彼らにとってはかけがえのない重みを持つ）生にこそ、私たちは自らにも通じる人間の生の本当の現実性(アクチュアリティ)を見ることができるのではなかろうか。本当は私たち一人ひとりがささやかな、けれど豊かな、生の「物語」を送っているのではなかろうか。

　今という時代を何とか生きている一人の青年のありようを垣間見せてくれる可能性を持つものに、臨床的アイデンティティ研究がある。そうした事例に登場する青年たちは、アイデンティティ・ステイタス研究や統計的実証研究においてはどうしても捨象されてしまいがちな、彼ら固有の生、ないしは「思い」をもった存在として立ち現れてくるのではないか。いくつか当たってみることにしよう。

　一丸（1975）は、「自分がない。自分がわからなくなってしまって、自分の体の状態でさえも自分でつかめない。どんな欲望もどこかに消えてしまった」などといった訴えを持って来院した、20代前半の男性との治療面接（テープで録音された）から、彼の生育史、アイデンティティ混乱の様態、獲得されたアイデンティティの臨床像などを記述、考察している。アイデンティティ混乱の様態を明らかにすることを目的に、「自分から全ての欲望がなくなった」という身体過程からの遊離や、「自分は勉強で人に勝つというのが唯一の目標であった。だからそれ以外のことはすべて押さえつけてしまった」という禁欲による本能衝動の防衛、知性化などといったさまざまな視点から、クライエントの臨床像が考察されている。面接が録音されていたこともあり、実際の逐語録からクライエントの生の声が持つ迫力が伝わってくる。

　田端（1985）は、小学校2年のときに「お前は誰か？」と問う声を聞くという自我体験が未解決のまま持ち越され、高校2年生のときに登校困難になり、それが意識化されてきた女子青年との面接記録を分析している。それによれば、彼女は面接中に、母親と心理的に分離するため、母親の母性愛的な愛情を求め、自分に適した職業を見つけようとした。そして、アイデンティティを見つけ、自分は自分でいいと感じるようになった。田端

はあまりに早い時期の自我体験は，思春期に危機となって現れ，それを乗り越えるためには母娘関係の改善が必要であったと結論している。アイデンティティ獲得までの経緯が事細かに描かれていて興味深いが，むしろ主眼はエディプス的葛藤をはらんだ母娘関係に置かれている。

松本・村上（1985）は女子大生103人に質問紙調査などを行い，その中から性同一性に関し葛藤を有さない者6人，有する者6人を選出し，短期間個別面接（枠づけ面接法）といくつかの投影法を行った。その結果，(1) 家族関係においては，葛藤群は無葛藤群に比べて性同一性に家族が negative に影響し，家庭内力動が不安定であること，(2) 友人・異性関係においては，葛藤群はより友人関係が乏しく，同性友人よりも異性をより positive に評価する傾向があったこと，(3) 自己像については，葛藤群はより negative な自己像を持ち，特に身体的劣等感が強い傾向にあること，などが見出された。また，無葛藤群は将来に関して結婚願望をもつなど，家庭志向的であり，葛藤群は仕事優先，社会志向的であった。この研究は，無葛藤な人たちにもクライエント中心型のカウンセリングに近い形での面接を行っているところが興味深く，葛藤を有する者とはかなりその臨床像が異なることを示唆している。

鑪（1974）は20〜40代までの患者の夢から，アイデンティティ危機の様態を考察している。彼はアイデンティティ危機の状態における「呑み込まれ」の恐怖の帰結として，「他者からの影響を受ける境界の外に立つ」方向性と，「積極的に呑み込まれの努力をし，自己放棄して他者との同一化を目指す」方向性の二つがあると指摘している。また，そこから，アイデンティティの危機を体験しつつある青年期の主題が母との分離の困難さであると述べている。

最後に鳥山（1988）は，予定アイデンティティ型と思われた状態から，拡散に至った8つの事例を挙げつつ，主に社会・文化的背景から現代青年の心性を論じている。彼が現代的特徴として掲げたのは，(1) 思想不毛と混迷の時代，(2) 哲学の不在，(3) 視野狭窄の心，(4) 家庭求心性，(5) 生存意識の希薄化，(6) 現在主義である。臨床的な視点から社会・文化の

考察をしており，それについてかなり詳細に論じている。本来「心理－社会的」なものとなるべきアイデンティティ研究だが，これまでこのような研究は少なく，そこへ一石を投じようとしている。

　以上，臨床的アイデンティティ研究のうちのほんの一部を見てきた。個別的な事例に基づいているだけあって，人間の心理力動のありようを相当深い次元で捉えており，私たちが自分自身や他の誰かの内面を理解しようとする際にも参考になる知見が見出されている。また，一丸の研究では，クライエントの青年の生の語りが多く提示され，彼の存在の持つ雰囲気などもよく伝わってくる。

　しかしながら，これらの多くに共通することとして，「治療者－患者」関係に基づいているからだろうか，自我心理学ないしは精神分析学の概念によって一人の人間のあり方を「説明」していこうとする傾向が強いことは否めない。また，クライエントのありようがかなり詳細に提示されてはいるものの，逆に治療者の方がどのようなことを思い，どのようなことを感じ，どのようなありようをたたえながら，クライエントに向き合っていたのかが，今一つ定かではない。そのことが結果的に，恐らくは「人間対人間」の複雑な（たとえそれが表に現れなかったとしても）心的交流が展開されていたはずのその場の状況を見えにくくさせ，そこには（「一人の人間」というよりはむしろ）やはり「患者」としてのクライエントの姿ばかりが目立ってきてしまうのである。

　私は，こうした臨床的研究の価値をいささかも否定するつもりはない。治療者が，どれだけ自分の全存在をかけてクライエントに向き合っているかということ，同時に，治療においてはクライエントの生きている世界にそのまま巻き込まれてしまうのも問題であるということを，私もわずかばかりの臨床経験から感じ知っている。「治療」――この言葉がその治療者の実践になじもうがなじむまいが――という絶対目標を目指さねばならない義務が治療者にはあるし，それゆえ一人の人間の心理力動をフロイト以来の概念的枠組みによって「説明」していく必要も出てくる。しかも，それらの概念がアイデンティティというものを理解する際にも有効であるこ

とを,それらは示してくれているのである。

　だが,今問題にしているのは,では果たしてそれだけで十分か,ということである。殊アイデンティティというものの意味を明らかにするという観点から言えば,人間のありようを概念的枠組みの中に位置づけていくことも必要だろうが,同時にそれらの概念によって(あるいは,それらに捕われずに)人間の生を描き出すという方向もまた必要なのではないか,ということである。そう考えたときに,やはりこれらの臨床的研究も,まだまだ人間の生のアクチュアリティを真に描き出すところまでには至っていないと言わざるを得ないのではなかろうか。青年期の問題が,幼児期のエディプス・コンプレックスと深く関係しているというのは確かだろうが,そのことを青年期の現実性(アクチュアリティ)に結びつけていくには「父親」「母親」といった概念にもう少し手を加える必要がある。先に西平直喜が言っていたことが思い出される。人間存在のありようを描き出すには,「コンプレックス」や「コンピテンス」といったことだけではなく,それらがある形で統合されたときの「意味的様態＝アイデンティティ」を問題にしなければならない。前にも述べた通り,それはたいへんに難しいことである。どこまでがその人のコンプレックスないしはコンピテンスで,どこからがアイデンティティなのか,それを明確に区切ることなどできない。しかし,私たちはやはり,人が何によって規定されながら生きているのかということと同時に(これらの一端を上の臨床的研究は明らかにしていると言える),どんなふうにその規定を生きているのかということをも見据えなければならないだろう。

　そういった意味で,こうした臨床的研究の対極にあるのが,西平直(1998)の『魂のアイデンティティ――心をめぐるある遍歴』である。「登校拒否の一事例」として彼が出会った一人の青年。彼はその青年の「心」に触れようとするうちに,"むしろ逆に,私の方が,手の内を見せてしまうことに"(西平,1998, p.4)気づく。そして,治療者というよりは,むしろその青年の「同行者」とでも言うべき立場へと自然と移行しながら,彼は自分が見たその都度そのときの青年の印象を丁寧に描き出していく。そ

うすることによって，彼はその青年との語り合いによって彼自身の内に喚起されたさまざまな葛藤——恐らく西平自身，以前にも一度経験したことのある葛藤——，「生きる」ということに関する回答不能の問いを，もう一度生き直そうとするのである。そこにあるのは，青年がなぜ不登校に陥ってしまっているのかという問いではなく，その青年がどんなものを生きているのかという問いであるように見える。「私は」という主語によって語られるその文体が，読者をその「私」の位置にまで引きずり込み，その青年と「対面」させると同時に，その青年の存在感を浮き立たせる。

　この著書について，西平は自分の心象風景を描いた「フィクション」であると言うが，私には，これは紛れもなく「事例研究」の一つのあり方であるように見える。もっと言えば，アイデンティティというものの意味的側面（自我心理学の枠内における人間の「機能」を表す概念としての側面よりも，むしろ意味的な側面）について考えていくためには，記述者の〈私〉が現場での「私」の立ち位置や実感をしっかり反省・提示しながら，「彼」にとっての「私」の意味や，「私」にとっての「彼」の意味を描き出していくことが，どうしても必要になってくると思う（〈私〉と「私」の使い分けについては，第5章の方法論を参照のこと）。むろん，これまでのアイデンティティ研究が提示してきたような「機能」としての側面にも絶えず注意を払っていかなければ，やはりアイデンティティ概念，あるいは一人の人間の全体像を捉えることはできないだろうが，西平の研究は，今までとかく見逃されがちだったアイデンティティの意味的側面を捉えるための方法を，示唆してくれているように思えるのである。

　こうした方法論上の問題は，第5章で取り上げるだろう。

　テーゼ4：アイデンティティは，「自我」の統合機能であると同時に，それ以上の何か（意味）でもある。アイデンティティ研究は，アイデンティティという意味をも，その射程に据えなければならない。

＊＊＊

以上，第1章では先行アイデンティティ研究を概観しながら，これから私はどういった方向でアイデンティティ研究を押し進めていったら良いのか，ということについて考えてきた。ここで提示したいくつかのテーゼや問いが，私が絶えず立ち返るべき参照点となるだろう。本書でこれら全てに応えられるわけではないだろうが，少なくともそれは方向を見失わないための導きの糸にはなるはずだ[11]。

　続く第2章以下では，今見てきたようにたいへん多義的なアイデンティティという概念を，私がどう捉えているかということに関し，今度は（先行研究の検討というよりはむしろ）私なりに積極的に論述していくことにする。体系だった議論とは言い難いが，読者においても今私が提示したテーゼや問いを念頭に置きながら読み進めていただければ，多少は分かりやすくなるかと思う。要するに，私なりに「アイデンティティの意味を問う」つもりである。

---

*11　通常，研究論文というのは「問題」の項で提出された「問い」に答えるために書かれるものであり，本書に対してもこれらの問いへの明確な「結論」を期待する方がおられるかもしれない。しかし，殊アイデンティティの問題については，本章で提示したような「問い」をあえて「開いておく」ことが重要だと思われる。これらは全て，ある意味では人間存在の本質にも関わるような大変な難問ばかりであり，これらに性急に回答することを目指すよりは，この問いに答えることを目指してさまざまな思索をめぐらせ，さまざまな調査に当たることそれ自体に大切な意味があるように思うからである（本書はそうした試みの一つである）。先にも述べたように，エリクソンがアイデンティティという多義的で「謎に満ちた」概念を用いた本当の狙いも，この概念のそうした発見的機能に期待したからだと思われる（西平，1993）。

第2章 アイデンティティの意味を問う

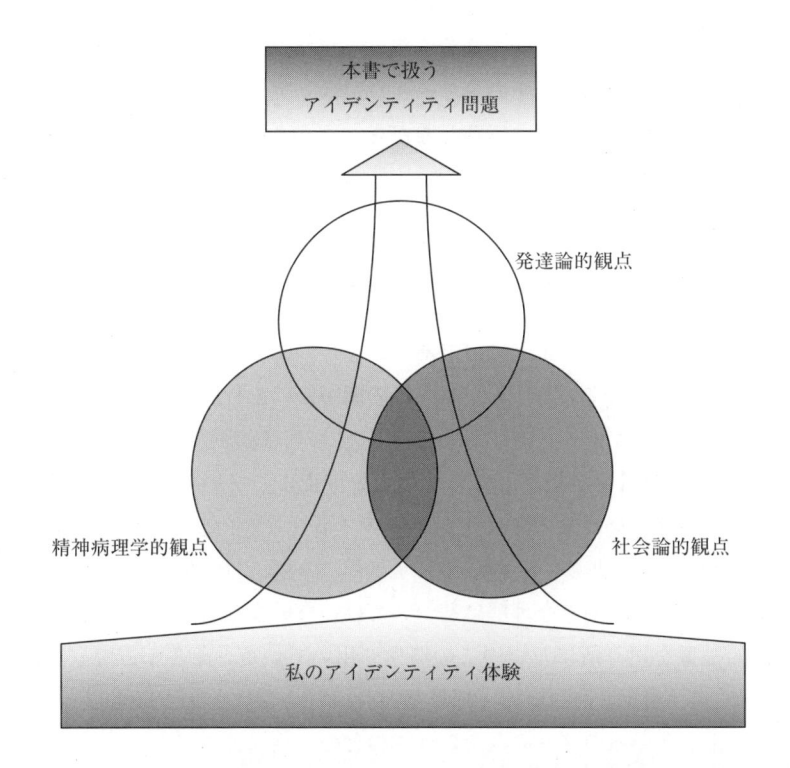

```
        本書で扱う
       アイデンティティ問題

              発達論的観点

精神病理学的観点      社会論的観点

        私のアイデンティティ体験
```

　アイデンティティという語は実に多義的で，どの文脈で使われるかによってかなり意味が異なってくる。例えば，社会論的観点から「アイデンティティ概念はもう古い」といった議論がなされても，発達論的観点からは依然としてこの概念が重要性を持っていたり，発達論的観点からはアイデンティティがまだ確立されていないような人でも，精神病理学的観点からはある程度のアイデンティティを有していることになったりと，実に捉えどころがない。したがって，本章ではまずは私自身のアイデンティティ体験から出発し，各分野でさまざまな用いられ方をしているこの概念の（少なくとも私にとっての）本質的意味がどこにあるのかを明らかにしていく。言い換えれば，いろいろなアイデンティティ論がある中で，本書がどういった「アイデンティティ問題」を扱っていこうとするのかを明確に示そうということである。

アイデンティティという言葉はすでに広く流布しており，自明のものとなっている感もある。そんな中，私は今になって「アイデンティティの意味を問う」などと言い出している。一体，そうすることがなぜ必要なのか，私たちはアイデンティティという概念からいかなる問いを引き出すことができるのか。今度は私の側で議論を組み立てながら，その問題について考えていく。すなわち，以下の第2〜4章では，アイデンティティの意味を問うということを私なりに実践しながら，そうすることの必然性と，問い方の具体例とを示したいと思う。

1　アイデンティティの直観的把握について，およびこの概念の規定様式について

　私はアイデンティティとは何であるかを，つまりアイデンティティの意味を，問おうとしている。しかし，この問いかけを行い得るということ自体が，実は，私がある仕方においては（決して明瞭に理解しているわけではないにせよ）この概念を把握していることを前提にしている。実際，これまでなされてきたいかなるアイデンティティ研究（アイデンティティを主題的に扱ったものから，単にこの言葉をさらりと用いているだけのものまで含めて）も，この概念の意味の明確な理解に基づいてはいないまでも，やはり何らかの直観的把握を拠り所にしつつこの概念を用いている。その一方で，「自己意識」「自己規定」「主体性」「帰属意識」「存在証明」「自己実現」「規範・価値体系」といった諸々の概念のうちのどの一つによっても，またそれらの単なる集合体としても，この概念は規定され得ないという事実がある（大倉，2000）。アイデンティティを，既成の諸概念へと直接的に換言すること，あるいは，それらの単なる集合体である多義語として無理やり収めようとすることは，あまり実り豊かな道ではない。そして恐らく，そもそもアイデンティティの意味の規定は，通常「定義」とか「概念規定」とかいった言葉によって表されるような「辞書的規定」によって成されるのではなくて，何か違った様式——例えば，この概念に関連ないしは包摂される現象，次元，要因，要素の連関を描き出すといった様式——によって成

されるのだ。だからむしろ，"この言葉の生きて働く場面から，その役割を理解した方がよい"（西平，1993, p.92）。とりわけ，私たちがこの概念を用いるときに直観的に何を把握しているのか，アイデンティティとは何であり何でないかをどのように区分しているのかを考察することがまず肝要である。あるいはまた，私たちの直観的把握が明瞭な理解へと至ることを妨げているものは何であるのか，この概念のどんな特質，どんな「捉えにくさ」がそうさせているのかを，丁寧に見ていく必要がある。

したがって，次のことが帰結する——アイデンティティ概念の私の直観的把握は，そもそも私のかつての体験に由来していると思われるが，まずはそこから始めなければならない。

2 私の直観的把握
——私が私であるということを支える「基盤」としてのアイデンティティ

かつて大学入試に失敗し浪人していた頃，私は，将来自分がどんな生き方をしていったら良いのかが分からずに苦しんでいた。自分は一体何が好きで，何がやりたいのか。価値ある生き方をしたいが，一体何に価値を置いたら良いのか。自分は浪人生なのだから受験勉強をすべきであるのは確かだが，では一体何のためにするのか。学歴を得るためではなかったはずだ。人を学歴で判断するような社会は悪であるとずっと思ってきたのだが，では，今この状況において勉強する理由が他にあるだろうか。「可能性を広げる」ためだろうか。しかし，それによって広がる「可能性」とは一体何なのか。所詮大学に行き，良い企業に入ってサラリーマンになる，あるいは研究者になって学問をする，くらいではないのか。そんな生き方を自分は本当に望んでいるのか。いや，何か他にないだろうか。一体自分は何がしたいのか——そんな問いの渦の中で，自分が誰であるのかが，どんどん分からなくなっていった。自分が何をしたいのかが分からないから，あらゆることに対して無気力になっていった。自分をこれからどこに帰属させていけば良いのかが分からなかった。どのような規範・価値観を信じ，どのように自らの存在を主張していくべきかが見えなかった。上に述べた

「自己規定」「主体性」「帰属意識」「存在証明」「規範・価値体系」といった諸々のものを全て失った感覚に捕らわれ，「自分が今こうして考えていることは，全てこれまで誰かに植えつけられてきたものであり，自分のものではないのかもしれない」といった危うい「自己意識」だけが何とか保たれているような状態だったのである。だから，端的に，私がアイデンティティという言葉に出会ったとき，まず想定されたのは「あのとき自分が失っていたものがアイデンティティなのだろう」ということだった。もう少し言えば，あのとき，それまで私が私であるということを支えてきた「基盤」が全て崩れたという感覚が生じたという事実のもと，そうした「基盤」こそアイデンティティと呼ばれているものだろうと確信したのだった。

したがって，この「基盤」がどんなものであるかを追究するところにこそアイデンティティの意味も見えてくるはずであるが，これが難しいということが（私にとっての）アイデンティティの「捉えにくさ」の第一である。私が私であるということは，通常あまりに自明であって，なかなかそれを支える「基盤」を論究するということがしにくいのである。

3 現象学的精神病理学諸説を参照する際に，まず問題とされる事柄について

こういうとき，私たちはしばしば精神病理学，とりわけ現象学的精神病理学諸説の助けを借りようとする。しかし，その際問題となってくるのは，アイデンティティ拡散に陥っているとき，私の病態水準がどの程度であったのかということが判定し難いということである。ブランケンブルグ (Blankenburg, 1971/1978) は分裂病者アンネの事例を通して，私たちの正常性の「基盤」となる4つの契機——世界，時熟，自我構成，他者と間主観性——を明るみに出そうとしている。木村（1972, 1988, 1970/2001）もまた独自の現象学的・存在論的考察を通して分裂病の理解に努めようとしている。

しかし，当時，恐らく私は分裂病ではなかったし，実際これらで描かれ

る異常性すべてを私が追体験できるわけではない。むしろラカン派などからは，分裂病を正常からの「マイナス」として捉えようとするそれら諸説は，いわゆる陽性症状の圧倒的体験——つまり，単に正常からの「マイナス」を補償するために作り出されるというよりは，むしろそれこそが分裂病の本態であるように見える妄想，幻覚——を説明できない，現象学はその根本的発想からして世界と人間との濃密なつながりを前提にせざるを得ず，そのことが「本来あるはずのつながりが失われた状態」としての分裂病論を導いているという批判の声も聞かれる（藤田，1990；小出，1999）。あるいは新宮（1989）のように，アンネが語るような「正常性（自明性）の喪失」の訴えは，臨床場面においては（分裂病者との面接に限らず）むしろよくあることであるといった声もある。

　ラカン派からのこうした批判——およびそれが現象学そのものへの批判になっていることの問題——はともかくとして，確かにある種の混乱があるのであって，その一つの要因は，現象学的精神病理学が示すような「私が私である」ことの不成立が，私のアイデンティティ拡散体験に通じるようでもあり，通じないようでもあるということ，どこまでがアイデンティティ拡散でどこからが分裂病であるのかが規定できないということ（あるいは，そうした連続線上にあるものとしてこの両者を理解して良いのかどうかすら定かではないということ）であろう。

　レイン（Laing, 1960/1971）の描き出したような「分裂気質」も，同じような問題の最中に置かれている。私の内部の2つの自己——「内的自己」と「にせ自己」——の関係を詳細に論じているという点においては，とりわけ，この2つの自己の分裂が進み，現実世界に「にせ自己」だけで関わるようになると「内的自己」が枯渇していってしまうといった議論を組み立てている点（レインは「内的自己」がしっかりと現実に根を張って，そこから有効な刺激や活力を得ている状態を「アイデンティティ」と呼んでいるようである）においては，確かにアイデンティティ拡散状態に対する極めて有効な知見を含んでいるように見えるのだが，そこにおいて示されている症例は，素朴に見てかなり「重い」（何をもって「重い」とするかは，また問題になるの

だが)。アイデンティティ拡散が進むところまで行けばここまで行くのか，それとも何か別の要因があったときに初めて，これらの症例のような「重い」状態にまで至るのかといったことが判定しにくいのである。

　ともかく問題になってくるのは，アイデンティティ拡散が病理学的にどこに位置づけられるのかということ，私が私であるということの自明性の喪失が病理学で扱われているところのそれとどこまで重なるのかということである。当初は臨床場面における一つの症状として抽出されたアイデンティティ拡散という概念だが，エリクソンはそれを"だれもがあるときに経験したことが"あるものとして拡張し，それを"正常な危機"と捉えることにこだわった (Erikson, 1968/1969, pp.6-7)。そのことが彼の理論を豊かな一般発達理論へと高めたのは確かだが，それと同時に上述のような混乱を（少なくとも私においては）生じさせているのである。

4　アイデンティティ拡散の正常性及び病理性に対するエリクソンの見解

　ただし，（最近読み直して気づいたのだが）この問題に関するエリクソンの見解は比較的クリアであった。多少長くなるが引用しておこう。"臨床学的な興味のある読者は，次のような印象をもたれるであろう。つまり，わたしが，アイデンティティの混乱を発達論的な動揺の問題として理解しようと努めているために，取り消し不能なほど悪性な状況を示していると思われる診断学上の徴候を無視しているという印象である。そういう印象をもたれるのはもっともなことなのだが，私としてはこのように考えたいと思う。つまり，動揺の急性的な開始点である発達的危機を描写することは，すべての診断的描写の一部となるべきだし，またとくに，必要な治療に関するすべての予後や陳述の一部となるべきだと思う。……〈中略〉……他方，臨床学的興味のない読者には，次のような注意をしておきたいと思う。つまり，精神状態を非医学的に同情の念をもって描写すると，読者は，自分に――もしくは周囲の人間に――その描写にあてはまるところがあると思いがちなものであるということだ。もちろん，アイデンティティ混乱の

徴候を一つ二つもっていることは（常識的にも）あり得ることである。しかし，もっと悪性の徴候すべてを一つの総体としてもつということはなまやさしいことではなく，それは，個々の事例をみて，専門的な観察者のみが確認し得るものなのである"(Erikson, 1968/1969, pp.228-229)。

要するに，「正常なアイデンティティ拡散」と「病理的なアイデンティティ拡散」との差は，まずは「良性／悪性」「徴候の数」といった程度の問題であり（「正常なアイデンティティ拡散」に陥っている読者は「病理的なアイデンティティ拡散」についての記述についつい「引き込まれすぎてしまう」ことがある），さらには「専門的な観察者」のみが確認できる"潜在的な他の病気が行う退行的引力"(Erikson, 1968/1969, p.228)の有無ということになるのだろう。もっとも彼はアイデンティティ拡散の徴候のうち，とりわけどういったものが悪性であるのかといった問題や，正常なアイデンティティ拡散にもやはり病理的なそれと同じくらい幅広い側面において何らかの（異常な）徴候が見られるといった問題，「他の病気の退行的引力」の見分け方などについてはほとんど語っていないから，それらは依然私たちが念頭に置いておかねばならない諸問題として残っているのである。

第3項，第4項の議論をまとめ，そこから一つの結論を引き出すと次のようになる。

私が私であるという（通常は）自明な事柄を支える「基盤」がある（私にとってのアイデンティティとは，自らのアイデンティティ拡散体験に基づいて，まずは私が私であるということそれ自体，およびそれを支える「基盤」として，直観的に把握された）。こうした「基盤」を論じたものとしては，現象学的精神病理学の諸学説があるが，それらを参照する際，私たちは正常なアイデンティティ拡散と病理的なアイデンティティ拡散とを隔てるものが何であるかに常に注意を払うべきであるとともに，これら諸学説に矛盾しない，ないしはこれらを統合するための，理論的枠組みを準備しなければならない。

Case Study No.2　私たちの拡散体験[12]

　私のアイデンティティ研究の出発点は，私自身のかつてのアイデンティティ拡散体験である。私が本書で示そうとしている青年期アイデンティティ論も，友人との「語り合い」という一風変わった方法も，あの体験の不思議さを解明するためにどうしても必要なものとして構築されてきたものである。ただし，もちろん私は自分の体験のみを独りよがりに説明してそれで良しとしようとは思わない。私が（本書を通じて，さらには本書以降のライフワークとして）目指すのは，可能な限り多くの青年の体験を了解するための理論的枠組みを構築していくことである。実際，「語り合い」の調査を始めてみると，何人かの友人が私と似たような体験をしたことがあることが分かり，私自身の体験と彼らの体験がどこまで重なり，どこから違っているのかを吟味していくという形で，私のアイデンティティ研究は進んできた。Case Study No.1では須賀という友人の拡散体験に触れたが，ここでは別の友人たちの事例も見ていきながら，「私の体験」から出発した研究が「私たちの拡散体験」を解き明かすものとして進展してきた，そのプロセスの端緒を提示することとしたい。理論的には，私が私であるという通常はあまりに自明な「基盤」を失うとは一体どのような事態であるのか，それを可視化するためのいくつかの概念を導入することを目指す。

　Case Study No.1の須賀に加えて，ここで新たに取り上げる友人協力者は次の2人である（名前は仮名。年齢，身分は調査開始当時のもの）。
・坂口実（男　25歳　大学5回生　調査開始は1997年10月）
・間宮佐紀子（女　22歳　大学5回生　調査開始は1998年4月）

（1）私の拡散体験

　確かそれは，高校時代の中頃に始まりだし，大学受験に失敗して一年間浪人していた頃に，頂点にまで達したと思う。ともかく，とても苦しいものだった。
　いろいろなことを考えた。考えるためにとても多くの時間を使っていた。いや，もしかしたら，あまり考えられてはいなかったのかもしれない。「勉強しなければ」と思いつつ，何もせず，いたずらに時を過ごしていただけなのかもしれない。でも，とにかく混乱していた。
　「将来何になろう？」と考え出したのが最初だっただろうか。それとも，「何のために勉強しなければならないのか？」と，ふと思ったのが最初だっただろうか。あるいは，もっと単純に「どこの大学の，何学部に入ろうか？」を決めようとしただけだったかもしれない。ともかく，それが分からなかった。将来は自分のやりたいことをやって生き

＊12　この Case Study No.2は大倉（2002b）の序章，第1章を本書の議論に合うよう要約，加筆修正したものである。

ていければ，と思っていた。けれど，その「やりたいこと」が分からなかった。
　人のためになることをしたいとも思った。自分が楽しく，幸せに暮らせればとも思った。自分の考え方や価値観を表現し，認めてもらいたいとも思った。やりがいがあって，ばりばり働けるような仕事に就きたいというのもあったし，どこかで静かにのんびり暮らすのもいいかもしれないというのもあった。今思えば，結構いろいろな「やりたい」があったのだが，その頃はそのうちのどれ一つ取っても，何か物足りない気がして，結局行動を起こせなかった。
　一方で，現代社会に対してとても批判的だった。あまり好きではなかった勉強を突きつけてくる受験制度，それを支えていると思っていた周囲の大人たちが，まず嫌だった。けれども，かと言って，それから逃げるのも違うと思っていた。ただ楽しければいいや，というのではだめだと思った。だから，そうしているように見えた同年輩の若者や，その頃よく口にされた「新人類」に対しても批判的だった。周囲のあらゆるものが，どこか間違っているように見えた。「自分は違う」と思っていた。
　だから，余計に考えた。本当に価値ある生き方，意味ある生き方，充実した生き方とは，一体どんなものだろうか？　自分は何をすべきか，何ができるのか，何がやりたいのか？　何が正しく，何が間違っているのか？　それらには，なかなか答えが出なかった。
　いや，むしろ，そうした問いはどんどん大きなものになっていった。そもそも「生きる」とは何だろうか？　人間とはどんな存在なのか？　そして，自分とは何だろうか？　何に従い，何を信頼して生きていったら良いのか？　何が価値あることなのか？　一体世界とは何であり，そこに存在しているとはどういうことなのか？　問いの立て方が，大きく，難しく，根本的になればなるほど，ますます答えは出なくなっていった。でも，まずはそこから考え直さなければならないとも思っていた。
　そんな中で，自分自身は何もしなかった。考えているつもりではあった。けれど，やることと言えばその「考える」ぐらいで，あとは何もする気が起きなかった。友達と遊び回っては，家に帰って独り「自分は何をしてるんだろう？」と陰鬱な気持ちになる。その繰り返し。事態はまったく進展しない。「自分は人とは違う」と思えば思うほど押し寄せてくる孤独感。将来のことが全く決まらない不安感。勉強が手につかない焦燥感。
　楽しみと言えば，ときどき考える異性のこと。現実に存在するのかしないのかも分からない素敵な異性との出会いを，幻想的に想っているときだけ，何とも言えない甘い気分に浸ることができた。あるいは，どこかの偉人伝で読んだような，波瀾万丈の人生を送る自分。心沸き立つような高揚感と，充足感に満ちあふれた人生を送る自分。そんな将来をやはり空想しているときだけ，「恐いものなし」の誇大感にふけることができた。けれど，そんな夢うつつの状態から覚めれば再び待っている，つらいだけの現実。自分が無意味でちっぽけな存在に感じられ，「もしかしたら，自分が存在しているということこそ，ただの夢にすぎないのかもしれない」などと，ふと考えたりもした。「暗闇」という言葉が一番ふさわしい，そんな生活だった。
　何とか大学に入ってからも，それはしばらく続いていたと思う。さすがに世界とか，

存在とかいった哲学的な問いを大まじめに立て，答えが見えなくて苦しむといったことはなくなっていたけれど，それでもやはり，将来何になろうかとはよく考えた。今すぐに結論を出さねばならないような気分にあった浪人のときと違って，その問題の切迫性はそれほどでもなかったが，将来のことが全く見えないという漠然とした不安感は，勉強そっちのけで友人たちと遊び回ったり，サークルやアルバイトに精を出したり，恋愛をしたりといった「楽しい」生活の中でも，やはり気分の底流にあったのである。あるいは，一人で自室にいるとそんな不安感が生じてくるがゆえに，あえて忙しくしようとしていたのかもしれない。

　大学3回生のときには，専攻を物理学から心理学に変えた。そもそもは，世界がどんなものなのかを知りたくて，宇宙論のようなことをやれたらと思っていたのだが，「世界がどういったものかを認識するのも，物理学を考え出したのも人間なのだから，人間を研究しなければならないのではないか」と，漠然と考えるようになっていた。もちろん，その背後には，地道な基礎物理の勉強についていけない自分の適性への疑問や，比較的簡単に専攻を変えられる学部に在籍していたという現実的状況が，そうした表向きの理由以上に大きかったのだろうが，その転機に際しては，あまり悩むことはなかった。

　そんな感じで大学生活を送りながら，何となく発達心理学研究室の4回生になっていた私は，それほど迷わずに「青年期のアイデンティティ問題」を卒業研究のテーマに選んでいた。ふと気づけば，浪人の頃にいろいろと考えていた将来像とは何だったのか，ごくごく平凡な大学の4回生になっている。答えの出ない問いの渦に巻き込まれ，苦しんでいた当時から比べれば，そうした問いに四六時中悩まされることもなくなったし，将来に対する不安も随分減じてきている。だとすれば，一体あの苦しみは何だったのだろう？　一体，私に何が起こったのだろう？　——それが，一番最初の素朴な疑問だった。

　こうして私はアイデンティティ研究を始めたのである。

（2）坂口

　私が坂口と「語り合い」を始めたのも，須賀と同様，4回生の秋頃だった。彼は大学に二浪して入学，私より学年では1つ上，年は2つ上だった。やはり彼も留年していて，当時「5回生」をやっていたのだが，その年の大学院入試に受かっており，翌年は一応院に進学する予定になっていた。だが，そこに至るまでに就職か院進学かでだいぶ迷ったらしく，彼の留年もそこらあたりの事情と関係あるようだった。

　年齢差，学年差はあるけれど，2人で飲んだりすることもあって，彼とは自由にものを言い合える仲であった。普段の彼は一人読書をしたり，映画鑑賞をしたりするのが好きなのだが，仲間うちで集まったときなどはよく喋るし，必ずしも内向的でおとなしいといったイメージではない。「語り合い」でも，ユーモラスな口調，軽快なテンポでよく話してくれた。

　まずは彼の来歴の概要を示すことにするが，須賀とはまた一味違って，彼は両親の話を非常にたくさんしてくれた。だから，両親についての語りを中心にして，彼のこれま

でを要約しておくのが良いだろう。

＊＊＊

　ある日の語り合いで，自分にとって親のことはすごく大きいと彼がちらっと口にしたのを受けて，私は次の回，親のことを中心に話をしてもらうことにした。その回の冒頭，私の問いかけに対して彼は少し考えてから，「記憶があるって言ったら，最初は家に親がいなかったってことかな，帰ってきたときに」と切り出し，それからいつもの通り軽快に話し始めた。

　「父親の記憶なんてほとんどないのね，ちっちゃい頃の記憶」。「日曜日とかに遊びに連れていってもらったこととか全然なかったから。特に父親は全然，近くて遠い存在みたいな感じだった」。今でも「女性関係とか，スポーツなどの世俗的なこと」は話せないのだという。「なんかすごく接しやすい会話っていうのかな，それがなかった気がする」。会話をしても「親に合わせてた」。

　彼の両親は2人とも教師で，家にいないことが多く，そんなときには「ただ独りで寂しいことしてるか，おばあちゃんと遊ぶか」だったという。親は「すごく忙しくて，いつも勉強してた」。「しゃべれない，話せないってことが，すごく大きくなって，親にものをねだれなくなったんだよね。だから自分の欲望というのか，わがまま言えないっていうのが，それがすごく大きくなっちゃったような」気がする。「言えないっちゅうのはね，いい子でありたかったのかな。親に対しても世間に対しても。だから絶対逆らえなかったね」。

　ところが，親はそんなに威厳があって近寄り難い存在なのかと私が尋ねると，「そんなことはないと思うんだけどね。ちゅうか客観的に見てそんなに厳格でもないんちゃうかなって」とやや意外な返事が返ってきた。「母親だってすごい一般的に見たら気さくな方ちゃうかって思う。まあ，父親は厳格に近いかも知れんけど」と言う彼に，だとすれば学校の先生だということが影響しているのかと私が問いかけると，「ああ，学校の先生ですごい嫌だったのはね，いつも誰かに見られてる気がした。みんな知ってるのね。近所行っても，まあ，僕の学校の先生や友達とかも僕の親とよく会ったし。だから，もう何々したら必ずうちの親に伝わってた」とのこと。「だから期待を裏切らないとかそんなことまで考えてへんけど，ばかなことはできないぞって」といったプレッシャーを，心のどこかでいつも感じていたようだ。

　3,4才の頃何も分からず欲しいものを手にとってお金も払わず店から出てきたら，母親に「何してんの！」とすごく怒られたのだという。「そのときすごく恐かった」。それに対して私が「母親は怒ったら恐い？」と尋ねると，「だけど，あまり怒ったことないような気がするな。勉強しろとか言われたことないし，そういう意味では何も言わない人やった。成績悪くても何も言わへんし，好きなことはさせてくれる。だけど今でも頼み事はできない」とのこと。

　実家から大学に通っていたら，いろいろ思う通りにはできなかっただろうけど，一人暮らしできたことで「すごく離れることができたっていうか，親のしがらみがなくなってきたんちゃうかなって思う」。「だけど，やっぱり心の片隅で残ってるから，何かまだ

親が期待するようになりたいとかさ，思うわけよ，これから。だから，結構，親はずっとさ，親は大学院に行ってほしかったんだよ。親は会社っていうのをすごい嫌ってるのね。その反発もあって，会社にしたいっていうのはあったかな。まあ大学教授が一番いいんちゃう？　学校の先生とか，多分それを望んでいたと思うわ。だから，ずっと院に行ってほしがってて，それに対しての反発もあった。なんとか反発したいっていうのはずっと考えてたから。反発というかね，言いなりにならないこと。ただ親の期待には向かわないぞっていうだけ」。ところが，そう言いつつ，当時彼はまさに大学院の入試に受かったばかりだったのだ。それを踏まえて，私が「でも，結局親の期待する方向に向かってきてない？」と尋ねると，「だけどまあ，それは自分が思ってる方向やから（それでいい）っていう感じ」なのだという。そして，「だからそういう意味において，親なんかいなくなった方がいいって思う，死んでしまった方がいいと思う。だからいなくなれば，本当に好きなことができるというか，思いきったこと。どんなすごい谷の時期，山あり谷ありの谷の時期にいても，そんなことを気にしてくれる人がいないんやったら，そんなそれがまあ，何か目的のためのことやったら，気にせずにその谷に入っていける」といった，かなり思い切った発言も飛び出してきたのだった。

「ちゅうか，もう，自分でも思うんだけどね，自分でかわいがられてると思う。すごい好かれてる」。「すごい過保護に育てられたから，なんも自分でやったことがなかった」。「結局ほんまに言われたことしかやってないし，怒られたことないし，自分で動けないし」。ただし，大学に来て一人暮らしを初めてからは「必然性に迫られて」，「ある程度動けるようになった」そうだ。

＊＊＊

以上のように，彼は両親に対してすごく複雑な思いを抱いていた。親に対するこれほど強いこだわりというのは，私にとって必ずしもすぐにはぴんと来るものでなかったが，次々と紡ぎ出されてくる言葉の端々から，彼の両親に対する愛情と反発，甘えたいけど甘えられないといった揺れ動くような思いがひしひしと伝わってくるようだった。

彼の両親が実際にそれほど厳格で隙のない人だったのかということは，彼の言葉からははっきりしない。むしろ，「客観的に見たらそうでもないんちゃうか？」というように否定している。また，彼の弟は両親と気軽に話したりできるらしい。しかし，彼にとって両親というのは相変わらず大きな存在なのだ。

なぜそうなったのかは確かめることはできないが，今現在彼が頭で分かっている両親の姿というよりも，小さい頃から彼のあり方の根本に影響を及ぼしているような「取り込まれた両親像」とでも言うべきものが，未だに彼にとって大きな存在となっているということは確かなようだ。

そんな彼からいつだったか，「自殺しようと思った」時期があったということを聞いたことがあった。そのときのことを質問したのが以下の会話である。

語り6　苦しい時期　坂口（5回生・秋）
（私）なんか，一時期すごい苦しい時期あったとか言ってたやん。自殺しようかと

思ったとか……。
(坂口) なんか, あれ, ほんまにわけ分からんねん。わけ分からんかった。
(私) わけ分からん……。
(坂口) あのとき……寂しかったんかな。寂しいくせに人に会いたくなかったんかな。電話も出なかったし。何もやる気起こらんかったし。なんか, 投稿してんか, 小説。あんまりそれ大きくないと思うけど。だけど, まあなんも (先方からの反応が) なくて, 結局。あれで終わって, その本が終わって全然やる気が出なくなって。で, 結局なんもやる気がなくなって, 勉強とかも。だから, それ, 落ちて自信がなくなったとかは全然関係ないと思う。賞取れなくて無理やったとかね。だけど, 一回終わっちゃって, 次は全然書く気がなくなって。あのときね, 夜になるとね, 人通りを求める？ ……〈中略〉……うん, だから全然知らん人と話がしたかったのかな, いつも夜になるとね, とりあえず歩いてた。……〈中略〉……ほんまになんか寂しくなるのよね, 家にいると。で, それでいて誰かと会おうとかいう気はなくて, 友達とか。だから, それほんまにわけ分からんねん。……〈中略〉……だから, なんで (そう) なったか全然原因突き止められへんけど……だから, 時間が長かったな, 何にもやる気起こらんかったもん。で, まあ死のうと思ったのは, 別に死のうと思ったわけじゃなくて, 「生きてても死んでても同じ」っていう……。意味的にはね, 死のうと思ったんじゃなくて, 何も変わらへんということ。
(私) 俺もあったけどな。
(坂口) あった？　べつに死のうと思ったわけじゃないよ。
(私) うん, 俺もそうや。
(坂口) 生きてても, 死んでても同じかなと思って。なんやったんやろうな。ほんまに夜寂しくなんねん。俺, 電話すればいいのにな, 話したかったら。でも, 街に行くねん (笑)。あほや。
(私) なんか, 分かるな。友達じゃないねん。話したいのは。
(坂口) うんうん。
(私) なんやったんやろ, それ。突き止めたいね。
(坂口) ね。3回生の秋かな, じゃあ。そんなに, 彼女と別れてすぐ後。全然関係ないで (笑)。ほんまにね。あれはなんでかっていうのは全然関係ないよ。僕, 1年半ずっと「別れたい別れたい」と思って, やっと別れたんやし。すっきりしたで。ほんまに。あれ, 笑ってもうた。関係ないと思うんだけどな。
(私) 正直になった方がええんちゃう？
(坂口) ほんまに関係ないと思う, それだけは。
(私) ほんまに……。
(坂口) うん。だけど, 暇なときに遊ぶ人がいなくなったとかあんのかな。関係ないと思う。つなげたくない。
(私) 「つなげたくない」というのが, 本当ちゃうんかな？
(坂口) そんなことない。女ごときでそんなんなるかっちゅうねん (笑)。わしの世界は女なんかこれしか (ちょっとしか) ないんじゃ。こうあったら, これしかないんじゃ (手振りで)。

投稿の失敗は「大きくない」、「彼女」のことは「関係ない」と否定しつつも、すぐその後に「まあなんもなくて」とか、「暇なときに遊ぶ人がいなくなったとかあんのかな」「つなげたくない」などとも言っている。こうした言葉からは、投稿の失敗や恋人（あるいは女性）に対する彼の複雑な思いを感じとることができるだろう。そもそもなぜ、投稿の失敗のことや彼女のことが話に出たのだろうか。彼は否定するけれども、苦しかった時期と投稿の失敗、恋人との別れとのあいだには、やはり何かしらつながりがあるのではないだろうか。そう考えてみると、確かにそれらのあいだに、一つの共通なイメージ——喪失感、孤独感、空虚感——が浮かび上がってくる。
　まず投稿の失敗。それについては最初から期待していたわけでもなく、また失敗したときのショックもそれほどではなかったという。しかし、実は彼には「物書きになりたい」という夢があるそうだ。だとしたら、そこにはたとえわずかであっても「もしかしたら……」という気持ちがあったのではないだろうか。また、そんな彼にとって小説を書くというのはとても楽しい作業だったろう。別に投稿で一度失敗したことぐらいは何ということはないけれど、それまであった「すること」がなくなってしまった漠然とした空しさ。彼が口にしたのはそういうことではないだろうか。
　恋人との別れはどうだろう。「ずっと別れたい」と思っていて、「すっきりした」と言うぐらいだから、「失恋の痛み」というほど大げさなものではないだろう。でも、どんなに重荷に感じてきた人でも、いざいなくなってしまうと一抹の寂しさがよぎるということはよくある。たとえ「暇なときに遊ぶ」ぐらいの人であっても、自分の生活の一部をなしていた他者がいなくなってしまったときにどこかに開くちょっとした隙間。こうした感覚も、苦しかった時期の彼の体験とどこかでつながっているからこそ、彼の上のような発話が出てきたのではないだろうか。
　さらに、この寂しさということに関連して思いつくことがある。それは、彼が所属していたサークルはこの3回生の秋に「引退」の時期を迎えるということだ。それまではサークルの仲間とほとんど毎日のように顔を合わせていたのが、それがなくなってしまう。友達を失うわけではないけれど、何となくいつもの場所にいつもの仲間が集まるということがなくなってしまう。半ば習慣的にサークルに行っていたときとは違って、別に会おうと思わなければ、友人たちと会わないで独りで過ごすこともできる。ここにも何か寂しさを感じさせるものがあったのかもしれない。
　また3回生の秋と言えば、来年の進路を決定する時期でもある。上のように、今まで自分の生活の中にあった「すること」や他者たちから幾分縁遠くなってしまう一方で、就職か院進学かで迷っていた彼に決定の刻限が迫る……。

＊＊＊

　語りを聞きながら、私は自らのかつての体験を思い起こしつつ、当時彼が置かれていた状況を想像していた。
　当時、私は「宅浪」（予備校に通わず自宅で勉強をする浪人生）だった。客観的に見て、やらなければならないことは、明らかに「勉強」だった。小さい頃からの夢は野球選手になることだったが、強豪というわけでもない高校のレギュラーになれるかなれな

いかだった自分がプロになれる可能性はどう考えても小さく，やはり実際それに賭けていく勇気は出なかった。また他の就職をする気もあまりなかったから，あとはとりあえず大学を目指して勉強するぐらいしか道がないのは明らかだった。でも，私はあえて，「やらなければならないもの」としての「勉強」を留保した。ちょっと立ち止まってみて，本当に進学で良いのか，本当に勉強をしなければならないのかを考えようとしたのである。勉強するにしても，「何のために」というのをまずはっきりさせておきたかった。自分が将来どんな職に就き，どんな生き方をしていくのかを見定めた上で，受験勉強や進学というものを，そうした自己実現のための一過程として位置づけなければ気が済まなかった。

　ところが，そうやって「やらなければならないもの」を一旦棚上げしてしまうと，日常生活の中で「すること」がなくなってしまったのである。一つあるとすれば，考えること。自分に必要なのはまず，どんな職業に就いて，どんな生き方をするのかを早く決定することであり，そのために考え抜くことだと思った。「考える」以外のことが全て邪魔で面倒臭く感じられた。けれども，考えても考えても答えが出ない。同じところをぐるぐる回るばかりで，進んでいるという感触が全く得られない。自分が立ち止まっているのに時間だけが刻々と経過していき，入試の日が迫っているのもやはりどこかで気になっている。「勉強をやらなければならない」という状況を棚上げし続けるのに，必死だった。それをしていれば確実に意味があるというものを何か見つけたかったのだが，それは決して見つからなかった。学歴主義に対して子どもの頃から疑問を抱いていた私にとって，自分に残された「すること」が，とりあえず大学へ行くための受験勉強だけだなどというのは，到底認められることではなかった。

　もう一つ苦しかったのは，ひどい孤独感だった。「考える」以外のことは全て邪魔，と言ったが，なぜか友達とはよく遊んだ。受験生という身分から自由であるがごとく振る舞いたいというのもどこかにあったのかもしれない。「友達づき合いは大切だ」などと勝手な理屈を立てては，誘われるままによく遊びに出かけた。けれど，はめをはずして遊んだ後は，それこそ深い空虚感，孤独感にさいなまれた。友達には悪いが「ああ，また時間を無駄に過ごしてしまった」「何やってるんだろう」といった感覚に，先ほどまでのにぎやかさが嘘のような静まり返った自室で，独り打ちひしがれていた。周りの友達は皆就職していたのだが，そのことも自分一人だけ立ち止まっているという事実を一層際立たせた。彼らの遊びに参加させてもらっているという感覚がいつもどこかにあった。恐らく自分などいなくても，彼らは楽しくやっていくだろうとも思っていた。友達に会うほどに，孤独感が強まってくるようでさえあったのに，それでもやっぱり誘われれば出かけていった。自分が今いなくなってしまっても世界は何も変わらないのではないか，そんな感じの中で，友達仲間のあいだでの希薄な存在感だけが，かろうじて自分が生の世界にいることの証であるような気がしていたのかもしれない。

　それと，異性のことをよく考えた。将来の職業とか生き方とかを考えながら，思考はしばしば好きだった女の子の空想へと脱線した。実際は，その子のことについて何も知らなかったし，それほど顔を合わせるわけでもなく，現実につき合いたいと思って行動

したのでもなかった。むしろ，空想の中でその子との恋愛を楽しんでいる方が良かった。そんな空想をノートに書きつけたり，詩を書いたりして感傷にひたっていたのだが，それはそれでなかなか甘い体験だったように思う。ある意味幻想的な「理想の女性」を，その子というスクリーンに映し出して，飽きることもなく眺めていたのである。

＊＊＊

　坂口もまた，「寂しかったんかな」と言っている。彼は友達と会おうとするのではなく，夜の街の雑踏を求めていたというから，私の場合とは少し違うようでもあるが，それでも私には彼の当時の気分が何かとてもよく分かるような気がした。すなわち，（実際に友達と会うかどうかは別にして）友達以上の何かに出会いたいという気分。友達と会うことぐらいでは決して解消されないような孤独感を，癒してくれる誰か（恐らく異性だろう）に会いたいような気分。ただの寂しさ以上の，自分が周囲の他者や時間の流れから切り離されたところにいるような，深い孤独感。「すること」がなく鬱積したエネルギーを，やみくもに夜の街を歩き回るとか，友達とはめをはずすとかして発散させなければ収まらないような感じ。

　坂口にとって，小説の投稿の失敗はどんな意味を持っていたのだろう？　つき合っていた女性との別れは？　サークルも引退し，いよいよ将来の進路をある程度具体的にしなければならないと，ひしひしと感じ始めただろう3回生の秋，彼に何が起こったのだろう？　そして，彼の孤独感や空虚感は何だったのだろう？

　一方，私にとって，小さい頃から夢見ていた職業が現実的な選択肢から消え去ったということは，どんな意味を持っていたのだろう？　（当時，それが自分にダメージを与えているとは少しも思わなかったのだが……。）私の空想上の理想の女性とは，一体何だったのだろう？　そして，受験勉強の苦しみという以上の，あの孤独感は？

　一つ言えるのは，あたかも何かに「つまずく」ようにして，私たちが苦しみ始めたということだろう。必ずしも何らかの大きな事件や挫折があったわけではないし，自分自身その原因を自覚していたわけでもない。けれど，坂口の「物書き」にしても，私の「野球選手」にしても，さらにCase Study No.1で見た須賀の「エリート」にしても，幾分夢想的だった小さい頃からの将来像を見直すような契機――大学進学の際の進路選択，大学への入学，投稿の失敗と卒業の接近など――，「本気で」将来の職業や生き方というものを考え直さねばならなくなるような各人固有の契機が確かにあって，私たちはそこでつまずいたように見える。言い換えれば，それまで編み上げられていた〈自己－世界体系〉のほんの小さなほつれから，アイデンティティ拡散は始まっていくのではないだろうか。

（3）間宮

　間宮に「語り合い」を依頼したのは，坂口や須賀から遅れること半年，私が大学院の1回生になった春だった。彼女は私と同学年だったが，現役合格しているので年は1つ下，でも前年の院入試に失敗していて，引き続き院進学を目指し「5回生」をやっていた。初めての女性協力者ということで，はじめのうちは私も少し緊張したけれど，回を

重ねるうちにそれほど固くならずに話ができるようになっていった。

普段の彼女はとても気さくで，知らない人ともすぐ仲良くなってしまう。のんびりした感じで，どこか人を惹きつけるものを持っているようだ。また一緒に飲んでいるときなど，彼女とも何回か社会や政治の話をしたことがあるが，そうした問題についても自分なりの意見を持っている。

「語り合い」をしていて分かったことだが，やっぱり彼女にも大学の1回生から4回生にかけてひどく苦しかった時期があったようだ。話も自然，そのときのことについてのものが多くなった。ただ，今は比較的安定し，充実した毎日を送っているという。

彼女もまた，日頃から話し慣れていることもあって，「大倉の研究のために一肌脱ぐか」といろいろなことを一生懸命に語ってくれた。ゆっくりと考えるような，しかしそれだけ力強い感じのする話し方が，彼女の特徴である。例によって，彼女がどんなところを通ってきたのか，簡単にまとめておこう。

＊＊＊

彼女は教師の父，政党職員の母を持ち，地方に生まれ育った。両親は彼女に「すごく愛情を注いでくれたと思う」。とても仕事熱心で，あまり構ってくれないということで反発したこともあったが，反発と言えばそれぐらいで，今でもやっぱり「家族大好き」だという。「親の影響，もろに受けて，そのまんま育ってきている」。

小学校の頃は「あばれんぼう」で，よく男の子を泣かしていたそうだが，それで先生に怒られてからは「おとなしくなってしまった」。両親の仕事の関係で，小学校高学年の頃にアメリカで1年間暮らした。「6年生の頃は悪い子」で，ちょっとした不良行為もしたという。中学校は，生徒が自主的にいろいろな試みをする「すごくいい学校」で，仲の良い友達もいて「すごく面白かった」。高校のときは「受験勉強ばかり」という感じ。

地方から出てきて大学に入学後，一人暮らしを初めてからは，こちらの「せちがらい」人間関係や，何も知らない自分の「無防備さ」，「世間の荒波」に戸惑ったそうだ。また，自分にとっての家族の大きさ，「一緒に住む人がいるのといないのとでは全然違う」ということを痛感する。「咳をしても一人」という感じだった。

勉強の方も「受験勉強の影響」か，「全部能力」という「エリート主義」的な基準で考えていたために，「私にはそういう能力がない」「ちょっとできなかったら，ああ向いてないんだ」と感じて，つまずいてしまう。

また「政治とか社会を変えたいというのは，いつでも思ってる」彼女は，親に代わって「自分を引っ張ってくれるもの」が欲しいという思いもあって，ある政治的な活動に参加した。そこでの仕事は「すっごく大変」だったが，「最初は，こう正義感というか，やっぱりほんとにこういう状況は変えなきゃいけないと思って」がんばっていた。しかし，そのうち「スケジュールに動かされてるみたいな感じになって」，「心をこめて」できなくなってしまい，「すごく苦しかった」。

その頃は，「ほんとになんか，自分，まあよく分かんないけど，自分を探すっていうか，なんて言うか，模索して，なんかわけ分かんなくて，ほんとに大変だった」。「すご

く将来のことが不安」で，それを紛らわすためにいろいろな「男の人に逃げて」いたりした。

大学の5回生になったあたりから，それが少しずつ変化し始める。「目標が見つかった」のと，弟と一緒に暮らすようになって「寂しくないっていうのが大きい」のか，「結構充実して」いて，「自分がやりたいことを一生懸命やっている」という感じで，「院入試の勉強もしている」。「最近はすごい落ちついてきたっていうか，別に何か解決したわけじゃないんだろうけど，よく分からんけど，いい感じ」，「忙しさで言えば昔の方がすごく充実していたはずなのに，精神的には今の方がいい感じ」だという。

そして，今でも「自分の生き方に，両親の影響ってすごくあって，やっぱり未だに目標というか，お父さんやお母さんみたいな人になりたいなあ，とすごく思ってる」という。

＊＊＊

以上のように，彼女にとっても，両親や家族というのはやはりとても大きな存在であるらしかった。

彼女は大学入学後，母親のように政治的な活動に関わる一方，家族のいない一人暮らしの寂しさを痛感している。また，その活動の忙しさに振り回され，4年間本当に苦しい思いをするが，それが和らぎ始めたのは弟と一緒に暮らし始め，自分の目標が定まってきてからのことである。そして，そんな彼女の目標は，実は，もっと勉強して，父親のように教育関係の職に就くことなのである。彼女の「自分探し」は，常に両親や家族の影響のもとにあったと言っても良いと思う。

今，比較的充実した毎日を送れるようになった彼女だが，そこに至るまでに一体どんな紆余曲折があったのだろうか？　彼女にとって非常に苦しかった大学4回生までの時期は，一体どんな時期だったのだろうか？　「よく分からんけど，いい感じ」になったのはなぜなのだろうか？　まずは彼女の苦しかった時期についての語りを見ておくことにしよう。

語り7　堕ちた　間宮（5回生・秋）
(ある人が今苦しんでいるという話題から，その人の苦しみ方は間宮の場合と同じなのかを尋ねたところ)
(間宮)いや，違うね，あの人は違うな，私とは。うん。何だろう。私はとりあえず，大学来てとことん堕ちたからね。
(私)堕ちた？
(間宮)うん，今思うと。なんて言うの，そう，これまで，っていう話はしたんだっけなあ，前のあれ（語り合い）で……。
(私)ちょっとしてたんだけど，やっぱりその「堕ち方」が？　どういう堕ち方だったのかなとか，具体的な様子が，まだいまいち聞けてないとこで終わってたんだけど……。
(間宮)ああ，そうかそうか。
(私)だから，それも話してほしいんだけど……。

（間宮）ああ，だからこれまでお父さんお母さん，家族に守られて，自分で歩いてるようなつもりだったけど，それはお父さんやお母さんに引っ張られて歩いているのであって，自分で歩いてるわけではなかったんだよ。ほんで，ここ来て，そういう引っ張るものなくなってから，もう歩けなくなっちゃってっていう，何かすごい漠然とした，全然具体的じゃない言い方なんだけど，そういう感じ？　で，何か，そう……うん……。
（私）そんときはこう，どんな感じだった？
（間宮）へえ？
（私）気分的に。
（間宮）今思うとだけど，そのときは，そのときはもう，たださ，普通，普通にというか一生懸命さあ，あの，なんて言うの，一日一日を過ごしてただけなんだけど，今思うとなんかすごいあがいてたって感じ。なんかほんとに真っ暗闇って感じ。何だろう，ああ，苦しかったんだよう，苦しかったんだよねえ（笑），昔，嫌だなあ……。
（私）朝起きたらブルーで？
（間宮）もうブルーで。
（私）ソーブルー（so blue）？
（間宮）そう。そんでしかももう，飲んでばっかりいたから，朝起きたら，二日酔いで，で，すごい何かもう，そう，「何しに大学に来たんだろう」と思って泣いて（笑），で，またちょっと寝て，夜になったら飲み会行って，また二日酔いで朝ブルーになるみたいな，そういう感じ？

　彼女の話し方というのは，実に感情がこもっていて，言わんとしていることが言葉の字面以上に伝わってくることが多い。そんな彼女が，昔のことを振り返って話すその豊かなニュアンスの付け方から，私は，両親がいなくなり「歩けなくなっちゃって」途方に暮れる彼女の姿だとか，「一生懸命」やっているはずなのに何もつかめないもどかしさだとか，今思えば「あがいてた」自分に対する懐かしさと苦々しさの入り交じったような何とも言えない独特の思いだとかいったものを，感じ取っていた。特に，彼女が「苦しかったんだよう，苦しかったんだよねえ，昔，嫌だなあ……」と言ったときの，本当に嫌そうな，もうあの頃には絶対戻りたくないとでも言いたげな感じは印象的だった。

＊＊＊

　浪人の頃，先に述べたような苦しさにさいなまれながらも，とりあえず進学しようというところにまで何とかこぎつけた私は，当初の希望通り大学に入ってから一人暮らしを始めた。別に親のことが嫌いだというわけではなかったが，いい加減親元を離れて自由に暮らしたいという思いは強かった。
　一人暮らしを始めた当初は，大学に入学できたのがやっぱりうれしくて幾分高揚気味に過ごしていたのだが，夏ぐらいになって新たな生活に少しずつ慣れ始めると，基本的にいつも一人であるということの寂しさのようなものを感じるようになってきた。もちろん，やっぱり親元に帰りたいなどと思うことはなかったのだが，それによって一層

「ああ，もう何をしても一人なんだな」という実感が深いものになったのかもしれない。浪人の頃一緒に遊び回っていた友人たちとも遠く離れてしまった。大学でも仲の良い友人が何人かはできたのだが，まだいかんせん知り合ってからの月日が短く，実家の友人たちに対してのようには自分を出していけない感じが強かった。恋人もできたが，やっぱりそもそも実際の恋愛がどんなものかという好奇心が勝っていたからだろうか，やがてうまくいかなくなってしまった。勉強に打ち込もう——まさにそのために大学に入ったつもりだったが——と思っても，授業に出，図書館に行って，夜一人帰って寝るという生活に3日で音をあげてしまった。かねてより興味を持っていたことがあり，高校時代とは違った部活に入ったのだが，結局あまり馴染めず半年ももたずやめてしまった。まるで何かに追われるように，いろいろと新しいことに挑戦しようとしたのだが，ほぼすべてが計画倒れになった。受験というプレッシャーから解放されただけ，以前に比べれば少しはましだったが，やはり何か空しい日々が続いていたのである。

　幸い，これではどうにもならないと思って2回生のときに飛び込んだサークルの水が合って，気の合う仲間たちと出会うことができた。それからというものは，一人でいると必ず襲ってくる孤独感や不安，空虚感から逃れようとするかのように，サークルとアルバイトに精を出し，そこでの友達と毎日のように遊び回った。ただ，やはり気分の底の方には何か満たされないものが残っていたのも確かで，そんなやるせない思いを打ち消すかのように，二日酔いで次の日使いものにならなくなるまで飲んだりすることもしばしばだった。楽しいと言えば楽しい生活だし，今から思えば懐かしくもあるのだが，あのときの「気分」にだけはやはり間宮と同様，もう戻りたくない気がする。

＊＊＊

　こう考えてくると，親元を離れて一人で暮らし始めるということは，自分の好きなように生活できるようになった喜びとともに，一人になったという寂しさを確かに感じさせるものである。ただ私の場合，少なくとも意識の上では，親元を離れたから寂しくなったのだとは思わなかったし，実際浪人時代まだ実家にいる頃からすでに，根深い孤独感というのはあったのである。恐らく彼女においても，実際に一人暮らしを始めたという事実にも増して重要なのは，「引っ張るもの」がなくなったという精神的支柱の喪失だろう。須賀や坂口と同様に，彼女もまた自分が漠然と乗っかってきた道，目指してきた方向性を見失った結果，慣れない一人暮らしを始めたことも手伝って，孤独感や空虚感にさいなまれる苦しい状態に陥ったのではないだろうか。そして，そうした心の空隙を埋めるために，あるいは忘れるためにこそ，政治的な活動やら飲み会やらと忙しく立ち回らなければならなかったのではないだろうか。

　ただ，注意が必要なのは，私と違って彼女の場合，あまり考え込むことはなかったようだという点である。苦しかった時期，何かひどく考えこむようなことがあったかを彼女に尋ねたところ，答えは否であった。むしろ，心のどこかに開いた風穴を何とか埋め合わせるために，まさにいろいろ「あがいていた」という言葉が一番ぴったり来るらしいのである。逆に言えば，考え込むにせよあがくにせよ，私も彼女も，そして坂口も須賀も，常に〈何か〉を求め続けていたのかもしれない。その〈何か〉とは一体何なのだ

ろう？

　恐らく，次のように言うことができるのではないか。確かに坂口や間宮，須賀，そして私の体験は，その時期や理由においてそれぞれ微妙にずれている。また「苦しみ」とは言うけれど，その強度や内容も少しずつ違うだろう。けれども，そこには共通する何か，ある種の独特な体験様式，一つの相似な構造があるようにも見える。むしろ，それがあったからこそ，私は彼らの語りをある程度「分かる」という手応えを感じながら聞くことができたのだと思う。では，その共通の体験様式とはいかなるものなのか。それを探っていくために，次の坂口の語りを見ておく必要があるだろう。

(4)「どこでもないような場所」で
　　語り8　空虚感　坂口（5回生・冬）
　(私) すごいつらい時期，「生きてても死んでても同じ」とか，それってすごい空虚感だと思うんだよね，それに襲われた時期，それについてもうちょっとどんな感じだったかというのを。
　(坂口) 何に対しても意欲が湧かないから。人生全体を見ちゃう。だから結局一個人として，一人の人間として，当たり前のことだけど，ちっぽけなものであり，だれが何をしてきたかというのはすごく外面的，一時期に興って一時期にすごく短い期間で一生を閉じる。どうしようもない，とりとめのない存在っていうのは分かってる，当然そんな人間がほとんど全て，だから名の知れた人間なんていうのはごく一握りでしかないというのは分かってるんやけど，だけどね，別にそんなん目指すってわけじゃないけど，……〈中略〉……で，そんなんになれなくてもいいというのは分かってるけれど，結局毎日が単調に過ぎてしまうということを恐れていたという。それがずっと続くということを。まあ，いろいろ考えたよ。自分なりの趣味というものを突き詰めて，毎日毎日そういうのを頭に入れながら，20年30年過ごしても満足できるんじゃないかとか，まあ本を読んで，その世界にひたることで何かができることがあるかとか。……〈中略〉……とにかくね，まあ例えば将来っていうのが頭にあったと思うわ。それが全然暗闇というか。だから，普段の生活がそうじゃない？　一週間後に何々があったら，それまでそれを楽しみに一週間過ごせてさ。……〈中略〉……だからそういうのがさ，長期的視野で見てもなかったっていうかさ。
　(会話が少し流れて)
　(坂口) だから，日常生活でもずっと単調やんか，それって何も楽しくないような気がしてて，それがただ大きかっただけちゃうかなって思う。
　(私) なるほどね……。
　(坂口) なんなんやろね。別にめちゃめちゃ苦しいという感じじゃない，ほんまに空虚感やわ。何がつらい言うたら，つらいものがないのがつらいくらい……。
　(私) ああ，なるほどね……。
　(坂口) 追われるものがないっていうのもあるね。ああ，それ，そのころから僕ようあった，テーマに。追われるものが，だからほんまね，もう極端なこと言っちゃえば単調なことでもええねん。何かに追われていたいっていうか，それがもうなさすぎちゃったっていうの？　だからもう僕はその時期ね，定年後のね，おじいちゃんの生

活をもう味わっちゃったんだ。60才になって仕事もなくなって趣味もなく，家の中でボーッとテレビ見ている（笑）。で，そんなんが続いたらさ，結局，なんか他のものにも興味がわかへんやんか，何やっても楽しくないし，そんなんが続いたら，だから，将来的にも何か楽しいことができるっていうのも見えなくなったというのが，一番大きいんじゃないかなって思う。はっきりとは分からへんで。

坂口にとっては，もう過去のものとなってしまったあの時期について，彼自身の自己分析も交えながら話してくれた語りである。もう過去のものになっている分だけ，割と軽い感じで言葉がテンポ良く出てきた。ただそれでも，「当たり前のことだけど」,「一人の人間として」自分は「ちっぽけな」ものであり，「一時期にすごい短い期間で一生を閉じる」といった言葉や，「名の知れた人間なんてほんの一握りにすぎない」，そんなことは「分かっている」，自分が「とりとめもない存在」だというのも「分かっている」といった言葉からは，その頃彼がある種の重苦しさの中で何を考え，どんなものと格闘していたかが，十分伝わってくるようだった。

＊＊＊

あの頃，私も毎日毎日考えていた。どんな職業に就いたら，自分の能力を一番発揮できるのか。どんな生き方をしたら，自分の人生がより有意義になるのか。

ところが，「有意義」という言葉の意味がはっきりしなかった。今の社会において，何が最も「有意義」なのか。例えば，科学者になって科学の発展のために何か重要な仕事を成すことは，「有意義」だと思った。けれど，昨今科学の行き詰まりとか，弊害とかいうことが言われている。そこに加担してしまうのは，本当に良いことなのか。第一，アインシュタインとかニュートンとかのような天才ならともかく，科学という大きな流れの中で自分ができることはあまりに小さいのではないか。

あるいは，医者になって人の命を救うのは「有意義」かもしれないとも思った。たとえそれほど名医というわけでもない，ごく普通の医者になったとしても，一人の人の命を救うということは，それだけで十分大きな仕事だと言えるのではないか。けれども，あえて私がならずとも世の中に医者はごまんといるということが，どうしても引っかかってしまった。それと，私の両親は進路選択の問題にはほとんど口を出さず，自由に選べと言ってくれていたのだが，一度だけ，あえて何かと訊かれれば医者になってほしいかなと言っていたことがあった。医者になってしまうと，何だか結局両親の思いのままになってしまうような気がして少し嫌だったのもある。

あるいはまた，そんなに仕事一筋に生きるのでなくて，どこか旅にでも出て，貧しくも自由な生活を送るのも「有意義」かもしれないと思った。何のしがらみもない風来坊の生活に憧れて，旅人の紀行文を読みふけったこともあった。けれど，一方では自分にはもっと何か他の能力があるのではないか，一度自分がどこまでできるかを社会の中で試してみたいという思いもまた強く，結局「しがらみ」を振り切ることはできなかった。他にも弁護士や政治家，映画監督，俳優，作家，実業家など，たくさんの興味があったのだが，やっぱりどこか不満な点があって踏み切れなかった。

第2章　アイデンティティの意味を問う

　ともかく，今思えばかなり大きなことを考え——その頃書きつけたノートは，かなり「英雄気取り」であると言えるかもしれない——，また，実際ある程度のことはやり遂げられるだろうというあまり根拠のない自信を持ってもいたのだが，逆にそれぐらいしなければ自分の短い人生は「有意義」だとは言えないような感覚があった。いや，むしろ上に挙げたようなどの職業，どの生き方を取ってみても，どこかに不満があり，今一つ「有意義」だと言い切れないもどかしさのようなものを感じていたと言った方が良いのだろうか。「大きな仕事」をやり遂げたときの自分の姿を想像してみては，「だからどうしたのだ」「結局それだけのことか」という，さめざめした気分を何度となく味わった。実際やってもいないし，やろうとすらしていないのに，観念世界の中で将来それをやっている自分を想像し，勝手に「あまり意味ないなあ」などと思っていた。自然あらゆることに無気力，無感動になっていったし，思い描く人生もあまり楽しみのない，平板で退屈なものになっていった。何らかの変化があるかもしれないと言ったところで，たかが知れている。将来に何かあると言っても，たかが知れている。楽しいことがあるのかもしれない。しかし，そんな楽しさも，たかが知れている。何よりそんな自分が，自分の存在そのものが，たかが知れている。そんな無力感，無気力が私の根本を支配していた。そして，「受験なのに」と小言を言いたくて言えない親の複雑な思いを感じ取りながら，やはりテレビばかり見ていたのである。

＊＊＊

　ここでの坂口は，自分が「とりとめもない存在」であること，「名の知れた人間なんていうのはごく一握りでしかない」ことをまるで自らに言い聞かせるように，「分かっている」という言葉を繰り返している。けれど，恐らくこの「分かっている」の繰り返しは，逆に当時彼が「分かっている−分からない」のあいだを揺れ動いていたことを物語っているのだ。もう少し言えば，その頃彼が格闘していた問題とは，人類の歴史に比べれば本当に短いこの人生を，いかにして「ちっぽけ」でないと言えるものにするのか，あるいは多分「名の知れた人間」にはなれないだろうこの自分が，「とりとめのない存在」ではないということを証明するために，どのように生きたら良いのかという問題だったのではないだろうか。

　ある意味，私も彼も何かの偉人伝でも読むような視点で，自分の人生を眺めていたと言えるのかもしれない。実際，2人で「坂本龍馬」が生きていた頃の動乱の時代に対して抱いた憧れや，そうした情熱的な生き方を実現しにくい現代の平和な世の中に対する複雑な思いを語り合ったこともあった。自分の中のあり余るエネルギーを投入していく何か，それをするだけの価値がある何かを見出したいという思いとは裏腹に，あまりに「単調な」現実，退屈でつまらない日常。今思えば，この世の中を生き抜くことがどれほど大変であるか，誰もが普通に過ごしているように見える日常でも，その人自身にとっては波瀾万丈であり得るということが分からなかったのだなという気もするが，当時はともかく平板に見えてしまうこれからの人生を，いかに起伏に富んだものにするかということが一番の問題だった。自分の人生や歴史を通観するような大きな視点から物事を見るがゆえに，この人生，この社会を生き抜くことの山あり谷ありが見えなかった

と言えるのかもしれない。

　私たちはどこにいたのか。恐らく、自分が今生きているこの世界、この日常、この人生の時間の流れから少し外れたところにいたのだろう。あたかも定年退職した「おじいちゃん」が、テレビであわただしく働く人たちを見ているかのような一歩引いた見方で（実際には「おじいちゃん」たちがどんな心境でいるのか、当時の私たちには知る由もなかったのだが）、周囲の世界を眺めては単調だと思い、これからの人生を思い描いてはつまらないと思っていたのである。「単調なことでもええ」から何かに追われていたいと思うほどの退屈さと、「結局毎日が単調に過ぎて」一生を終えるということがやっぱり恐い感覚。「つらいものがないのがつらい」ほどの空虚感。鬱積していくエネルギー。それでもやっぱり何もする気になれないという無気力。別に苦しくたっていい、困難でもいい、情熱をかけて打ち込めるものを求めるのだが、どの選択肢も何か物足りない感じがして、結局踏み込めない。世界の中の何か──例えば何らかの職業といった──と確固たる関係を打ち立て、時間の流れをしっかりつかまえて、喜びだとか悲しみだとか困難さだとかを肌で感じながら、生き生きとした生を送っていきたいのに、どうしても手から何かがすり抜けてしまう。言うなれば、私たちは世界や時間の流れの内に自らの居場所を確保できないまま、そこから外れた刺激の乏しい「どこでもないような場所」で、どこかに満足のいく居場所がないか、自分の生を自分のものとして実感できるような生き生きとした体験はないものか、探し続けていたのである。

　そして、こうした状況は、須賀や間宮の場合にも相通じるものがあると言えるのではないだろうか。確かに須賀や間宮と語り合っているときには、英雄的な生き方がどうだとか、退屈で単調な人生がどうだとかいった話はあまり出てこなかった。けれども、「レール」を降りた途端「大草原のまん中」に「ポツンと」取り残されてしまい、「パワー」をどこに向けて使ったら良いのか分からなくなってしまった須賀にしろ、今まで「引っ張って」くれていた親がいなくなり、政治的な活動やら飲み会やらとあれこれと忙しく立ち回るのだけれど、結局何かそれらに心の底から打ち込めないような感じを持っていた間宮にしろ、日常生活の中の何か、延いてはこの世界の中の何かに没頭していくことができず、もがいているように見えないだろうか。そして、それゆえ世界の中にこれという居場所を定めきれないまま、「どこでもないような場所」で一人ある種の孤独感や空虚感を感じていると言えないだろうか。

　一体これはどういうことなのだろう？　私たちに何が起こったというのだろう？　具体的な内容は少しずつ異なるが、それでも私も含めた４人の体験の共通構造はかなり輪郭を現してきているように見える。

（５）〈居住自己〉

　３人の友人や私の体験は、その具体的な様相においてはそれぞれ微妙にずれている。けれども、構造としては次のような共通の特徴を備えていると考えて良いだろう。まず第一に、それは生き生きとした現実世界や時間の流れから切り離されるような体験、世界の「どこでもないような場所」で、自分一人だけがポツンと立ち止まっているような

根深い孤独感を生じさせる体験である。第二に，それは自分という存在の「意味」が希薄になってくる不安感，あるいは「自分」が何なのかが分からないという自己喪失感を生じさせる体験，平たく言えば「自分」を見失う体験である。この2つの特徴は他でもない，あの〈自己－世界体系〉の混乱によって生じてくるのだと考えられる。

　通常，私たちは世界（社会）や時間の流れの中に何らかの「意味」ないしは「位置づけ」（ここでは，この両者をほぼ同義なものとして議論する）を持つ者として存在している。つまり，社会的位置づけや時間的位置づけ[13]を持つさまざまな言葉が主体に纏われ，それらが織り合わされて，さらに高次の独自の「意味」が生み出されることによって，私たちは世界（社会）や時間の中にしっかり位置づけられた安定した「自分」，「意味」ある「自分」を感じることができている。言うなれば，そうした「意味」の体系としての〈自己－世界体系〉が安定しており，その中の自己イメージに「安住」することができているときに，私たちは「自分」が何者であり，どこに向かって進んでいるかということを，確信していられるのである。

　したがって，〈自己－世界体系〉は次頁の図5のように今という時において横（共時的）に広がっているばかりでなく，過去と未来を繋ぐものとして縦（通時的）にも広がっている。まず，一番外側の円によって〈自己－世界体系〉が表されている。時間の流れとともにそれが刻々と変化してきたこと，これからも変化し続けていくことを考えて，それを管状にした。この中に，社会的・時間的意味を持つさまざまな言葉の連結点として自己イメージが位置づけられている。言うなれば，「自分」というのは，こうした世界や時間の中の「自己イメージ＝居場所」のことである。主体がこの「居場所」に住み着いているとき，私たちは世界や時間の中にしっかりと位置づけられた，まとまりある「自分」を感じることができるのである。

　逆に言えば，3人の友人や私はこうした世界や時間の中の「居場所」を喪失した結果，世界や時間の中に住み着くことができなくなり，「どこでもないよう場所」で根深い孤独感にさいなまれるとともに，「自分」に「意味」やまとまりを感じられなくなったのだと考えられる。通常はごくごく普通に感じられる「自分」の成立を示すのに，なぜこれだけややこしいことを言わなければならないのか。もちろん，それはその「自分」を見失うことが実際に起こり得るからである。

　ただし，「自分」という言葉は，混乱を伴いがちである。どんなに「自分」を見失ったときでも，普通私たちは「自分は……」という主語を立てて，自分を名指すことができる。そうした主語的意識までがなくなってしまうわけではもちろんない[14]。むしろ，今ここで問題にしているのは，3人の友人や私が見失っていたような意味での「自分」のことであり，世界や時間の中の「居場所」としての「自分」，まとまりある「自分」の感覚のことである。そこで，混乱を避けるために，主体が世界や時間の中に住み着く

＊13　例えば「大学生」という言葉は，社会的な身分を指し示すものであると同時に，その人にとっては高校生という過去と，社会に出て以降の将来とを結ぶような，人生における時間的な位置づけを有したものである。

＊14　重篤な精神病発作の場合などにはこれすら失われてしまうのかもしれないが。

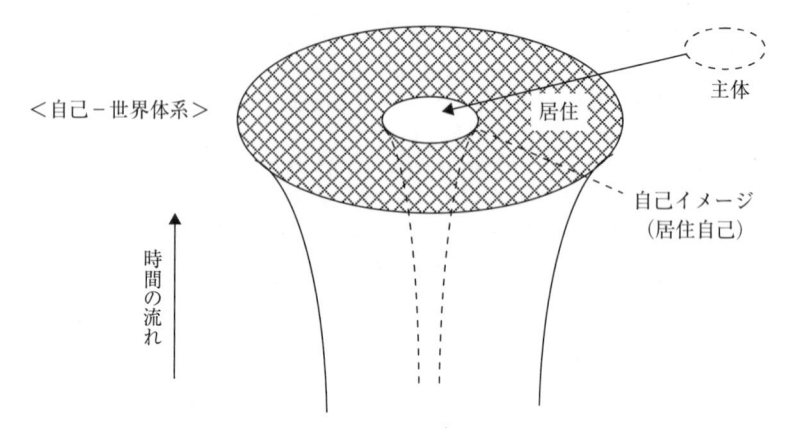

図5　共時的・通時的に「意味」のある「自分」の成立

ために必要な「自己イメージ＝居場所」を、〈居住自己〉と呼ぶことにしよう。

〈居住自己〉は、さまざまな「意味」によって構成された〈自己-世界体系〉の中の、主体が住み着くための特別な「居場所」、すなわち「居住するための自己」である。それと同時に、一旦住み着いてしまうとまさにそれが「自分」そのものとして感じられるという意味で、それは「世界に居住している自己」でもある。

〈居住自己〉がどんなものになるのかは、その人の世界を構成するさまざまな「意味」と、その人が纏っている数々の「意味」とによって決まる（どちらか一方が変化すればもう一方も変化するという微妙なバランスの上に成り立っている）。これがあって初めて、私たちは自らを世界や時間の中に位置づけ、これまでの人生が何だったか、今何をすべきであり、これからどう生きていくのかというイメージを、（たとえ明確に意識化・言語化された形ではないにせよ）漠然と形作り、安心感を得ることができるのである。逆に言えば、これは人間存在にとって、精神的健康を保つためになくてはならないものだと仮定できるだろうし、人は日々移り変わっていく世界や刻々と流れる時間の中で、変化に応じて微調整を加えながらも、この〈居住自己〉を何とか保っているのである。

しかし、青年期、子どもから大人へという大きな世界の変容に際して、もはや〈居住自己〉を保ち続けることができなくなることがあると考えられる。世界が大きく変容するということ、それは主体が纏っていた言葉の意味を全く違ったものにしてしまうことがある。例えば、須賀にとっての「エリート」の意味が、大学に入学して新たな価値観に出会ったことによって、全く変わってしまったように。こうした「意味」の変容が重なって、それまでの〈居住自己〉が修復不可能なほどに全く違ったものになってしまい、主体がもはやそこに住み続けることができなくなってしまう場合がある。

それまで住み着いていた〈居住自己〉が崩壊し，世界や時間の中での自らの位置づけを見失ってしまうと，それまでの安定した「自己-世界」の均衡が崩れ，自分がこれからいかに生きていくのか，今何をすべきか，何をしたいのか，さらに世界とはどんなものなのかというイメージがつかめなくなるとともに，再び均衡を取り戻すために，そうした問いと必死に格闘し始めなければならなくなる。同時に，世界や時間との係留点を失い，「どこでもないような場所」で独特の孤独感——坂口が語っていたように，友達などと会うことなどでは解消されないような孤独感——に苦しめられるようになる。また，身に纏っていたさまざまな「意味」が織り成していた一つの全体性が失われ，それらの「意味」が単なるバラバラなものの寄せ集めとなってしまい，自分のやっていることに一貫性を感じられなくなったり，そうした言葉を身に纏っている必然性がないように感じられてきたりする。例えば，間宮が「政治活動」に打ち込みながらも，そのうち「スケジュールに動かされるみたいな感じ」になってしまったのは，「政治活動」を一貫した全体的「意味」の中に統合できず，なんでそれをやっているか分からなくなったからだろうし，須賀が語っていたのは，まさにバラバラなものの寄せ集めを「俺」と呼ぶことの必然性のなさについてであった。

　私たちが陥っていた，必ずしもその輪郭が明確だとは言い難かった苦しみは，このように，〈居住自己〉の喪失という考え方をすることで，はっきりと位置づけられるようになる。奇妙な概念に見えるかもしれないが，これによって，私が私であるということの「基盤」が揺らぐアイデンティティ拡散の苦しみをはっきりとつかまえておくことができるようになるし，ある種の（精神的）健康と不健康とを切り分けられるようにもなる[15]。この概念を導入することによって，「では，一体なぜ〈居住自己〉が失われることがあるのか」といったさらなる問いが開かれてくるのである。

（6）〈投げ出し-投げ出され〉体験

　私たちが苦しみ始めたのは，何らかの形で各人固有の世界が拡大ないしは変容したときだと言って良いだろう。須賀や間宮の場合は大学入学に際して新しい環境に出会ったということが，私や坂口の場合はこれからの進路を決定する必要に迫られたということが，その契機となっているように見える。すでに述べたように，〈居住自己〉は緊密に折り合わされた〈自己-世界体系〉の中の「意味」の結び目であるから，当の世界が大きく変容すれば当然〈居住自己〉の方も作り直される必要に迫られることがあるわけである。一方では，大学入学や進路選択という契機に際してもあまり悩むことなく，これ

---

*15　ただし，ここで言う「健康」と「不健康」は，精神病理学的な「正常」と「異常」の区分とは必ずしも重ならない。あえて言えば，ここでの「健康」とは，当人の主観的感覚として「うまくやれている感じ」「今の調子で何とかやっていけそうな感じ」があるということであり，逆に「不健康」とは「とても苦しく，やりたいことが分からない」「最低限やるべきことについても行動ができない」という状態にあることだと言えよう。

までの〈居住自己〉の延長線上にこれからも住み続けていく青年は大勢いるのだが（川田のような「予定アイデンティティ型」の青年など）、そういう青年は差し当たり、世界の変容・拡大が〈居住自己〉の変革にまではつながらなかったケースだと見ることができるだろう。

　これで一応の説明はつくのだが、ただ、これは青年を幾分「外側」から見た説明である。実は〈居住自己〉の喪失と言うだけでは、私たちがそれをいかにして生きたのかということを、十分描き出したことにはならない。〈居住自己〉の喪失に際して、私や友人たちの実感はいかなるものだったのだろうか。

＊＊＊

　私たちにおいてその頃生じていた主要な感覚というのは、「このままではいけない」というものであったと言える。もちろん、それが必ずしもはっきりと意識化されていたわけではないが、しかし何かこれまでのような生き方、あり方ではいけないような感じ、新たな自分に生まれ変わらなければならないような感じとして、私たちを落ちつかなくさせていたように思うのである。間宮が政治活動に没頭していったのも、坂口が小説を投稿したり、恋人と別れたりして将来のことをひたすら考えていたのも、須賀が「レール」を降りて「あっち行ったら何かあるかな」といろいろな方向性を模索していたのも、そうした感覚が根本にあったからだろう。ある意味、私たちは自ら、これまでの〈居住自己〉を飛び出そうとしていたのである。

　ところが、新たな何かに自分を没入させていこうとはするものの、それに見合うだけの何かがどうしても見つからない。将来どういった生き方をしていくのか、あれこれと思い描いてはみるのだが、どの生き方も今一つ物足りない。「あっち行ったら何かあるかな」と想像はしてみるものの、その方向に邁進することはできず、方向ばかりがぐるぐる回ってしまう。

　これまでの〈居住自己〉から自らを投げ出し、新たな〈居住自己〉を打ち立てようとするのだが、それが適わない。「このままではいけない」と自らを投げ出していこうとしたまでは良かったが、新たな「居場所」が見つからず、「どこでもないような場所」に投げ出されたままになってしまったのである。〈居住自己〉の喪失には、このように「自ら投げ出す」という能動的契機が確かに孕まれている。

　その一方で、次の須賀の語りを見てみよう。

語り9　自分で選ぶ　須賀（4回生・秋）
（再び「レール」の話をしているときに）
（須賀）そうだね、レールを取っぱらってみたら、どうしたらいいか分からんくなった。うん、それはある。うん、でも、そうだな、レールの上乗っかってそのままやって行っても良かったけど、レール外してみても良かったなと思う。けど、こっちの方が良かっただろうな。うん、まだね、先が決まってないけど、これから、どんな先にせよ、今度決めるっていうのは、確実に自分で選んだものだからっていうふうにさ、自信を持てるからさ。まあ、先決まってないから苦しいんでね。レール外して良かったなっていうのはある。

(私)そうやってレールに乗っていってしまう人がいるわけやんか、そういう人はどう思う？
(須賀)俺は不思議やけど、レールに意識的に乗っていく人っていうのは、別にそれでいいと思うけど、いや、というかさ、無意識でも乗っていってる、別にいいとか悪いとかあんまり思わんけど、なんでそのレールに気づかんかなっていうのは、まあ思うよね。でな、だから、他人がどうとかは分からんけど、俺にはレールはあったなと。大筋のね。
(私)そのレールが見えたと、ある日。ある日というか、まあ徐々にでも。それにとって一番大きな経験というのは何かな？
(須賀)なぜ見えたか？　ううん、何だろう？　漠然とだけど、大学入って、その、やりたいことがなかったときかな。入ってみて「おや？」って。「俺は何しに来たんだ？」っていうことを考えたときに、勉強もどうも違うなと。それで、「それだ」と思ったらさ、まあレール乗っかっていたんだろうけど、思わんかったし。うん、「あれ？」っていったときに振り返ってみたんだろうね、今まで疑問持たなかったこと。
(私)今な、結構、競争ってかなり嫌ってるけど、誰の影響、何の影響かな？　つまり、親がそう思ってたとか……。
(須賀)親は別に競争は嫌いじゃない。嫌いじゃないというか、好きとか嫌いとか別に何も言わないから、当然のものだと思ってんじゃないかな。

「自ら投げ出す」などと言うと、いかにも実存主義的で力強く響いてしまうのだが、ここで彼が言っている「おや？」とか「あれ？」とかいった感覚は、何かもう少し軽い、ちょっとした戸惑いのようなものだと思われる。アイデンティティという概念が「主体性」と訳された（Erikson, 1968/1969）学生紛争の頃ならばともかく、私たちの〈居住自己〉喪失体験には、必ずしも意識的・自覚的な自己企投の感覚ばかりでなく、このようにはじめに軽く「投げ出された」という受動的感覚も孕まれていた。

もちろん、須賀の言葉が「レール」を「外してみた」という能動態で語られ、今見たように、自分を没入させていく何かを懸命に模索している友人たちの姿がある以上、やはり「自ら投げ出す」という能動性を無視することはできない。しかし、あまりにその能動性に重点を置きすぎると、結果的に「自らのあるべき姿を模索し、ついにはそれを見出していく」というあまりに「主体的」な青年像を追認するだけに終わってしまう危険がある。私は現代の青年のアイデンティティ問題の潜り抜け方は、それでは押さえられないと思っている。したがって、私たちが〈居住自己〉を喪失していった際のプロセスを、〈投げ出し‐投げ出され〉体験と呼ぶのが良いだろう。この能動態と受動態を組み合わせた言葉は、恐らく団塊と呼ばれる世代の人たちが思い描くだろうあるべき青年像ほどに能動的でもなく、かといって完全に受動的だというわけでもない現代の青年の姿を、何とか取り押さえるためのものである。

もう一度、〈投げ出し‐投げ出され〉体験の意味するところを確認しておく。

〈投げ出し‐投げ出され〉体験の始まりは、本当に些細な契機であると考えられる。須賀は「俺は何しに大学に来たんだ？」とふと考えたときに、「レール」は違うとい

うぐらいの比較的軽い気持ちでそれを降りたのだし，恐らく間宮も最初は大学に入れた喜びもあって，張り切って政治活動に打ち込もうとしたのだろうし，坂口や私もごくごく普通に進路を決めようとしただけなのだ。そうやってこれまでの〈居住自己〉から自らをほんの少し投げ出そうとしたとき，ある意味私たちはすでに，そこから投げ出されていたのでもある。自らを投げ出したがゆえに投げ出されたのでありつつ，すでに投げ出されていたからなおさら自らを投げ出していこうとせざるを得なかったのである。「投げ出し」が「投げ出され」を呼びつつ，「投げ出され」が「投げ出し」を要請する，こうして能動性と受動性が絡み合う中で，やがてそれまでの〈居住自己〉から遠く切り離されていく（〈居住自己〉が徹底的に崩壊し，失われていく）というのが，〈投げ出し－投げ出され〉体験の実相なのである。

　もう一点，注意を促しておくと，〈投げ出し－投げ出され〉体験は必ずしも否定的なものではない。確かにそれは，自分で自分のことが分からない不安感や根深い孤独感など，非常に苦しい感覚を伴う。また，空虚感や無気力，あるいは出口のないエネルギーの鬱積など，精神病理的状態ともある部分では親近性を持っている。しかしそれでも，上で須賀が述べているように，「レール」を外したことは彼にとっては良かったこと，もっと言えば彼にとっての「必然」だったのだ。

　人がこうした必然性を無視することはできないだろう。例えば須賀が彼にとっての悪しき「レール」に乗り続けたり，間宮がもう一度両親に「引っ張って」もらおうとしたり，私や坂口が進路を選ばずに済まそうとしたりすることはできない。確かに私たちは何もすき好んで〈投げ出し－投げ出され〉ていこうとしたわけではないのだが，けれどそれを避けることもまたできなかったのである。恐らくそれは，私たちが「大人」になるためにどうしても必要なプロセスであり，そうした意味で積極的・自己止揚的契機を孕むものなのである。

　ある意味，ここに私たちの意識や自覚的意図を越えた大きな流れを見ることもできるだろう。私たちは必ずしも全面的な能動性でもって自らを「投げ出し」ていったのではない。そこにはすでに，ある種の必然性に従ってもう「投げ出され」ていたという契機が孕まれていた。したがって，本書で用いる主体概念は必ずしも意識や意図の主体のことではなく，はっきりと意識化されないままに〈居住自己〉に住み着いたり，そこから〈投げ出し－投げ出され〉たりする主体，言うなればその人固有の必然性に沿って動く「欲望の主体」のことなのである。

＊＊＊

　以上，ここでは自分自身のアイデンティティ拡散体験から出発した私が，3人の友人との「語り合い」の中で，彼らもまた非常に似通った経験をしているらしいということを見出していくプロセスを提示した上で，私たちの拡散体験が一体どのような共通構造を持っているのかを考察してきた。精神病理学的にどこに位置づけられるかがやや曖昧な「アイデンティティ拡散」という概念であるが，〈居住自己〉からの〈投げ出し－投げ出され〉という概念によって，少なくとも本書が「アイデンティティ拡散」と言うときにどんな状態を指すのかがかなり明確になったと思われる。さらに後の章において，〈自己－世界体系〉や〈居住自己〉といった概念が一体何を意味するのか，より明確に

していくことにするが、その前に一度検討しておかねばならないことがある。それは現代の社会状況と私たちのアイデンティティ（拡散）体験とがどういった関係にあるかという問題である。

　現在の「矛盾」多き競争社会（エリート社会）に対する須賀や間宮の批判や、生きていることを実感できるような躍動感あふれる人生（英雄的な人生）を実現しにくい「平和な社会」に対する坂口の複雑な思いを見ていると、アイデンティティをめぐる彼らの苦悩が現代の社会状況と密接に絡まっていることは間違いない。次に見るように、一方では「アイデンティティ問題に苦悩する青年像などは古臭い」とでも言うような社会論がある中で、本書があえてアイデンティティ概念にこだわる理由はどこにあるのか。また、現代社会におけるアイデンティティ問題にはどのような特徴があるのか。第2章の後半部では、そうした問題について考えていこう。

5　「基盤」を明らかにするためには、社会論・文化論が必要である

　本論に戻ろう。

　アイデンティティという概念の「捉えにくさ」とは、まず第一に、私が私であるという（通常）たいへん自明な事柄を支える「基盤」を、人に（また私自身に）見えるようにすることに伴う困難である。第2章のここまでの議論では、そうした「基盤」が実際なくてはならないものとして存することを明証し、それがどのような条件に支えられているかについて、精神病理学や私たち自身のアイデンティティ拡散体験も踏まえながら検討をしてきた。しかし、私が私であるということが揺さぶられる契機は、何もそのような病理的心性に陥る場合に限られない。

　例えば外国に行って異文化・異民族に接触するとき、自分がそれまで有していた常識が通じないことを、ある種の「痛み」とともに感じることがある。先日タイに旅行に行ったが、そこで私は現地の人のタイ人らしさ、それに対する私の日本人らしさを、そしてわずかではあるが「タイ人に合わせて、それなりに」振る舞いを調整している自分を、感じていた。私は私なりのやり方で、自らの常識が通じないという「痛み」をなるべく経験しないように、レインの言う「にせ自己」を使い分けていたのかもしれない。だがもし、これが数日の旅行ではなく永住であったら、さらには私の

ルーツが実はもともとタイ人だったということが発覚したとしたら(「そんなことはあり得ない」と一笑に付そうとする私がいる)、私は自らの「内的自己」を保ち続けることができるだろうか。今の私にとってはこれくらいが想像力の限界[16]なのだが、ともかく、ここで浮上してきているのは私が私であることを支えている「基盤」のもう一つの側面、民族的・社会的・文化的アイデンティティ(これらは個人のアイデンティティであると同時に集団的アイデンティティとも呼ばれる)の問題である。

これら民族的アイデンティティや社会的アイデンティティの問題は、「アイデンティティを研究する」ということにおいて、極めて重要なウェイトを占めている。例えば、私が日本で暮らし、日本人としてのアイデンティティに自足している限り、私のアイデンティティ問題に民族的アイデンティティの問題は絡んでいないではないか(実際、以前の私にそういう思いがなかったかと言えば嘘になる)、という見方があるかもしれないが、それは大きな間違いである。私が今どのようなアイデンティティを形作り、またそれを形作る際にいかなる葛藤を経験したのかということと、日本人とはどういう民族であり、現代日本の社会的・文化的状勢がどういったものなのかということとは、決して切り離せないからである(南, 2000)。

私が浪人の頃、今の日本社会特有の何かに悩まされていたという側面があったのは間違いない。あるいは、前の世代と次の世代との相異なる価値の衝突に(各世代はそれぞれ独自の文化的アイデンティティ、集団的アイデンティティを持っている)、私は苦しんだのだと言えないこともない。個人の発達段階の内部にアイデンティティの危機が訪れやすい時期(例えば青年期)があるのは確かであるが、個人はその生活世界を広げてくるにつれて現行の社会と不断に関わるようになるのであり——否、すでに生まれ落ちたときから、養育者によってその社会・文化に固有な仕方で養育されているという意味では、乳児期以来個人は社会と関わっているのであり(Erik-

---

*16 この「想像力の限界」という問題は、実は意外と大きなものである。というのも、それは、体験を同じくしない他人どうしが、いかに「分かり合える」かという問題と絡んでいるからである。

son, 1950/1977；鯨岡, 1999a）——，その時期の社会様態がアイデンティティの危機を特徴づけ，（こう言って良ければ）「重症」にも「軽症」にもするのである。あるいはまた，個人の生活する社会の様態が，人生の特別な一時期にその社会ならではの特別な危機を用意することもあるのである。

　私が私であるということの「基盤」を究明するためのもう一つの方向性は，こうして，社会論，文化論，民族論といったものへと求められていく。ただし，注意しておかねばならないのは，社会論や文化論にのめり込みすぎると議論がどこを向いているのか分かりにくくなるということだ。だから，次の参照点を忘れないようにしよう——私が私であるということを支える「基盤」がある。その「基盤」から何らかの力を得ることによって，私が私であるということが保証される。だが，その「基盤」は，社会・文化の「ありよう」によって大きく色づけられている。だからこそ，私たちは社会論・文化論に向かうのである。

6 モラトリアム人間の時代

　さて，アイデンティティとの絡みで現代日本社会を論じたものとして，まず取り上げられねばならないのは小此木（1977/1978a）の『モラトリアム人間の時代』であろう。もう30年も前に書かれたものだが，そこでなされる現代日本人の一般的性格（このようにある集団の個々人に広く共有される性格を，フロムなどは「社会的性格」とも呼ぶが，これをその社会が持つ集団的アイデンティティと言い換えることは十分可能だろう）についての分析は，今なお非常に示唆に富むものである。

　小此木は，エリクソンが導入した「心理社会的モラトリアム」（青年が確固たるアイデンティティを身につける前に，さまざまな役割実験や経験を重ねるための猶予期間であり，青年期の心性を特徴づけるものとされる）という概念にヒントを得て，現代日本人の社会的性格を「モラトリアム的心理」として分析する。かつては，職業や社会的態度の決定を先延ばししつつさまざまな試行錯誤や訓練を行うモラトリアムの期間に自ら終止符を打ち，一定の職業や社会的態度を後戻りの効かない覚悟とともに選び取っていくことが，

とりもなおさず青年から大人になっていくということであった。しかし，現代日本社会においては，そうした態度保留のモラトリアム的心理が，一般成人にまで浸透している。つまり，今の日本人は，青年，成人を問わず，一定の職業や社会的態度への決定的な自己選択，自己限定をいつまでもせずに，常に態度保留的である。さまざまな社会問題，政治問題に対してもどこか「お客さま的」であり，当事者意識が薄い。自分はその時その所であくまでも仮の存在である。そうやって「本当の自分」はそっと棚上げしておき，いつでも立場や考えを変え得る可能性を残しておく。そうした生き方がむしろ好ましい自分のあり方だと，密かに思う人々が増えている。そのように小此木は見るのである。

　私なりに整理すると，そうした「モラトリアム的心理」の遷延化の要因として，彼はまず第一に，"社会変容の急速さゆえに，多くの人々が，特定の専門技能や役割を，そして仕事に結びついた一定の価値観を，自分自身の職業的アイデンティティとして確立しがたい状況"（小此木, 1977/1978a, p.41）を挙げる。人々は常に変化を予期し，それに順応する心理を身につけなければならない。企業組織は，技術革新の速さや，国際的・国内的状況の動向に柔軟に対応するために，組織内のメンバーにもこのような変化に対応する能力を要求する。例えば頻繁に起こる配置転換によって，人々はどの職場，どの対人関係にも常に一時的に関わり，常に待機の姿勢を内に秘める暫定的な存在としての自己イメージを持つようになる。この心理的態度は，皮肉にも権力志向型，同調適応型の人，一見モラトリアム人間とは対照的な価値観を抱きつつエリートコースに生き残ろうとする人ほど，必要になってくる。

　第二に，現代の社会では，集団内の特定のメンバーだけが強大な権力を持つことが嫌われ，運営組織などが皆の意見を尊重する会議を通じて決定を下すという形態が一般的だが，それによって責任の所在が曖昧になり，各自が責任を回避するような「お客さま意識」，「半人前意識」を持つようになったことが挙げられる。つまり，個々のメンバーによる権限の私物化を予防する目的──極めて民主主義的な目的──に，モラトリアム的心理

が合致するのである。

　第三に，現在の自分の姿を「本当の自分」とは考えずに，常に将来の自分を心に描くようなモラトリアム的態度によって，「先が分かってしまう」人が多くなったことがある（これは，戦前派の世代の人たちが，先のことなど考えない滅私奉公の中に生き甲斐を見出したのとは対照的である）。そして，そうやって「先が分かってしまう」と，ますます人は自分の属する組織に対しての自己投入を控えるようになり，モラトリアム的態度を強化していく（さらにこれが進んだ形が「しらけ」や「四無主義」である）。この循環過程も，モラトリアム人間化を促進する（ただし，以上の一から三を見れば分かる通り，現代社会においてはモラトリアム人間であることが，社会的適応能力を高めることにもなるのである）。

　さらに，このように管理組織の中で人間的自己満足を充足させることができなくなると，人は消費行動による心の中の世界での幻想的満足でこれを代償しようとする。これが，モラトリアム的心理の浸透してきた第四の要因である。"旅行であれ，デパートの買い物であれ，映画鑑賞であれ，いずれも消費行動であり，気楽で気分本位な暫定的・一時的なかかわりである。'本当の自分'を賭ける必要のない遊びである。そして，人々は，その営みの中で解放感を味わい，お客さま気分を楽しみ，このお客さま気分が自己評価を高め，人間的な満足を誘う"（小此木，1977/1978a，p.47）。現実の世界で組織帰属型人間であった人たちが，この「消費者＝お客さま」としての自分の方をより高く評価するようになると，彼らの心的世界は，次第に無帰属型人間のそれに近づいてゆく。しかも，かつて地域共同体に根ざしていた家族が核家族化され，妻や子どもたちの帰属意識は会社で働く夫以上に薄くなってきている。会社で人間的な満足を得られなくなった夫たちが，人間性の回復を求めて家族に関われば関わるほど，彼らはすでに無帰属型人間になっている妻や子どもたちに同一化せざるを得なくなっていくのである。

　第五には，マスコミによるモラトリアム的心理の増幅作用がある。現代日本のマスコミを支えているのは，言うまでもなく「言論の自由」の理念

であるが，実はこの理念そのものに予め「言」と「行」の不一致という前提が含まれている。"たとえ赤軍のハイジャックに賛成という意見をマスコミで述べても，その人物が実際にハイジャックするのとは決定的な違いがある"（小此木，1975/1978, p.147）。もちろん，その対称項として，「言」に力を与え，それを一つの「行」としていこうというベクトルもまたマスコミを動かしているのだが，「言論の自由」が形式化し，「言」と「行」の不一致という側面が強調されすぎると，「言」の次元だけで言いたい放題を言うような傍観者的・評論家的な傾向が生じてくる。マスコミの論調それ自体が，モラトリアム的態度によく似た，「お客さま」的かつ当事者意識の薄いものになってしまうのである。そして，そうした当事者意識の薄いマスコミの論調に，人々は自分の生活している現実世界でというよりは，そこから幾分遊離したテレビや新聞という場で出会うわけだから，マスコミの「言」が視聴者によって現実世界にフィードバックされる可能性はより小さくなるだろう。こうして，マスコミと個人，ともにモラトリアム的態度を強めていくことになる。

最後にこれらの議論全てを支えるものとして，高度経済成長に伴う物質的豊かさがあり，それが個人にモラトリアム的な態度でいることを許すゆとりを与えている。

かくしてモラトリアム人間は，現代日本人の普遍的な社会的性格になってきたとされたのである。

7 小此木理論への疑問

こうして生まれてきたモラトリアム人間を，小此木は悪いものだと決めつけているわけではない。現代日本の社会状勢とヒトラー台頭当時のドイツのそれとの類似を見る見方に，彼は"「個」を放棄して権威への合体を求める，のみこまれたい願望を心理特性としていた"ドイツの「マゾヒズム人間的性格」と，"いかなる組織・集団への帰属にも抵抗する，のみこまれる不安と徹底した自己中心主義をその心理特性とする"モラトリアム人間との違いにも目を向けるべきだと反論する（小此木，1977/1978a, p.60）。

彼によれば，モラトリアムはそもそも，フロイトが子ども時代の「心理・性的モラトリアム」つまりは潜伏期を精神形成の重要な時期とみなしたように，「待つこと」をその本質とする精神的成熟の契機を孕んでいる。"親と子の間のモラトリアム体験を通して，人間は，他の人間に対して「猶予」を与えたり与えられたりする人間的な愛の本質＝「待つこと」を学ぶ"（小此木, 1977/1978a, p.72）。現代は「待つこと」（＝猶予）の精神が肥大しすぎて，あまりにもモラトリアムが人工化されすぎたきらいがあるが，そうした現象的否定面への批判と同時に大切なのは，人間の精神形成におけるその本質的肯定面や，それが民主主義や平和主義という戦後の貴重な財産と表裏一体の関係を成しているということを忘れないことである。こうした観点に立って彼は，戦後，他国への依存的モラトリアムの状況にあって，もっぱら自己中心的に経済成長を遂げてきた日本も，今後は発展途上国に対して逆にモラトリアムを提供するような，より成熟した自立的なモラトリアム国家を目指すべきではないかと提案している。

　さて，こうした小此木の議論をどう見るかであるが，私は基本的に前項までの彼の議論はとても優れたものだと考えている。現代社会のさまざまな現象を，日本人の潜在的な社会的性格としてのモラトリアム的心理という鍵概念を用いて，力動的に解き明かしていく議論は，説得力に富み，それから30年余りを経た現代の私たちをもうならせる。しかし，後半，本項で取り上げた彼の結論部には多少問題がないこともない。それらをざっと概観しておくことにしよう。

　まず，彼はヒトラー台頭当時のドイツの社会的性格を，「のみこまれたい願望」を特徴とするマゾヒズム人間的性格と位置づけ，現代日本における「のみこまれる不安」を特徴とするモラトリアム人間と区別する。彼はモラトリアム人間に対して，より肯定的な側面を見出そうとする態度を貫いており，また，かく言う私も今や（潜在的というよりむしろ）社会の主要な「表向き」を成しているかのようなモラトリアム的心理（ないしは民主主義や平和主義）に浸りきった世代の人間として，そうしたい気持ちは大いにある。だが，かつてのドイツの「のみこまれたい願望」に対して，今

の日本では「のみこまれる不安」が支配的だ，といった対立図式は，果たしてそれほど明確に切り分けられるものなのだろうか。ヒトラー当時のドイツと現代日本とのあいだには経済的な貧しさと豊かさという決定的な違いがあり，希望の見えないほどのその貧しさゆえにこそ，当時のドイツの人々がカリスマ的な指導者を求めたという事実がある。しかし，この社会的条件をあえて考慮から外したとすれば，心理的要素としての「のみこまれたい願望」と「のみこまれる不安」は実は表裏一体なのではないだろうか。

そもそも人間の心理は常に両義的に働く（鯨岡，1998）というのが，私の立場であるが，だとすれば強烈な「のみこまれたい願望」の背後にはこれまた強烈な「のみこまれる不安」があり，その逆もまた然りだということになる。ヒトラー台頭当時のドイツ人の顕在的な「のみこまれたい願望」の背後には，やはり同時に潜在的（顕在的）な「のみこまれる不安」——例えば，ヨーロッパ列強国に囲まれた地理的条件，および第一次大戦における敗戦による（Erikson, 1950/1977）——があったのではないだろうか。あるいは，現代日本人が「のみこまれる不安」によってモラトリアム的態度をとっているその裏で，実は何か大きなものに抱かれたいという心理を有しているというのは，大いにありそうな話なのではないだろうか（何年か前のオウム真理教の事件は，物質的豊かさと対照的に価値観や思想が貧困な時代における，一部の青年たちの「のみこまれたい願望」の突発的な現れではなかったか）。今の日本人がモラトリアム的でいられるのは，経済的な豊かさによって現在の状態に自足しているからにすぎないのであって，あまり明るいとは言えないこれからの日本社会において，生きる希望を回復すべく「のみこまれたい願望」を顕在化させる人々が出てこないとも限らないのではないか。

これは不当な批判である，と小此木は言うかもしれない。というのも彼は，モラトリアム人間の「お客さま」的無責任さを否定し，自らはモラトリアム的心理から抜け出そうとする「反モラトリアム人間」についても周到に議論しているからである（「のみこまれたい願望」によって盲目的な信奉対

象を求める一部の勢力も,反モラトリアムの一種の形態であろう)。では,そこは一歩譲歩しておいて,私はもう一つの問題を提起したいと思う。

　彼はフロイトの潜伏期(心理・性的モラトリアム)と,青年期成人期以降の心理・社会的なモラトリアム的心理とを同一視している。確かに前者は大人になることを「待つ」時期であり,後者は何を求めてかは定かではないがとにかく人々が「待つ」ことに固執するような心理である。しかし,この「待つ」は果たして本当に同質のものなのだろうか。子どもには身体的な観点からしても,社会的・経済的な観点からしても,「今すぐ」大人になり得る可能性は全くない。これは青年や成人が,それ相応の身体的・経済的能力や決断の実行能力を有しているのとは対照的である。青年や成人が,それにもかかわらず「待つ」というあたりが,小此木が「人工化されすぎている」として問題視するところであり,恐らくその逆の「人工化されすぎていない」モラトリアムとは,他者の意見をまず態度保留的によく聴き,それから慎重に態度を決定するような成熟したあり方のことなのだろう。しかし,私にはそうした成熟したあり方は,まさに確固たる自らのアイデンティティを保持するがゆえに,他者に対して余裕を持って接することのできる人間にこそ可能なものであるように思える。すぐ後で解説することにするが,アイデンティティという言葉の使い方が,小此木と私とで全く違うということが,こうした混乱を生んでいるのである。

　ともかく,青年や成人はあえて「待つ」のであり,子どもは「今すぐ」手に入らないから仕方なく「待つ」のである。この「待つ」を同質のものとみなし,そこに積極的な人間形成の契機を認めようとするというのが小此木の論理であるが,逆に私にとっては,善悪のきっちり分けられた子どもの世界,ある意味では極めて態度決定的な子どものあり方と,善悪の混交した成人世界,態度保留的な成人のあり方との異質性の方が,明らかなものとして目に付く。フロイトの理論を持ち出して,性器的な成熟を子どもが「待ち」,その間にさまざまな経験をすることで実際たいへんな成長を遂げるから,成人のモラトリアム的態度にも極めて肯定的・人間形成的な側面があるのだといった彼の論理はかなり粗っぽいものではなかろうか。

8 成熟したモラトリアム人間は
アイデンティティ人間である

　そろそろはっきりさせた方が良いだろう。彼の言う成熟したモラトリアム人間とは，実は私の言うアイデンティティ人間なのである。先に，ある社会に広く浸透している社会的性格とは，そのままその社会・文化の集団的アイデンティティと言い換えられる，と言ったのを覚えておられるだろうか（本書p.103）。エリクソンがアイデンティティ概念をめぐって，"この概念の本質上，その定義自身は，変転きわまりない歴史的状況によって変わらざるを得ないのである"（Erikson, 1968/1969, p.3）と言ったことの真意は，まさに，かつて「モラトリアム人間」として好ましく思われていなかった人間像が，現代の日本社会においては適応的なモラトリアム的性格を有する「アイデンティティ人間」になり得るということだったのである（ただしあくまで変に「人工化」されすぎていない，成熟したモラトリアム的態度を持つ場合であるが）。端的に，アイデンティティはそのときそのときの社会のありようによって，その内容を大きく変え得るということである。

　上での一連の批判は，つまり，この点を問題にしている。小此木の慧眼が見抜く通り，現代日本人の社会的性格はモラトリアム的心理であろう。ただし，大雑把に言って，モラトリアム人間には2種類いるだろう。一方は，現代の社会状況に適応しつつ，モラトリアム的心理を自らのアイデンティティのうちに統合したアイデンティティ達成型人間であり，もう一方は逆に，自らのモラトリアム的心理に引き裂かれてしまって，ただなし崩し的に選択を回避しているようなアイデンティティ拡散型人間である。小此木がモラトリアム人間のいくつかのタイプを挙げ，アイデンティティ拡散型や同調型人間，古典型人間，ヒッピー型人間，消費型人間，自己実現型人間（＝プロテウス的人間）などについて議論をしたとき（小此木，1977/1978a），彼は今述べたモラトリアム人間の大雑把な2類型には当然気づいていた。しかし，それをエリクソンのアイデンティティ概念と照らし合わせ，例えばプロテウス的人間こそが実は変化したアイデンティティ人

間なのだと言ったりはしなかった。アイデンティティという観点からすれば全く別々のタイプの人間（達成型と拡散型）をいずれも「モラトリアム人間」として一括し，説得力ある議論を展開したところに彼の理論の（社会論としての）斬新さと，（発達論として）混乱を招く要因があったわけである。

　彼の議論は，一見エリクソンのアイデンティティ概念を修正ないしは超克するものとして組み立てられている。しかもその社会的影響は大きく，彼の『モラトリアム人間の時代』が，アイデンティティ概念を今の時代に適合しない古いものとしてしまったようにも見える一方，それにもかかわらず盛んにアイデンティティ研究がなされるという実情があり，その中でマーシャのアイデンティティ・ステイタス研究（Marcia, 1966）から出た「モラトリアム型」といった同名の異義語（実は年代的には，こちらの方が早いのだが）が多用されたりして，少なくとも私の見る限り概念上の混乱はかなりのものである。概念は，常に整理されなければならないだろう（そして，もちろん，今私はアイデンティティ概念を整理しているのである）。

　一方，「のみこまれたい願望」と「のみこまれる不安」の問題も同じところから生じている。一見，全く正反対の態度のようにも見える両者であり，小此木も前者が大戦前のドイツ国民の，後者が現代日本人の社会的性格であるとしたわけだが，実はこの両者は少し次元を異にしている。正確に言えば，「のみこまれたい願望」と対立するのは「のみこまれる不安」ではなく「のみこまれたくない願望」であり，この2つの相反するベクトルが，モラトリアム的心理を自らのアイデンティティに統合できないタイプの人たちを引き裂いている。こうした人たちにおいては，この両願望とも極度に活性化していて，容易には収まりがつけられないからこそ，「不安（＝のみこまれる不安）」が生じるのである。例えば，自らの拠り所となる大いなるものに対する「のみこまれたい願望」がかなり活性化していて，自分がともすればそれに「のみこまれる」方向に向かってしまうことにどこかで気づきつつ，それでも意識的には「のみこまれたくない」と頑張ろうとするから「不安」が生じる，といった具合である。このように「のみこまれたい願望」と「のみこまれたくない願望」との衝突が，「のみこま

れる不安」を生じさせるのであって，そういう意味で強烈な「のみこまれる不安」の背後にはやはり強烈な「のみこまれたい願望」が存在すると見るべきなのである。私見では，戦前のドイツ国民と現代日本人の社会的性格は小此木の考えるほどかけ離れたものではなく，むしろ一歩間違えれば現代日本においても全体主義的風潮が高まる危険性は大いにあるのではなかろうか。

　いずれにせよ，「のみこまれたい願望」と「のみこまれたくない願望」はどちらも人間存在が根源的に抱えている願望であろう。アイデンティティ達成型の人がこの両者の葛藤をうまく統制できている——あるいは「抑圧」できていると言った方が良いか——のに対し，アイデンティティ拡散型の人はこれをうまく統制できず——「抑圧」が解除されていて——，ときには極端な「のみこまれたい願望」を顕在化させることもあるわけである[17]。アイデンティティ達成型と拡散型の区分を無視して，現代日本人はどちらも「のみこまれる不安」を持っているとし，そこに戦前のドイツと対照的な肯定的側面を見ようとした小此木の論立ては，この危険性を覆い隠してしまったのではないだろうか。

　さらに，子ども期の心理・性的モラトリアム（潜伏期）と成人期のモラトリアム的心理をめぐる混乱。これも小此木がモラトリアム人間のうちアイデンティティ達成型と拡散型，どちらのタイプと子ども期を比較しているのかはっきりしないということが原因である。

　フロイトの潜伏期とは，すなわち内的欲動（または，エディプス・コンプレックス）を制御し，「抑圧」することができている時代である。したがって，その「抑圧」が解除されたアイデンティティ拡散型のモラトリアム的心理は，それとは全く逆の状態だと考えられるのである。子どもは確かに親に対する性的欲動を抑圧し，性的願望の実現を大人になるまで「待つ」

---

*17　フロイト（Freud, 1915/1970, 1916-1917/1971）によれば神経症の葛藤は抑圧によって起こる。この抑圧によって，エディプス・コンプレックスの「抑圧」が解除される。ここで用いている抑圧概念は，後者のエディプス・コンプレックスの「抑圧」の方を指している（Lakan, 1981/1987）。

ことができる。しかし，アイデンティティ拡散という一種の神経症状態において，その「抑圧」が解除されている。そのためアイデンティティ拡散人間は相反する欲動に引き裂かれ，何らかの選択に際して身動きがとれなくなっているのであり（鑪，1990），それは「待つ」というよりは単に「選べない」だけである。アイデンティティ拡散の病理としてエリクソンが挙げた時間的展望の拡散という概念は（Erikson, 1968/1969），アイデンティティ拡散者が時の経過による変化の期待を全く持てないということ（大倉，2002b），つまりはむしろ「待てない」のだということを指すための概念である。

では，その一方で，子ども期と比較されているのが，アイデンティティ達成型のモラトリアム人間だとしたら，彼の言っていることは一応筋が通っていることになるのだろうか。この点については，彼の説明が詳しくないので何とも言えないが，私見ではやはりモラトリアム人間の「待つ」と子どものそれとは幾分違うものだと思われる。

9 モラトリアムという用語にも，アイデンティティという用語にも，それなりの意義がある

さて，今私は小此木の議論を批判してきたわけだが，しかし何もこれを全否定するつもりはない。彼の議論が，「モラトリアム人間」という観点から見たとき，社会について，私たちの心理について，実にさまざまなことが明らかになってくるということを示すものだというのは間違いないだろう。しかしその一方で，私はやはりアイデンティティという概念の方により魅力を感じてもいる。「モラトリアム人間」が，現代という一時的な社会状況を描写するのに有効なのは確かだが，しかしただそれだけで「アイデンティティ」を「モラトリアム」へと置き換えるといったことを私はしたくないのである。その理由は，先に私が私であるということを支える「基盤」を究明するのだという目的を示しておいたように，私の関心がやはり個に収斂していく方向を向いているというところにある。

上で，私は社会的性格としての成熟したモラトリアム人間とはアイデン

ティティ人間のことであり，歴史的・社会的状況において常に変容するアイデンティティの一変種なのだと述べた。それは，成熟したモラトリアム人間をアイデンティティ人間と捉えないと，私が私であるという健康な自己意識を支える「基盤」としてのアイデンティティはどこに行ってしまったのか，ということが当然問題になってきてしまうからである。実際，小此木の議論は，この点である種の困難を抱えていることが，上の批判的検討で明らかになった。モラトリアム的心理を唯一の鍵概念とする彼の理論では，成熟したアイデンティティ型のモラトリアムとアイデンティティ拡散型のモラトリアムとが，どこでどのように違うのかということが不鮮明になってしまうのである。私にとって，アイデンティティ概念はまず精神的健康と不健康とを切り分ける重要な「基盤」として捉えられ（それはかつての私の体験に基づいている），それが全ての議論の出発点なのだから，これを抜きにして考えることはできないということである。

　それに対し，小此木がこの概念にこだわったのは，日本に限らず先進国共通の社会現象として「モラトリアム人間」を構想しようという意図からだった（小此木，1977/1978b, p.300）。彼は各国の目指すべき性格として，成熟したモラトリアム的性格という概念を提出したかったのだと思う。そして，実は，これは大いに必要なことである。つまりは，私の捉え方もまたある種の問題点を含んでいるのである。

　私の議論を敷衍すると，日本のモラトリアム人間と同様，ヒトラー当時のドイツのマゾヒズム的性格（その裏面としての誇大的なナチズム）をも，一つのアイデンティティのあり方だということを認めざるを得なくなってしまう。当時のドイツ人にとって，「のみこまれたい願望」に基づき極右的なイデオロギーを持つことが「標準」であり，適応的（健康的）であったとするならば，私の議論ではそれをアイデンティティと呼んでいけない理由がなくなってしまうのである。もちろん，一方では「それもアイデンティティだ。アイデンティティなんて所詮，相対的なものでしかないのだ」といった見方が成り立ち得る。しかし，私は，少なくとも国家的，歴史的視点から見たときに，あのナチズムを（あるいは同盟国日本の帝国主義

を), (成熟した国家的性格を示すものとしてこの言葉を使うならば)「アイデンティティ国家」とは呼べないと思う。国内的に見れば, それがその国の人々のアイデンティティであるということが確かだとしても, 国際的, 歴史的視点から, 国家の「成熟」を考えていく際に, どの国家・民族も皆それなりのアイデンティティを持っているのだからそれで良いではないか, というのでは話が前に進まない。対話が成り立たない。実際, 当時のドイツや日本は, 対外的交渉の場から自ら身を引いていき, 孤立していったわけだが, 例えばそれを自己の内的世界で誇大的な自己愛に耽溺する青年期の一時期になぞらえることは, たいへん興味深い視点である。同様に, 戦後, アメリカの保護を受けながら, 世界有数の経済大国になり, 国際社会で一定の役割を背負おうとするところまで来た日本の現在を, やはり青年期後期のモラトリアムという概念で捉えようとするというのも, またなかなかに面白い視点なのである。

　エリクソンは青年期から成人期への移行の鍵概念としてアイデンティティ概念を用いると同時に, 国家の社会的性格を示すものとしてもこれを用いていた。前者のアイデンティティ概念がある発達的価値を有するものであるのに対し, 後者のアイデンティティ概念は差し当たり何らかの価値基準とは無関係な純粋な「事実」であった(そもそも国家によって価値観自体が異なるのであるから,「この国は〇〇の性格, この国は××の性格」といったように価値判断を可能な限り差し控えつつ淡々と記述することも重要である)。しかし, 国家の「発達」をある方向性を志向しながら考えようとするならば, 今度は単なる「事実」の記述に留まらずに, そこに価値基準を導入していく必要が出てくる。小此木は, 固い閉鎖的なものをイメージさせる「アイデンティティ」の上に, もっと柔軟で慎重な「モラトリアム」を置くという形でそれをやろうとしたわけであるが, その「モラトリアム」が望ましいあり方なのだとすれば, それこそを本当の意味での「アイデンティティ」だと捉えても良かったはずである。小此木は一度乗り越えたアイデンティティ概念を用いたくなかったのか,「成熟したモラトリアム」という言い方をしたのだが, そうした直感的な用語法が混乱を招いたことは否

めない。ともあれ，価値的な次元と事実的な次元の双方を含み込んだような厄介な二義的性格を，アイデンティティ概念は持っている。

それにしても，アイデンティティに価値があるとすれば，それはどんなものだろうか。ここまでの議論を踏まえて飛躍を恐れずに言えば，それは「他」への解放性・柔軟性であると考えられる。一見すると，それすらも相対化され得る一つの価値にすぎないように見えるかもしれない。だが，アイデンティティには論理的に言って，「他」（「境遇」(ウムヴェルト)）が抜き差しならず食い込んでいる。「他」に柔軟であらねばならないという倫理的要請は，そうでなければアイデンティティが成立しないという論理的要請と不可分なのである（本書を通じてそのことが明らかになっていくだろう）。

小此木の議論は，国家の社会的性格を国際社会の中で捉えようとする方向性を有している。対して私の議論は，社会との相関を見ながらもやはり最終的には個人の内面を捉えようとする方向性を有している。視点のレベルが違うということがさまざまな混乱の背景にあったわけだが，それにもかかわらず，そう遠くない問題意識を抱いているのも確かである。小此木の理論には，成熟したモラトリアム国家に関する若干の展望が含まれていた。すなわち，固い閉じた自我の殻を想起させるアイデンティティという言葉を，彼がモラトリアムという言葉で乗り越えようとしたように，それはもっと柔軟で「他」に開かれた「自」のあり方である。対してアイデンティティという言葉にこだわる私は，これまで漠然と個の確立であると考えられてきたアイデンティティという概念を，根源的に「他」に開かれた，より柔軟な「自」のあり方として編み直そうと思う。もっともエリクソンが提唱したアイデンティティ概念とは，そもそもそういうものであったはずだ。目指すのはアイデンティティ概念の根本的な再理解なのである。

10　アイデンティティの意味の流動性

こうして，アイデンティティという語はたいへん流動的な意味を持つことが明らかになってきた。

それはまず，何を一単位としてどんな場の中で論じるかによって用法

変わってくる。私という一個人は，モラトリアム的日本社会の中で，社会に適合する一つのアイデンティティを確立しようとする。しかし，そうして得られた私のアイデンティティが，国際社会の中ではまだまだ成熟すべき余地を残しているということは十分あり得る話である。視点を変えて，個人を一つの場（舞台）とみなしてその中で考えてみれば，私が私であるという感覚を得られないアイデンティティ拡散状態においても，その都度立ち現れてくる「私は……」という主格の意識までもが失われてしまうわけではない。私が私であるということは（つまり，私のアイデンティティは），アイデンティティ拡散状態においても，ある程度は成り立っているのである（ただし，この拡散状態が進み切った，そのもう一つ向こう側にある精神病的事態においては，それすら成り立たなくなることも考えられるが）。

　では，混乱を避けるために，何を一単位として，どんな場の中で議論をするのかを予め規定しておくことは可能か。いや，それが難しい。というのも，国家や個人といった一個の単位は，内部にも外部にも「境遇」を抱えているからであり，またその「境遇」にはさまざまな場からいろいろな要素が入り込んでいるからであり，さらには一時的な安定がもたらす個体の視野の広がりによって，その「境遇」がより複雑になっていく傾向があるからである。例えば，個人が社会の中でアイデンティティを確立するためには，自らの内的な諸条件（欲望，願望，能力，理想，価値観，規範意識など）をその社会における一定の役割（その社会固有の理想や価値・規範，技術的進歩，経済状態，国内的，国際的諸条件などの複雑な絡み合いの中で成立する役割）に結びつけなければならない（Erikson, 1950/1977）。それは，一方的に内的諸条件を変えようとするのでもなく，また単に外的諸条件を変えようとするのでもない，両者双方に働きかけていくような過程である。ただし，そうやって一時的にアイデンティティが得られたとしても，それによって個人はますますその生活世界を拡大するのであり，そこに再び内的諸条件と外的諸条件とのずれが生じてくるような契機が生まれる（そのように考えると，「完全な」アイデンティティの確立はほとんど彼岸にしかないもののように思われてくる）。繰り返すようだが，個人のアイデンティティを語ってい

るうちに，私たちは社会的事象や国際的事象といったより広範な問題を，あるいは逆に「私」の意識の成立という根源的な問題を扱うべく，どうしても導かれてしまうのである。

さらに，それとも絡むが，その際何らかの価値を志向するか否かということによっても，この語の用法が変わってきてしまう。日本の社会的性格は，国際社会の中で日本という国が果たすべき役割とはどんなものか，日本という国は（より広範な道徳，基準に照らして）これからどう進むべきかといったことを模索する視点のもとでは，「まだまだアイデンティティにまでは高まっていない」などと言われるだろうし，逆にそこに何の価値判断も加えず単に日本人の多くが持つ一般的性格を指す場合は「日本人のアイデンティティ」などと呼ばれ得るだろう。

では，混乱を避けるために，アイデンティティという概念にどんな価値を持たせるかということを予め決定しておくことは可能か。実はこれも難しい。例えば，ここにアイデンティティ拡散に悩む一人の日本人青年がいるとする。彼にとっては，まず「いっぱしの大人」になるということが目標であり，現代の日本社会の中でとりあえずは自らの職業的アイデンティティを確立するということが課題であろう。そうやって得られたアイデンティティは，確かに彼にとって固有の重みを持つかけがえのない宝である。しかし，周囲の人から見れば，それは一人の若い成人の一つのあり方にすぎないという側面を持つ。それを自覚したとき，彼は自らのあり方を再び問い始め，より包括的で厚みのあるアイデンティティを目指すようになるかもしれない。このとき，当初の社会適応に重きを置いたアイデンティティ概念から，何か「自己実現」だとか「人格的成熟」だとかいったものを連想させるようなアイデンティティ概念へと，この語の意味が移っている。そして，それにもかかわらず，これら全てが彼のアイデンティティ問題なのだ。アイデンティティはいつ達成されると見れば良いのか（否，それは「彼岸」にしかないとする見方もあり得る）。何をアイデンティティと呼べば良いのか。

ここでも私たちは，この語の意味の流動性に翻弄されるのである。だか

ら，こんな概念は捨て去ってしまえば良いのだろうか。いや，少なくとも私は，絶えざる「境遇」の変化にもかかわらず，何とか一貫した「自」として凝集していこうとする人間存在のあり方をまさに「的中」しているこの概念に，ますます惹きつけられるのである。ただし，以上のような事情から，アイデンティティが何であるかということの答えは，恐らく研究の「彼岸」にしかない。しかしだからこそ，私はアイデンティティとは何かを問い続けることだけがアイデンティティ研究を支えるのではないかと思う。とりあえず，今差し当たりは，「本書では現代青年期のアイデンティティ問題を研究する」ということで大まかに議論の的を絞っておくしかないだろう。

11 現代モラトリアム社会における青年の「全生活空間」

　小此木の語用法と私のそれとを比較する中で，アイデンティティという語の使われ方の流動性を指摘するところまで来た。しかし，それだけでは小此木の『モラトリアム人間の時代』を活かしたことにはならない。私が考えようとする方向性に沿って，彼の理論から吸収すべきものを吸収しておかねばならない。すなわち，現代日本のモラトリアム社会は青年の目にどう映るのか。多少一面的な見方になることを覚悟しつつ，ここでは，西平直喜（1990a）に従ってまとめておこう。

　現代日本社会は，見せかけの柔構造社会だと言える（西平，1990a）。「平和」「民主主義」「自由な社会」「経済大国日本」などといった日本を賞賛する決まり文句の虚しさを，青年は十分感知している。青年にとって印象強いのは，平和ということよりむしろ犯罪や汚職でにぎわうニュースの方であり，経済的豊かさということよりむしろバブル崩壊後の不況への愚痴をこぼしながら，つまらなそうに仕事に出かけていく親たちの姿である。その一方で，モラトリアム的生活スタイルが一般的になった現在，そうした問題にはどこか現実感が湧かないというのもある。「平和だと言うんだから，まあ平和なんだろう。不況と言ったって，まあ何とかなるだろう」。

　西平によれば青年期の特徴は，"核戦争による人類絶滅の可能性とか，

遺伝子組替えによる畸形児出産の危険とか,ナチによるホロコーストのような一時代一国家を動かした歴史的事実とかが,自分の置かれた状況の視野に位置づけられる"(西平,1990a,p.42)ところにあるが[18],高度に情報化されたモラトリアム社会はそうした青年期的特性を助長する。だが,あおるだけあおられた不安が,一貫したビジョンのもとに統合されることはない。巨大すぎる社会や世界。民主主義の名のもとに,権力・責任の所在が拡散し,決して矢面には立ってこない大人たち。青年の不満は内向し,どうすることもできない苛立ちと無力感が募る。両親,教師,友人,恋人,政治家,宗教,自然科学といったあらゆるものに対して不信の念を持ちながら,それをどこにもぶつけられない。人間関係そのものが,どこかモラトリアム的で態度保留的で表層的なのだ。そんな中,大きな情報源となるのはマスメディアだが,まさにそれこそ一番信用ならないものだ。「真実なんてこの世の中にはないんだ」——かつてのような「苦悩するニヒリスティックな青年」が流行遅れになり,ダサイものになってしまった現代,そんな苦しい思いを青年は自らの奥底に封じ込めておくしかない。本当はきちんと生きなければと思っているのに,表向きは「どうってことないさ」という顔を作っておくしかない。

　満たされない思いのはけ口を,青年は消費活動に求める。テレビ,映画,マンガ,旅行,ショッピング,ファッションといったものだけが,一時的ではあるけれど今の青年にとっては唯一確かな,感覚的満足感を与えてくれる。物質的な豊かさにより,欲しいものは何でも手に入る一方で,自ら何かを作り出すという経験が乏しくなる。"創造とのバランスを失った消費は,消費のための消費となり,快楽を味わわなければならない"(西平,

---

＊18　後に登場する概念を用いて言ってしまうと,〈他の場〉の連関体系が動揺し,変容するために,世界を構成するあらゆる要素——日常生活の「今,ここ」に密着した事柄から時間的・空間的に遠く離れた「過去の(未来の),あそこ」にある事柄まで——の位置づけ(意味づけ)が「問題」として浮かび上がってき得るわけである。しかも,〈否認〉状態の最中では,〈他の場〉を破壊していこうとする欲動が優勢なために,その悪しき側面がとかくクローズアップされやすい(第3,4章参照)。

1990a, p.49)という構えを生み出す。青年はより刺激的なもの，より感覚的なものを求めて，ますます消費に駆り立てられる。そんな中で，学校や授業といったものはあまりに退屈なものに成り下がってしまう。

　また，物質的豊かさは他人との比較という視点を生み出し，せめて皆と同じくらいの洋服を，せめて皆と同じくらいの下宿住まいを，といった具合に要求水準がどんどんと高まっていく。その結果，豊かな社会の豊かさは決して実感できないところへと遠のいていく。むしろ，青年は自分の「貧しさ」に不満だらけである。その一方で，現代の青年は「自由」である。"家が貧しいから進学をあきらめる，女子だから就職は二次的に考えるといった，運命的感傷性は通用しなく"（西平，1990a, p.51）なり，できないのは全て自分のせいだということにされる。豊かさや自由の実感を得られないままに，「自由な社会」において個々人が本来持つべき過酷な責任だけが突きつけられてくる。

　ところで，核家族化が進み，共同体と家族との結びつきが弱くなってくる中で，子どもと母親との濃密なつながりが浮き立ってくる。それに対して社会の中では会社などの組織に帰属する父親も，家庭という「別世界」の中では言わば「お客さま」的な存在感しか持てないようになる。むしろ父親は，モラトリアム社会の中で充足されない人間的満足感の補償を求めて，妻や子どもに努めて「やさしく」振る舞おうとする。「やさしい父親」像が世の理想となり，規範や社会のルールを伝達する役割も母親の肩にのしかかってくる。一方では常に子どもを保護し支えながら，ときには罰や制裁を加えなければならないという役回りを母親一人で演じるのは並大抵のことではなく，その結果，過保護あるいは過干渉傾向が強まってくる。殊に彼女が専業主婦で，家庭外の仕事などで自己満足を得る機会がなかったりすると，その補償を子どもとの関わりの中に求めようとするため，過保護になりがちである。こうして子どもをいつまでも自分の監視下，保護下に置こうとする母親が増え，その一方で「甘え」が通じない家庭外の状況にひ弱な青年たちが醸成されてくる。青年の心には，"永遠の少年"（西平，1990a, p.54）のような自己イメージと，今やうるさく干渉してくるだ

けの母親，何の力も持たない父親，厳しすぎる現実社会といったイメージが錯綜する。

　さらに，多様化が進んだ価値体系の中，その無意味さや崩壊が叫ばれる表層的論調とは裏腹に，未だに幅を効かせているのが学歴主義である。"職業選択や生き方に驚くほど寛容だった成人は，こと学歴志向という物差しを持ち出すと，人が変わったように，強制的となり支配的となる"（西平，1990a, p.56）。モラトリアム人間化した両親や教師たちは，実はどのように生きるべきか，どういったことが幸せにつながるのかといったことについての一貫したビジョンを見出せないまま，彼ら自身，自らの生き方に確信を持てずに「とりあえず」無難な選択をして暮らしている人たちである。「とりあえず大学に行っておいたら」「とりあえず実業高校ではなく普通高校にしておいたら」といった一見それほどでもなさそうな学歴偏重は，大人たち自身の生活スタイルと響き合い，実は子どもたちに対して（「他には何もないけれど，とりあえずはこれ」といった形で）一元的な価値観を植えつける強力なモラトリアム的心理伝達装置となる。それによって，学歴コースに乗ることのできた一部の優等生たちには不当な自我肥大とそれが実社会で役立たないことへの被害者意識が，そうではない他の青年たちには不当な劣等感とそれを突きつけてくる大人や友人，社会への攻撃感情が生まれる。多様な価値観に目をつぶることで何とか学歴コースに乗ってきた結果，自分にとって何が本当に価値あることだったのかを見失ってしまった青年。学歴競争に勝ち続けることも，ドロップアウトしきることもできないままに，何となく大学生になりはしたものの，結局「私は三流大学の出ですから」と自らに否定的なレッテルを貼ることに終わってしまう青年。あるいは，同じように「高卒」であることを悔やむ青年。「自由な社会」「何でもできる社会」というのはタテマエで，大学から安定した職業生活へと進むべくすでに用意されていた「選択肢」に，あるいは逆に高卒で働こうと思ってもなかなか厳しい社会状況に，むしろ窮屈さを感じるのが現代の青年期である。

　これらに加えて，文明化され人工化され，自然から阻隔された生活空間

が，青年にネクロフィリヤ（死屍愛）的傾向を醸成する。"人間の心は「大自然に触れるときもっとも人間らしくなる」という原則を前に，肝心の大自然から阻隔されて，人間疎外そのもの，人間性の枯渇，石化をさらけだす"（西平，1990a，p.59）。コンクリートの住まい，自動化された社会，コンピュータやテレビゲーム，怪奇的・性刺激的なマンガ，倒錯的なアダルトビデオ。そうした非人間的な環境の中，青年が満足や刺激を求めれば求めるほど，彼らは破壊と殺しと残虐と異常とに満ちた人工的な世界へと耽溺し，自閉していく。"みどり，幼児，性愛，動植物，山河といった生きとし生けるものへの生命愛（バイオフィリヤ）はいつしか影をひそめて，鋼鉄，血の臭い，冷酷さ，機械的なもの，破壊殺戮といった陰惨な死屍愛（ネクロフィリヤ）にとって代えられる"（西平，1990a，p.60）のである。

以上が，現代モラトリアム社会における平均的青年の「全生活空間」（西平，1990a，p.41）である。これは「客観的・現実的にそうある世界」というよりは，むしろ"青年性・世代性・個別性の三要因が織り成す独自の個性的・実存的な発達期である青年期"（西平，1990a，p.42）にまざまざと立ち現れてくる「青年にとってそう見える世界」である。そして，青年を取り巻く環境世界は，そのまま青年の心の意識的・無意識的内面を形成し，それが再び環境世界に投射されるという循環過程がある[19]（「境遇」という概念で繰り返していることだが）。

こうして見てくると，モラトリアム社会に実際にモラトリアムを送る青年たちが，実はかなり「しんどい」状況に置かれていることがよく分かる。今列挙したことを，もう少し整理しておく必要があるだろう。

12 虚構のような現実と現実のような虚構が構成する「全生活空間」

私たちは現代日本社会における青年期のアイデンティティ問題について

---

*[19]　再び第3章の議論を先取りして言えば，悪い対象の「取り入れ」と「投射」の空想生活を送る対象関係論の乳児と同様，「悪しき〈他の場〉」を攻撃しつつ，破壊された〈他の場〉に内から蝕まれていくというのが〈否認〉状態の特徴である。

考えているのだった。上で行ったような青年の「全生活空間」の描写が，どういった形でこの問題に関わるのか，それを整理していかねばならない。まずは，現代モラトリアム社会から生き生きとした現実感を引き出すことの難しさ——とは言うものの，多くの現代人がそこからある程度の現実感を得て暮らしているのも確かであるが，多くの人がなし得るからといって，それが易しいということにはならない——について考察しておこう。

　現代は何に現実性を見出すかが非常に決定しにくい時代，あるいは現実に現実感を感じることが難しい時代である。あまり良いたとえではないが，ヌカに包まれたような時代と言っても良いかもしれない。「ヌカにクギ」と言うときの，あのヌカである。

　例えば，平和な社会というタテマエを信じるのか，マスメディアがヒステリックに報道する事件やスキャンダルの方を現実的なものとみなすのか。経済大国日本の豊かさを信じるのか，それとも不況や倒産が取りざたされる社会状況や，他人と比較して特別恵まれているわけではないという自分の生活実感を信じるのか。何でも選択できる自由な社会というタテマエを信じるのか，モラトリアム的に態度を保留したまま何となく無難なものを選びとらされているという閉塞感を現実とみなすのか，等々。マスコミへの根本的な不信感や，平和なようで平和でない，豊かでないようで豊かである，自由なようで自由でないといったどっちつかずの生活実感が，人々の心を覆っている。これらすべてが現実であるのは確かなのだが，そこに本来なら現実との接触によって起こるような確かな手応え，生き生きとした実感は得られにくい。何となくこれで良いような悪いような，そんな感覚が根底にある。人々は余程のこと——自分が事件に巻き込まれるとか，自分の会社が倒産してしまうとかいった——がないかぎり，慌てることもなければ，何か強烈な不満を抱くということもない。その一方で，平穏無事に暮らせている今の生活に心からの充足感を味わうとか，好きな仕事をできる自由を噛みしめるということも少ない。

　これはまさしくモラトリアム社会の特徴であるわけだが，それは対人関係にも当てはまる。一つの組織，一つの価値観に自分の全てを賭けるとい

うことがないから，人と人とが心底つながりあうとか，激しくぶつかりあうとかいったことが少なくなる。ある人と深くつながったり，「本当の自分」を開示したりすることは，その人から裏切られる危険性をも孕むものだから，変幻自在のモラトリアム人間の時代にはたいへん勇気のいることである。地域と家族とのつながりが薄れ，家族外の人間関係に不馴れなまま育った人たちが多くなり，人と人がぶつかりあう「熱い」人間関係そのものが違和感を生じさせるものにもなった。対人関係はとかく表層的なものになり，それゆえそこから得られるべき確かな手応えや自己愛感情が満たされなくなる。

　つまり，モラトリアム社会は，その柔軟さゆえに不安や動揺をうまく吸収しはするが，その反面，人が外界に働きかけることで得られるある種の直接的な手応え，外界の現実がもたらす現実感，他者との関わりによって得られる自己愛感情といったものまでも緩衝してしまうのである。

　そうした現実感ないし手応えや，自分は生きている，存在しているという確かな実感を与えない現実は，言わば虚構の世界に近い。むしろ消費活動によって得られる虚構的空間・娯楽（テレビ，マンガ，旅行，ショッピング等々）が，ますます巧みに人間の快感を刺激するようになってきた現代において，ある意味虚構は現実よりも「現実的」である（小説，マンガ，映画，芸術など分野を問わず，そもそも優れた虚構作品（フィクション）というのは，そういった特質を持つものであるが，むしろここでの「現実的」という言葉は，ほぼ「刺激的」といった語で置き換えても良いような意味で使っている）。現実生活は現実感を失って虚構化し，虚構的なものは現実と錯覚され，もはや明確には切り分けられない複合体となって，私たちの「全生活空間」を構成している。

　それでも，虚構と現実とを切り分けつつ，その複合体が構成する「全生活空間」にそれなりの現実性を感じ，自己愛感情を満足させることができているうちは良いだろう。実際多くの人がそうやって生きているのだ。しかし，もしそうでないならば，つまりは自分のいる世界がすべて虚構であると見間違うほどに，そこから一切の現実感を引き出せないならば，それはたいへんな苦しみである。人間存在にとって，自分の存在が虚構ないし

は夢幻にすぎないかのように感じられることほどつらい状態はない。

「酒鬼薔薇聖斗」による神戸連続児童殺傷事件や17才の少年によるバスジャック事件が世間を驚愕させたのは記憶に新しいが，その際，マスコミは一斉に，現代の若者は現実とバーチャルな世界の区別が曖昧になっていると指摘し，テレビやマンガ，コンピュータゲームにその原因を求めた。そうした報道が間違っているとは思わないが，しかし，実はそれらの報道自体が一つの巨大な虚構（フィクション）として人々に受け止められていたこと，人々がどこか別世界の出来事をまさにワイドショーでも見るように楽しんだのだということを見逃すことはできない。もちろん，それらは現実であり，どこにでもある平凡な家庭の子どもがそのような犯罪を犯したというリアリティがあったからこそ，人々は震撼したのである。けれども，当時「うちの子は大丈夫かしら」と一時的に不安になった親たちも，しばらくしてそれらの事件が取り上げられなくなると，また何事もなかったかのようにそれまでの親子関係を再開したように見える。当時紛れもない一つの現実であった事件が，あっという間に虚構化され，そして風化していったと言うべきか。すでに当時から一つの虚構であった「ショッキングな出来事」が，その刺激性を失って飽きられていったと言うべきか。多くの現実がどこか虚構化されてしまう一方で，虚構がますます「現実的」かつ刺激的になってきている情報化社会の中で，現実と虚構の区別は曖昧になっていく。"透明な存在であり続けるボクを，せめてあなた達の空想の中でだけでも実在の人間として認めて頂きたい"（『「少年A」この子を生んで…』，p.226）という「酒鬼薔薇聖斗」の願望は，潜在的には，全ての現代人が有する願望でもあるのではないか。

13 私が私であるということを支える無意識の「他者」──ラカンより

少し寄り道をしておこう。

私たちはときどき，今自分の見ているこの世界はすべて幻であるかもしれないという空想を楽しむこと（あるいは，それに逃避すること）がある。

この身体も，そこに生じる感覚も含めて，全てがである。昨日見た夢の中で，私が一羽の鳥となって自由に空を飛び回りながら，風を感じ，世界を上空から眺めていたのに，起きてみればそれが全て幻であったのとちょうど同じように，私はもしかしたらまだ夢を見続けていて，いつ何時目覚まし時計に叩き起こされるやもしれない。そして，もしそうだとしたら，私の存在は何をもって確かなものだと言えるのだろうか？

なるほど，デカルト (Descartes, 1642/2006) のコギトの定式，「我思う，故に我在り」に従えば，今私が考えているということそれ自体，こうした思考が存在するということ自体が，私が存在するということの証明なのだろうか。いや，しかしちょっと待て。今，簡単に「私が」と言ってしまったが，それが「私」であるというのは本当だろうか。私が昨日の夢の中で一羽の鳥であったように，今，「私が存在する」と思っているのは，他の何者かである可能性はないだろうか。「私」が「一羽の鳥」と同じようなものであるとしたなら，その「私」についての夢を見ているのは一体誰なのだろう？　私が存在しているというのは，確実ではない。ただ，何者かが——思考する誰か，思考の主体が——存在しているということだけが，確実なのだ。逆に言えば，私が存在しているということが確実性を持ち，私が私でいられるのは，その思考する誰かが夢の中で「ああ，自分は『私』だ」と思ってくれている限りにおいてのこと，その何者かが今見ている夢から覚めない限りにおいてのことなのだ。

その何者かが実際に「いる」のかどうかは問題ではない。私がその何者かの存在を否定できないという事実と，そうした実在性を（存在するのは私なのか，それともその何者かなのかという問いを立てて）どこかに仮定せずにはおれない私たちの欲望が問題なのである。実際，その実在性は超越者の位置に置かれることもある。私がその者の見る夢の中でのみ私でいられるところの何者かというのは，例えば神であろう。神が造った世界の中で，私は生かされている。そんなふうに考えることができれば——「できれば」の話であるが——，私も神も実在することが確信されるだろう。

ラカン (1973/2000) は，その何者かを「他者」と呼び，同時に「私」を

も「他者」と呼んだ。確かに私にとっては思考する何者かこそが「他者」であるが、むしろ思考する何者かの方が存在する主体であるのだから、実は「私」こそが「他者」でなければならないとも言える。

　ところで、ここまでの話ならば、私が私であるということについての現象学とも、神学への入り口とも、楽しい空想とも言えるようなものであろうが、精神分析家ラカンの独創性は、この「他者」をフロイトが発見した無意識と関係づけたところにある。彼は「私が私である」という夢を見る「他者」を、子ども時代の記憶であるとするのである。記憶が夢を見るというのも変な話だから、記憶が夢を作っていると言えば良いだろうか。なるほど、未だ自分のことを「私」として意識することすらなかっただろう乳児期の頃、自分を「私」として把握するような瞬間がどこかにあって、そのときの記憶が未だに「私が私である」という自覚（夢）を支えていると考えることができる（第３章の鏡像段階論を参照）。

　その一方で、フロイトは私たちが夜見る夢の方を、無意識となった子ども時代の記憶として捉えたわけだが、実はそれは同じことなのである。私たちは日常生活でつらいことがあったりして、私が私であるということが揺らぐと、夢の中で、かつて初めて私が私であることを自覚した瞬間に立ち戻り、再び元気を取り戻そうとする（新宮，2000）。私の見る夢が子ども時代の記憶であるということと、子ども時代の記憶が今の「私は私である」を支えているということとのあいだに、矛盾はない。そこで、「じゃあ、実のところ、まだ私は大人になった夢を見ている子どもにすぎないのかもしれない」と慌てるようなときに限り、つまりは今の私の存在を虚無的な夢幻と捉えるときに限り、不安めいたものが生じてくる。

　ともかく、神にしろ、子ども時代にしろ、私が私であるということを支える「他者」が必要である。私が私であり続けるために、私は「他者」が私についての夢を見続けてくれることを、「他者」が私についての欲望を持ち続けてくれることを[20]、必要とする。私が私であるという自覚の外側で、そっとその自覚を支えている無意識の「他者」の欲望を、私はいつもすでに当てにしているのである。

14 モラトリアム青年がモラトリアム成人になるとは一体どういうことなのか

　話を本題に戻そう。

　現代モラトリアム社会は，自分が確かに生き，存在していることを，なかなか実感しにくい世の中である。それにもかかわらず，多くの人がアイデンティティ拡散を乗り越えて，あるいはそれに陥ることなく，生き生きと（あるいは，何とか）生活している。自分が現実に存在しているということ，何が虚構で何が現実なのかということに関して，それなりの現実感を有し，自らの同一性を保っていられる。それは決して容易なことでもなければ，自明なことでもなく，究明を必要とする事柄である。この点においてこそ，私は，たとえ現代人がモラトリアム的心理を有しているのが確かだとしても，やはり彼らにアイデンティティという言葉を用いたいのだし，青年から大人になる際にそれがどのように形成されてくるのか（あるいは，維持され続けるのか）ということを問題にしたいのである。もう少し言えば，「私」の存在の手応えが不確かな時代においては，「他者」のことがいつも問題になってくるだろうが，そうした視点から青年期の諸問題を整理してみたい。

　子どもから大人になるということは，いつの時代も，夢や空想，遊びなどを現実とする子ども世界から，労働や育児，生産などを現実とする大人社会への参入を意味する。現代は子どもの早熟化，大人の子ども化によって，表面的にはこうした区切りが曖昧になってしまったようであるが，それでも心の深層ではこの区切りが厳然としたものとしてある。子どもの現実と大人の現実が，全く異質なのは明らかである。前者は，子どもとして育てられる，保護を受ける，何かを教わる，何かをしろと命令される，何かを禁止される，「お前は〇〇になれるかもしれない」と言われる等々，

＊20　夢は欲望の充足であるから（Freud, 1900/1969），他者が「私」の夢を見ているという事態はその他者が「私」についての欲望を持っていることによって支えられている。

社会制度的にも生活能力的にも最終的には受け身の立場にあることを前提
にしつつ、その中でさまざまな自発性を発揮していくような現実であるの
に対し、後者は、大人として子どもを育てる、保護を与える、何かを教え
る、命令や禁止に自ら従う、「自分は○○だ」と決める等々、社会制度的
にも生活能力的にも最終的には能動的な立場にあらねばならないことを自
覚しつつ、さまざまな責任を引き受けていくような現実だからである（も
ちろん、大人自身も成長しながら、徐々に「大人としての」社会性や生活能力を身
に付けていくのだろうが）。この受動性から能動性への移行、大人であるこ
とを引き受けるプロセスには、「私が私である」ことを自覚したあの瞬間
と酷似した瞬間が、つまりは大人として「自分は○○だ」と自ら宣言する
瞬間が、あっても良いはずである。

　かつて青年期とは、子ども時代の夢や空想を大人社会の職業に結びつけ
るための役割実験と訓練の時期であり、また既成社会の枠組みを打ち壊す
ような新たな発想、イデオロギーを生み出し、社会全体に活力を与えると
いう価値を持っていた。青年は青年なりに、ある種の面目を保てていたし、
そういう点ではある程度外向きに青年の活力が働いていたと言える。だか
ら、もし古き良き時代というものがあったとするならば、それは子どもに
しろ大人にしろ青年にしろ、そのときそのときで自らの置かれた現実の現
実感をひしひしと感じながら、生き生きと暮らせていた頃なのだろう。

　しかし現代の青年期は、しばしば青年のアイデンティティのことが取り
ざたされた一昔前、学生闘争の頃よりも、ある意味困難であるかもしれな
い。先に見たように、一見変幻自在で軽やかなモラトリアム人間の時代に
は、自らのアイデンティティや将来の生き方に関する悩みだとか、今の苦
しい状況だとかいったことを他者に開示しようとすること自体が、すでに
ダサいもの、古いものとされてしまう。かつての青年たちが大学や体制に
反旗を掲げて、全共闘運動を繰り広げたのとは対照的に、現代の青年には
ぶつかる相手、権力もなければ、連帯する仲間、寄り掛かるべき思想もな
い。今でも一部の青年たちがそうした政治活動をしていないこともないが、
その他の青年たちの反応は冷ややかである。そうかと言って、後者の青年

が内に潜在的な不満や攻撃性，あるいは連帯感や自らの拠り所となるものへの希求性を秘めていないわけではないのだが，いずれにしても，青年の不満はたいてい内向していく。行動を起こしてみても，起こさなくても，結局，手応えのなかなか得られない時代なのである。しかも，彼らがこれから参入していくのもやはりまた，生き生きとした現実感が得にくいモラトリアム社会である。そんな中で，子どもから大人への劇的な（？）変化があるとしたら，それはどんなものなのか。モラトリアム青年がモラトリアム成人になるというのは，一体どういうことなのか。それを説得力ある形で示した先行研究は，私の知る限り無い。

15 本章のまとめ
―― モラトリアム社会でこそ際立つアイデンティティ問題

　本章の議論を，補足を加えながらもう一度整理し直すことにする。
　現代のモラトリアム社会について考察するうちに，私たちは生き生きとした現実感，自分が確かに生き，存在しているという実感を得にくいということを，その問題点として取り出すに至った。それは青年期，成人期に共通の，現代社会の一般的特徴である。人々はある程度好きな仕事を選べる自由さを，さまざまな消費活動や余暇を楽しむことができる豊かさを，決して心から享受しているわけでもないし，さりとて強く不満に思うわけでもない。恐らく，そんなふうに毎日を過ごしながら，一応の社会的責任を果たしつつ，適度に「自分は生きている」といった現実感や自己愛感情を満たしていけるようになるのが，現代モラトリアム社会への適応であり，現代的なアイデンティティの確立なのだろう。そして，青年から大人へ移行する際に比較的スムーズに，モラトリアム的性格のアイデンティティ人間になっていく人もかなり多いと思われる。ごく素朴に考えてみれば，青年にも成人にも共通してモラトリアム的性格が広まったということは，大人になるに際してライフスタイルをほんの少しだけ変えれば良いということでもあるわけで，かなり多数にのぼると思われるこうした「立ち止まらない」青年たちの存在を忘れてはならないだろう。逆にそん

な中，問題となってくるのは次のようなタイプの青年たちだと考えられる。

a) 自分が存在しているということの（私が私であるということの）確かな感触を得られずに，内的空虚さに苦しんでおり，先に進めなくなっている青年。アパシー型青年。無気力青年。
b) 現代モラトリアム社会には不適合なほどの自己存在感，自己愛感情を求めるがゆえに，かえって何の進路も見出せなくなってしまう自我肥大型青年。
c) 衝動的にいろいろなことに挑戦してはみるものの，長続きせず，転職などを無為に繰り返すトラバーユ青年。自分に合った職場を自由に渡り歩いていくというよりも，むしろ生き生きとした実感が得られないことによって駆り立てられている青年。
d) 学歴社会で植えつけられた劣等感を克服できずに，否定的アイデンティティを形作り，そのことによって苦しんでいる青年。
e) 社会に対する攻撃性に取り憑かれ，反社会的行動を繰り返す非行青年。

　私は経験ある臨床家というわけでもないし，医者でもないから，何か網羅的な診断基準を作っているのではない。ただ，私の考え得た範囲では，上記のような青年たちが現代青年期の難しさをある意味体現しているのではないかと思われたということである。こうしたタイプ分けも，議論の的を絞るためには有効だろう。

　ところで，今私が一番関心を持っているのは，やはりa) b) タイプの青年たちである。この両者は，恐らくそれほど明確に切り分けられるものではなく，自我肥大が起こるから行き場を見失って無気力になるということもあるだろうし，無気力になって空想的満足を得ようとするから自我が肥大するということもあるだろう。現象面ではa) b) どちらかが主なものとなるかもしれないが，私はこの両者を本質的には同一のものとみなし，差し当たり典型的なアイデンティティ拡散状態として位置づけておこうと思う。

既成の社会に対する異議申し立てという青年期の社会的意義がほとんど失われ、外的な現実との関わりの中で生き生きとした実感が得にくくなった現代モラトリアム社会において、彼らの内向した不平不満や攻撃性はどこに向かうのだろうか。青年にも大人にもモラトリアム的心性が広まった現在、彼らにおいて青年から大人になるということがなぜこれほどまでに難しく感じられるのだろうか。いやむしろ、青年期と大人とを分かつものが曖昧になってしまったということこそが、その難しさを生み出しているという可能性はないだろうか。社会的行為や社会的意義と結びつかない彼らの苦悩は、「私が私である」ことの保証を求める根源的な苦悩となって、それが初めて成立した幼い頃の記憶に彼らを差し向けるのではないだろうか。

つまり、次章において、私たちはエディプス・コンプレックスというものを今一度再検討してみる必要があるのである。

Case Study No.3　拡散状態の深みから——須賀という人物[21]

第2章の議論を踏まえ、ここでは Case Study No.1, 2 でも取り上げた須賀という友人の根深い拡散状態がどんなものだったかを詳しく見ていくことにしたい。

前にも述べた通り、彼は「もてるエリート」を目指して「一流」と呼ばれる大学にまで入ってきたが、そこでふと社会が用意した「いい大学、いい企業」という「レール」に自分が乗せられてきたのではないかと感じ、立ち止まることになった。ある政治団体とちょっとした関わりを持ったこともあり、労働者を巧みに働かせて利益を搾取していく「社長」や、個人の尊厳以上に競争原理が支配している現代の資本主義社会、そこに何の疑問も持たずに巻き込まれていく同世代の若者たち、「平和のため」と称してイラクへの空爆をも行った国連組織、好きだった高校野球の底流にあった「軍国主義」的要素など、この社会、この世界におけるありとあらゆるものを彼は批判的に見るようになっていった。そして、その結果として、自分が目指すべき方向性を片端から否定してしまい、ついには何を信頼して生きていったら良いのかという、価値・規範が「全て崩れてる」状態にまで至ったのである。言い換えれば、〈自己−世界体系〉が非常に混乱・動揺し、世界との係留点としての〈居住自己〉が完全に崩れ去り、世界の「どこで

＊21　この Case Study No.3 は大倉（2002b）の第2章及び第4章の一部を本書の議論に合うよう要約、加筆修正したものである。

もないような場所」でもやもやしたものを抱えながら，授業にも出ずに，アルバイトとサークルに精を出し，飲んで，遊んで，惰眠をむさぼるという生活を続けていたのが彼だった。

そんな苦しい状態の最深部で彼がどんなことを感じながら，どのような方向性に進んでいこうとしていたのかを，詳細に見ていくことにしよう。

（1）完全主義的傾向と時間感覚の拡散

Case Study No.1でも述べた通り，当初，須賀と私の「語り合い」はとても円滑に進んだ。須賀の語る一言一言がまさにかつての私の拡散体験をそのまま代弁してくれている気がして大いに共鳴できたし，彼の社会批判的な考え方も私にとっては大いに首肯し得るものだった。ところが，何回か「語り合い」を重ねるうちに，そうした共感的な雰囲気が徐々に変わってくる。いろいろ悩みつつも，ともかく大学の単位だけは集めて，どんな形であれ生活していくために何らかの職に就かねばならないということを引き受けていった私と，そうした最低限の「しなければならないこと」をも疑問視し，あらゆる規範性を相対化していった須賀との差異が際立ち始めたのである。

彼と私の最大の違いは，物事が常に善悪両面を併せ持っているということに対して，それで良しとするか否かというところに現れていた。企業に対する批判から「妥協案」として導かれた「教師」という唯一の選択肢についても，その悪しき側面を次々と指摘し，決してそれに向けて踏み出そうとしない彼には，ある意味で妥協を知らない完全主義的なところがあったと言える。もっとも，そうした傾向は彼のみにあったわけでなく，かつて苦しい状態にあった頃に書きつけていたノートを見返してみると，明らかにあの頃の私にもあったものである。善だとも悪だとも言い切れない現代社会を見つめる中で，私が世界だとか人生だとか存在だとかいった根本的なものにまで問いを広げたのは，言うなれば，いかに生きるかという問題に対する「究極の完全解答」のようなものを求めていたからだった。そこには，自分がこれまでの常識的な価値観や規範に捕らわれず，新たな発見をしていっているような不思議な快感があったし，そうする中で「究極の完全解答」を完成させるための最後の1ピースとしての〈何か〉が，実際すぐそこまで近づいてきているような感触がないこともなかったのである。

語り10　究極のもの　須賀（4回生・冬）
（私）須賀が「社会が矛盾だらけだ」って言うときに，究極の善なり真理なり幸福なりがあると思ってる？
（須賀）究極の幸福？
（私）あるいは究極の善。そういった究極のもの。
（須賀）というふうに考えるとないんだろうなって思うんだけど。うん，あるかって言ったらないんだけど，それを求めようとするというか，ね。「あるか，ないか」って言ったら「ない」と思うんだけど，それが何なのかというか，それがどういう状態かっていうのは，考えてるんだろうね，今の僕は。

（私）それに今結論を下そうと？
（須賀）ううん，まあ，下そうとしているというか，それがないことには，それがないことには動けない，何にもできないなあってとこなんだけど。
（私）ないんだ？
（須賀）そう，ないんだけど，ううん，ないというか，まあ，ないというか，難しいね。絶対的な善というのがあるかないか，ないだろうなっていう。絶対的な善という言葉にするとないんだろうけど，一つ一つの，なんて言うの，矛盾がどうやったらなくなるか？　ああ，そうか，一つ一つに対して，何か究極の善というか，を考えると分かりそうな気がすると。
（私）ああ，一つ一つの善ならありそうな気がすると。
（須賀）うん，ありそうでなさそうで。
（私）ありそうでなさそうで。その答えを見つけるのが不可能だって，さっき言ってたやん。それがほんまに自分のものになったとき，そのときに多分行動起こす気になるんちゃうかな？
（須賀）ううん，そうだね。不可能なんだろうって思うんだけど，そうだね。それは漠然と探し続けてるんだね。漠然と探し続けてるから，いかんのやろうな。真剣に，真剣に「ウガーッ」と考えてないから，「あるんちゃうかな？」（みたいな感じがするのかな）
（私）ああ，なるほどね。真剣にもう「ウアーッ」って考えて，それで「ない」ってことになったら，もう考えるの嫌だし，となるかもしれんけど，今やったら，まあ，のほほんと考えてるから……。
（須賀）のほほんと考えてるから。
（私）まだ，あるんじゃないかって？
（須賀）考えられてないんじゃないかって。
（私）そうそう。
（須賀）なんか，でもな，どうにもならんな。自分の中で，ないんじゃないかって思うことを探してるわけだからね（笑）。なんか，こう，どうにもならんよ。
（私）タイムリミットは設定してないんだっけ？
（須賀）うん，生涯。生涯だよね，タイムリミットは。うん，タイムリミットは，あるもんじゃ，考えて見つかるもんじゃないなと。だから，考えて見つかるもんじゃないような気がするから，うん，まあ，考えて見つかるもんじゃない，ような気がするんだけど，でも考え続けなきゃ，考え続けたいなというか，考え続けなきゃなというか。だから，それこそ一生の問題なんだけど，だけど，それがないことには動けないんだなっていう。そうだね，ぐるぐるぐるぐると。考え続けたい，うん，考えなければ，自分がもうスパンと忘れてしまったら，それはそれでいいんだけど，考え続けたい反面考えない自分になりたいというか。ああ，もう「楽しけりゃいいやん」って言ってる自分になりたいというのもあるんだけどね。それもね，真理というか，それもそうだなって，考えて分かるもんじゃないから考えないっていうのも，まあ，そりゃそうだなっていうのもあるんだけど……。
（私）だから，考え続けながら，なんかそういう方向で行動してったらいいんちゃう？

（須賀）うん，そうだね……。なんか，どうにも見てらんないかね？
（私）ううん，そんなことない……。

　世界や存在といったものにまで問いを広げたというのは，もしかしたら私固有の好みや関心によるところも大きかったのかもしれない（そしてそれは，結果的に私が研究職という方向に進んできたこととも無関係ではないだろう）。彼との「語り合い」ではそうした哲学的な話はあまり出なかったし，「究極の善」という言葉は彼にとって幾分強すぎたのかもしれない。ただ，少なくとも私の質問の意図は伝わったようだ。「究極の善」という言葉を「一つ一つの善」という言葉に訂正しつつも，彼は「ありそうでなさそう」な何か，「それがないことには動けない」何か，自分が「漠然と探し続けてる」何かについて説明してくれた。つまり，名指し方のニュアンスは微妙に違うけれど，苦しみの中で私たちが求めていたものとは結局，自分の行動の支えとなるような〈何か〉だったのである。

　その〈何か〉は，例えばここで語られている通り，「一つの善」のようなものかもしれない。社会のあらゆることにつきまとう矛盾。何が「善」なのかが定まれば，そうした矛盾に対して自分がどのような態度をとるべきなのかも分かるだろう。あるいは，その〈何か〉を，私のように「生きる」という問題に関する「完全な解」と呼ぶ人もいるかもしれない。とにかく私たちが必要としていたのは，自分の行動が間違っていないことを保証するための何らかの参照点だった。

　ところが，それが「ない」。単に得られないという以上に，それは実在しない。そして奇妙なことに，私にも彼にもそのことがはっきりと意識されている。私は「究極の」という言葉で，彼はよりはっきりと「ないんじゃないかって思ってる」という言葉で，それを表明している。

　そもそも冷静に考えてみれば，この世の中にどこからどう見ても「善」なるもの，あるいは「このように行動したら良い」といった「完全な解」などあるはずもない。実際彼とは平和のための戦争や，愛する人を守るための殺人などをどう考えるべきかといったことを議論したこともある。ある人にとっての「善」が，他の人にとっての「悪」となり，ある問題の対処法としての「善」なる行為が，別の見方では「悪」となる。そうした状況の中で，自分が間違っていないことを絶対的に保証してくれる参照点などほとんどあり得ないだろうということが，私にも彼にも直観されていたのだ。

　唯一その参照点となるものがあるとすれば，強い信念を持ってその場その場で的確な判断をしていける「自分」だろうが，彼や当時の私にまさに欠けていたのはその「自分」であり，固い信念を裏打ちするある種の自信だった。逆に言えば，「自分」に対する自信がないがゆえに，私たちは自らの支えとなるべき〈何か〉が完全であることを，強く求め過ぎていたのかもしれない。

　〈何か〉がなければ動けない，けれどその〈何か〉は恐らく実在しない。そうした閉塞的な状況をかつての私は，そんな〈何か〉は絶対にないのだ，と強引に思いなすことで，何とか振り切ってきたようなところがあった。だから彼にも，その〈何か〉を見出

すことの不可能性が自分のものになったとき，本当に行動を起こす気になれるんじゃないか，というようなことを言ってみた。

　それに対して彼は，そんなものが「ない」ということは頭では分かっているのだけれど，でもやはり「どうにもならん」と言った。頭で分かるとか分からないとかそんなレベルの問題ではなくて，彼自身の「態度」がそういうもの——言わば，その〈何か〉を追い求める強迫的な欲動に突き動かされている感じ——なのだから，どうしようもないというわけだ。

　彼はまた，まだまだ自分は「考えられてないんじゃないか」という感覚を持っていることも告白している。確かに，自分の求めているものが「絶対にない」という境地に至るためには，自分は考えるだけのことは考えたとか，やるだけのことはやってみたとかいった実感がなければならないだろう。言わば，彼にはまだその〈何か〉に対する「未練」が残っているようだった[22]。

　ならば，と思って私は「タイムリミット」のことを口にする。私の場合，考えるだけのことは考えたという実感が生じたのは，浪人時代でも大学時代でも入試日や進路決定の刻限といった「タイムリミット」が迫ったときだったからだ。もちろん，当時はこの閉塞的状況がいつまで続くのかは全く闇の中だったのだが，今から思えば，そもそも答えのない問題を考え続けるという苦しい作業にあえて飛び込んで行けたのは，「答えが見つかろうが見つかるまいが，ともかくここまで来たらやめる」という最終期限を暗黙のうちに設定していたからなのだと思う。

　けれど，彼は「タイムリミット」は「生涯」であると答えた。今の状態がずっと続いていくことも仕方ない，とでも言わんばかりのこの言葉の意味が当時の私には分からなかった。こんな難しい問題に今答えを見つけることはできない，これは生涯かけてじっくりと考えていくことにして，今は自分が一番しなければならないことをやることにしようと，ようやく重い腰を上げたかつての私とはまた違った意味で，彼は「タイムリミット」は「生涯」だと言っているような感じがあった。ともかく彼は，その〈何か〉を求め続けなければならない，それがなければ動けないのだ，というところに自ら立ち止まろうとしていたのである。

　逆に，何とかして彼を動く気にさせたいというこちらの思いを見透かしたような，「どうにも見てらんないかね？」という問いかけを彼は発したが，すでに万策尽きていた私にできたのは，それをとっさに否定することぐらいだった。そうやって彼から「離れすぎないようにする」以上のことは，何もできなかったのである。

語り11　タイムリミットはない　須賀（4回生・冬）
（この立ち止まっている状態から，いつ進み始めるのかなという話）

＊22　第3章の議論を先取りして言えば，このときはまだ彼において〈主体固有の時間〉が経過しておらず，3人の囚人の寓話における囚人Ａのような，「もう十分考えた（走り出そう）」という実感が生じていなかったのだと思われる。

(須賀)学年とか年とか関係あるんだろうな，俺は。多分働くとしたら。
(私)そうだね。俺は最近もっぱらそれじゃないかと思ってるんだけどね。
(須賀)周りに規定されるんだよね。
(私)うん。
(須賀)みんな，そうやん，割とね。来年卒業しなきゃってことで，3回生で慌てたり。
(私)そうだよね，うん。須賀は慌てないな？
(須賀)うん，焦る気持ちはあるんだけど，慌てて，慌ててっていうか，何かこう，みんな何なんだろうね，疑問を持たないっていうのかな？ いや，前も言ったけど，全然否定する話じゃないんだけどさ，全然，大学4年で出るもんだから4年で出るじゃない？ いいんだけどさ，で，就職するもんだから就職する。みんな具体的に「4年で卒業しなきゃ就職できないから」って考えてるわけじゃないやん。
(私)そうだね。まあ考える人もいるかもしれんけど。
(須賀)やっぱりね，当たり前だからっていうのがね。(それに対して自分は)あえて疑問を持ってるのかね。なんて言うか，なんで4年で出なあかん，そう考えるとさ，そうすると出なきゃいけない理由がなくなっちゃって。
(私)そうだね。
(須賀)終わってんな……。
(私)じゃあ，みんなは大学の4年というタイムリミットがあるわけさ。須賀のタイムリミットは何やろな？ 自分の中で，この期限を越えることはできないっていう。
(須賀)だからないんだよね。
(私)ない……。
(須賀)正直言ってしまえば，もう言ってしまえば，卒業しなきゃいけないなっていうのはあるんだけども，いや，それは気持ち的にはあるんだけど，その理由はないんだよね。卒業しなきゃいけないっていう，理由はないんだよ。本当に。だからタイムリミットはないんだよね。それで結局除籍になっても，タイムリミットじゃないんだよ，多分。除籍になることは悪いことだと思ってるんだ。悪いことっていうか，それは避けたいことなんだけど，絶対避けなきゃいけないことじゃないっていう。それはだから要するに，みんなが4年で卒業しなきゃなっていうのと同じで，あと，それからどうなんだろうな，親に，親の金でっていう，大金親に出してもらって入れてもらったんだから，卒業はしなきゃなっていう。うん，だけどね，何なんだろうな，まあ，社会全体が俺みたいな，なんて言うか，歯止めの効かない人らばかりだったら，確かに終わるなとは思うんだよね。どうしよう(笑)。

　これまで，自分の行動の支えとなるべき〈何か〉を懸命に模索している彼の姿を強調してきた。ある意味では解決不能なさまざまな社会的問題をも自分の「全生活空間」(西平，1990a)の視野に取り込みながら，それらの一つひとつに対してきちんと考えていこうとするまじめな側面，「みんながやっているからいいじゃないか」といった安易な方向に流されまいとする側面が確かに彼にはあった。ある政治団体と(薄くではあるが)関わった彼のものの見方からは，かつての学生闘争の残り香とでも言うべきものが，

今でも一部の青年たちによって生きられていることも何となくうかがわれる。しかし，だからこそ，普段の彼の実際の生活ぶりにもう一度触れておきたい。

彼は単位をそろえることができず，4回生だったこの当時，すでに来年の留年は決定していた。いや，もっと言えば，来年での卒業も無理な状態だった。なんでそういう状況になってしまったかと言えば，必ずしも彼が社会の問題に真摯に悩み，その苦悩に自分の全てのエネルギーを費やしていたからではない。一言で言えば，授業に出ない，出られない，ただそれだけなのだ。普段から接している者が素朴に彼を見れば，そこに感じられるのは「怠慢」「怠惰」だけだったと思う。

4月の単位登録の時期には，「今年こそ」と思うらしい。けれども，それはもって5月のゴールデンウィークまでだ。朝，起きられないのだという。生活のリズムがこの4年間で，完全に狂ってしまっている。アルバイトは深夜過ぎまであるし，飲み会だって多い。そして，何よりも，朝つらいながらも「行かなければならないから，起きる」という断固とした意志のようなものが，感じられることがない。そういう私も人のことは言えなくて，同じような生活を送ってきたのだけれど，ただ，どんなに無気力でつらいときにも何とか単位だけはかき集めてきた私と違って，彼の場合その「何とか」がない。4年で卒業しなければと思い，いや，正確に言えばそんなことすら意識せず，4年で卒業するのは「当たり前」のこととしてやってきた私とは違い，彼の場合「4年で卒業しなければ」，そのために「授業に出なければ」といった自分の中の最低限のラインのようなものが機能せず，なし崩し的になっているような感じだった。

ただ，4年で卒業しなければならない理由というのをあえて考えてみると，確かに今ひとつはっきりしないようにも思えてくる。「当たり前だから」とか「したいことがあるから」という言葉は，恐らく彼にとってはもっとも実感のわかないものだろう。私ならば「親の手前」というようなことを考えるかな，と思いつつ聴いていると，彼にとってもそれは少し気になる問題だったようだ。しかし，彼にとってはそれも「絶対」ではないという。だとしたら，他に何か理由があるだろうか。あと，あるとすれば，別に何をするでもなく大学を除籍になっていくのは「嫌だ」という，私個人の好みの問題だろうけども，もし彼がそれをそれほど嫌だと思わないのなら，やっぱり理由は見つからない。

このように常識的な規範のその背後にある理由を「あえて」考えてみるのが，彼の特徴だったわけだが，実際は世の中の多くの規範には理由がない。いや，むしろ規範は「理由なし」であるからこそ，規範なのであり絶対的なのだ。その理由を問い始めれば，恐らくキリがない。卒業しなければならないという規範にしても，差し当たり「親の手前」という理由があることはあるが，一方では彼は「レール」に乗せられてきたこれまでのあり方を反省し，今度こそは自分で選ぼうとしているのだ。そこを「親の手前」を気にする余り譲歩するとすれば，結局何も変わらないことになってしまう。卒業しなければならないという規範や「親の手前」という理由の絶対性は，こうして奪われていたのだと思う。

私ならば自分の行動の拠り所としただろう「親の手前」や，「除籍は嫌だ」という思

いが，須賀にはあまり響いていかなかった。私は上の語りを聴いていて，そこまで「タイムリミット」がなくなっているという須賀の状態に，（今までは分かっているつもりだったのに）正直驚かされた。確かに私と須賀とでは育ってきた環境も違うし，親に対する思いも違う。考え方も違うし，好みや性格も違う。けれど，だとしたら，一体彼は何をきっかけとして動き出すのだろう？　また，同じような状況に置かれたなら，きっと動くだろう私というのは何なのだろう？　それは，ある意味彼以上に，私にとって大きな問題であるような気がした。このとき私はまだ，彼が私と同じように，いつかはこの状態に踏ん切りをつけ，卒業，就職へ向けて動き出すものと思い込んでいたのだった。

＊＊＊

　これまでアイデンティティ拡散の一側面として，時間感覚の拡散ということが言われてきた（e.g. Erikson, 1959/1973；杉山，1995；都筑，1994）。つまり，自分の人生に転調を生み出すものとしての時間の流れが，それとして実感できなくなってしまうのである。Case Study No.2では，それを「時間の流れからの〈投げ出し‐投げ出され〉体験」と呼んだが，ここで須賀がタイムリミットをなくしているというのも，その一つの現れである。

　時間（感覚）とは何かというのも，またとても難しい問題ではあるが，これまでの考察から一つ言えることは，それは「〜しなければならない」という規範の有無と密接につながっているだろうということだ。

　規範というのは，恐らく，暗黙のうちに「いつまでに〜しなければならない」という刻限を私たちに突きつけている当のものだ。だから，それが「全部崩れてる」ということは，例えば卒業や就職といった人生の区切りや節目もまた，相対化されてしまうということを意味する。自分はいつ動いてもいいし，このまま動かなくてもいい。何をしてもいいし，何もしなくてもいい。坂口が言っていたように，やりたいことがないから楽しみもないし，「追われるものがない」からやる気もわかない。そうやって，人生が平板なものに見えていってしまうのだ。人生が平板だから「タイムリミット」がないし，「タイムリミット」がないからますます人生が平板になっていくという悪循環。それによって，時間（感覚）がまさに「拡散」していってしまうのだと考えられる。

　さらに，「〜しなければならない」という規範は，それに従っていったその先に何らかの願望の成就を期待させるものでもある。卑近な例で言えば，「テストを乗り越えたら夏休みだ」とか，「がんばって資格を取ったら，あの職業に就ける」などと思うからこそ，私たちは願望の成就を「待って」，今の苦労に耐えることができる。ところが，そうした時間的節目を失うということは，願望の成就を将来に先延ばしすることができず，「今，ここ」で完全な〈何か〉を得ようという強迫的な構えを生み出すことにつながる。須賀や私がいろいろと頭を悩ませていたのは，まさに「今，ここ」で自分の支えとなる〈何か〉を見つけておかないことには，将来に向けて歩み出す気にすらならないという感覚があったからだった。そうやって，「今，ここ」では決して手に入らないだろう理想的な〈何か〉に固執しなければならないという苦しい気分の中，とりあえずは直接的な快楽を与えてくれる遊びやアルコール，眠りといったものに飛びついてしまう

というのが，私たちの体験の共通点だった。したがって，そういったアイデンティティ拡散状態において，青年は願望の成就をじっと「待って」いるわけではないし，小此木 (1977/1978a) が称揚するほど「肯定的」なモラトリアムを送っているわけでもないのである。

＊＊＊

　以上，アイデンティティ拡散状態における完全主義的傾向と時間感覚の拡散について詳しく見てきたが，ここで改めて明らかになったのは次の3点である。
　一つ目は，自分がこれからいかなる職業に就き，いかなる生き方をしていくかを決定する際に，規範や価値観，善悪の基準といったもの，つまりは自分の行動の参照項となるものが，いかに重要であるかということである。自分で自分の道を決めようとした須賀や私がまず突き当たったのは，逆説的にも，何を当てにするのかという問題，自分の外側にいかなる参照項を据えれば自らの正当性を保証できるのかという問題だった。日々新たな出来事が起こり，いろいろなものの見方にも出会う中で，自分が下した判断が単なる気まぐれではないと言い切れるための条件，それは，移ろい易い自分とはまた別の「他」なる場所に，いつも変わらぬ参照項，すなわち安定した〈自己－世界体系〉を確保していることである。言い換えれば，自分が一貫性を持てている感覚というのは，主体が〈自己－世界体系〉という「他」なるものと安定的な関係――Case Study No.1の川田のようにそれに「基づく」関係――を取り結んでいることによって保たれているのである。
　二つ目は，須賀や私が追い求めていた〈何か〉についてである。一見，それは自分の姿を捉えるための安定した規範や価値観の体系，〈自己－世界体系〉であるかのようにも見えるが，実はそれ以上の〈何か〉である。というのも，それはむしろ，あらゆる規範や価値観を否定し相対化するところに可能性としてのみ開けてくる「完全性」だからである。そういう意味で，その〈何か〉とは「究極の」ものであり，恐らくは「ない」ものなのだ。逆に言えば，その「完全性」に対する「未練」が残っていて，強迫的にそれを追い求めざるを得なくなっているからこそ，常識的な規範や価値観で妥協するわけにはいかなくなっているのである。
　三つ目に，以上を踏まえると，その〈何か〉を追求していった先に，果たして本当に「アイデンティティ達成」があるのだろうかという問題がある。つまり，私たちが求めていた〈何か〉が現実には存在しないようなある種の「完全性」だったとするならば，「アイデンティティ達成」とは長い間探し求めていたものをついに見つけ出す過程としてだけではなく，それをあきらめる過程として描き出さなければならないのではないかということである。エリクソンがアイデンティティの達成を「自我」の統合機能によるものとして以降，これまでのアイデンティティ研究は何かを「獲得」する過程として青年期を捉えてきたようなところがある。もちろん，そうした見方も間違いだとは言い切れないのだが，少なくともあの苦しみを潜り抜ける際に私の中で強かったのは，何かを「獲得」した喜びよりも，むしろずっと探し求めてきた〈何か〉をあきらめねばならないという悲痛な感覚だった。端から見れば，現実には存在しないような〈何か〉を完全

主義的に追求するのをあきらめることは、一つの現実感の「獲得」に見えるのが確かだとしても、青年の実感としては可能性として保持していた〈何か〉を「喪失」したという感じが強いのだということ、それを押さえておかねばならないだろう。

ともあれ、頭の中では「そんなものないんじゃないか」とも思う〈何か〉を求めて、終わりなき思考を続けることはたいへんに苦しいことだ。最終的な答えがあるのかないのかさえあやふやな問題であるのに、それを考えないわけにはいかない。逆に言えば、それについて自分が懸命に考えているということだけが、当時の私たちにとって自分の正当性を主張するための唯一の支えになっていた。言わば「無」に向かうような苦しい思考であるにもかかわらず、須賀があくまで「考え続けなきゃ」と言っている背後には、そうした唯一の支えだけは失いたくないという思いもあったのだと思う。

(2) 優越感と劣等感

どのようなものの見方をしてみても、否応なく目に飛び込んでくる現代社会の根深い矛盾。そんな矛盾多き社会へと、大学を4年で卒業してスムーズに参入していく「みんな」のことを、彼は複雑な思いで眺めているようだった。批判すべき相手が矛盾多き社会だったらまだ良い。けれどその批判は、当然そこに何の疑問も持たず参入していく同世代の人たちにも向けざるを得ない。そのことが彼を苦しませていた。というのも、周囲の「みんな」を大上段から批判してしまうことは、彼の孤立化を決定づけてしまうからだ。

普通の人がなかなか気づかない、いろいろな物事の「裏」を見てとることのできる自分に、彼がある種の優越感を持っていたことは否定できない。学歴社会の「レール」や利益を最優先させる企業論理など、他の人たちが従っているあらゆるものを批判する言葉の端々から常に漂っていたのは、言わばそうしたものに「騙されている」人たちと対照的に、決して「騙されない」自分への密やかなる自負だったと言える。しかし一方で、そうした自負や優越感は深い劣等感と隣り合わせのものでもある。大学を4年で卒業してまともに就職していく「みんな」と、何も決められないまま留年を重ねる彼のどちらが「まっとう」なのか、ごく一般的に見れば答えは火を見るより明らかだ。「騙されない」自分に感じていた優越感は、一挙に「人並み」をはずれている自分への劣等感に変わる。あくまで自分のものの見方を貫いて、周りの「みんな」も含めて全てが間違っていると言い切ってしまうほどに自信があるわけでもなく、かといって自分のものの見方を曲げて、社会の矛盾に目をつぶり「みんな」と同調していくのもやはり何か違うと思う。まさに彼は、「みんな」という他者たちの中に埋没してしまうのでもなく、個として孤立してしまうのでもなく、他者の中でいかに個としてあるかという問題に苦しんでいた。

語り12 すごい人間　須賀（4回生・冬）
(須賀) これな、もうな、今な、なんか、今の状態っていうのは、好きだけど嫌いっていうかね。ううん、なんて言うかな、今ほんまにしょうもないなと思うんだけど、

ううん，でも，なんか，しょうがないような気もするし。どう，ううん……。
（私）好きだけど嫌いか……。
（須賀）うん。好きだけど嫌いというのは，多分好きじゃないんだけど，だからどうなったら好きかっていうのも分かんないから，ああ，俺はこうなんかっていう……。
（私）その，今考えてる自分があって，あんまり今の自分好きじゃないけど，どこかでそれを正当化してるものがあると思うんだよね。
（須賀）うん。
（私）それって何だろう？
（須賀）何だろうっていうのはちょっと言えないんだけど，確かにどこか正当化してる部分はあるんだけど，ううん，何だろうね，正当化か。あれね，なんて言うか，それこそ漠然と，やっぱり自分というのは，もしかしたら，もしかしたらじゃなくて，多分すごい人間なんだと。なんでかって言ったら，それをなんでかって突っ込まれたら，ちょっと分からんけど，自分はすごい人間なんだと。周りには言えんけど，自分の中では思ってるのがあるかな。うん，ああ，そうか，それ，あえてなんでかって言ったら，やっぱりあれ，今まで全然成功してきてるからね。社会的にっていうのと，自分的にっていうのかね。
（私）まあ，自分で立てた目標は確実にクリアしてきたって感じ？
（須賀）目標を立ててというか，ううん，なんて言うかね，目標とかそんな明確なものじゃないんだけど，まあ，楽しかったし。で，ううん，なんて言うか，それなりに人に必要とされてたんじゃないかっていう。
（私）今の自分て，例えば須賀がこれからなろうとするもの，あるいは集団，加わろうとする集団に対して，今の須賀は必要とされてると思う？
（須賀）今のだろうと何だろうと，必要とされてないんだよね，要は。
（私）これまでも？　これまでは必要とされていた？
（須賀）今から考えると必要とされていたんじゃないかなと，思うけども，これから俺である必要って全然ないんだよね，だなって。でも，今までもね，そりゃやる前とか，する前だったら必要とされていなかったっていうのは大きいと思うんだけど。
（私）その，「俺である必要がない」っていうのがつらいのかな？
（須賀）ううん，つらい，つらいのかな？　まあつらいな。つらいか……。まあ，そこが「やらなきゃ」とか，「やるんだ」っていうことにはならないところ（理由）ではあるけどね。
（私）必要とされてない，でも必要とされたい，と思うからつらいんであって，ああ，「俺必要とされてない，今の俺必要とされてない」，（そう思うの）だったらもう自分の好きなようにやったら……。
（須賀）ううん……。
（私）多分すごい人間なんだっていう幻影が，まだつきまとってる感じ？
（須賀）うん，ううん，そうだね。普段は別に考えてるわけじゃないけど，なんかするときにああ，思っちゃってるなっていう。なんて言うのかね，ううん，謙虚になれないというか，謙虚とは何かちょっと違う気がするんだけど，ううん……。すごい人間なんていないんだっていうのもあるんだよね。で，だから，昔はみんなすごい人間に見えてたわけじゃない？　子どもの頃とか。周りはみんなすごい人間，周りというか

先生とかさ，年上の人とかすごい人間なんだっていう，首相なんかすごいんだ，社長はすごいんだとか思ってたんだけど，でも，そんなのは別にないんだと。うん，昔思ってたすごい人と，自分が変わらないんだっていうことに気づいちゃったら，逆に，自分がすごいとこ乗っかったような，並んだってことで，下のときに比べたらやっぱり自分がすごい人間になったんだっていう，そんな感じの自分がすごい人間なんだっていう，なんて言うかな……。

「好きだけど嫌い」な今の自分を，正当化するものとは何なのか。もし，それがなくなってしまえば，今の状態は完全に「嫌い」になって，動き出す気になるのではないか。そんな思いで，私はこれを尋ねた。苦しみながらも「どうにもならない」「しょうがない」を繰り返す彼に対して，いつの頃からか私は，なぜ動けないのか，動こうとしないのか，何にこだわり，何に甘えているのかということを，問い詰め始めていた。彼と共にあるふりをしながら，結局「早く就職しろよ」という常識的な意見を押しつけていただけなのか。それとも，彼の苦しみをわが事のように知るがゆえに，何とか早く動き出してこの状態を抜け出してほしいと思っていたからなのか。いずれにせよ，今振り返れば，彼にとっては恐らく私は前者の立ち現れ方をしていたのだろうと思う。

けれども，とにかく当時は，かつて同じような状況にあったときの私なりの気持ちの持っていきようを彼にぶつけてみざるを得なかった。すなわち，社会から孤立したところで一人偉そうにあれこれ言っていても，社会の側から見れば自分などは全く「必要とされてない」という厳然たる事実を引き受け切ること。言ってしまえば，今の自分の全否定。それに伴われる身も引き裂かれんばかりの苦痛と，「こうしてはいられない」という身震いするほどの衝迫を私は今でも忘れることができない。けれど，それと同時に今まで自分が縛られていた何かからすっと解放されたような感じと言うのだろうか，恐らくはどこかにあった「社会の矛盾を何とかしなきゃ」「社会からの要請に応えなければ」といった力みが消え，とにかく自分は自分に与えられたことをきちんとこなしながら，思うように好きなようにやっていったらいい，ただそれだけなのだ，という気持ちになれたのも確かだった。

けれど彼はまだ，自分が「すごい人間」だという幻影を拭い去れていないと答えた。それを優越感と呼ぶのだとすると，彼は優越感を持つことによってというよりも，むしろ優越感を持ってしまうこそれ自体に苦しんでいた。語りを追っても，自分は「すごい人間」だと言ってみたすぐ後に，今の自分は必要とされていないのだと急に弱々しいことを言い始め，「すごい人間」は自分が勝手に「思っちゃってる」にすぎないものに変わっている。「謙虚になれない」。ちょっと「謙虚」とは違うけれど，要はそういったもう少しつつましいあり方でいたいのに，「すごい人間」なんだと「思っちゃってる」自分がいる。さらに，「すごい人間なんかいないんだっていうのもある」。子どもの頃に「すごい」と思っていた，先生や社長，首相といった人たち。それらの人と自分が同列になったような感じ。

***

子どもにとって大人というのは，「すごい人間」だった。もちろん反抗し，毛嫌いし，馬鹿にしたりすることはあるけれども，そうする背景には自分より強い者，強制し束縛してくる者，しっかりしている者という前提は，暗に含まれている。子どもは大人の圧倒的な力の前に，基本的には「いつしか自分も大人になって，ああいった力を持ちたい」と思いながら成長してくる。また，子どもたちは両親や教師，その他の大人たちからの評価を取り込んだり求めたりしながら，自分がどんな人間であるかという自己像や，どんな人間になりたいかという欲望を形作る。そうした意味で，大人たちは子どもにとって欲望の源泉でもあった。さらに，子どもたちはその未熟さゆえに大人から保護を受ける存在でもある。

ところが，今まさに大人になろうとしている青年にとっては，「大人＝すごい人間」という前提が必ずしも正しくないことが見えてくる。須賀の言葉を借りて言うならば，会社のために「しんどそうに働いている親父」。ちょっとした悪さをする自分に対して何も言えず困っていた両親。自分の利益だけを追求して弱者から搾取する社長たち。つまりは，大人たちの決して美しいだとか幸福だとか言えない現実が見えてくる。そんな大人たちの同列に実際に加わってしまうことは，決して手放しで喜べることではないだろう。目指していたものに幻滅を感じると同時に，改めて自らの欲望のあり方，自らがどんな人間になるのかを，今度は自分自身で決めなければならなくなる。子どもという特権的地位を失い，責任を持つことを厳しく迫られ，保護を受ける存在から与える存在にならなければいけない。

だとすれば，そこで無目標，無気力になって，自分のやりたいことが分からなくなると同時に，保護を受ける子どもという存在への未練が生じても，それほど不思議ではない。何をしたいのか，何になりたいのかを見失ったそんなときに，社会の中で一定の役割を背負わなければならないという責任だけが過酷に突きつけられるとすれば，「騙された」怒りとともに大人社会に対する不平不満が噴出することもあるだろう。その一方で，青年期にもなれば，ほとんど大人と変わらないだけの権利を手中にしている。子ども時代に「大人になったら……」と思い描いていたさまざまなことを，ようやく実現できるときが来た——そうした気負いに対して，青年に突きつけられるのは非常に厳しい現実である。会社のために，社長のために，身を粉にして働かなければならない。社会的弱者の犠牲の上に成り立つ競争社会で，自分も他の人を踏み台にして生き残っていかなければならない。社会の泥にまみれなければならない。

だとしたら，大人と同じあらゆる権利を手中にしつつ，子ども時代の汚れなさをも併せ持った青年にとって，実は今この時期こそが一番「すごい人間」でいられる時期だとは言えないだろうか。須賀にとっては教師も社長も首相も実はすごくない。むしろ，それらは彼の社会批判の一番の矛先なのだ。そして，それを批判できる彼こそが，最も「すごい人間」のはずである。

では，今の彼は本当に「すごい人間」なのか。現実社会から見れば，そうでないことは明白だ。卒業を延期し，就職もせず，親のすねをかじり続けている。何もしていない，何者にもならない，そんな自分が誰からも「必要とされていない」のは，当然すぎるほ

ど当然の事実である。全く無意味な存在。

　自分は果たして意味ある「すごい人間」なのか，それともただの無意味な存在にすぎないのか。今の状態を続けることは，経済的にも社会的にも無理だろうから，前者であり続けることはできない。けれど，後者であることを認めて社会の中に参入していくこと，それは社会の泥にまみれることでもあり，自分の汚れなさを削ることでもある。それは全く考えられない選択だ。そして，そんな戸惑いなどはお構いなしに，どうにもならない大きな力にただのみこまれていく。そうした全く落ち着かない状況を，彼は語っていたように思うのである。

＊＊＊

　須賀の社会批判は，この社会のあらゆるものに向いていた。けれども，実際は，そうした社会の中で懸命に生きている人がいる。彼はそうした人々に対して自分の社会批判が持つ，「偉そうな」響きをどうにもできないでいた。自らは社会の泥にまみれず，むしろそれを超越した視座から人々に何かを言うということ。多少大げさな言い方をすれば，それは神にのみ許された特権である。けれど，彼が一人の人間である以上，社会の中に自らの居場所を定め，それに伴われる責任をまっとうすることでしか，一人前とは認められない。矛盾に巻き込まれた人たちに対して何かを発言する立場を得るために，彼自身もある程度矛盾に巻き込まれなければならないという逆説。結局彼はそこで立ち止まっていた。矛盾多き社会でも何とかやっていけるだけの確固とした「自分」，あるいは，「自分は自分なんだ」という最低限の開き直りのようなものを確保できないでいたのである。したがって，彼の優越感とはもっと根深き劣等感の裏面だったのであり，まだ何者にもなっていない者が一時的に身に纏うある種の超越性だったと言える。

　子ども時代，そうした超越性の担い手と言えば，まずは親や教師をはじめとする大人たちだった。しかし，青年期にはそうした構図が崩れ，何事も自分で判断しなければならなくなる。その判断の基準として，今度は何に超越性を置くのかということが問題になる。何が超越的かを自分で判断し，それからその超越性につき従っていこうとするのである。超越的なものを選ぶその一瞬，この自分が一番超越的な立場に立たなければならないという逆説があるが，須賀のようにこのプロセスが円滑に進まないと，その超越的立場から降りていくことができなくなるのだと考えられる。したがって，彼が自らの超越性を守ろうとしているというのは一面的である。というのも，彼はそこから何とか逃れようともしているわけだから。

　ともあれ，ここでもまた浮上してきているのは，「他」なるものとの関係の問題である。しかも，それは言語的な「意味」の総体としての〈自己-世界体系〉というよりは，むしろ彼と同世代の「みんな」や世間の「大人」といった生身の他者たちである。ただし，そもそもはそうした他者たちとの言語を介した関わり合いの中で，彼の〈自己-世界体系〉が形作られてきたことを考えると，この両者は本質的に同じものだと考えて良いだろう。実際，私たちが言語によってものを考えるときに，そこには確かにその言語の話し手たる「もう一人の自分＝内なる他者」（Wallon, 1956/1983）がいる。つまり，私たちの「世界」のあり方とは，生身の肉体を備えた現実の他者や，彼らとの関わり合

いの結果形作られてきた内なる他者との関係のあり方そのものであり、〈居住自己〉とはそうした「他者たちとの関係の場」において自らが占める位置（自らの分）に他ならない。したがって、主体がそこにおいて他者たちと関係を持ち、その関係性を参照しながら自分を捉えていくための足場とするような領野を〈他の場〉[23]と呼ぶことにしよう。これまで用いてきた言語的な「意味」の総体としての〈自己 – 世界体系〉という概念は、今やそれらの「意味」と同時に生身の他者との非言語的・情緒的関係性（間主観的関係性）も含み込んだ〈他の場〉へと拡張されたわけである。

　注目すべきは、須賀がその〈他の場〉と安定した関係をとりあぐねている点である。彼においては、同世代の「みんな」や世間の「大人」といった生身の他者にしろ、規範や価値観といった言語的な他者にしろ、〈他の場〉のさまざまな構成要素が自分とは異質なものとして否定されている。本来、〈他の場〉は主体の姿を映し出す鏡のような働きをするものであり、それがなければ主体は「自分」を捉えることができないのだが、彼自身はそうした〈他の場〉からの映し返しを拒否して、あくまで自分のあり方を自分で決めようとしているかのようである（こうした主体の態度を〈他の場〉の〈否認〉と呼ぶことにする）。ところが、現実問題としては、自分が誰かということを一から自分で決めることにこだわって、他者から自分に与えられた呼称や評価を全て却下してしまえば、結局そこには何とも呼びようがない生（なま）の主体以外には何も残らない（「須賀友哉」という名前すら他者から与えられたものだ）。生の主体を何と呼ぶかという手掛かりは〈他の場〉にしかない以上、これを〈否認〉して、「自分」を捉えることなど不可能なのである。

　ところが、ある意味ではそんな不可能な試みに固執せざるを得なくなっているのがアイデンティティ拡散状態であり、そこにおいて青年は何とも呼びようがない（つまりは「無意味」な）生の主体にまで「自分」が削り取られていくかのような底知れぬ不安を感じつつも、〈他の場〉を超越した究極の〈何か〉（これも言葉にできない）によって自らの存在の保証を得ることを夢見ている。〈他の場〉からの映し返しが一切なくとも、自分が何者であるかを自分の好きなように決められる者がいるとすれば、それは神のような超越者だけだろう[24]。〈他の場〉を〈否認〉していた須賀や私が、（自分たちの意思はどうであれ）結果的に追い求めざる得なくなっていたのは、ある意味ではそんな神の

---

*23　〈他の場〉は他者とそこにおいて関わり合う物理的空間でもなければ、個人の意識の内部にある心的空間でもない。それは個人の内部／外部や、意識／無意識の境界を越えて広がる理念的領野である。したがって、非常にイメージしにくい概念だとは思うが、差し当たり主体が「自分」を捉えるために必要不可欠な構造的審級だと考えていただきたい。〈他の場〉とは何かについての詳細は、次の第3章でも議論する。

*24　例えば「自分はうそつきだ」という言葉の真偽が決定できないというパラドクス——「うそつき」が本当ならもう「うそつき」ではない——に典型的に現れているように、神と違って有限の人間存在は、自分について自分で真なる言明を吐くことは論理的に不可能である。これを自己言及の不可能性という。

ような完全性だったと言える。
　このように〈他の場〉の〈否認〉という状態において，青年は生の主体の無意味さと神のような完全性を，あるいはまた人並みになれない劣等感と全てを超越したかのような優越感の両極を，目まぐるしく揺れ動くのである。

(3) 異性の問題

　もう一つ，彼にとって大きな問題となっていた事柄がある。異性との関係のとり方である。
　大学入学以前は漠然と「もてるエリート」を目指していたという彼だが，そんなふうに自分が「女の子の目」を気にしていることは「女性差別」なのではないかと感じ始める。彼曰く，自分は異性と出会うときに一人の人間としてというよりは，いきなり「恋愛対象」や「(性的対象としての) モノ」として見るところからスタートし，しかも「手当たり次第好きになっちゃう」のだという。そうやって誰彼構わず「いやらしく好き」になってしまうというのは，「ハーレム願望」に近いと思う，好きという感情を「もっととっておきの感情にしたい」というのである。
　最初，私は彼が何にこだわっているのかよく分からずに，「年頃の男の子女の子が，異性の目を気にするのは，ごく普通のことなんじゃない？」などと尋ねたりしていたが，それに対して彼は「まあ普通のことかもしれないけど，それは俺にとって良くない」ことなのだと言った。他の人に比べて「その傾向が俺は顕著」だと思うから，そうしたあり方は変えたいのだという。
　確かに，飲み会や何かの場で何人かの男女が集まって遊んでいるようなとき，彼は決まって場を明るくしてくれた。彼の表情や動作，語り口が，人の緊張をさっとときほぐすような雰囲気を持っていたのだ。そして，話の中心になって，いろいろな話題をいろいろな人に万遍なく振り，ごく自然な感じでみんなを輪の中に入れようとする。そうしたとき，ちょっと輪の中に入れず寂しげに見える女の子がいたとすれば，間違いなく，彼はその子に話しかけにいくような人間だった。その子を連れていつのまにか輪の中に戻っていることもあれば，その子と話し込んでいるときもある。その女の子が誰であっても，そういう行動をとる。彼に言わせれば，全ての異性の目が気になり，全ての異性が「恋愛対象」だからこそ，そうやって誰に対しても好意をもって接していってしまうということらしいのだが，私には，そうした接し方自体は気遣いや優しさには見えても，彼の言うように何とか改めなければならないものだとはやはり思えなかった。それゆえ彼の説明を聞いてもなかなか自分の身に置き換えて腑に落ちるというところまではいかずに，私はやはり「それがどうしていけないの？」という問いを繰り返すこととなった。

　語り13　自信ない　須賀（5回生・冬）
　(須賀) 子どものときとかないじゃない？　異性だからって性的に見るとか，全然。あんな感じがいいかな。
　(私) うん。

(須賀) 分かるかね。あんときは別にその子が女の子で，ということも分かってるけど，何もこう，だからって何っていう感じじゃないじゃない？
(私) それは，でも，子どもが意識してないだけで，どこかでそういう異性に対する性的関心というのはあるっていうのが……。
(須賀) うん，あるけども，なんて言うの，ほんとに，なんて言うの，うまく言えない。自然じゃない，それって。それは，子どもはそういうのは自然に感じるわけさ。だから，なんか自分の，今の自分の，そのまあ，異性に対する，女性に対する感じ方っていうのが，こう，歪んでるような気がするわけさ。というか，まあ歪んでるのね，俺の中では。
(話が少し流れて)
(須賀) (全ての異性が好きになってしまうというあり方ではなく) もうピンポイントにしたいっていう感じかな。「ここしかだめ」っていう (笑)。だけどこう，そうそう，女の子と会うときに，その「ここ」っていうピンポイントを探すんじゃなくて，そう，ピンポイントを探さない。ピンポイントになって，しかも，それを探さない。
(私) 探したくないのはなんで？
(須賀) だから探すっていうのは，なんて言うの，言葉の通り「どうかな」って探るというかさ，感じ悪いやん。
(私) でも，どこかでそれはね，そんなに意識しないでも，どこかにそれを探るサーチの光線を出してないと，いざ会ったときに絶対分からへんやろ？
(須賀) うん，だからどこかに出してるかなって，自分で気づかないぐらいで出してる，出してて，「おおこの子や」っていうぐらいがいいなあと。
(私) 今はそうしたら，サーチは出しまくり？
(須賀) うん，出まくり。うん。サーチ出まくりっていうか，サーチ出まくりの，あの，反応しまくり。「来た来た来た来た，OKOK」って。そう，探すのが嫌かな。そうそう，うまくまとまってきたよ。探したくないと，そういうのを。ということだよね，さっき言ってたの。
(私) 探したくなかったら，誰かとつき合っちゃえばいいのに。
(須賀) つき合ってても探すんや。
(私) ああ……。
(須賀) 探してる，それは自然やと思うけどな。だから，ううん，自然と言っちゃえばそうだけどさ，周り見たら，そうかもしれんけど。だから自分にとって，だから普通は，どうなんだ，普通はそうかなと思うときもあるけど，まあ，とにかく自分では嫌，嫌だ嫌だ。そのとき (女の子たちと一緒にいるとき) は楽しいんよね。サーチ出しまくって当たりまくるから。だけど，なんかこう，後で考えたときにとか，ううん，一人になったときとかさ，なんかこう，ううん，なんか寂しくなる。うん，ああそうか，なんで寂しくなるって，何とも言えん気持ちになる。でもまた次，なんか，誰かいたらまた「ああ，ああ，ああ」っていう……。
(私) 俺もサーチ出しまくりやけどね。でも，サーチしても反応しないことの方が多いなあ。
(須賀) うん，それだから俺とかから見たら，(大倉は) 何にもこう，そんなふうに (性的に) 見てないように見えるんかね。

（私）かもしれん。そうやな，サーチして反応しなかったら，どうでもよく，いい意味でどうでもよくつき合うっていうの？
（須賀）そうそう，それがしたいね。いい意味でどうでもよくつき合う。そう，いいこと言った。いい意味でどうでもよくつき合いたい，女の子たちと。
（私）俺から見たら，須賀は一番それができてる。
（須賀）うっそ（笑）。ああ逆かな。逆にこう，反応しまくってるから，みんなと分け隔てなく接しているように見えるのか。ああ，そうか。
（私）うん。俺感じるのは，須賀，優しいなあって思うんやけど，あらゆる女の子に対して。
（須賀）うん，ああそうか（笑），全部反応しまくってるから。
（私）反応しまくってんのや？　それは。
（須賀）世が世ならっていう，「世が世なら俺とつき合わない？」っていうオーラなんよ。
（私）でも，普通に考えたら一杯当たりまくってんだから，めっちゃ彼女できまくりっていう……。
（須賀）そら相手の気持ちがあるじゃない。
（私）うん，それにしたってさ，俺がサーチして，「相手の気持ちがあるじゃない」というのと，お前が当たりまくって「相手の気持ちがあるじゃない」っていうのでは，確率が違うわけやん？
（須賀）違うな（笑）。あ，でもだから，ああ，まあね，だけど，そこでだから，ううん，ああ，まあそうだね。うん。それをまあ，自分にそんなに，自分に自信がないから，こう，つき合おうとかいう気にもならんし。自信ない，それが多分一番大きいんだけど，それだけじゃないような気がするんだよな。何だろうね，つき合おうとかいうことにならないのは。
（私）自分に自信がないっていうのは？
（須賀）ううん，言ってもつき合おうっていう話に，告白してもいい返事が帰って来ないんじゃないかってことと，そこまでこう，だから多すぎて張り切れないんだよね，この子もいいけど，ああ，あの子もいいなって。うん，でも，実は俺，もしかしたらすごい（好きな人の範囲が）狭いのかもしれないね。
（私）逆にね。
（須賀）またね，広いけど狭いっていう，第一段階突破は簡単なんだけどっていう……。
（私）そういう可能性もありやな。
（須賀）それも分からんな，ちょっと。
（私）だから，めちゃめちゃ理想高いねん，もしかしたら（笑）。
（須賀）でも，だから，自分が言わんくって（告白しなくて），来てくれたら誰でもつき合うと思う，つき合ってみると思う，っていうあれだからね，今。今っていうかここしばらく。
（私）ある意味，それは「理想高い」の極致ちゃう？　向こうから言ってくるの待つっていうのは？
（須賀）待つっていうか，だからそこまで好きでいてくれるならって感じだね。

(私) だから自分のことが好きな女の子っていう，かなりの高い理想が……。
(須賀) ああそうか（笑），ああそれはあるかもしんない。自分のことを好きな女の子がいいね。まあ，でも誰でもそうか，そりゃ，それこそ誰でもそうやろうけど……。
(私) いや，ちょっと待てよ，俺は，だって好きだったら，別に相手が自分のこと好きだろうが好きじゃなかろうが，とりあえずアタックするから，その点ではお前より理想低い。
(須賀) でも，俺，そうだな，自分，俺，でも考えてみたらな，張り切って自分から行こうっていうの，今までないぞ。ああ，なんて言うの，中学とかで告白してみたりしたときはあったけど。前の彼女とつき合ったのだって何となく，何となくいつのまにかって感じだったし。で，それね，前の彼女とつき合ってるときは，そんなような（自分から行く気になる）女の子は出てこなかったし。なあ，ないぞ。その，こう，俺は，「俺はもう絶対この子や」っていう，ないな。だから，思わんようにしてるんかもしれんけど，思わんようにしてるかもしれん。ううん，まあ，あとないな。どうなんだろう，理想が高いんかな？

　こうして，話を詳しく聞いていくうちによりはっきりしてきたのは，全ての人を好きになってしまうという言葉とは裏腹に，異性に対してどこか腰が引けている彼の態度だった。彼の「サーチ」は実際の行動に結びつくことがない。自分が「反応」しても，「相手の気持ちがある」というところで立ち止まってしまう。
　男同士の開けっぴろげな会話で，女性の読者の方には気分を害された方もいるかもしれない。こうした会話自体が，女性を一人の人間としてというより，モノとして見ているではないかという批判は，甘んじて受けたい。ただ，何の気兼ねもなく，お互い率直に（そして多少軽率に）異性に対して当時抱いていた思いを語り合っているのも確かである。
　まず注意したいのは，彼の「好き」からは，例えば情熱だとか，息も詰まりそうな胸苦しさだとか，その人のことで頭が一杯になるとかいった，「恋の高揚」とでも言うべきものが全く感じられないということだ。「恋愛」と言うには，何か最も核心的なものが欠けているような感じがする。
　異性を好きになる，あるいは異性とつき合うとはどういうことだろうか。告白するとはどういうことだろうか。極端な言い方をすれば，それは自分の存在を賭けることである。異性という他者によって，自分の存在を丸ごと肯定されるか，否定されるかの境に，自分の身を投げ出すこと。「性」という特別な関係，他の人に対しては許容されないような特別な形式で，その人の全てと自分の全てを結びつけようとすること。あるいは，ある特定の人を気づかぬうちに好きになっているとき，人は自分がどんな人間であり，どんな人間になりたいかということをも，暗黙のうちに選択しているだろう。自分を映し返してくれる異性という鏡の選択（いや，鏡への囚われと言った方が良いのだろうか）は，自分のあり方や自分の理想の，暗黙のうちの選択でもある。愛という名のまなざしで映し返してもらえるときに自分は最高に輝き，否定的な色合いでもって映し返されるとき自分はくすんでしまう。そうした意味で，異性とつき合おうとするというのは，

自分の存在を未知なる他者に委ね，飛び込んでいくことである。だから，異性とのつき合いは，めくるめく肯定的な映し合いの可能性に開かれていると同時に，自分の存在が丸ごと否定されてしまうような決定的なダメージにも開かれている。異性の目は，とても魅力的で，この上なき自己肯定感の可能性を開き，痛切な希求対象となるものでありながら，自分の全てを見透かそうとする侵略的なものでもあり，自分への決定的な評価を突きつけてくる過酷さをも備えている。

　ところが，彼の異性への接し方，あるいは彼の「好き」には，こうした自己企投がない。いや，もっと言えば，むしろそれこそが彼の恐れているもののように見える。「この子もいいけど，あの子もいいな」とは思う。けれども，その「いいな」がそれ以上発展することはない。「第一段階突破は簡単なんだけど」，それが次の段階，その人へのさらなる自己投入へと結びついていかない。常に，一歩手前で立ち止まるように見える。

　そのように尻込みしてしまう理由を，彼ははっきりと語ってくれている。すなわち，「自分に自信がない」。例えば，告白がうまくいくか否かということに関しても「自信がない」し，さらに，それ以前にまず自分自身の「好き」という感情それ自体に「自信がない」（「あの子もいいけど，この子もいい」「多すぎて張り切れない」という言葉）。その自信のなさゆえに，彼は相手のもとへと身を投げ出すことを恐れ，ためらっていたのだろうし，今振り返れば，上では「俺はお前と違ってアタックするよ」と格好の良いことを言っている私自身，実はそうした傾向が確かにあったと思う。

　つき合っていた女性との関係が深まるにつれ，いつも私の悩みの種となっていたのは，「このままこの人とずっとやっていくことになったらどうしよう」という不安だった。決して「遊び」でつき合い始めたのではないのだが，その人に対してずっと責任を持ち続けるほどに自分はその人を愛しているのかという問題はいつも浮上してきた。同時に，つき合っているときというのは，それこそその人に付きっきりのような感覚で過ごしていたのだが，そうやって自分の時間がどんどん奪われていってしまうということにも不安を覚えた。その人に対し自己を投入させていくほどには，自分の決意に信頼を置けなかったし，自分とその人との境界も曖昧だった。あたかもその人に「吸い込まれて」しまうような不安感を，どうすることもできなかったのである。

　恐らく私たちは，自分自身ほとんど気づかないところで，相手に自分の存在を没入させていくこと，全てを他者に委ねることを恐れていたのだろう。そして一方では，自分のことを好きでいてくれる女性，あるいは自分の苦しみや孤独感を優しく包み込んでくれるような理想の女性が，向こうから現れてくるのを待っていたのだ。私たちが求めていたのは「自己企投」ではなく，自分がどう評価されるかが予め分かっている，安全かつ保証付きの「受容」であった。あるいは，いつもただ自分を優しく見守っていてくれ，その見返りに何も要求しないような理想の女性だった。もし，そうした女性が現れてもいないのに，こちらから「もう絶対この子や」と思ってしまったならば，そのとき自分はすでに危険な賭けに出てしまっていることになる。

＊＊＊

　須賀が盛んに語っていたのは，たくさんの異性の中から「とっておき」の異性を見出

す「選択機能」が，自分においてはうまく働いていないのだ，ということだったように見える。なし崩し的に誰彼構わず好きになってしまうようでもあり，その反面，心底好きになれる人は誰もいないようでもある，といった「選択機能」の不全がなぜ生じていたか。ここにおいて，ようやくその理由が明らかになってくる。

　表面上それは，「サーチ」の目で「探るのは感じ悪い」といった罪悪感や，そんなことをすれば「女性差別」になってしまうというイデオロギーに起因しているように見える。しかし，その背後には異性と適切な距離をとれない彼の，非意識的な「防衛」があったと考えられる。「選択」をしてしまうことは，自分がある異性に囚われ，多かれ少なかれその異性に自分の存在を委ねることを意味するだろう。だから，多数の軽い「サーチ」を出しまくる一方で，「絶対この子や」という異性が現れるほどの「サーチ」はしない（「サーチ」の力を弱めるためにこそ「そんなことをしたら相手に申し訳ない」「それは女性差別だ」という気分が生じていたのではなかろうか）。

　その一方でやはり感じてしまう，「一人になったとき」の「何とも言えない寂しさ」。多分，世界の「どこでもないような場所」で，須賀も私も孤独だったのだと思う。一人暮らしをしていたからではない。友達がいなかったわけでもない。けれど，これから自分が何になっていくのかということが見えないまま，真っ暗闇の人生を独り歩んでいかなければならないという重苦しい気分が，恐らくは私たちを異性へと駆り立てていたのだ。どれほど困難多き世界であっても，自分の存在を全面的に肯定し，いつも支えてくれるような異性がいたならば，それだけで生きていく勇気が持てるに違いない。そんな過度な期待を背負わされた異性は，ほとんど理念でしか存在し得ないようなものであることには薄々感づきつつも，やはりどこかにいるかもしれないそんな異性を求め，須賀はできる限り「選択」をしないようにし，私は出会いと別れを繰り返していたのかもしれない。

＊＊＊

　このように見てくると，自分の生き方やこれからの職業を決定できないという問題と，心の底から大事に思える異性を選び，深い関係を築き上げていくことができないという問題とが，全く同型的であることが明らかになってくる。つまりは，すでに導入した〈他の場〉の〈否認〉という考え方は，この異性の問題に対しても適用できるものである。より正確に言えば，〈他の場〉の〈否認〉はアイデンティティ拡散状態にある青年の独特の体験構造――全ての事柄がその構造に即した形で体験されていく――や，存在様式の全体を名指すための概念なのである。

　自分の愛の対象となる異性を選ぶということは，まず自分の理想や現在の自分の姿を表明することである。というのも，異性とは自分を映し返してくれる鏡であり，その鏡を選ぶということは自分がどんな人間であるのか，ありたいのかを暗黙のうちに選ぶことに他ならないからだ。そういう意味において，異性とは〈他の場〉の極めて重要な要素である。それと同時に異性が一人の他者である以上，当然その人と関係を取り結ぶ際には責任が生じる。社会生活上，一度に何人もの異性と愛の関係を結ぶことは好ましくないこととされているし，何よりも今ここにいる異性の存在が私に責任を要求してくる。

また，そもそもは自分の好みで選んだはずの異性だが，逆にそれに縛られ，振り回されるということも起こってくる。そんなとき果たして自分は，その鏡を，一人の他者としての異性を，そしてその際自ら行った決断を，選び直し続けることができるのか。自分の姿を映し返すものとして〈他の場〉を引き受けるということには，このように必ず責任が伴われるのである。
　〈他の場〉を〈否認〉していた須賀は，自分のあり方を映し返す鏡，他者としての異性と，どのような距離をとれば良いのかつかめないでいた。自分に自信が持てないでいた彼にとって，そんな異性を選ばないということ，他者に自らを委ねないことだけが唯一，自分に忠実であるということだったのだろう。また，職業の選択ということに関しては須賀よりもかなり絞れてきていた私だったが，殊，異性に関しては，やはり未だ〈他の場〉との関係の問題を引きずっていた。私にとって，浪人時代が職業の問題でいろいろ悩んだ時期だとすれば，大学時代はむしろ異性の問題により重きが置かれていた時期だったと言えるかもしれない。
　今，異性は他者であると言った。けれど，次のことに注意しておかねばならない。私たちが当時希求していた異性は，恐らく他者以上の〈何か〉であった。それは，現実にいる女性を「あの人も違う，この人も違う」といった形で〈否認〉していった結果，可能性としてのみ見えてくる理想の女性であり，もはや現実の他者とも呼べない「大いなる愛の体現者」のようなものであった。空想の中だけで理想の女性との甘い交流をあれこれ思い描いていた私はもちろん，好きという感情を特別な異性のために「とっておきたい」という言葉や，自分のことを好きになってくれる人が良いという理想の女性像のことを考えると，須賀もまた彼自身気づかないところで，やはりその〈何か〉を求めていたのはほぼ間違いないと思われるのである。このように，究極の〈何か〉はとても甘美な魅力をたたえているものなのである。
　〈他の場〉を〈否認〉した状態において，青年は甘美な〈何か〉と一体になることによってある種の完全性——自らの存在に保証を与えてくれるような大いなる愛——を得たいと欲している。アイデンティティを痛切に求める青年の希求性とは，愛への希求性でもある。エリクソンがアイデンティティ問題を適切に解決できていない青年は，異性との真に親密な関係を維持することはできないと指摘しているのも（Erikson, 1959/1973），フロイトが全ての神経症的葛藤の奥底には性愛をめぐるエディプス的葛藤があると指摘しているのも（Freud, 1916-1917/1971），恐らくここらあたりに理由がある。「自分は誰であるか」という問いは，「自分は本当に愛される存在であるか」という問いと本質的に同じものなのである。

（4）各概念の整理
　ここまで〈居住自己〉からの〈投げ出し‐投げ出され〉体験や，〈他の場〉の〈否認〉，究極の〈何か〉といった独特の概念を導入してきたが，ここでそれらを整理しておこう。
　まず，世界を構成する無数の要素（価値・規範などの「意味」やさまざまな他者など）が緊密に織り合わされているのが〈他の場〉であり，そこにおいて自らが占める位

置が〈居住自己〉である。主体はその体系を鏡のように参照することで「自分」の姿を捉えている（あるいは〈居住自己〉にまさに「そのような者」として住み着いている）。〈他の場〉は，無数の要素が織り合わされた複雑な世界体系であるから，主体が新たな現実に出会うことである要素の位置づけが変われば，当然その他の諸要素や〈居住自己〉の位置づけも変化する。この変化は日常生活の中で常に起こっているはずだが，たいていはその変化に対応した微修正を行うことで，主体は〈他の場〉の本質的部分を変化させないようにしているのだと考えられる。例えば，Case Study No.1で見た川田のように，自らに降りかかってくる出来事や他者からの問いかけを，これまでの〈他の場〉のあり方に矛盾しないように位置づけていく（あるいは自分の世界には関係ないものとして排除していく）のがその良い例だろう。そうした方略のもとに，主体は〈他の場〉がやはり「自分」を的確に映し出す参照項であることを〈再認〉[25]しようとするのである。

　ところが，この〈他の場〉の体系の変化があまりに大きく，それまでの世界を構成していた各要素の位置づけが劇的に変わってしまうとなると話は別である。例えば須賀の場合，大学入学後に新たなものの見方に出会ったりして，「レール」に乗っていたときの世界体系が崩れ去り，諸要素の連関が切れたり，配置替えが起こったりしたのだと考えられる。それまでの彼のあり方を規定する諸要素を束ねていた「もてるエリート」という〈居住自己〉は，今や何の魅力もないものとなって求心力を失い，それら諸要素がバラバラになって，〈他の場〉を流動的に漂い始める。その結果，彼はそれまでの〈居住自己〉から〈投げ出し－投げ出され〉てしまい，〈他の場〉によって「自分」を映し返してもらうという参照関係も崩れたのである。このように，主体が新たな現実に出会い，〈他の場〉が収拾不能なほどに混乱し，諸要素の流動化が起こるというのが――実際，このとき生じる感覚は「まとまらない」というものである――，〈他の場〉の〈否認〉が起こる第一の原因だと考えられる。そして，これまで見てきた須賀のように，〈否認〉の態度は諸要素のさらなる断片化・流動化を引き起こしていく。一旦，〈否認〉が起こってしまうと，〈否認〉がさらなる「混乱」を招き，その「混乱」が〈否認〉を強めるという循環が始まることになる。

　ただし，厳密に言えば，〈他の場〉の「混乱」とその〈否認〉は，はっきり区別しておかねばならない。諸要素の連関が大きく変わり，それまで〈居住自己〉と結びつけられていたたくさんの「意味」や他者との関係性がそれから切り離され断片化してしまうと，確かにその分だけ「自分」の感覚は不確かなものになる。このような〈居住自己〉の貧困化は，アイデンティティ拡散にまでは至らないものの，現在の対人関係や将来の職業について多少なりとも頭を悩ませている多くの青年において（今の「自分」への物

---

*25　〈否認〉の対義語である。「自分」を映し出す参照項として〈他の場〉を繰り返し利用する――何度もそれとして認める――ことによって，〈他の場〉はさらに堅固なものになっていくという意味を込めて〈再認〉という言葉を用いた。逆に言えば，〈否認〉という概念にも，主体が自らを捉えるために本来不可欠な〈他の場〉を何度も〈否認〉しようとする態度，という意味が込められている。

足りなさ，より充実した「自分」への希求という形で）見られる現象である。ただ，それでも断片化した諸要素のうちの一部が〈居住自己〉としての機能を未だ保っていて，主体がそこに住み着いていられるならば，それは〈他の場〉の〈否認〉と呼んできたような神経症的葛藤状態とは言えない。言わば，主体は〈居住自己〉という地点において世界と「接地」しており，（今は貧困化しているとは言え）しっかりとした核を持った「自分」の周りに纏う「意味」や他者との関係性をより充実したものにすべく，その世界の中で建設的な行動をしていけるのである。

　ところが，〈他の場〉の〈否認〉においては，〈居住自己〉から主体が投げ出されて，主体が世界との接地点そのものを失ってしまう。主体が生きるのは，世界の内部とも外部とも言えないような「どこでもないような場所」である。そこにおいて，主体は〈他の場〉によって自らの姿を映し返してもらうことそれ自体を拒絶し，自分のあり方を自分の力だけで決定しようとしているかのように振る舞う。あえて言うならば，それは物足りない今の世界や困難多き新たな世界と「正面から向き合って」，それを生産的な努力によって充溢したものに変革していこうとするというよりは，むしろさらにそれを破壊し，それを超越することによって，世界の彼岸にある幻想的な〈何か〉を目指そうとする態度であり，そういう意味で，不可能な試みなのだ。一生懸命「自分」を模索しているようでありながら，実は〈否認〉の先にあるのは決して「意味にならないもの」，すなわち「無意味」である。

　〈他の場〉が混乱していても，それを何とか〈再認〉していこうとする傾向が一定程度以上生き残っている場合は，主体は〈他の場〉との参照関係を堅持し，貧困化してはいるが未だ居場所としての機能を保ってはいる〈居住自己〉になお住み続けようとする。その場合，主体にとって必要なことは，その世界における建設的な努力によって〈居住自己〉を支える「意味」や他者との関係性を充実させていくことである。一方，〈他の場〉の混乱とその〈否認〉の循環が生じている場合は，そうした意味世界そのものからの超脱が起こっているので，同じような仕方では〈居住自己〉は確立されていかない。むしろ，そこにおいて主体がまず実現しなければならないことは，世界との接地点そのもの，〈居住自己〉の核となるような「これが自分である」という自己確信を何らかの形で作り出すことである。一見，全く出口がないかのような〈否認〉の態度の中で，それはいかにして可能になるのであろうか。

　この問題については次の第3章以降で詳しく議論していくが，結論を先取りして言えば，「意味にならないもの＝無意味」に吸い込まれていくかのような〈否認〉の先に成立する自己確信とは，恐らく「自分とはなんでもない者である」であろう。

＊＊＊

　ともあれ，以上の議論を図にしておくと次のようになる（図6）。
　（A）は，主体が〈他の場〉を〈再認〉し，〈居住自己〉に住み着いている状態を表している。円柱の上面が「鏡＝〈他の場〉」になっており，そこに下面の世界の様子が映し出されている。本来この両者は切り分けられないものであり，〈他の場〉の映し出す世界の姿は主体にとっての世界そのものである（したがって，実際はこの上面と下面が

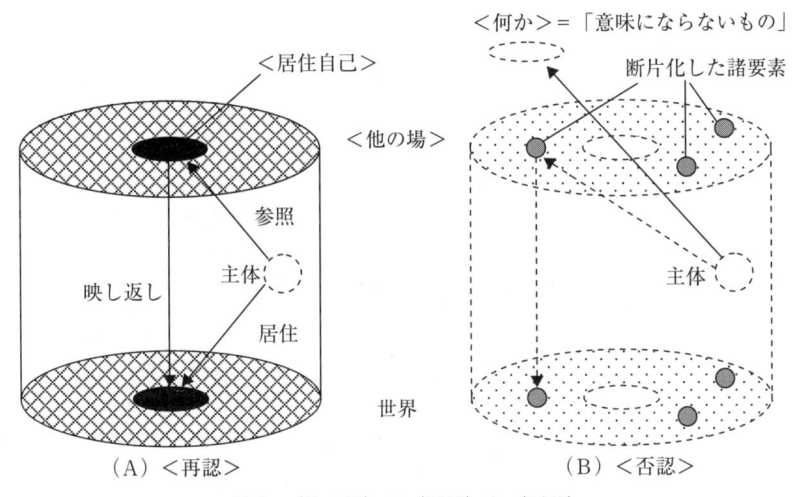

図6 〈他の場〉の〈再認〉と〈否認〉

癒着していると考えれば良いだろう）。ただし，今は便宜上この両者を上と下に引きはがし，この円柱の内部を世界の内部だと考えることにしよう。主体から伸びた2本の矢印はそれぞれ鏡の参照と〈居住自己〉への居住を表している。〈他の場〉の各要素は，複雑な関連を持ちながら一つの世界体系を形作っている（網目模様でそれを表現した）。同様に，図では一つの黒円で示した〈居住自己〉も，実はいくつかの要素群が集まって作られた一つの連関体系である。

　一方，（B）は〈他の場〉の〈否認〉が起こったことを表現しようとしている。〈他の場〉が〈否認〉されていること，しかし，その〈否認〉は完全にはなされ得ないこと——〈他の場〉なくしては世界も自分自身も捉えられない——を点線で表している。このように，世界を境界づける円柱の輪郭が曖昧になることで，主体は言わば世界の外部とも内部とも言えない「どこでもないような場所」に宙吊りになる。また，〈否認〉と絡み合って〈他の場〉の混乱が起きていること（諸要素の連関が崩れていること）を，左図の網目模様を右図では斑点模様に変えることで表現した。これによって，〈居住自己〉を構成していた各要素が断片化する。かつての位置にもはや充実した〈居住自己〉がないために，主体は断片化した要素の一つに住み着く他ないのだが，それを拒否しているのが〈否認〉の状態である[26]（点線の矢印でうまく住み着けないことを表した）。むしろ，主体はこれまでと同様自らの姿を映し出してくれる拠り所を求めて，かつての

---

*26　ちなみに，連関体系が動揺し，「自分」の感覚が揺らいでも，未だ断片化した要素に何とか住み着いていられるような（A）と（B）の中間状態を考えることができる。〈否認〉のような神経症的葛藤状態とはいかないまでも，このようなアイデンティティ混乱体験は多くの青年が経験するところだろう。

〈居住自己〉があったあたりへと参照のベクトルを向けるのだが，そのベクトルは言わば「何もなくなってしまった空き地」を通過して，〈他の場〉の向こうへと突き抜けてしまう。あたかも主体は〈他の場〉以上の究極の〈何か〉，「意味にならないもの＝無意味」を求めているかのようである。

　この図において強調しておきたいのは，次の点である。

　〈他の場〉の〈否認〉，すなわちアイデンティティ拡散状態において主体を苦しめているのは，究極の〈何か〉への囚われであり，そこを目指して不可能な「自分」探しをしなければならないことそれ自体である。それは，〈他の場〉を〈再認〉しながら世界にしっかり住み着いて，そこにおいて〈居住自己〉に結びつけるべき諸要素を充実させていくのとは全く質の異なった格闘である。

　これまで，アイデンティティ拡散は過去の「同一化群」の混乱として説明されてきた。そして，そこからの抜け出しは，「自我」によるそれら「同一化群」の統合であるとも言われてきた（Erikson, 1959/1973）。しかし，アイデンティティ拡散の根深い苦しみを理解するにはそうした見方では不十分である。「バラバラな状態から統合へ」という直線的図式は，「バラバラな状態」への須賀の固執を説明できない。アイデンティティ拡散の苦しみは，単にバラバラなものがまとまらない点にあるのではなく，むしろ究極の〈何か〉を追い求めるという「苦しい快楽」を手放せない点にこそある。そして，主体がそこから抜け出すために本当に必要なのは，バラバラになった諸要素を再度まとめあげることではなく，恐らく徹底的にそれまでの〈他の場〉を打ち壊し，「無意味」に近づいていったその先に──そのためにはある種の「時間」が必要となるだろう──，「なんでもない者」としての自己確信を得ることなのではなかろうか。「自分」を捉えるための足場を失っていた主体にとって必要なのは，たとえ「なんでもない者」としてであっても，まずはこの世界に接地（着地）することそれ自体だと考えられるのである。

　この問題は次の第3章の課題となるだろうが，最後にその予告編として，須賀がどのようにして根深い〈否認〉の苦しみを抜け出していこうとしていたか，ヒントとなる語りを少しだけ見ておこう。

（5）フリーターとしてのアイデンティティ？
　語り14　バイトが楽しい　須賀（5回生・冬）
　（ある日の「語り合い」の冒頭）
　（私）じゃあ，まず最近どんな状態から……。
　（須賀）（笑）最近どんな状態か？　最近どんな状態かって，それは難しいけど，まあ変わってないような気がする。何と変わってないかって言ったらよく分からないけど。どういうとこはどうなん？　って訊いてくれたら……。
　（私）今は割と積極的にバイトやってるよね。
　（須賀）やってるね。
　（私）どう？
　（須賀）ああ，そうかそうか。（以前私が行った分析に）書いてあった，バイトに関する……。ああ，うん，どうなんだろうな，前までは「何じゃこりゃ」と思ってたけど，

それを俺がやってるわ。
(私)ふうん。
(須賀)「こうしたらいいんじゃない？」っていう話を新しい人にしたりとか。でね，なんでそうしているかっていうのが分かんなくて，それで無理やり理由をつけて，つけた理由というのが，だから俺は勝手にバイトをしてるんだ，バイトをしてることが楽しいからやっている……「お店のため」とか言ってる奴がやっぱりいて，それはおかしいとやっぱり思ってるんだけど，まあ，でも（自分も）お店のためになることをやっちゃってるんだけどね，ただそれはたまたまお店のためになることと，俺が楽しいと思うこと，やりたいと思うことが，一緒の方向を向いているだけだという理由づけをしてやってる。分かる？　全然，そのお店のためにやっていることと，自分のやりたいことっていうのとは，独立してるんだということでやってる。この間友達とそういう話をしたんだけど。
(私)具体的には？
(須賀)具体的には，そうだな。仕事，一度にさばける量が多くなったら，達成感があるというのを，まあ自分の目標にしてやってるし，他にもいろいろ，俺の専門以外のところもどうなっているかとか，気にしてやってるわけだ。それは自分の達成感なのかな，その辺のことはうまく言えないけど，まあ，そういうのは割かし面白い。そう感じられるようになってきたから，まあ（もっと仕事が）できたら面白いだろうなっていうことを思ってやってる。バイトに関する目標を立てて，まあそれはできるようになろうと。まあ，そういう目標を立ててやってる。
(私)割と日々楽しく過ごしてんの？
(須賀)割と日々楽しく過ごしてる。まあ，楽しく過ごしてる。割と……俺がフリーターなら楽しいだろうね，日々。今俺がフリーターなら日々楽しくてしょうがないだろうなあっていう生活してる。ただ，学生であるっていうとこですごい，なんて言うの，悶々としたものがあるときがあるね。昼間起きちゃったときには，ああ，学校行かなきゃいけないんだろうなとか，思うけど。とりあえず，日々は楽しいな。

　彼は長年にわたって夕方から深夜までの飲食店のアルバイトをしていた。その店は従業員の意欲をあおるのが非常に巧みで，「お客様のため」「お店のため」というスローガンのもと，皆が次の「ランク」への昇進を目指して熱心に働いているところだったらしい。彼曰く，結局はそうやって「社長のため」に働かせられるだけなのだが，そんな巧みな経営システムを毛嫌いしながらも，彼がそのアルバイトをやめることはなかった。経済的事情もあったのかもしれないが，むしろ私などがその店に客として行ったときに感じたのは，仕事をしているときの彼がいつも以上に生き生きとしているということだった。いろいろな疑問を感じ，不平不満を口にしながらも，結構彼の性に合った仕事だったのかもしれない。
　逆に言えば，感覚的に自分に合っているもの，好きなもの（例えばアルバイト，野球，異性など）についても，まずは論理的に考えて，自分がそれを行ってはいけない理由を見つけようとするところが彼にはあった。もっともこの言い方は誤解を招きやすい。というのも，以前の彼にとっては「感覚的に自分に合っているもの，好きだと言えるもの

も分からない」ということこそ最も正直な実感だったからだ。〈他の場〉を〈否認〉しているときには，感覚的・情緒的・身体的に心地良いこと——それを心地良いものとして感じている「自分」——をそれとして認め難くなっているのである。

そのように考えてくれば，ここでの何気ない語りは，自分にとっての「楽しいこと」を彼がはっきりと認めている点で，非常に重要な意味を持っているということが明らかになってくる。以前は，アルバイト先の「お店のため」といったスローガンは，彼にとっては最もうさん臭いものの一つだった。ところが，そのアルバイト先での仕事に，彼は（心ならずも）楽しみを発見してしまう。経営システムの矛盾についての頭の中での観念的格闘とは対照的に，生活上の自然な成り行きの中でいつのまにか楽しみを感じてしまっている自分に気づく。言っていたことと全く矛盾したあり方が，あれっと思うほどに簡単に引き受けられている。一応，「たまたまお店のためになることと，俺が楽しいと思うこと，やりたいと思うことが，一緒の方向を向いているだけだ」という理由づけをするものの，それがあまり論理的でないことは彼自身が一番よく分かっている（「やっちゃってる」という言葉）。

けれども，実はこの理由づけに反論の余地はなく，たとえ非論理的であったとしても，それがある種の説得力を帯びていることに注意したい。「お店のため」と思って働くことが本当に良いことなのか否かについては，人それぞれいろいろな考え方が入り込む余地があるのに対して，彼がそれを「楽しいと思うこと」自体を否定することは誰にもできないからだ。社会の矛盾に巻き込まれまいとすることで，皮肉にも何も行動を起こせないというもう一つの矛盾に陥っていた頃とは違って，一旦矛盾したあり方を引き受けてしまうことで，逆にある種の整合性，一貫性，彼なりの芯のようなものが生まれてきているとでも言うのだろうか。ここでは，「楽しいから，まあいいや」ぐらいの感覚を起点（核）にした新たな〈居住自己〉の形成過程が，確かに始まりつつあるように見えるのだ。

彼がアルバイト先で仕事を「楽しい」と思えるようになったのには，もちろん，ある程度仕事ができるようになってきて，周囲の肯定的評価を受けるようになってきたという現実的状況の変化がある。アルバイト先の他者たちとの関係が深まってくるにつれ，〈他の場〉の諸要素の布置が変容し，新たな〈居住自己〉ができてきたということなのかもしれない。ただし，これまで彼を見てきた私たちには，そうした説明だけでは何か納得がいかない部分が残る。あれほど嫌悪していた「お店のため」をやってしまっていること，それは自己嫌悪につながりこそすれ，「楽しい」にはならないはずだ。あるいは，「楽しいから，まあいいや」では済まさないような，鋭すぎるほどの論理性，社会や自分に対する厳しさが彼の特徴だったはずだ。それが今や他者たちから映し返される「（できる）自分」をあっさりと引き受けられる（〈再認〉できる）ようになってきている。彼の根本に起こっている，この〈否認〉から〈再認〉への態度変化を説明するためには，アルバイト先の人間関係がたまたま居心地の良いものになってきたからといった現実的状況の変化以外に，何か重要な要因が他にもあるのではなかろうか。一体それは何なのか——これが次の第3章の大きなテーマになるわけだが，これについて予め少し

だけ考察しておこう。

　一つすぐに思い浮かぶのは，彼の欲望のあり方である。かつて目指していた「もてるエリート」の現実が見えてくるにつれ，それが自分の欲望を満たしてくれないことに気づいたところから，彼の〈他の場〉の〈否認〉は始まっていったように見える。それからというもの，何が自分のやりたいことなのかをずっと模索してきたわけだが，このアルバイト先のような仕事が案外彼の欲望を満たすような諸々の要素を兼ね備えていたのではないだろうか。もしそうだとすれば，そのような彼という人間の奥底の欲望に根ざした「楽しい」は，実は遊びや飲み会などの刹那的な快楽（苦しさからの逃避としての快楽）とは一味違った充実感に満ちたものだと考えられる。そこにこそ「楽しいから，まあいいや」といった気分が生じてきているのではないだろうか。

　もちろん，ここでの彼は「もし俺がフリーターなら楽しいだろうね」と，まだ幾分何かに引っ掛かってはいる。やはり，それは「大金」を出してもらって大学に入れてもらった親への気兼ねであろうし，これまであらゆることに対して態度を決めかねていた自分が，一つのはっきりした態度表明として「自分はフリーターである」と宣言してしまうことそれ自体への躊躇でもあるだろう。けれども，もし今後その引っ掛かりがなくなって，彼がフリーターであることを自ら引き受けていくならば，それを「フリーターとしてのアイデンティティ」と呼んでいけない理由はどこにもない。アイデンティティのあり方は社会・文化的状況と常に相関的であるし（Erikson, 1950/1977），実際，何らかの定職に就くことがそのまま一生の安泰を保証するわけではない現代社会において，フリーターというあり方は多様な選択肢のうちの一つであると考えられる。

　したがって，小此木（1977/1978a）の言うように，現代人は「アイデンティティ人間からモラトリアム人間に」なったわけでは必ずしもない。「モラトリアム的性格」が現代日本人の社会的性格であるという指摘には一理あるとしても，青年期のアイデンティティ問題はやはり現代においてもそれ固有の重みを持っている。私見では，もし仮に須賀の態度が〈他の場〉の〈否認〉から〈再認〉へと変わり，彼が「自分はフリーターである」ということを自ら引き受けていくのだとすれば，それは間違いなく「フリーターとしてのアイデンティティ」と呼び得るもの（小此木の言う「成熟したモラトリアム人間」の一つのあり方）の成立である。須賀こそまさに，「成熟したモラトリアム人間は現代のアイデンティティ人間である」という第2章のテーゼを地で行った人物だったと言える。

　もちろん，仮に「フリーター」を〈居住自己〉にしたのだとしても，それはあくまでこれから社会の中でやっていくための差し当たりの自己規定にすぎないだろう。実際に社会生活を送る中で，その〈居住自己〉にもっと多くの「意味」や他者との関係性が結びつけられることによって，それはより充実したもの（より充実したアイデンティティ）になっていくはずである[27]。けれども，そうした建設的なプロセスが始まるためには，そもそも〈他の場〉が〈再認〉されていなければならない。青年期におけるアイデンティティの「達成」とは，したがって，混乱し〈否認〉されていた〈他の場〉を〈再認〉し，ある要素を〈居住自己〉と定めてそれに住み着くこと——仮にその要素が

未だ他の要素と充実した連関体系を形作っていなくても——である[28]。全てはそこから始まり、そしてさらに充実したものになっていく。このように考えてこそ、青年期にアイデンティティを確立しなければならないと述べる一方で、"同一性形成そのものは、青年期にはじまるわけでも終るわけでもない"(Erikson, 1959/1973, p.149) とも言うエリクソンの難解な議論の意味も明らかになってくるのだと思われる。

　以上、「青年期のアイデンティティ拡散とは〈他の場〉の〈否認〉である」という定式化を行ってきたわけだが、それにしてもなお謎めいているのが「そもそも〈他の場〉とは何か」という問題だろう。次の第3章では、精神分析学の助けを借りながら、人間存在に〈他の場〉という構造的審級が引き入れられてくるプロセスを詳しく追い、〈他の場〉の〈否認〉はなぜ起こるのか、それがいかにして〈再認〉へとつながっていくのかという問題について、さらに考えていくことにしよう。

---

*27　実は須賀はその後「フリーター」にはならなかった。それらしき方向に進みかけた後、ある定職に就いたのだが、そのように事態が推移した理由は、やはり彼にとっては定職に就く方がさらなる〈居住自己〉の充実につながると感じられたからだと思われる。

*28　もちろん、川田のように混乱が起こらないケース、その他の多くの青年のように混乱はしても〈否認〉にまで至らないケースもあるが、いずれにせよ「達成」すべき事柄は〈他の場〉の〈再認〉と〈居住自己〉の設立である。

第3章 エディプス・コンプレックスとアイデンティティ

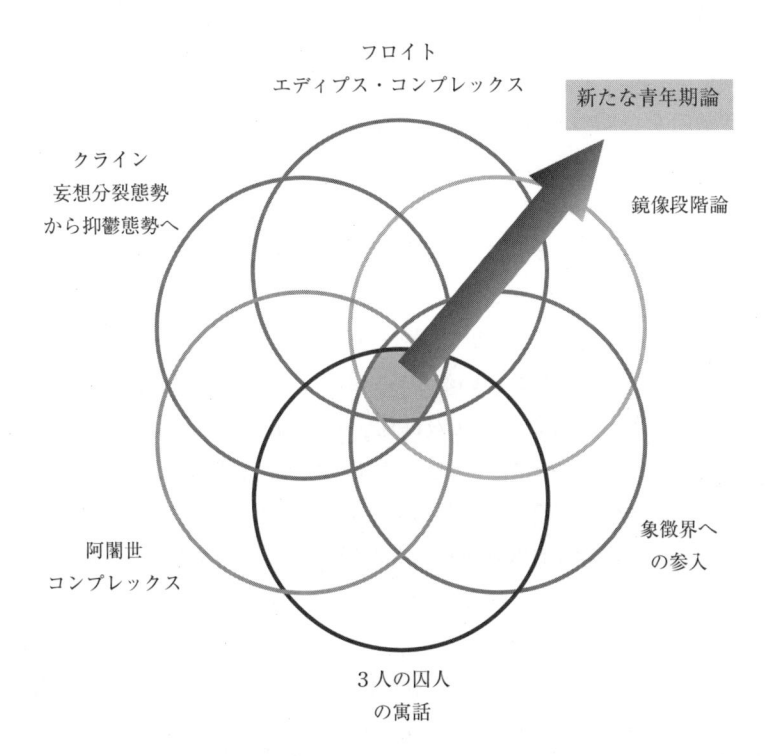

```
                  フロイト
             エディプス・コンプレックス      新たな青年期論

    クライン
    妄想分裂態勢
    から抑鬱態勢へ                           鏡像段階論



                                              象徴界へ
                                              の参入
    阿闍世
    コンプレックス


                  3人の囚人
                    の寓話
```

　存在の保証や愛の保証を求める人間の根源的な希求性——アイデンティティ希求性と言っても良いだろう——がどんな困難にぶつかり，そこからどのようにして欲望が発生してくるのか。フロイトのエディプス・コンプレックス論によってこの問題が開かれて以降，いろいろな精神分析家が各人各様の「（理論的）物語」を見出しながら，これに答えようとしてきた。とりわけ，ラカンは鏡像段階論や3人の囚人の寓話など多彩な例を挙げながら，一見多様に見える「物語」の本質が「主体による新たな言語世界への参入のドラマ」であることを示してみせた。本章では，ラカンによって見出されたエディプス理論の本質構造を私なりに読み解きながら，それを組み込んだ青年期アイデンティティ論の構築を目指していく。フロイトのエディプス論，クラインの乳児論，ラカンの鏡像段階論，古沢の阿闍世コンプレックス論など，いろいろな「物語」が出てくるが，それらが描こうとしている心的プロセスはどれも同じなのだということを念頭に読み進めていただければと思う。

世界の文化には，子どもが大人になるためのさまざまな通過儀礼（イニシエーション）がある。強烈な痛みや恐怖を伴うものも多く，それを乗り越えてこそ社会から一人前の大人であると認められる。本来，漸進的にしか変容していかない人間が，ある日を境に突然全く別の存在へと生まれ変わるということはないはずなのだが，社会の側がそうした明確な区切りを演出することで，子どもから大人への「跳躍」を容易にしているわけである。日本のかつての元服なども，大人になったことを証する外的指標であったわけだが，そうしたものがない現代社会においては（成人式はすでにただの同窓会になっている），青年はそうした節目をある意味では自分自身で作り出すしかない。そして，そこにこそ「自分が何者であるか」を決定することの原理的困難が再び浮上してくる。

　「再び」と言うのは，もちろん，私たちがこれまでの人生の中で何度かその決定を秘かに行ってきているからである。とりわけ原初における「私は私である」ということの最初の自覚（自己規定）は特別な意味を持ち，その際に生じるさまざまな内的格闘のドラマを，精神分析学はエディプス・コンプレックスと呼んで重視してきた。自分が何者であるかということを確かめるための外的保証がなかなか得られにくい現代モラトリアム社会において，青年はしばしばこのエディプス・コンプレックスを生き直すのではなかろうか。

　ただし，父親と母親をめぐる性的葛藤のドラマとしてのエディプス理論をそのまま青年期に適用してみても，必ずしも青年期の実態を正しく捉えたことにはならない。この第3章では，エディプス理論を換骨奪胎し，これを組み込んだ青年期アイデンティティ論の構築を目指していく。

1 エディプス・コンプレックス論への入口

　河合（1982, p.73）は"子どもが大人となるというべき現象も，内部に生じる変革のすさまじさから見れば，死と再生の現象として記述するほうが，はるかに妥当であろう"と述べるとともに，青年期には象徴的な親殺しが行われることがあるとしている（河合，1996）。新宮（2000）は，まだ話せ

ない子どもが言葉の世界に参入すること，青年期の言語世界から大人のそれへ跳躍すること，生の世界から死後の世界へ旅立つことなどが，主体にとって基本的に同じ意味を持っているとみなす。エリクソン（1968/1969, p.113）もまた，"フロイドのあの偉大な発見から話を始めたいと思う。つまり，神経症的な葛藤というものは，子どもが児童期に必ず通過せねばならぬような「正常な」葛藤や，また，大人がパーソナリティの内部に持ち続けている残基などと，内容的には大きく異なるものではないということだ"と述べて，「アイデンティティ対アイデンティティ拡散」の危機にエディプス・コンプレックスが関連していることを認めている。エディプス・コンプレックスに対する理解を深めることは，青年期というものを考えるに当たって欠かせない作業なのである。しかも，エディプス・コンプレックスによって青年期を理解するというよりも，青年期のアイデンティティ問題を理解するための有効な概念装置がエディプス・コンプレックス論を考慮したものになる，という形にならねばならない。まずはフロイトの説から見ていくことにしよう。

　フロイトによれば，子どもはごく幼いうちから性衝動を持つ（Freud, 1905/2009, 1909/2008）。男児の場合，母親との近親相姦願望を持つが，それは自分を生んだ母親に再び自分を生ませることができれば，自分が永遠の存在となれるからである。だが，もちろん母親はその願望に応えることはない。そこで男児は母親の欲望の対象である父親を空想の中で殺害し，父の立場を乗っ取る（父親への同一化）。ところが，今度は殺害された父親（原父）によって，自分が復讐されるのではないかという強い不安にさいなまれる（去勢不安）。やがて，男児は原父殺害の罪の意識に捕らわれ，母親との近親相姦は原父によって禁止されているのであり，今はそれに自らを従わせることにしようと決意するに至る（超自我の発生：Freud, 1923/1970）。逆に言えば，この禁止に従うことで男児は原父に抹消されることのない自己を設立することが可能になる。ただし原父の禁止の効力は，原父がすでに死んでいるがゆえに永遠のものであり，母親に自分を生ませたいという希求は不可能な欲望となって，永久に主体を突き動かす（欲望

の発生)。これがフロイトの発見したエディプス・コンプレックスの概要である。

　フロイト以後，クライン (Klein, 1952b/1985, 1957/1975) はより原初的な母子関係の中に，すでにこのコンプレックスの早期の形式があることを発見する。母によって授乳されている乳児は，それが満足感を与えるものであればあるほど，ある不安にさいなまれるようになる。乳房は乳児にとって，無限の母乳と愛情を持っているように感じられる。乳児は母乳以上に，母乳と愛情とを無限に与えることができる力そのものを欲しがる。しかし，乳房はそれを決して与えてはくれない。与えてくれない乳房は意地悪である。そこにおいて乳児には，そんな乳房ならばいっそのこと破壊してしまわなければならないという衝動（羨望）が生じる。この衝動に突き動かされた乳児は，空想の中でこの乳房を食い尽くし，侵入し，破壊していく。その一方で，乳児は破壊された悪い乳房から母乳を取り込むが，その乳房が今度は悪い母乳を与えることで内側から乳児に復讐を加えようとしていると感じられるようになる。そこで乳児は，その悪い対象を母親に投射することで，攻撃に苦しんでいるのは自分ではなく母親であると感じて束の間の安心を得るが，それを再び取り込まなければならないから，結局苦しんでいるのが母親なのか自分なのか分からなくなってしまう。自分と母親とのあいだの区別は，その両方を悪い対象が行き来することによって打ち消されてしまうのである（母親との同一化）。

　こうして乳児は外界と内界双方から迫害され，不安にさいなまれるのであるが，その原因は，乳児が生命維持のための生理的欲求を超える，無限の愛情と母乳という完全性への希求を持ったことである。それが手に入れば完全性を得られると想定される対象（ラカンの用語では対象a）を求めるのが，欲動である。欲動は主体化されておらず，むしろ意志の主体は対象の側にあると感じられるのが特徴である。一方で，その対象がついに所有することのできない失われた対象として，主体に自覚されることによって生じるのが（主体化された）欲望である。失われた対象の自覚が，欲望の主体を生み出すわけであるが，このような自覚は必ず罪の意識を伴う。と

いうのも，良い乳房を破壊し，失われたものにしてしまったのは自分自身だからである（Klein, 1952b/1985）。こうして主体は，母親と区別される自己を罪ある者として設立する（抑鬱態勢）。対象を求め，それに愛を注ごうとする主体の欲望は，対象がすでに失われているという事実によって，いつも別の何か（乳房の代わり，乳房の象徴）をつかまされるのみで，欲望は対象の周りを永久に旋廻することになる（新宮，1995）。

フロイトとクラインの理論は一見異なる時期にある子どもの空想世界を描いたものであるが，ともに完全なものへの希求性が他者への同一化を生み，その同一化そのものに含まれる攻撃的成分によって子ども自身が苦しめられること，やがて子どもが対象を失われたものとして自覚し，その対象への不可能な欲望が発生すること，欲望の主体が罪ある者として自己を設立すること等々，共通の要素，形式を含んでいる。この形式を，空想世界の描写によってというよりも，動物生態学などと結びつけた新しい視点から描いてみせたのがラカンだった。

2 鏡像段階論

私たち成人は通常，安定した姿勢感覚によって自らの身体の統一性や形を感じることができているが，生まれたばかりの乳児は，神経系が未成熟なため，このまとまりある感覚を持っていない。むしろ内的な不協和な感覚にいつも脅かされていると考えられる。したがって，生後6ヶ月から18ヶ月の間の，まだ立つことや伝い歩きを覚えたばかりの乳児が鏡の前に立ったとき，そこに映し出された自己の鏡像は，内的感覚よりも先に視覚的な見えとして身体の統一性を与えることになる（視覚は比較的早く発達している）。乳児はこれを見て歓喜し，見えとしての身体像に同一化するのだと，ラカンは言う（1966/1972）。内的感覚の未統一性とその統一的な身体像との落差がそうさせるのかもしれないし（新宮，1995），あるいは，ある種の生物が鏡像を見ただけで生殖行動を開始するという実験が示すような，何らかの（本能的な意味で）「性的」な裏づけがあるのかもしれない。ともあれ，人間の乳児において統一性への希求性がすでに存在することが

考えられ，統一性を持った鏡像は性的な興味の対象となる（ナルシシズム）と同時に，理想的な自己として乳児に引き受けられるのである。このときの喜びのインパクトは非常に大きく，後に身体の統一性が神経系の発達によって内側から裏づけられてからも，消え去ることはない。人間は毎日のように鏡を見るが，それはチンパンジーなどが鏡像に興味を示しても，それが実際の生命体ではないと知ると途端に興味を失ってしまうのとは対照的である。人間は鏡を見るたびに，あの統一性に出会ったときの喜び（ナルシシズム的満足）と，自分が一個のものとして——他でもない「私」として——確かに存在しているという確信とを呼び起こしているのである。「私」という概念は，こうした鏡像体験を踏まえ，単に便宜的に自己を指し示す以上の高い付加価値（喜び）を加えられてできあがってくるとラカンは考えていた。

2つの点に注意しておこう。

まず，未だ自らの身体の輪郭を明確には把握していなかった乳児にとって，自分と外界の事物との関係もまた，鏡の世界によって先取りされるだろうという点である。鏡の中で，自己像が図として浮き立ってくる際に必要な地，図と地の関係といったものが，視覚的に先取りされ，実際の世界の中にイメージとして逆移入される。"自己は，鏡の中の虚の世界で自己像が占める特権的な位置として形成されてくる"（新宮, 1995, p.172）のである。

もう一点は，「鏡の私」はすぐ「社会的な私」へと向け換えられていくということである。鏡像の統一性は，この目に映る他者の統一性と重なり，他者が鏡像自己の役割を担うことになるのである。そのとき「私」の統一性は他者の中に吸収され，「私」はそこでしか存在できなくなる。本来，自己の統一性を確認させてくれるはずの鏡像他者（鏡像自己）が，逆にその統一性を掠め取っていくという逆説が生じるのである。母親に無限の愛情と授乳能力を占有されていると感じた乳児のように，あるいは父親を殺せば母と結ばれて永遠の自己の存在を得られるに違いないと感じた男児のように，同一化には自己の統一性を与えてくれない他者への攻撃的成分が

含まれている。同時に，取り入れと投射という機制によって，その攻撃性は自分自身にも向けられる。攻撃を向けられる他者とは自分自身に他ならず，攻撃を向ける自分とは他者のことなのである。この状態は苦しみを引き起こす。その苦しみを抜け出し，他者への同一化がある程度安定するためには，父に成り代われば得られるはずだった永遠の存在や，絶対的な愛情と授乳能力を備えた良い乳房が，もう失われてしまったのだという自覚が生じるということ，そうやって自己と他者とのあいだにある種の境界線が引かれることが，必要である。

　以上が，ラカンの鏡像段階論の概要であるが，この自己と他者とを境界づけるものに対する考察へと，彼は必然的に導かれていくのである。

3　言語世界への参入——象徴界による去勢

　まだ身体内部の不協和な感覚に苦しめられている頃，乳児は鏡の中に何を見るのだろう。上の議論では，瞬時に自己の鏡像を見出すことになっていたが，それが紛れもなく自己の鏡像であると感じられる以前，まだ乳児が「これは何だろう？」と思っているような段階を考えることができる。そのときに自分自身と鏡像とが同一のものであることを教えてくれたのは，例えば母親かもしれない。母親から「あれがお前だよ」と指差されることによって，あるいは鏡に映った母親と自分を抱きかかえる母親の対応関係に気づくことによって，乳児は鏡に映った「抱きかかえられている者」がまさに自分自身であることを引き受けていくのである。

　したがって，このとき自己の鏡像という他者（まだそれが自分の姿だと分かっていないわけだから他者である）への安定した同一化を支えているのは，第三者的な母親の視点である。言い換えれば，それは「あれがお前だよ（あれ＝お前）」という教えや，「鏡に映ったもの＝今ここにあるもの」という論理式などで表現される言語的関連づけの体系に他ならない。乳児は母親という〈他者〉——主体の世界を構成する言語的関連づけの拠り所となるような特別な他者（ある種の超越性を付与された他者）を，単なる具体的他者と区別してこう呼ぶことにしよう[29]——からある種の秩序・体系を引

き受けることによって，自分が何者であるかを捉えたわけである。

　ところで，乳児が鏡の前で自己の鏡像を見ながら「これは何だろう？」と思っている状態というのは，ちょうどまだ言葉を話せない乳児が親をはじめとする他者たちの語らいに一心に耳を傾けている状態にも似ている。鏡の平面と，他者の語らいがなされている言語の平面とは，かつて乳児だった私にとって同じような意味を持ったのではないだろうか。次のような想像をしてみることにしよう。

　まだ，言葉を話せなかった私にとって，他者たちの語らいを聞くということは，ある種苦痛に満ちた体験だったのかもしれない。新宮はかつて自分がフランスにいた頃の夢を引き合いに出して，"意味をキャッチできない言葉というものは，刃物のようだ"（新宮，2000，p.14）と述べている。私たちは，通常言葉の意味の良し悪しはあっても，言葉それ自体が邪悪なものだとは思わない。しかし意味の分からない言葉が周囲を飛び回っているといった乳幼児の状態にあっては，恐らく多少なりとも言葉それ自体によって身を切られるような苦痛があったのではないか，というのである。

　ともかく，私は言葉を話したいと思っただろう。そして，言葉を話せることが，他者たちの世界，人間らしい世界の一員になるための条件であると感じてもいただろう。私は他者たちが話している言葉を一生懸命取り込む。大好きな母親になったつもりで，母親が使う言葉を真似してみる。言葉というものが，自分の周囲の他者や世界を動かすのにたいへん便利であり，それぞれ固有の意味を持つものだということが分かってくる。ところが，ある程度言葉を取り込んだところで，私は「○○」という言葉――自分の名前――に出会う。この言葉は一体何だろう。どうやら私のことを指すらしい。私は「○○」なのだろうか。でも，ちょっと待て。今，私は言葉をある程度話せるようになった。人間世界の仲間入りもしたはずだ。だから，私のことを指すらしい「○○」という言葉も話せるようになりたい。

＊29　とは言うものの，むろん，ここでの母親のようにその超越性が身の回りの具体的人物に重ねられることもしばしばである。

けれども、この言葉だけは何か違う。今までは母親という他者の言葉を真似て、母親という他者になったつもりで話していれば、それで良かった。しかし、同じように他者になったつもりで、自分のことを「〇〇」と呼んだとすると矛盾が生じるではないか[30]。私が言葉の世界、人間世界にあろうとして、その言葉を発している他者の位置に身を置けば、呼ばれている何者かは私以外の何かということになるだろう。逆に、私が「〇〇」というその言葉によって指されている者の立場に身を置くとすれば、その言葉を発しているのは私以外の何者かということになって、話せる存在になったというのはただのヌカ喜びにすぎないことになってしまうだろう。一体どうすれば良いのか。

　結局、私は自分をAとBに分裂させ、「〇〇」と呼ぶ者の立場にAを置き、そう呼ばれる者の立場にBを置き、「A＝B＝自分」という等式を導入することによって、「〇〇」という言葉を使いこなせるようになった。とどのつまり、大局として見れば、自分のことを「〇〇」と呼ぶ「自分A（A＝自分）」になったのである。ただしその際、あの矛盾にもう悩まないように、「〇〇」と呼ばれる側に置いたBの存在を忘れることにした。もしBが、我こそは本当の「自分」であると、その存在権を主張し始めたら、せっかく「自分A」になれた私は再びどちらの立場に身を置くか悩まねばならないだろう。ただ、忘れることにはしたけれど、「A」と「自分」をつなぐ媒介項としての「B」はなくてはならないものだ。なぜなら、もしそれがなくなってしまったら、私の発する「〇〇」は何をも指示しない宙に浮いた言葉となり、私は再び「〇〇」と呼ばれている者は何者なのかという問いに苦しめられねばならないだろうから……。

＊30　発達的事実としては、幼い子どもがこの矛盾に「悩む」わけではもちろんない。子どもはごく自然な形で親に同一化しながら（他者の立場から）、自分自身のことを「〇〇チャン」と呼ぶようになっていく。そのときすでに「〇〇チャン」と呼ばれている当のもの、固有名によって把握される以前の生（なま）の主体は忘れられているのだが、その主体は決してなくなってしまうわけではなく、その人の人生に多大なる影響を与えていくというのが精神分析学の知見である。

どうしてこのような主体の分裂が起こらねばならないのか。端的に，それは言葉というものが，本来自己を指し示せるようにはできていないからである。言葉には事物を対象化する働きがある。私についての言葉も例外ではない。私についての言葉は私を対象化し，その言葉を発した私自身とは分裂した「私」を呼び起こす。「私は存在している」と言うところの私が実際に存在しているのかどうか，本来，この言葉自体は何も語らない。ただ，この言葉の存在それ自体が，それを発した何者かの存在を匂わせている。その何者かが「私」である必然性はない。「私であるかもしれないし，私でないかもしれない」。この可能性の塊，この「何者でもない者」こそが，「私」になる以前の主体であるが，それは忘れられ，無意識となって，通常用いられるところの「私は存在している」という言葉の意味を，裏支えしていなければならない。
　こうして見てくると，主体が自己を示す言葉に同一化するということは，実は大変な作業だということが分かってくる。そして，鏡像段階論でラカンが示したのも，このことだった。
　母親に抱っこされ鏡の前に連れてこられた主体は，鏡の中に母親の寵愛を受けている者（統一的な身体を備えた鏡像自己）を発見する。主体は母親の愛と統一身体像を賭けて鏡像自己との相克的関係に入る。母親の愛を受けるほどに美しいのはお前か，私か。それはまさに，言語を話せるようになるためには「○○」と呼ぶ者の立場に身を置かねばならないが，しかし完全にそこに身を置いてしまうと「○○」と呼ばれるところの者ではなくなってしまうという，あのジレンマにある状態に等しい。美しき統一的身体像を得るためには鏡像自己（鏡像他者）という他者にならねばならないが，それは今ある存在（今受けている母親の愛）を失うことである。かと言って，今の存在のままであれば，統一的身体像を獲得することはできず，母親の愛もいずれあいつに掠め取られてしまうだろう。こうした苦しい状態に終止符を打つためには，母親の教えを頼りに「A（鏡の中に映っているもの）」と「B（鏡の外にあるもの）」が共に「自分」であるという連関（A＝B＝自分）を打ち立てなければならない。「B（鏡の外にあるもの）」が何

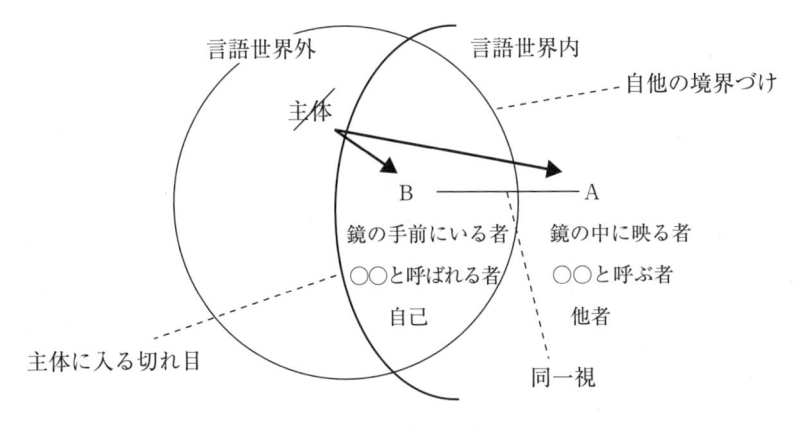

図7　主体の分裂

元々完全な円だった（かもしれない）主体はその存在を放棄し（斜線が引かれて），AとBに自らを分裂させることで，言語的秩序へと参入する。Bが本当のところ何だったかはもう問わないようにし，「Aに対応するもの」とのみ規定することにする。その規定に収まらない主体の残滓（言語世界外の部分）は忘れられる。

であったのか——それはもしかしたら母親の愛を独占していた頃のより完全な存在かもしれない——考え出せばキリがないが，そんなことはもはや気にしていられない。ともかく「A＝B＝自分」なのだと思いなし，「自分A」として母親の愛を受け取る者の座を回復せねばならない。こうして主体はAとBへの分裂を余儀なくされ，「A＝B＝自分」という言語的秩序を引き受けつつ，元々あった（分裂以前の完全な）自分の存在を忘れ去っていくのである。

ともあれ，主体が自らを鏡像自己のようなものだと思いなしていくとき，あるいは言葉を話せなかった主体が自らを（他者がそう呼ぶがままに）「〇〇」だと思いなしていくとき，主体は分裂を被り，切れ目を入れられる。それによって相克的関係にあった自己と他者（鏡像自己）が境界づけられ（両者の関係が秩序づけられ），安定した同一化（自己と他者の同一視）が実現する。今の議論を踏まえて，この切れ目とは何かと言えば，つまりそれは言語世界の外側とその内側とあいだの切れ目に他ならない。言わばそれは，

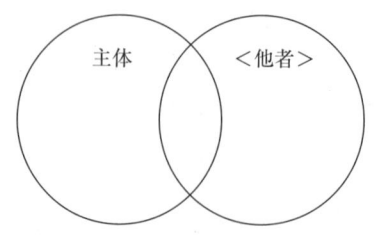

図8　疎外の演算（新宮，1989より一部改）

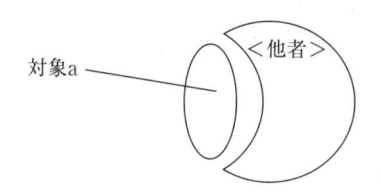

図9　対象a（新宮，1989より一部改）

　言葉の世界への参入に際して，言語的秩序の網の目が（本来そうした秩序では割り切れない）主体をえぐり取る，その傷跡なのである（前頁図7）。
　ラカンはこうした言語的秩序のことを象徴界ないしは〈他者〉と呼んだ[31]。なるほど，クラインの乳児は言語を話せないが，象徴界に参入したと見ることはできるだろう。実際，その後乳児は失われた乳房の代わり（母親の愛を独占していた頃の自己の完全性を再現するための象徴）を，次々とたぐりよせていくのだから（Winnicot, 1951/1990）。象徴界とは，通常の意味での言語というよりは，そうした言語的なもの（象徴）の世界，さまざまな要素（シニフィアン）の連関体系（秩序）である。
　フロイトの男児もまた，原父の掟に従うことで安寧を得たが，そのとき彼もまた象徴界（秩序の世界）に参入したのだと見ることができよう。象徴界の秩序に絡め取られ，切れ目をつけられた（去勢された）男児は，他

---

*31　言語的秩序を指し示してくれる母親などを〈他者〉と呼ぶと同時に，その言語的秩序そのものをも〈他者〉と呼ぶわけである。実際，母親自身がすでに言語的秩序の中に生きているわけだから，母親を媒介者として言語的秩序が自らを現前させてくるのだと見ることも可能であろう。

者たちの世界に参入することと引き換えに，自らの一部を失うのである。ラカンはこうした象徴界への主体の参入を「疎外の演算」と呼び，図8を提出している。

4 対象a

　良い乳房，鏡像を見ていた主体，言語世界外に置き去りにされた存在の残滓など[32]，かつては自分の存在の完全性を形作るはずであったもの，あるいは完全であったはずの主体の存在が，象徴界によってえぐり取られ，永久に失われる。それは，象徴界に入った主体の側から見れば，自らの全体性を指し示すものがもう無いということである。言い換えれば，主体が象徴界に参入したとき，そこにはかつて自分があったときの名残りのようなもの，象徴界の欠損が開いている。その欠損を埋めにやってくるものが対象aである（図9）。

　対象aはその欠損を埋めるものならば何でも良く，また言語的連関体系からこぼれ落ちたものであるがゆえに，私たちにとっては無意味なものとして映るという特徴がある。これらは"他者によって欲望されていた者として，我々が我々の根拠を思い描くことを助け，我々の根拠の欠如の埋め合わせをしてくれる"（新宮，1995，p.148）ものとして，精神分析の中でしばしば現れるという。しかし，対象aの理論が本書にとって示唆的なのは，例えばラカン（1966/1972）の示した次のような寓話を通してである。

　あるところに3人の囚人がいた。ある日所長が彼らを呼んで次のように言った。「ここに5枚のカードがある。3枚は白で，2枚は黒だ。今からお前たちの背中に，これを1枚ずつ貼り付けていく。自分の背中を見ずに，他の2人の背中の色を見るだけで，自分の背中のカードが何色か，一番早く当てた者を牢屋から出してやる。ただし，当てずっぽうはだめで，それを論理的に正しく説明できなければならない。もちろん，他の者と口をきいてはいけない」。そして，所長はこっそりと全員に白色のカードを貼り

---

[32] 象徴界による切れ目が入る以前，主体と対象は同一視されている（松木，1996）。

付けたのである。

　さて，3人の囚人はしばらく動かずに，考えをめぐらせていた。例えば，Aは牢屋から出るために一生懸命考えた。「今，私に分かっているのは，BとCの背中に白いカードが貼りつけられているということと，まだ誰も所長のところに走り出さないということだけだ。余っているのは黒2枚と白1枚だから，これだけでは私が何色なのかは分からない。よし，仮定を立てて考えてみよう。もし，私の背中に黒のカードが貼られていたとしたら，Bには私の黒い背中とCの白い背中が見えていることになる。だとしたら，Bは次のように考えるだろう。『もし，自分が黒だったら，Cには自分とAの両者とも黒だということが分かって，答えは簡単，C自身は白なのだと結論づけてさっさと走り出すだろう。ところが，Cは走り出さない。ということは，自分は白なのだ！』。Bはそう結論を出して走り出すはずなのに，まだ走り出さない。ということは，そもそも私が黒だという仮定が間違っているに違いない。私は白なのだ！」

　実は3人とも全く同じような論理構成をして，同じ瞬間に走り出したので，皆が牢屋から解放された。こういった寓話である。

　なぜ3人が以上のような論理構成をすることができたのかを考えてみよう。普通，3枚の白と2枚の黒のうち3枚が使われ，そのうちの2枚が白だったという静態的な事実からは，残りの1枚が何色かを決定することはできない。ここで重要なのは時間というファクターと，牢屋から出たいという囚人たちの強い欲望である。例えば，Aが上のような論理構成をするためには，BとCとが走り出さないのを見たという瞬間が必要である。BやCは自分と同等の知能を持ち，かつまだ彼らが走り出していないという前提に基づいて，Aの論理は構成される。もう少し待ったら彼らは走り出すかもしれない。けれど，彼らが走り出してしまったら，もはやAが上のような論理構成をする余地は残されていない。Aが確実に牢屋から出るためには，BとCが彼らなりの論理構成をするのに十分な時間を与えつつ，なおかつ彼らよりも早く走り出して，まだ彼らが走り出していなかったという事実を作らねばならない。時間を稼ぎつつ，その時間に

一刻も早く終止符を打とうとする。こうして，牢屋から出たいという A の欲望が，「遅延されたせきたて」（「遅延された」は私が付けた修飾語であり，ラカンは単純に「せきたて」と言っている）を生み，「やっと／即刻」やってきたそのせきたての瞬間に「私は白だ」という自己規定が成立する。このせきたての瞬間がいつやってくるのかは，その主体固有の条件によって決まるであろう。

　だが，そうやって走り出した A の背中には何があるだろうか。それは，B と C とが見つめる黒い背中かもしれない。A の論理構成には，自分が黒だという仮定とその仮定を破棄するプロセスが含まれていた。本来見ることのできない自分の背中を見ようとする主体は，あの存在の完全性を希求する者である。それが得られないとき，主体は「黒い背中を持つ自分」を質草にし，それを破棄することによって，「白い背中を持つ者」として生成するのである。だから，「黒い背中を持つ自分」は対象 a である。「白でないもの」（＝黒い背中）は，「私は白だ」の原理的無根拠性を埋めるために必要な，対象 a なのである。

　この寓話において，鏡像段階の乳児に対する母親のように，主体に対して「お前は白だよ」と教えてくれる〈他者〉は誰もいない。それにもかかわらず，主体は自らを「黒い背中を持つ者」と「白い背中を持つ者」に分裂させつつ，前者を破棄するという力動的・実践的論理構成[33]によって本来〈他者〉の視点からしか見ることができないはずの「白い背中」を見出すことに成功している。このように，主体によって作られる〈他者〉の次元こそ，まさに Case Study No.3 で導入した〈他の場〉なのである。

　もっとも，〈他者〉と〈他の場〉を明確に区別することはできない。鏡像段階の乳児に対して母親が「あれがお前だよ」と教えてくれても，乳児がそれを信じなければ母親は〈他者〉として機能しない。また一切〈他者〉が登場しないかに見える3人の囚人の寓話においても，「他の2人が

＊33　静態的・客観的な視点からいくら考えても見出せなかった事柄が，「牢屋から出なければならない」といった切実な実践的課題を抱えた当事者の視点から力動的に眺められるときに初めて浮かび上がるといったことは，実は結構ある。

動き出さないことが，自分が白だということを物語っている」と言うとき，他の2人の囚人が〈他者〉として機能しているのだと見ることもできる。要するに，〈他者〉が〈他者〉として機能するのはそれが〈他の場〉に位置づけられているからであり，〈他の場〉はそうした〈他者〉が指し示している，世界における自己の位置づけ（〈自己‐世界体系〉）なのである。

以下ではラカンの〈他者〉や象徴界という用語，私の〈他の場〉や言語世界といった用語を文脈に応じて適宜使い分けていくが，これらは基本的に同じものを指していると考えていただいて構わない[34]。

5 アイデンティティを支える対象 a──自己規定成立の条件

今目の前にある世界。自分はこの世界の中に存在していると本当に言えるのだろうか。この世界は全て幻かもしれない。自分は幻を見ている一つの眼にすぎないかもしれない。眼は眼それ自体を見ることができないから，眼自体が世界の内部にあるのか，外部にあるのかは確かめられない。眼が世界の内部にあることを確認するためには，逆説的にも眼自体が世界の外部に出てそこから世界を見つめる必要がある。その際，もともと眼があった場所に，眼は自分の代わりとなるようなものをそっと置いておくだろう。対象 a とはそういうものである。

あるいは，今自分は道端にあった地図を見ている。道に迷っていたので助かった。なるほど，そこには詳しい道路地図と現在地を示す赤い点が書き込まれている。自分はその赤い点に自分自身を重ね合わせ，世界を上空から見たときに，自分がどこにいるのかを把握するだろう。赤い点になっ

---

*34 厳密に言えば，〈他の場〉は具体的他者との間主観的関係（後述）も含めた，主体にとっての世界のあり方そのものを示す概念であり，言語的秩序としての象徴界やそれを提示してくる〈他者〉よりもさらに広い側面を含んでいる。したがって，以下の議論においても，象徴界や言語世界という用語は言語的なものの連関体系を強調するときに，〈他者〉という用語はそうした秩序を提示するような重要な人物を想定しているときに，さらに〈他の場〉はその2つとさまざまな他者との間主観的関係が織り合わされて構成される主体の世界というものをイメージしているときに用いることにしたいと思う。

たつもりで世界を見渡し「なるほど」と思っている自分と並立して，世界の外側から世界内部の自分の代理物（赤い点）を確認している自分がいる。だから，現在地を示す赤い点も対象aである。

ラカンは対象aを黄金数だと言った（新宮，1995）。長方形が最も美しくなるような，縦と横の長さの比があると言われる。横の長さを，縦と横の長さの和で割ったときに，$\frac{\sqrt{5}-1}{2}$になるような辺の比。その$\frac{\sqrt{5}-1}{2}$が黄金数である。先ほどの囚人Aは，BとCの背中を見つめる中で，本来は見ることのできない自分の背中の色を知った。Aが見つめる他者たちの背中に，牢屋の外部の世界から眺めたA自身の姿が映し出されていたのだ。AをX，他者たちをYとし，このことを方程式を使って表してみる。

2にとっての1が$\frac{1}{2}$＝0.5であるように，A（＝X）にとっての他者たち（＝Y）は$\frac{Y}{X}$であろう。
Aから見た他者たちYの姿は

$$\frac{Y}{X} \quad \cdots\cdots (1)$$

である。同様に，Aと他者たちを合わせた全体（X＋Y）から見たAの姿は，

$$\frac{X}{X+Y} \quad \cdots\cdots (2)$$

と表される。Aが他者たちの背中に全体から見た自分の姿を見ているとき，(1)と(2)は一致し，

$$\frac{Y}{X}=\frac{X}{X+Y}$$

という方程式ができる。右の辺の分母，分子をXで割り，$\frac{Y}{X}=a$を両辺に代入すると

$$a=\frac{1}{1+a}$$

という式が導かれる。解くと$a=\frac{\sqrt{5}-1}{2}$。Aが他者たちの中に見てとっていたもの$\frac{Y}{X}$とは，すなわち黄金数であったことが分かる。XとYのそれ

ぞれの値はこの方程式からは求まらず,与えられるのは比だけであるが（したがって,何らかの具体的実体が見えるわけではないが）,しかし,確かに A は他者たちの背中に対象 a を見出していたことが確かめられる。

では,この考え方をアイデンティティ問題にも応用して,「自分は〇〇だ」という自己規定をしようとしてなかなかできない人のことを考えてみよう。彼の悩みは,「自分は〇〇だ」と宣言しようとはするものの,その宣言をする自分を冷ややかに見つめるもう一人の自分がいて,今の自分のあり方が何か「本当の自分（＝真理)」とはかけ離れているように感じられる,ということである。「『自分は〇〇だ』と思う自分は〇〇だ」と思う自分は……。何度自己規定しようとしても,いつもその規定の外側にするりと抜け出ていく「自分」を捉えられないもどかしさの中で,それでも彼はその「自分」を再び言語化しようとする。「自分は〇〇だ」と思う自分が確かに〇〇だと思えるようになるまで……。一体彼は何を目指しているのか。

今「自分は〇〇だ」という宣言をする私を単純に 0 で表し,それを冷ややかに見つめる私を 1 で表すことにしよう。私には「本当の私」の姿がまだ見えてこない。恐らく,その「宣言する私」と「見つめる私」全てを合わせたものが「本当の私」として「真理の次元」[35]にあるのだろう。だから,それらの和 0 ＋ 1 ＝ 1 が「真理の次元」にあると考えることにする。式で書くと次のようになる。

$$0 \quad \rightarrow \quad 1 \quad \rightarrow \quad 0 + 1 = 1 \quad \cdots\cdots (1)$$
宣言する私　　　見つめる私　　　　真理の次元

ところで,こうした状態に不満を抱いた「見つめる私」は,真理の次元にあるはずの「本当の私」を目指してもう一度「自分は〇〇だ」と宣言するだろう。「見つめる私」は今や「宣言する私」となるのだが,やはりそ

---

*35　この「真理の次元」とは〈他者〉の視点が集められた〈他の場〉の次元である。

れを冷ややかに「見つめる私」が生じてしまう。そして，それらを統合したものとしての「真理の次元」が再び仮定される。つまり，(1)の状態が一つ右にずれる。

$$1 \rightarrow 1 \rightarrow 1+1=2 \quad \cdots\cdots (2)$$
宣言する私　　見つめる私　　　真理の次元

こうして「自分は○○だ」という自己規定を繰り返していくと，数列ができる。

$$0 \rightarrow 1 \rightarrow 1 \rightarrow 2 \rightarrow 3 \rightarrow 5 \rightarrow 8 \rightarrow 13 \rightarrow \cdots\cdots$$

これは，有名なフィボナッチ数列であり，漸化式

$$U_n = U_{n-1} + U_{n-2} \quad U_1=0 \quad U_2=1 \quad (n=3,4,5...)$$

によって定められる。先ほどの考え方を用いれば，「見つめる私」から見た「宣言する私」の姿は，$\dfrac{U_{n-1}}{U_n}$で表される。「自分は○○だ」と思う自分は○○だ……，という際限のない自己規定の努力の先に，自分は自分をどう見るようになるのか。それはnの値を大きくしていったときの$\dfrac{U_{n-1}}{U_n}$の極限値$\lim \dfrac{U_{n-1}}{U_n}$が教えてくれるだろう（フィボナッチ数列自体は無限大へと発散していくが，数列$\left\{\dfrac{U_{n-1}}{U_n}\right\}$は収束する）。

$\dfrac{U_{n-1}}{U_n}$の逆数をとって

$$\dfrac{U_{n-1}}{U_n} = \dfrac{1}{\dfrac{U_n}{U_{n-1}}} \quad \cdots\cdots (3)$$

ところで，$U_n = U_{n-1} + U_{n-2}$だったから，それを右辺に代入して

$$\dfrac{U_{n-1}}{U_n} = \dfrac{1}{\dfrac{U_{n-1}+U_{n-2}}{U_{n-1}}} = \dfrac{1}{1+\dfrac{U_{n-2}}{U_{n-1}}} \quad \cdots\cdots (3)'$$

極限において $\dfrac{U_{n-1}}{U_n}$ と $\dfrac{U_{n-2}}{U_{n-1}}$ とは同じ値を取るはずだから，それを a と置くと

$$a = \dfrac{1}{1+a}$$

これを解くと $a = \dfrac{\sqrt{5}-1}{2}$。やはり黄金数が得られる。極限において，「見つめる私」から見た「宣言する私」の姿は（たとえ自己規定をもう一度繰り返しても）ほぼ不変のものとなり，その姿は対象 a として見出される。そして，「真理の次元」から見た「見つめる私」の姿も，同じように a である。逆に言えば，「見つめる私」から見た「宣言する私」（自己イメージ，自己像）が，どうも「真理の次元」から見た「見つめる私」の姿とは違うようだと感じられている間は，私は何度も自己の再規定を試みるだろう。やがて私がほぼ不変の自己イメージに出会ったとき，それは対象 a として見出される。ところで，対象 a とは何だったか。前半の議論を思い起こせば，それは（私にとっての）世界全体から見た私自身の姿なのであった。

　アイデンティティ概念について最も不思議なのは，社会から見た自分の姿と，自分が見る自分の姿とが——社会的アイデンティティと自己の内的アイデンティティとが——一致することがアイデンティティであるという，「なるほど」と分かりそうで実は分かりにくいことをエリクソンが指摘している点であり，また，アイデンティティ拡散状態においてその２つの「アイデンティティ」をぎりぎりとねじ合わせるでもないのに（逆に，ねじ合わせようと試みないわけでもないが，実際それは「できない」），やはりいつのまにかそれが達成された状態に至るという点である。この２つの謎を解くために，ラカンの理論はかなり有力な手掛かりを与えていると私は思う。

　確かにそれは幾分抽象的である。対象 a は黄金数であると言われ，数式によってそれを「証明」されても，一体何が行われているのか，ただちには理解できないという読者もいるだろう。数式にするために，X だの Y だのフィボナッチ数列だのとかなり思いきった抽象化を行い，その結果として「世界の外側から見た自分の姿と，自分が他者たちのあいだに見出す自分の姿とを一致させる対象 a」と，「自己規定を際限なく繰り返した先

に目指されている対象a」とを無理に結びつけただけではないかと思う人もいるかもしれない。しかし、そこでこの数式が何を意味するのか、もう一度考えてみなければならない。それが意味するところとは、つまり「世界の外側から見た自分の姿と、自分が他者たちのあいだに見出す自分の姿とを一致させること」と、「自己規定を際限なく繰り返した先に主体が目指していること」とのあいだに、言葉では言い表し難い共通性があるということである。そして、本書の議論に引きつけて言えば、その共通性とは〈他の場〉の次元（真理の次元）から見た自分の姿を対象aとして見出すときに初めて、主体は自分が何であるかを確信できるのだということである。自己規定が成立する際には、主体と〈他の場〉と対象aという三つ組が一定の均衡状態を保っている構造が不可欠なのである。

　もちろん、そうは言うものの、ラカンの理論を青年期アイデンティティ問題の理解のためにどう活かしていけば良いのかは、まだ十分明らかになってはいない。しかし、アイデンティティとは何であるかという問いを、彼の理論をヒントに煮詰めていくことには何かとても大きな可能性があるのではなかろうか。すなわち、アイデンティティ拡散から再獲得へ至るプロセスの謎や、人間がそもそもなぜアイデンティティを希求するのかという問いに対して、かすかな光が見えてきた感が確かにあるのである。

6　ラカン理論の特質とその射程

　ラカンの理論にだいぶ深入りしてきた。ここでもう一度、彼の理論がどんな性質のものだったかを振り返り、精神分析の実践を目指すわけではない私たちがそこから何を得ることができるのか、それを検討する必要がある。私たちは当初、エディプス・コンプレックスについての考察を始めたのだった。そこから振り返っていくことにしよう。

　母への願望を抱き父によって去勢されるフロイトの男児。羨望に取り憑かれやがて罪ある自己として抑鬱態勢に入るクラインの乳児。ラカンは両者に共通の形式を、違った視点から描いてみせた。生物学的なタッチで描かれた鏡像段階論。これら三者は、子どもの異なる「発達段階」ないしは

「発達心理学的事象」を別個に記述したものではない（もちろん，男児のエディプス・コンプレックスや乳児の鏡像段階もときには現象化した形ではっきりと観察されるだろうが）。こう言って良ければ，これら三者は，人間存在の神経症的な葛藤様式の本質を，具体的・現象的に描いてみせた一つの比喩のようなものである。

では，その本質とはどんなものか。主体の象徴界への参入。それがラカンの出した結論である。実際，クラインによらずとも，乳児がごく幼いうちから象徴化能力の萌芽を見せることが，発達心理学的実験によっても確かめられる（岩田・吉田・山上・岡本，1992）。しかし，彼の理論はこの象徴界への参入という捉え方をするあたりから「心理学的了解関連」の枠を超え出ていく。「あの人は〜だから……だ」のようにして事象を意味づけるときの，動機と行動（心理）の了解関連。フロイトの男児やクラインの乳児の幻想，鏡像段階における主体の葛藤は，まだぎりぎりのところで了解可能だと言える。「幼い子どもにしてはやけに論理的に考えるな」という若干の違和感（後述）を抜きにすれば，何となく「そういうこともあるのかな」と感じられないこともない。

しかし，フロイトやクラインをそういった形で了解することが重要なのではないのだと言わんばかりに，ラカンはその主張を自らの理論に体現させる。象徴界への参入による主体の分裂と失われた対象 a への欲望の発生といった流れは，一つの論理的必然性を語ったものである。そうした論理が意味するのは，例えばそれに伴って生じる罪悪感に了解可能な理由のないことがあり得るということである。まさに，苦しんでいた人が「あるとき，ふと」罪悪感に取り憑かれることがあるのである。もちろん，罪悪感にはいつも後づけ的に「内容」や「理由」（「〜だから悪いなと思った」）が付されるだろうが，そのような場合でも，罪悪感そのものの出所について，本人は何一つ知らないということがある。ラカンは心理学的了解関連の中での罪悪感の「理由」を明らかにしているわけではない。了解可能な「理由」ではなく，罪悪感成立の「舞台裏」——この言葉がふさわしいのか分からないが——を，（欲動や欲望の論理だけを頼りに）語っているにすぎない。

物理学が数式によって自然現象を理解するとき，そこにあるのは数学的論理操作だけであるように——その際，例えば「虚数」などといった実体のない概念まで使うのである——，彼はある種「数学的に」主体の動きを追っているのである（藤田，1990）。

そうした彼の理論構成には，アメリカ自我心理学の治療論に対する強い反発が絡んでいる。実際，彼は精神分析の「心理学化」にいつも反対していた（ところで彼は，本書のように心理学が精神分析の知見を何らかの形で活かそうとすることを快く思うのだろうか）。そういった技法上の問題は措くことにするが，ともかくラカンは，自らの理論をもとに独自の技法を展開していったのである。

しかしながら，私たちは必ずしも青年の治療を目的としない。ラカンの理論がアイデンティティの構造理解に対して極めて有効な示唆を与えてくれるのは確かだが，では，具体的にそれをどう活かしていくのか。主体と他者との相克的関係に境界線が引かれ，そこに対象aを目指す欲望が発生するといった「純粋な」理論を，どういった形で青年理解に結びつけていくのか。いくつかの方向性を考えておこう。

まず彼の理論は，アイデンティティがいかに形成されていくかという点に関し，たいへん示唆的である。これまでのアイデンティティ論は，この点について多くを語らない。社会的アイデンティティと自己の内的アイデンティティが一致するとか，社会の有する理想や価値・規範体系に合わせて個人が形成されていくということは言われるが，個人の内部でどんなプロセスが進行しているのかについては，「自我」による「過去の同一化群」の「取捨選択」と「再統合」といった説明がなされるのみである。だが，むしろ私たちが知りたいのはその「再統合」の内容であり，そこに至るまでのプロセスである。果たしてそれは，有能な「自我」が，「過去の同一化群」を適切に「取捨選択」し，まとめあげていくプロセスとして語れるだろうか。

その点，ラカンには主体が自己規定を成し遂げるまでの苦闘のドラマが描かれているように思う。鏡像他者との相克的関係に伴われる葛藤の様式，

自己規定が成立してくるまでの「遅延されたせきたて」（繰り返すが「遅延された」は私独自の修飾語である），そこから罪悪感を持って成立してくる新たな欲望の主体といった論理は，何らかの現象や感覚となって表面に現れてくるだろう。それらを心理学的了解関連の中でつなぎ合わせるのは困難かもしれないが（というのも，先に述べたように，そこに了解可能な「理由」がない場合があり得るからであり，外面的にはそこに起こる変容過程はその人の"人格的強さ"（Erikson, 1964/1971, p.105）によるものとしか言いようのないことがあるからである），アイデンティティ形成プロセス途上の諸現象，諸感覚，およびその意味を抽出してくるのには有効であろう。

さらに，これとも重なるが，一つの存在論ともなっているラカンの理論は，アイデンティティ拡散という独特の世界を描き出すのに，何か現象学的な視座を提供しないだろうか。「現象学的」とは何であるかもまた難しい問題であるが（ちなみにラカンは現象学を超えなければならないと主張していた），今単純に「主体にとっての世界の定立の条件を究明する学」と定義するならば，その「世界の定立の条件」について彼の理論が何も語っていないとは思えない[36]。

差し当たりはそんな方向性が視界に入るが，それを実現するために，私たちは次なる作業に取りかからねばならない。つまり，それは，ある意味行き着くところまで行き着いた彼の「純粋な」理論を再び受肉化させていくという作業である。エディプス的幻想の「純粋形式」がラカンによって抽出されたのだとすれば，もう一度その幻想の質と内容を問題にしていく必要があるのではないか。次項からは，そうしたことを考えていこう。

7　阿闍世コンプレックス

ラカンによるエディプス・コンプレックスの「純粋形式」の発見を再び受肉化させていくために，まず見ておきたいのは，小此木（1978/1978）の

---

*36　例えば，Case Study No.3の図6（本書 p.157）は拡散が起こっている場合とそうでない場合とでいかに異なった世界が現出してくるか，それを支えている条件とは何かを示した一例である。

阿闍世コンプレックス論である。そもそもは我が国における精神分析学の草分け的存在である古沢平作が，遠くウィーンまで開祖フロイトを訪ねた際に提出したこの阿闍世コンプレックス論とはいかなるものなのか。早速見てみることにしよう。

　阿闍世はインドの仏典中に登場する古代王舎城の王子である。彼の母，韋提希夫人は，年令とともに容姿の衰えを感じ，王の愛を失う不安から，王子を欲しいと強く思うようになる。思い余って相談した予言者から夫人は，森に住む仙人が3年のうちに亡くなり，生まれ変わって彼女の胎内に宿るだろうというお告げをもらう。ところが，子どもを強く欲していた夫人は，不安のあまり，3年の時を待たずしてその仙人を殺してしまう。こうして孕まれたのが阿闍世，つまり仙人の生まれ変わりである。このとき彼はすでに，生前，母から一度は殺された身だったのである。しかも，あろうことか夫人は，身ごもってしまった仙人（阿闍世）の怨みが恐ろしくなって我が子を堕ろそうとしたり，高い塔から産み落としたりする。

　さて，何も知らないまま両親に愛されて育った阿闍世だが，あるときこの経緯を知り，愛する母への幻滅とそれに伴う底知れぬ怒りから，母を殺そうとする。だが，そのとき側近の者に諫められた彼は，逆に恐ろしいほどの罪悪感に取り憑かれ，五体震え，流中という腫れ物の病いにかかってしまう。そして，病いのせいで悪臭を放つようになった彼には，ついには誰も近づかなくなった。ところが，そんな彼を一心に看病したのは，あの韋提希夫人だったのである。自分を殺そうとした息子を許した母親。その苦悩に阿闍世もまた応え，母を許すようになる。こうして，母子は憎しみを乗り越えて，愛を深めていく……。

　以上が，私たち日本人の心情には何かとてもしっくりくるような阿闍世の物語である。理想化された母との一体感と，それが破られたときの怨み。そして，それが引き起こす罪悪感とお互いの許し合い。小此木は，この物語が"われわれ日本人が人となるために必ず通過しているはずの普遍的な母子体験の原型を提示している"（1978/1978, p.202）と言う。なるほど，母への甘えが裏切られたときの怨みつらみや，母と子の許し合いといった

気持ちの動きは，私たちにはたいへんよく分かる気がする。

　実際古沢は，フロイトのエディプス・コンプレックス論に対置させる形でこの阿闍世コンプレックス論を提示し，父性原理の強い西洋人の精神構造と，むしろ母性原理の強い日本人のそれとの違いを，この無意識的幻想の違いとして説明できると考えていた。いや，もう少し言えば，圧倒的な父の力によって罰せられることの恐怖から生まれる「処罰型」の罪悪感を人倫の根源としていたフロイトに対し，阿闍世の物語が語るような"「ゆるされ体験」を介しての「自発的な罪意識」"（小此木，1978/1978, p.206），あるいはより高次かつ根源的な「懺悔心」こそが，人倫の起源を支えていなければならないという主張を展開したのだった。

　フロイトには認めてもらえなかったようだが，この阿闍世の物語がエディプス神話よりも私たち日本人の心に響く部分があるのは確かだろう。また，父性原理の西洋と母性原理の日本という構図は，その後の小此木（1978/1978）や河合（1982）らによる日本人論の下敷きにもなっている。例えば小此木は，1977年のハイジャック事件で人質になった女性が，解放後，犯人たちに対して漏らした言葉，「私には，あの子たちもかわいそうだという気持ちがちょっぴりあった。……彼らは本当はみじめなのではないか。逃げ回って定着の場所もない。こういう人間をパッと許してやるわけにはゆかぬものか，とふっと思ったりした」（『毎日新聞』昭和52年10月3日付）を極めて日本人的なものとして取り上げ，こうした日本人の心性は「何が正しいことかということから始まる」父性社会とは対照をなすと述べている。このように，こちらが許せば相手も罪を認めるだろうといった期待感や，逆に誰も悪くないような状況であっても誰かに謝罪してもらわねば気がすまないといった被害者意識が，日本人の精神構造の根本に（阿闍世コンプレックスとして）あるという視点から，彼は諸々の社会現象を切っていくのである。

　そうした視点からの日本文化論は確かに興味深いものだし，後に私たちもそれを取り入れつつ現代日本の青年期の問題を考えていこうと思うが，その前に，これまでの議論の流れを顧みるときに当然生じてくる一つの見

方を確認しておこう。すなわちそれは，この阿闍世の物語もまた，主体の象徴界への参入という「純粋形式」に肉づけされた一種の幻想であろうという見方である。フロイトが人間存在にとって普遍的なものとしてエディプス・コンプレックスを仮定し，一方古沢がそれに阿闍世コンプレックスを対置させたとき，2人がそれぞれどんなことを考え，またお互いの理論をどれほど理解していたのか，私には分からない。しかし，恐らくはこう言うことができるのではないか。象徴界への主体の参入という「純粋形式」から見るときに，エディプス・コンプレックスはやはり普遍的なものであったということができるだろうし，逆にそこに肉づけされた一つの幻想だという意味では各文化によって若干の修正を受け得るものだったのだと。古沢にしても，確かに後者の意味でのエディプス・コンプレックスに対しては，それに「対置」できるものとして（日本文化特有の）阿闍世コンプレックスを唱えたのは慧眼だったと言えるだろうが，それによってエディプス・コンプレックスは普遍的なものだとするフロイトの主張を覆すことまではできなかったのだと。

実際小此木がして見せたように，日本人独特の心性を阿闍世コンプレックスによって説明するというのは非常に有力な方向性である。しかし，日本人の中にエディプス的な父性との葛藤がないかと言えば，そういうことでもない（新宮，2000）。逆に，エディプス・コンプレックスとの絡みでしばしば取り上げられる「父性的」キリスト教的世界観の中に，阿闍世コンプレックス的な（あるいは母性的な）「許しと罪悪感」といった要素がないかと言えばそれも言いすぎになる（小此木，1978/1978，p.254）。あるのはせいぜい相対的な差異，西洋では比較的父性的なものが強く，日本では比較的母性的なものが強いといった相違ぐらいであろう。

阿闍世の物語とクラインの母子を比べておくのも良いかも知れない。どちらも，理想化された母親との死ぬか生きるかの相克の中で，主体が瀕死の状態に陥り（「悪い乳房を取り込む」ことによって，あるいは「流中という悪い病気にかかって」），そこから罪悪感が生じてくるという一連のプロセスの，象徴的表現であることは容易に見て取れる。いや，むしろエディプス幻想

でさえ、それを（クラインの母子関係の物語と同様に）父子関係の物語として読めば、一見「処罰型」のそれに見える罪悪感の成立の背後に、父を殺害してしまったことに伴う根源的な「懺悔心」のあることが窺われる。要するに、これらはすべてあの「純粋形式」に付される諸々の感情的実体や、それらを了解するための物語、幻想なのである。

　だとすれば、こうしたさまざまな幻想に質や内容の違いがあるということは、一体何によるのか。西洋と日本双方の幻想に共通の「純粋形式」があるというのは、今見てきた通りだが、では逆に言えば、そこに異なる幻想、物語が肉づけされるのは、なぜなのか。以下では、そのことを考えていきたい。

8　「甘え」理論
──特に「心理的なもの」と「言語的なもの」の相互規定性という観点から

　新宮（2000）は、神話は人々が夢を語り合う中で生まれてきたものではないかと言う。彼によれば、神話はある集団の人々のあいだに共有される「集合的無意識」（Jung, 1928/1995；Storr, 1973/1990）などといったものではない。神話が夢を作り出すのではなく、夢（を語り合うこと）が神話を作り出したのだという。その言葉を踏まえると、私見では、一見「集合的無意識」に見えるものは次のような過程でできあがってくると考えられる。

　夢は、フロイトが発見し、ラカンがその本質を見て取った、あの「純粋形式」だけを再演する（新宮, 1992, 2000）。そこに意味や物語を見出すのは、人々の意識である。そして、そうした意味は当然、人々が用いる言語によって付されるのである。例えば、母との一体感やそこから生じてくる罪悪感を強調するような言語体系を持つ文化においては、当然夢はそうした方向で脚色されやすいだろうし、逆に、父の禁止に対する恐れを強調するような文化においては、夢はそうした方向に読み取られやすいだろう。そして、そうやって語り合われた夢の物語のうち、より多くの人の印象に訴えるような普遍性を備えたものが生き残っていく……。だから、重要なのは言語体系である。

では，日本において，母親との一体感を強調するような言葉が有力だというのは本当だろうか。この点に関して有力な手掛かりを与えてくれるのが，土居健郎（1971/1997）の『甘えの構造』であろう。周知の通り，彼はこの名著の中で，自身の海外体験を通じて浮かび上がってきた「甘え」という日本語の特異性に着目し，この語が日本人の心性を理解する上で極めて有効であることを示している。「義理と人情」や「他人と遠慮」，「内と外」といった日本人特有の感受性が，実は「甘え」という心性を背景にして生じてくること，「甘えたい」という無意識的欲求が障碍されたものとして精神病理現象を理解できること，現代の社会現象も「甘え」という軸を据えることによってかなり見通しが良くなることなど，さまざまな角度からの分析はたいへん示唆的である。

　ところで，ここで土居が大きく依っているのが，日本語の語彙論的ないしは語用論的分析である。「甘える」「甘い」「甘んずる」「ひがむ」「すねる」「たのむ」「とりいる」といった対人関係の微妙なニュアンスを示す言葉が日本語に多いこと，そしてそれらが「甘え」という語を中心とした意味体系に位置づけられることが示され，それらはそのまま日本人特有の心性を表すものと仮定されているのである。事実，「甘え」概念について彼は，"この一語が基本的な人間関係を指すものであり，しかもこの語の意味する心理のあらゆるバリエーションを現わす豊富な語彙が日本語にあって，明らかに一つの広大なパターンを形造っているのに対し，それに相当するものが欧米語に見られないとするならば，これは明らかに彼我の世界観，ないし現実理解が異なっていることを示していると考えなければならなくなる"（土居，1971/1997，p.78）と述べている。

　このことから当然，次のようなことが帰結するだろう。恐らく日本人独特のものの感じ方や世界観が，「甘え」という語，およびそれに関連したさまざまな語の発生を要請したのは間違いない。しかしその一方で，そうした言語環境の中に生まれ落ちてくる，より後代の日本人の心性は，「甘え」を中心とした数々の言葉によって大きく規定されたものになるだろう，と。つまりは，ある心性がそれを表現するのに適当な言葉を発生させると

同時に，そうして既にできあがったものとなった言葉が今度は（例えば，子どもの未分化な）心性を逆規定していくということである。この間の事情を土居は，フロイトの「自我内の，通常は無意識の内的過程が意識に到達することがあるのは言語機能による」という言葉に関連づけて，"言語は初期の心理的発達の状況のあらゆる面をただ無選択的に反映するというものではない。必ずこの際選択が行われ，ある事柄は言語に取り上げられるが，ある事柄は取り上げられないために意識から放逐されるということが起きると考えられる"（土居，1971/1997，p.81）と述べているが，私見ではむしろそうした子どもの内的過程を云々するよりも，初期の子どもと母親の関わりにこそ，言語的なものが心性をかたどっていく様を見て取ることができるように思う。

　例えば，初期の「子ども-養育者」関係を，関係論的視点から詳細に縦断観察した鯨岡（1999b）の，次のような観察エピソードに助けを借りてみよう。ここに登場するN子は生後1ヶ月27日の乳児である。

　"N子がカメラの方を見ているので観察者（私の妻）が「アラー，2週間見ないうちに大きくなったわね」と声を掛けると，母親は向こう向きのまま「ほら，こんにちは，って」とN子の顔を覗き込みながら言う。N子は天井の方を見て「ウフン，ウフン，ウフン，フーン」と鼻にかかった甘えた声を出す。母親はそれに合わせて「フーン，フーン」と応じ，「情けないなー」と笑いながら（N子の気持ちを代弁してやっている感じもあるし，N子の表情を言い表わした感じもある），抱いているN子を上下に小さく揺らしたり，軽くポンポンとお尻の辺りをパッティングしてやる"（鯨岡，1999b，p.95　傍点引用者）。

　生後2ヶ月足らずのことであるから，傍点を付した「甘え」といった心性が明確な輪郭を持ったものとして乳児に存するとは仮定しにくい。むしろ，鯨岡が言うように，乳児の鼻にかかった声が「甘え」に聞こえたのは，母親および観察者の「受け手効果」によるものであろう。しかし，鯨岡は同時に，その乳児の声がそれを聞く者に思わず何らかの対応を生み出させてしまうような，強い「督促的な力」を持つことを強調する。つまり，母

エディプス・コンプレックスとアイデンティティ | 第3章

親であれ観察者であれ，日本文化の中に住まう人間には，この乳児の声が「甘え」という相貌（表情）を強く持つものとして立ち現れてくるということである。実際，母親は「情けないなー」という（「かわいい」「哀れだ」「しょうがないな」などが入り交じった）何とも言えない言葉を発しているが，これこそまさに「甘える－情に訴えられる」という日本的な関係様式に乳児がすでに巻き込まれつつあるということを示すものであろう。乳児は何も「甘え」ていたのではないかもしれない。しかし，こうした相貌や表情を表出することが母親の優しい対応を生み，母親もまたその表出を誘うといった間身体的なやりとりを通じて，徐々に乳児はそうした表出をするように「調律」（Stern, 1985/1989）され，やがて乳児自身実際にはっきりと分化した「甘え」の気持ちを身につけていくはずである。すでにしっかりと「甘える－情に訴えられる」という日本文化を身につけていた母親に育てられ，生まれた直後の生のありようを文化の枠組みに沿って鋳直されていく乳児。文化という構造（言語的なもの）が，人間の心性を規定していくプロセスは大体以上のようなものだと考えられるのである[37]。

したがって，次のように言うことができるだろう。日本には「甘え」という語，およびそれに関連づけられる語がたいへん豊富にあり，それらの微妙な使い分けを要請するような独特の日本的心性，「甘えの心理」によって特色づけられるようなものの感じ方がある。そして，「甘え」の"心理的原型は母子関係における乳児の心理に存することはあまりに明らか"（土居，1971/1997, p.86）である。母親への甘え，その裏切りに発する怨み，そして罪悪感から母子相互の許し合いへと至る阿闍世コンプレックス的な気持ちの動きは，実は何世紀も前から日本においてなされてきただろう育児方法によって育てられてきた日本人が，初期の母子関係の頃からすでに

---

*37 これに対し，あくまでも乳児は文化を超えて生物学的・本能的に「甘えた」声を出すものだとする立場もあろう。確かにそうした側面がある可能性は否めないのだが，しかしそれに対する養育者の「情に訴えられる」などといった感性は，やはり日本独特のものを幾分かは有しているだろう。それがより「甘えらしい甘え」を，「甘え」概念が指すようなある独特の日本的心性を，乳児に醸成していくのである。

日本的な「甘える - 情に訴えられる」関係に触れる中で，気づかぬうちに通過させられているものなのである，と。

9 異質な「言葉」概念——発達心理学と精神分析学

ラカンによって取り出されたエディプス・コンプレックスの「純粋形式」をいかに受肉化していくべきか。日本の精神分析家たちの日本文化論を参照しつつ，私の見解を付け加えながら進んでいるので，一見錯綜した議論になっている。

しかしながら，私は今，もう一つ新たな別の問題を提起しなければならない。すなわち，それは前述の鯨岡（1999b, 2001）が描き出す子ども像と，私がラカン理論を追っていく中で構成してきた子ども像との，明らかな差異についてである。大雑把に言えば，鯨岡が観察する子どもは，たいへん自然な流れの中で，「子ども - 養育者」関係の歴史の沈殿物として，徐々にその「自己性」の輪郭を浮き立たせてくるような子どもであるのに対して，ここまでの議論で構成してきた子どもは鏡像段階やエディプス・コンプレックスといった過程を通して，かなり「劇的に」，統一的身体像を獲得したり，罪ある欲望の主体として生成してくるような子どもであった。主体の象徴界への参入を説明した箇所からも明らかだろうが，言葉を話せない状態から話せる状態へといったある種の「跳躍」を想定させるような理論と，子どもが自然に大きくなって言葉を話せるようになっていくという連続的な発達理論とをどのように位置づけるかは，やはり議論しておかねばならないだろう。鯨岡の観察に依りながら考えていこう。

乳児にとっての最初の充足体験は，やはり母親との「まなざし - まなざされる」関係に存すると思われる。鯨岡（1999b）は母親がいつもすでに乳児の情態性に対して向けている間身体的，間主観的な情動感得の志向性を重視しているが，それを条件として成立する「母子一体的な雰囲気」のもとに母親とまなざしを交わし合うことは，乳児にとってこの上ない充足体験となるという。生後3ヶ月半の乳児が喜色満面の笑顔を作って母親と微笑み合うエピソードが示すように（鯨岡，1999b, p.118），それは生理的

充足を超えた安心感、愛の体験である。私見では、乳児はもうこのときすでに、ラカンの鏡像段階にも似た「映し合い」の体験をしている。

間身体的に共鳴した二者（つまり、鏡像他者と主体）が「まなざし－まなざされる」こと、ないしは「見入る（魅入る）－見入られる（魅入られる）」ことは、ある特別な感覚体験を喚起せずにはおかない。すなわち、多くの人がどこかで経験したことがあるだろう、「まなざされ」の中に浸された「まなざし」が、「まなざし」の中で「まなざされ」る者を「まなざす」、といった主客混淆の境地である。乳児はこのとき、自らの視点から母親を見ると同時に、母親の視点から自らを見ているという感覚を経験する。そして、こうした経験を積み重ねる中で、ラカンの鏡像段階における統一的身体像ほどには未だ明確な輪郭を伴っていないものの、すでに「母親と同じような存在としての自分」（＝鏡像他者へ同一化することで生じる自己）の萌芽ができてくるのではなかろうか[38]。そして、対象関係論の教えるところによれば、この喜びはたいへん大きいものである。なぜならそれは、母親と同じような存在になって、無限の愛と母乳を与える能力そのものを手にしたという錯覚（Winnicot, 1951/1990, 1952/1990）――実際、原初期の赤ん坊は泣き声一つで母親の愛と母乳を引き出すことができる――を生じさせるからである。

さて、このまなざし合いの喜びを知った乳児は、以後、同じような体験を強く希求するようになる（繋合希求性）。生まれたての乳児は、泣き声によって比較的容易に母親を呼び出し、母親の微笑みと愛される自分の存在とを何度も確認するだろう。こうした経験を積み重ねることによって、乳児は自分の欲求が基本的に叶えられるのだという信頼感や、母親に対する信頼感、自分が愛に値する存在であるという信頼感を育む（Erikson,

---

*38 このような受動と能動が混交したかすかな自他経験（まだほとんど自他未分化な経験）から、いかにしてより明確な「自」と「他」の意識ができあがってくるかについては、ワロン（Wallon, 1946/1983, 1956/1983）などを参照のこと。なお、ワロンの「内なる他者」は本書の〈他者〉や〈他の場〉とかなり近しい概念だと思われる。

1968/1969)。そして，こうした信頼感を背景に，より積極的に外界や母親との関係に乗り出してくるようになる。

しかし，離乳の時期になると，母親が母乳を満足に与えてくれないことに対する欲求不満が生じてくる。対象関係論によれば，その欲求不満が投射された母親は，乳児を脅かす悪いイメージによって彩られることになる。前にクラインのところで見たような，良い対象と悪い対象とが交錯する空想上の格闘が始まる。このとき乳児が空想の中で破壊してしまったと感じている対象としての母親が，それでも「生き残って」，不安に脅える乳児をしっかりと抱きかかえることに支えられて，乳児はかつての理想化された母親をついに失ったことを自覚し，充足感とともに欲求不満をも与えることもある「現実の」母親を認める（Winnicot, 1954-1955/1990）。

ある意味で，一体であった乳児と母親とが「分離する[39]」わけだが，問題はここである。乳児と母親とが「分離する」と言うとき，それはどういう意味において「分離する」ことなのだろうか。この時期以後の鯨岡のエピソードを見ても，乳児は相変わらず母親と濃密なつながりを持っている。乳児の自律的な行動能が増大し，母親からも単に快を与えようとする以上の，乳児の行動や反応を引き出そうとする誘い掛けが増えてくることで，乳児が自己性の輪郭をよりはっきりさせてくるのは確かである。しかし，それは母親と「分離する」結果であるというよりも，むしろ母親や自分への信頼感に支えられて漸進的に「浮き出て」くる感じである。この2つの印象の違いを，どう考えるべきだろうか。

実はこの両者は全く矛盾しないのである。ただし，それを説明するために，対象関係論を越えてラカン的に考えてみることにしよう。

乳児が実際にクラインの言うような「妄想分裂態勢」のような幻想を抱いているかどうかは，外からちょっと見ただけでは確かめることができな

[*39] 本書p.173の図7で「自他の境界づけ」と呼んだものを，ここでは「分離」と呼んでいる。要するに，「母子分離」とは何か―精神分析学的な「分離」は「母子が相変わらず濃密な関係にある」という発達心理学的な観察事実とどのような関連にあるのか―を，今一度検討し直そうということである。

い。むしろ鯨岡のエピソードを見ていると、乳児たちはたいへん幸せそうであるし、元気に離乳を乗り越えていく。もちろん、多少問題のあるケースでははっきりとこの幻想が観察されることもあるだろうし(Klein, 1952a/1985)、鯨岡が観察した子どもたちも、エピソードにはなっていない日常生活の中で、やはりある程度はそうした徴候を見せていたのかもしれない[40]。ただ、今はそういうことが問題なのではなくて、たとえ元気に離乳を克服していったとしても、やはり彼らが授乳をあきらめさせられてしまったこと、これが確かに大きな「跳躍」だったのだということを示そう。

　鯨岡のエピソードでは、母親たちの丁寧な対応もあって、子どもたちはあまり抵抗を感じることなく、比較的スムーズに離乳できたように見える。しかし、そこには多かれ少なかれ「自分は本当に愛されているのか」という不安が生じていたかもしれない。もしそうだとした場合、ここで子どもたちが、「やっぱり自分は愛されている」という信頼感を持ち続けるためには、離乳前に母親から自分に対して向けられていた欲望(愛)のベクトルが、離乳後にも変わらず維持されているのだということが子どもたちの中で確信されることが不可欠である。ところが、母親が自分に母乳を与えてくれなくなったということは、やはり多少なりとも母親の欲望への疑念を生じさせるに違いない——「母親は本当は自分のことなど愛していないのではないか」。当然、子どもにとってこの現実は受け入れ難いものである。しかし、だからと言って、いつまでも離乳に抵抗してばかりいたら、それこそさらに母親の愛を失うことになるかもしれない。一体、母親からの欲望のベクトルに対する自分の中の信頼(安心感)を取り戻すためには

---

*40　以下の議論からの帰結を先取りしてしまうと、恐らく母親からの十分な愛の支えが得られずに、p.199の図10のような構図の成立が困難なときに、妄想分裂態勢は活性化してくるのではなかろうか。逆に、乳児の中で愛の確信がほとんど揺らがないほどに母親が丁寧に対応するならば、それは潜在的な可能性として留まり続けるのだと考えられる。ただし、そうした人格の分裂的素質というのは人間の奥底に「いつも、すでに」あるものでもあり、乳児期でも青年期でも自分が愛される存在であるという確信が揺らいだときには、いつでも表面化してくる可能性がある(Fairbairn, 1952/1995)。

どうすれば良いのか，自分に何ができるのか。

　母親が自分を本当に愛してくれているのか否か。これを確かめるための最も確実な方法は，母親の立場に立ってみることである。p.199の図10を見てほしい。例えば，離乳後の「自分」が「かつての母親」の立場に立ってみたときに，やはり「自分」にとっても「かつての自分」が愛おしく思え，「かつての母親」が「かつての自分」に対してこんなふうに欲望のベクトルを向けていたのだということが実感できれば，やはり自分は愛に値する存在であったのだという確信を強めることができるに違いない[41]。いや，と言うよりは，唯一そうした構図を作ることだけが，離乳後に幾分怪しくなった母親の欲望への信頼を支える道なのだと言った方が良いかもしれない。この構図は，「そうあれば良いな」といった単なる願望にしておいて良いような類のものではない。それは，主体が何とかして自ら作り出さねばならない必然なのだ。

　こうして主体は，「かつての母親」に同一化しつつ，彼女がかつてしていたように（していただろうと思われる仕方で）「かつての自分」を欲望するようになる。離乳後に幾分不確かになった母親の欲望への信頼は，「自分」が「かつての自分」から「分離」すると同時に，それを密かに欲望することによって補完されるわけである。また，同様に自己（かつての自分）と他者（かつての母親）との「分離（境界づけ）」が起こりはするが，同時にそこにはその境界をまたぐ「跳躍」的な母親への同一化も成り立っている[42]。こうした構図に支えられてこそ，主体は離乳前も離乳後も一貫して母親から愛される存在であることを確信し続け，その安心感に支えられてさらに自己性の輪郭を際立たせてくることができるのである。

　このような見方をするとき，一見スムーズに離乳し，相変わらず母親と

---

[41] よく「親となって初めてわが親の心を知る」と言うように，自分自身が子どもを持ってみて初めて自分の親の気持ちが分かり，何だか温かい気持ちになるのも同一の構造によるものである。

[42] これはp.173で述べたような，言語的な連関（A＝B）によって秩序づけられた同一化，AやBといった言語的な要素への同一化，すなわち象徴的同一化である。

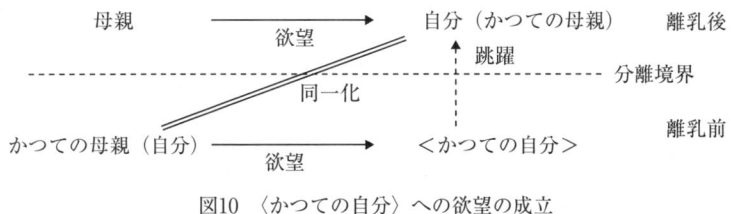

```
母親 ──欲望──→ 自分（かつての母親）   離乳後
                    ↑跳躍
         同一化   ┊                  ──────── 分離境界
かつての母親（自分） ──欲望──→ 〈かつての自分〉   離乳前
```

図10 〈かつての自分〉への欲望の成立

の濃密な結びつきを失わないようにも見える子どもが，実は自分でも気づかぬうちに大きな「跳躍」——離乳を促す母親が子どもをそこへ導こうとしていた新たな親子関係，新たな秩序への跳躍——を成すと同時に，失われた〈かつての自分〉を欲する欲望を持つようになったのだということが分かる[43]。つまりは，精神分析学が言うところの「分離」とは，何も子どもと母親との結びつきが希薄になることを意味するわけではなく，むしろ好きなだけ母乳をもらえた〈かつての自分〉を失った主体が，それでも自分は愛される存在なのだという「現実」を（創造しつつ）引き受け直すことなのである。

離乳とは文化が用意する言語的秩序に絡め取られる一過程である。それは，あるルール——乳児にとっては一つの新たな言語世界である——に従って，自分の受動的な願望（「授乳されたい」）をあきらめ，〈かつての自分〉に「授乳させたい」という能動的かつ不可能な欲望を持つことである。言うなればそれは，能動的に言葉を話すようになったがゆえに原理的に不可能になったもの——自己を示す言葉，言表行為の主体を指す言葉，言葉以前の存在など——を欲するということと，パラレルである。

ところで，今離乳の危機に絞って考察したが，こうした「跳躍」はその後何度も起こってくる可能性がある。子どもが大きくなっていく過程で，

---

*43 その欲望は決して「もう一度授乳されたい」などというものではないことに注意されたい。この構図から言えば，それは「〈かつての自分〉に授乳させたい」という不可能な欲望なのである。例えば鯨岡・鯨岡（2001）には，幼児が自己の象徴と思われる傷ついた人形を母親に慰撫してもらおうとするエピソードが取り上げられているが，それなどはこうした観点から読むと興味深い。

自分にとって大切な願望をあきらめねばならないとき，自分が愛されている存在なのかどうかを確認せねばならないときには，特に大きな「跳躍」が必要である。そして，人間存在にとって，そうした機会は往々にして新たな言語世界へ参入するための「跳躍」が必要な時期と重なる。

　例えば青年期というのは，自分が社会から欲される存在なのかどうかということがたいへん大きな問題になってくる時期である。どういった進路に進めば，自分という存在の価値が最も発揮され，人々から認められるのかを青年は知りたいと思う。ところが，未だ大人社会の言葉によって自分を捉える術を知らない青年には，それは決して分からない。だから，それを確かめるために，まず何よりも自分が大人社会に参入して大人たちの言葉を身につける必要があるが，そのときには自分はもう大人になってしまっているのだから，進路を選ぶことができるという青年の特権性はすでに失われていることだろう。

　したがって，ここで新たな言語世界への「跳躍」と呼んでいるプロセスの原理的な困難は，自分の姿を捉えるために，自分のことを話している他者たちの言葉を取り込もうとした途端，もう自分は他者の立場に立っていることになるのだから，自分がどのように話されているかを聞きたいという当初の目論見は達成できなくなっている，という点にある。あるいは，受動的に聞く者の立場のままでいたら自分がどのように話されているか分からないし，「何事も飛び込んでみなければ分からない」の精神で「跳躍」して能動的に話す者へ転換しても，かつての受動的に聞いていた自分にそこでの話を聞かせてやることはできないという点にあると言っても良い。このように，青年期の大人社会への参入の問題も，幼児期の葛藤――母乳を与える力や言葉を操る力を持った母親と同等の立場に立ちたいけれども，それは言葉も話せないままに母乳をひたすら享受していた存在の完全性（特権性）を失ってしまうことでもあるといった――と同一の構造を有しているのである。

　以上のように見てくれば明らかなように，本書で言葉を話すとか話さないとか言っていることは，乳児が言葉を未だ話せなくてもある程度理解で

きるようになるという発達的事実（発達的な言語世界への参入）とは，微妙に次元の違う話である。発達的な言語獲得そのものは，母親の志向性（意図）を間主観的に感じ取りつつ，「母親が話しているように」話せるようになれば可能なのであって（実際子どもはごく自然に，母親の真似をして自分のことを「○○チャン」と呼ぶようになる），それは必ずしもここで言う「跳躍」と同じものではない。むしろその後の，すでに取り込まれた言葉によって子どもの世界が分節化される——言葉によって世界を捉え直し「やはり私は○○なのだ」と思い直す——その瞬間にこそ，大きな「跳躍」があるだろう。本章においてさまざまな形で繰り返している言葉世界への参入の説明も，後者の瞬間における「跳躍」に関わるものとして把握していただきたい。

　発達心理学で語られる「言葉」概念（e.g. Boysson-Bardies, 1996/2008；小林, 1995；鯨岡, 1999b）と，精神分析学で語られる「言葉」概念は微妙にずれている。私見では，後者は「言葉」特有の構造を用いて，何か別の本質的な事柄を言い当てようとしているようにも見える。もちろん，それが発達心理学と全く無関係であるというわけではない。人間の一見自然な（連続的な）発達の中で切り落とされていくもの，しかも人が常にそれと関係を持っているあるもの——無意識の主体——を，「言葉」と呼ばれているある構造との関連で議論しているのだから。それが青年期を理解する上でも極めて重要だというのが，私の直観であり，また従来の臨床的研究の知見のいくつかが示唆していることでもあろう。2つの「言葉」概念，2つの理論を誤解されることなく用いて，青年心理を理解するための基本的枠組みを，果たして私たちは作ることができるだろうか。

10　世界の構造と欲望の道筋は他者によって規定される

　さて，これまでの乳幼児期の議論を踏まえながら，ここで一度，青年期というものがどう位置づけられるのかを私なりに考えておきたい。

　離乳の危機に際して起こっていたことは何だったか。ラカン的に言えば，それは主体が新たな言語世界に参入し，他者化，象徴化されるということ

図11 「跳躍」の連鎖過程

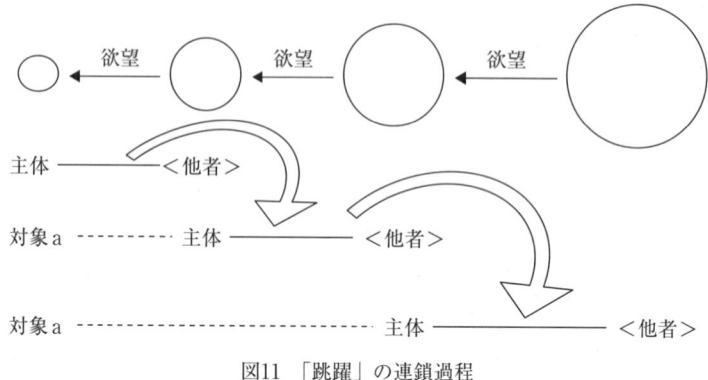

である。

　離乳以前に母親という〈他者〉が自己に対して持っていたであろう関係を，離乳を経て母親の立場に立った主体は〈かつての自分〉（の痕跡としての対象a）を欲望するという形で再現しようとする。ただし，離乳を経て，もはや原初の主体（かつての自分）は失われているのだからそれは不可能な欲望である。だが，その欲望を持ち続け，p.199の図10のような構図を成り立たせることだけが，昔も今も自分は愛される存在なのだという安心感を主体に与える。失われた主体の代理物，対象aは，欲望されることだけをその本分としながら，その都度その都度の「主体-〈他者〉」関係をそっと支え続けるのである。そして，こうした自己の象徴化は，これ以後不断に繰り返されるようになる。特に子どもが「自分は愛される存在か否か」という問いを突きつけられるときには，大きな「跳躍」（特別な象徴化）がなされ，新たな「主体-〈他者〉」関係が開かれる必要がある（図11）。

　ところで，今，図11に示したような「跳躍」過程のある一時期，ある段階での「主体-〈他者〉」関係に注目してみる。例えば離乳を経て，自律的な行動能力が増大することで，乳児がどんどんと外界に働きかけ出すようになる時期のことを考えてみよう。このとき乳児は母親や自分自身への信頼感に基づいて，さまざまな事物に関わり始める。ただし，それは決して乳児が創発的に事物に関わるということではなくて，母親が先取り的にそ

の事物に関わり、乳児をその事物へと誘い込むことによってである（鯨岡，1999b）。それはまさに、ある行為をなす母親の力動性に乳児が「巻き込まれ」、母親に「成り込む」結果であり、そこに働いているのは母親への間身体的・間主観的同一化だと言える[44]。あるいは、兄や姉がいた場合には、彼らの持っている物、彼らがする行為にも強い興味を示すが（鯨岡，1997）、そこにも同じように彼らへの同一化が働いていると考えられる。つまり、安定した「主体-〈他者〉」関係から生じる信頼感を背景にして、乳児は周囲の他者に間主観的に同一化し、それによって加速度的にその世界を広げ、文化的・社会的な行動様式を身につけていくということである。

先に、離乳は文化的・言語的秩序に絡め取られる一過程であり、そこへの「跳躍」であると言った。しかし、今見たように乳児が文化化ないしは社会化される、「跳躍」と同等かそれ以上に重要な経路があると考えられる。他者への間主観的同一化を介して、という経路である[45]。間主観的同一化によって母親と同じような存在者となった乳児にとって、母親が志向を向ける事物は〈かつての自分〉の代理物（対象a）であり、それへの欲望が興味という形で現れる。また、兄や姉は母親が志向を向ける者であるから、やはり自分と同じような存在者として認識される。乳児は兄や姉という他者にも間主観的に同一化し、彼らが志向を向ける事物（〈かつての自分〉の代理物、対象a）にも強く興味を示す。このように母親を全ての基準

---

*44　間身体的・間主観的同一化（以下では簡単に間主観的同一化と呼ぶ）とは、自らの身体が相手の身体に重ね合わされて相手の振舞いをなぞると同時に、相手の内的情態がこちらにまで通底してくる事態を指す。レモンをかじる人を見て酸っぱさを感じ、思わず顔をしかめてしまう場合などがその典型である。身体はこうした自動的な同型的反応をする性質を有しているのである（浜田，1999，2002）。なお、間主観的同一化（ラカンの言う想像的同一化）は、ここまで語ってきたような「自己を示す言葉への同一化」（象徴的同一化，象徴界への参入）とは異なる次元に位置づけられる。鏡像段階論とは、鏡像他者との間主観的同一化（想像的同一化）が引き起こす「お前か、私か」の相克的関係が、象徴的同一化がそれに重ね合わされることによって鎮静化し、安定した同一化関係が作り上げられるまでの物語である。

*45　先に、子どもがその言葉の本当の意味を理解しないまま、他者の真似をして使いこなせるようになってしまうと述べたのも、その一つの例である。

として，乳児は事物や具体的他者と関係を結んでいく。そういう意味で，やはり母親は特権的な〈他者〉であり，それとの安定した信頼関係に支えられて，乳児は自らの世界（〈他者〉によって開かれた〈他の場〉）にさまざまな事物や具体的他者を取り込んでいくのである。

さて，徐々に青年期に視点を移していこう。

こうして子どもは，原初において発生した欲望に基づいて，世界（〈他の場〉）を拡大していく。そして，子どもの世界を構造化するもの，そういうもの足らしめていくものは，徹頭徹尾〈他者〉（の欲望）である。ただし，次の点に注意したい。子どもは確かに周囲の具体的他者に間主観的同一化を向けるのだが，それは特権的な〈他者〉がその同一化を支持する限りにおいてである。あるいはまた，子どもが周囲の具体的他者を自分と同じような存在者として捉えることによって，対象aを志向し得る限りにおいてである。子どもの欲望は他者の欲望なのであるが，その他者は誰であっても良いというわけではなく，特権的な〈他者〉がある他者を欲望し，その他者に間主観的に同一化した自分が対象a（〈かつての自分〉の代理物）を欲望するという構図（p.199の図10で言うと，「左上の項」→「右上の項＝左下の項」→「右下の項」という欲望の流れ）が，常に成り立っていなければならない。欲望には基本的な道筋（〈他者〉→「他者＝自分」→対象a）があるのであり，それに沿って世界（〈他の場〉）のあらゆる事物や他者が関係づけられていくのである。

さらに，こうした子どもの世界の拡大化が，いつか必ず再度の「跳躍」を要請するときが来る。子どもの自己性の押し出しが強くなり，興味や行動範囲が広がるにつれて，母親と衝突する場面も出てくるし（鯨岡, 1998），その際母親も対人関係や社会のルールなどの規範に照らし合わせて，子どもの行動を制止せざるを得なくなる。そこで子どもが「いつもは優しいお母さんが，なんで今日は……」と思いつつも，結局は自分の願望をあきらめるならば，そこには再びあの「跳躍」の条件が整っているのである。このように，「跳躍」というのは，規範を司る審級を子どもに引き入れるものでもある[46]。

こうして子どもは，何回か「主体-〈他者〉」関係を更新しつつ，また周囲の他者のように振る舞いながら，独自の世界（〈他の場〉）を作り上げてくる。特権的な〈他者〉の位置には，母親に始まり，父親，教師といった大人たちが，つまりは子どもが自分の評価を預け，自己の存在を保証してもらおうとする重要な人物が，加わってくるだろう。ただ，もう一度繰り返しておくと，〈他者〉の本質とは，そうした具体的な人物そのものであるというよりは，彼らが体現しているある種の超越的な言語的秩序である。

例えば，離乳という「跳躍」の過程があったときに，それを通して子どもが参入してきた世界は，もうすでに母親という具体的人物との二者関係をほんの少しだけはみ出している。「お母さんは，なんでお乳をくれないんだろう？」という乳児の疑問は，本当は自分に授乳したい母親に対してそれを禁じているある超越的な審級を，すでに若干は仮定させるからである。実際，母親は恐らく社会的・文化的慣例に従って，乳児を離乳させようとするのだが，そうした母親自身の意図を超えたあるもの――上で「規範を司る審級」と言ったもの――が乳児の世界に入ってくるのである。

乳児はこのようにして，愛と存在の保証を与えると同時に何らかの禁止をも課してくるような，超越的な〈他者〉と関係を取り結ぶ。もちろん，まだ幼い子どもにとって，その超越性を体現しているもの（と思われているもの）は父親や母親であろう[47]。しかし，子どもが成長して，「跳躍」を重ねてくるにつれて，そこには教師などの周囲の大人たちや，本やテレビの中で出会う人物等も加わってくる。彼らが子どもに与える愛や存在証明や禁止の総体が，子どもが参照し当てにするところの〈他者〉になり，子どもはその〈他者〉によって愛されていること，欲望されていることを欲

---

*46 もちろん，間主観的同一化を通して，母親のように振る舞うことによって，自然と規範に沿った生活様式が身についていくという側面もある。いや，p.199の図10の構図の成立ということを考えても，そちらからの支えがなければ，「跳躍」によって取り入れられた規範も，脆弱なものになってしまうだろう。

*47 幼い頃，親が言っていることと違うことを言う大人が現れて，しかもどうやらそちらの方が正しいと薄々感づいたときの気持ち悪さは，多くの人が経験したことがあるだろう。

するようになるのである。

　そして，いよいよ青年期，一部の青年にとって，その〈他者〉を体現する者はもはや具体的人物というよりも，匿名の何者かになる。言い換えれば，〈他者〉の本質である言語的秩序そのものとの関係が問題になってくる。社会，人類，倫理，正義，理想，規範，価値観，論理，等々。青年はそうしたものによって，自らを位置づけ，正当化しようとするだろう。またその一方で，もちろん親友や恋人，親，理想とする人物などの具体的他者も〈他者〉の機能を持って立ち現れてくるだろう。青年はそうした実にさまざまな〈他者〉によって，愛され，存在の保証を与えられることを望む。そのためならば，喜んである禁止，ある制約に従おうとする。

　いろいろな〈他者〉がいろいろなことを言うだろう。ある〈他者〉と別の〈他者〉の教えが矛盾することも多い。そうした矛盾に収まりをつけるためには，さまざまな〈他者〉を自分なりの仕方で調停したり，どの〈他者〉により大きな超越性を置き，どの〈他者〉を信じるに値しないものとして格下げするのかを決めたりしなければならないだろう。〈他者〉たちによって切り開かれた〈他の場〉を，いかにして一本「筋」の通ったものにし[48]，〈他の場〉における自らの位置をいかなるものとして見定めるのか。青年が向き合うこの問題こそ，まさにアイデンティティ問題である。

　自分なりに信じることのできる価値・規範を見出そうとする内的格闘。信頼し得る〈他者〉を求めるがゆえに，深い孤独と極度の理想化が混交する対人関係。自分と同様に迷える仲間たちへの深く共感的な間主観的同一化と多大な影響の及ぼし合い。そうした諸々の経験を通じて，青年期の〈他の場〉はときに大きく変容し，〈他の場〉の変容がまた違った経験を導いていく。こうして見てくると，青年期に青年が関わっている（格闘している）中心問題とはまさに〈他の場〉との関係の問題であり，それは乳児期以来，何度か経験してきた「〈他者〉から見た自分の姿をいかに捉える

＊48　ここでいう「筋」とは論理的な無矛盾性というよりは，自分なりの欲望の筋道（〈他者〉→「他者＝自分」→対象a）を確保することである。

か（〈他者〉からの存在の保証をいかに作り出すか）」という問題と，基本的には同型的な問題なのである。

ただし，このような言い方ではまだ青年期という時期の特異性——エリクソンが"ある種の青年たちは，子ども時代の危機の多くと改めて戦わねばならない"（Erikson, 1959/1973, p.111）としている理由——について十分語り尽くしたことにはならない。もう少し青年期というものについて考えておこう。

11 青年期には〈かつての自分〉が復活し，欲望の循環不全が起こるときがある

青年期，人は新たな「主体-〈他者〉」関係に参入しなければならないときがある。すなわち，あの「跳躍」をもう一度行わなければならない場合がある。

「跳躍」はどういったときに起こるのだったか。離乳の例を思い出そう。それは，自分が社会化されていく上で，これまで自分にとって大切だったある願望があきらめられねばならないときに起こるのだった。ただ，青年期には事情はもう少し複雑であるかもしれない。例えば，これまで持っていた将来の夢が，今まさに適おうとしているそのときに，立ち止まってしまう青年がいる。なぜそういったことが起こるのか。

人間の発達段階における青年期（特に後期青年期）の特殊性の一つは，ある願望に制限が加わるということ以上に，むしろ，これまで自分に願望をあきらめさせてきたところの多くの制限がなくなってしまうという点にあると考えられる。

例えば性の問題。幼い頃，エディプス・コンプレックスという「跳躍」を経て断念させられていた性的願望が，ある意味では適えられる年頃になる。近親相姦はもちろん許されないが，性的だということで抑圧されていた諸々の願望のいくつか，失われていた〈かつての自分〉の一部は，復活することが許される。どこまでが許されて，どこからが許されないのかを，主体が改めて決定し直さねばならない場合がある。

あるいは，画一的な学歴主義が崩壊するという問題。「勉強しなければならない」という制限がなくなって，自分が今までいろいろなことをいつの間にかあきらめていた可能性に気づき，自分には何か他の可能性があるのではないかと考え始める場合がある。

さらにそれとも絡むが，親離れの問題。今まで両親につき従うことで育ててきた欲望や価値観が，親元を離れての生活や友人たちとのつき合い，世界の拡大を契機に，とても狭く限定されたものだったことに気づいていく。つまり，これまで潜り抜けてきた「跳躍」過程における諸々の願望のあきらめがどこまで「妥当」だったのかを，主体がもう一度振り返らねばならない場合がある。こうした諸々のことが，「自分は昔からこうだったし，これからもこうあるのだ」という青年の自信をぐらつかせるのである。

その一方で，厳しい大人社会によって，自分という存在が本当に価値ある存在なのかという問いを突きつけられもする。すなわち，〈他者〉から見て「自分は愛される存在であるか」という問いが，ここに再び浮上するのである。上記のような契機によって自信がぐらついたところに，この問いが突きつけられ，さらに自信が揺らぐ。こうした青年にとっては，大人社会への参入は，非常に大きな「跳躍」を要するものであるように映るだろう。

さらにまた，私たちはこのような大きな「跳躍」の必要性に直面するとき，無意識の中で過去の「跳躍」場面に立ち返り，かつてうまく「跳躍」したときの記憶を蘇らせて，自信を取り戻そうとするという機制を用いる（新宮，2000）。実はこのことも，青年が過去を振り返る大きな要因である。ところが，そうして過去を振り返ってみるときに，自分の「跳躍」が適切なものであったという確信が揺らいでいたり，それを参照して今の自分に対する自信を取り戻せるほどの「跳躍」を行っていなかったりすると，この機制もうまく働かないことになる。こうして，一部の青年たちにおける「立ち止まり」が生じてくるのである。

図12は，主体にとっての世界が構造化されてくる過程を表したものである。主体の発達の歴史は，右図のように，いくつかの層から成っており，

エディプス・コンプレックスとアイデンティティ | 第3章

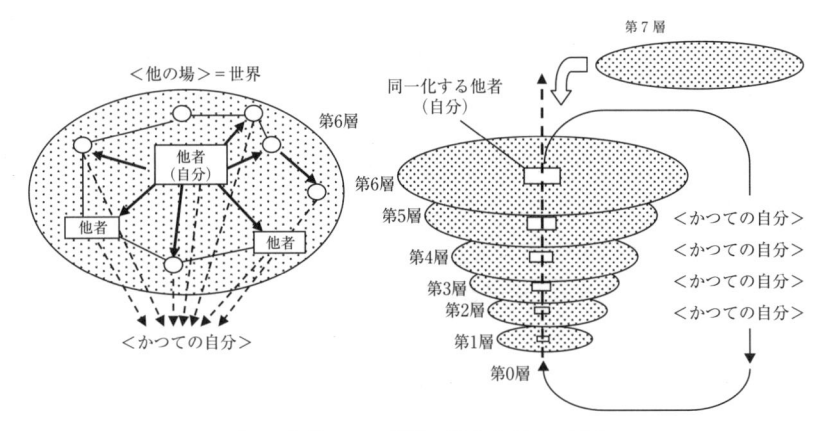

図12 主体による世界の構造化とその歴史

ある層から次の層への「跳躍」を重ねたものだと考えることにする。左図は，そのうちの第6層だけを取り出したものである。

　まず右図を見てほしい。原初の第0層において授乳されることをあきらめ，第1層の〈他者〉（母親）の場に参入してきた主体は，その後も「自分は愛される存在であるか」ということを突きつけられるたびに，ある層から次の層へと「跳躍」を重ねる。この「跳躍」が何回起こるかは，主体の固有性や生育史によって異なる。今，主体が第6層にいると考えて，それに注目しよう。左図を見ていただきたい。

　主体はある他者（鏡像他者）に間主観的に同一化することによって，自分（の姿）というものを把握している。この同一化は，主体が現在関係を結んでいる〈他者〉（〈他の場〉）によって支持されたものであり，同一化を向ける他者は複数いても構わない。エリクソンも言う通り，「自分」は「同一化群」の集まりである（こうした形で成立している「自分」がCase Study No.2で導入した〈居住自己〉である）。ただ，今は話を単純化するために，ある特定の他者に同一化した結果，「自分」が成立していると考えよう。また，〈他の場〉は主体の世界をそういうものとして告げ知らしめる（規定する）ような連関体系であり，主体にとっての世界と同じものである。

209

ある他者に同一化した主体は，その他者の欲望するものを欲望する（太矢印）。その欲望の矛先は事物（○で表した）であったり，別の他者であったりするだろう。主体はそこに〈かつての自分〉（対象a）を見出している。ちなみに〈かつての自分〉は，主体がこの第6層に参入してくる際に，あるいはそれ以前に，失わなければならなかった存在である。主体の欲望は，究極的には〈かつての自分〉を目指していると言って良い（ただし，後述するように，それは必ずしも過去志向的であることを意味しない）。すなわち，今第6層にいる主体は第5層以前の〈かつての自分〉を欲望することによって，第6層の〈他者〉が第5層以前にいた頃の自分を欲望していたのだということを支えようとしている（そういう「現実」を作ろうとしている）。それによって，自分は一貫して愛される存在であるという確信を保ったまま，主体は第6層に参入してくることができたのである。それが欲望というものの本質であるが，その欲望がまた，主体が現在いるところの第6層の世界におけるあらゆる事物や他者を適当な所に位置づけ，意味づけてもいるのである。この欲望が失われれば，第6層の世界にある諸々のものの連関と位置づけ（つまりは構造）が失われてしまう（したがって，この連関を欲望連関と呼ぶことにする）。

　さて，再度右図に注目しよう。主体はこうした層をいくつも通り抜け，そのたびにある願望があきらめられ，〈かつての自分〉が生成されてきたのである。主体の世界の外部には，こうした〈かつての自分〉が，ある層構造を成して蓄積しており，主体の世界を添木のようにそっと支えていると考えられる。

　今，第6層において，主体が青年期を迎えようとしているとする。主体は，（誰でも良いが）例えば父親に同一化していたとしよう。エディプス・コンプレックス時に，母親への性的願望をあきらめることによって生じた〈かつての自分〉を，主体は父親のようになることによって目指してきたのだとする。そして，例えば父親が医者だったので，将来は医者になることを夢見ていた。〈かつての自分〉は，通常，このように過去というよりはむしろ未来に位置づけられているのである。このことは図で表現しにく

いのだが，未来へ向かって伸びる欲望の矢印が，過去の〈かつての自分〉をも目指している，という形で表した．

　ところで，青年期を迎えた主体に一つの危機が生じる．世界が拡大することによって，自分の好きな（つまりは欲望している）友達や本，テレビといったものから異なる価値観を教えられ，受験勉強一本槍だった自分のこれまでのあり方をふと疑問に思う．あるいは，抑圧していた性的願望が社会的にある程度まで公認され，性的願望を禁止されることによって成り立っていた父親への同一化（の動機）が弱まり，それによって，医者になるためにあきらめてきた諸々のものが，果たして妥当だったかという問いが生じる．さらに，今や何でも好きなことをやって良いのだという社会的是認がある．つまりは，主体の父親への同一化を支えてきた諸々の制約がなくなってくるのが青年期であり，それによって，あきらめたはずの〈かつての自分〉が多少なりとも世界の内部に回帰してくることがあるのである．これによって今まで滞りなく流れていた欲望の循環（父親への同一化という経路によって各層を貫き未来へ向かうとともに，〈かつての自分〉へも向かっていた循環）が，その経路が不確かになるために障碍される．その結果，主体の世界（第6層）を構造化していた欲望連関が弱まり，世界の事物の意味（位置づけ）は混乱を来し始める．

　その一方で，進路を決めなければならない，働かなければならない，親から自立しなければならないといった世間的常識や，これといった参照軸のない多様な価値観，医者の不祥事などが後を立たない風潮，といったものによって特徴づけられる大人社会が第7層として覆いかぶさってくる．主体はこの第7層によって自分がどのように欲望されているか，つまり何になれば最も自分の価値が発揮されるのかということを考え始める．

　幸いにして，以前うまく「跳躍」したときの記憶を参照したりして，医者になるのだという自信（医者への同一化）を保つことができれば，第6層の欲望連関も維持されたまま大人社会に参入していくことができるだろう．この場合は，この「跳躍」を通じて世界が根本的に変容するというよりは，自分自身の経験や他者への間主観的同一化を通した（間接的）経験が豊富

化することによって社会化が進む。

　一方，第6層における世界の変容が比較的大きく，医者への同一化をもはや保っていられない場合には，主体は自分が何になるべきなのかを改めて選択しなければならない。この場合でも，かつての「跳躍」の記憶を頼りに，欲望の方向性がある程度明確に定まっているならば——しっかりとした「跳躍」は〈かつての自分〉との確固たる分離であり，それが主体の欲望にはっきりとした輪郭を与える——，「こんなことをしたい」という比較的明瞭な欲望（例えば「医者にはならないけれど，やはり人の助けになることをしたい」といった）を軸として，世界も再構造化されやすく，第7層世界に自分の居場所を見つけることもしやすいだろう。反対にその欲望連関がほとんど失われてしまうほどになると，自分も含めたあらゆるものの位置づけが不確かになるアイデンティティ拡散状態に陥るだろう。こうなると主体は第7層世界に自らの位置をなかなか見出せず，言わば第7層が「蓋」になることによって，欲望が未来へ向かわなくなると同時に，それは未分化な欲動となって，鬱積し，主体を苦しめるようになる。

　アイデンティティ拡散状態は，幼い頃に一度あきらめたはずの諸々の願望（〈かつての自分〉）の再活性化——〈かつての自分〉とともに幼児的万能感やエディプス・コンプレックスが再び呼び出される——と，将来への欲望の喪失，さらにはそうした要因による未分化な欲動の鬱積によって特徴づけられる（もっとも，例えば今さら「母親と交わりたい」などとは思わないのであって，そうした願望が「幻想的なほどに理想化された女性への恋慕」といった青年期的な形で回帰してくる点には注意したい）。第7層世界（新たな〈他の場〉）とうまく関係を取り結べていない（そこに参入していない）から，社会から必要とされていないように感じたり，自分が昔も今も愛されるべき者として存在し続けているという実感が得られにくくなったりする。世界の中に同一化対象を見出せず，したがって自分自身がどこにいるかがつかめなくなるために，「自分」が誰であり，何であるのかが分からなくなる。

　問題は，ここにおいて主体が何をするかということである。こうした状態から，いかにして「跳躍」を成すかということである。

12 「跳躍」を決定する諸変数

　ここまでの議論で，主体が「跳躍」を成すための条件について示唆を与えてくれるものを振り返っておこう。
(A) フロイトのエディプス・コンプレックスでは，「自分は母親に愛される存在なのか」といった答えの出ない問いや，父親による去勢の不安に苦しんでいた主体が，母親との結婚は父親によって禁止されているのだという幻想を作り上げることによって，自らは去勢されるとともに，父親に同一化することで願望の成就を未来へ先延ばししたのだった。
(B) クラインの乳児や阿闍世コンプレックスでは，理想化された母親との二者関係の中で，欲動に支配された主体が母親と自分自身をボロボロに破壊し尽くしてしまい，ついには対象を破壊してしまったことに対する罪悪感が生じると同時に，失われた対象を求めて不可能な欲望を起動させ始めるのだった。
(C) ラカンの3人の囚人の寓話では，他の2人の白い背中を見た主体が，黒い背中を持つ自分を仮定し，それを他の2人の主観世界に投射することで，「自分は白なのだ」とせきたてられるのだった。ラカンによれば，この話の中で鍵となる3つの段階は，①自分が黒だということがあり得ることを知っている段階（人間は人間でないものを知っている），②他の二人の主観世界に自分を投射する段階（人間たちは人間たちであるために互いのあいだに自分を認める），③他の二人に抜け駆けされることを恐れつつ走り出す段階（私は人間たちによって人間でないと証明されるのを恐れながら，自分は人間であると断言する），である。
　(A)(B)(C) はそれぞれ主体の象徴界への参入（「跳躍」）という「純粋形式」を異なる仕方で描いたものであるが，逆に言えば，それぞれがその「純粋形式」を支える肉となる「跳躍の仕方」を示唆しているとも言える。**(A)** では，「何か絶対的な権力や禁止の力があるから願望が適えられないのだ」という幻想が，主体の願望が適えられないことの説明になり，主体は欲望の主体としてある種の能動性を確保できる。**(B)** では，破壊

欲動が行き着くところまで行き着いたとき，一つの転回点が訪れる。(C)では，他者たちとの間主観性と「せきたて」を導く時間的区切り（ラカンは「論理的時間」と呼んでいる；Lakan, 1966/1972）の相関によって，本来不可能なはずの自己規定が（人間でありたいという根源的願望を背景に）成立する。

ちなみに(A)(B)ともに，主体から間主観的同一化を向けられた父親なり母親なり——そこには完全性を得るのは「お前か，私か」という相克的関係が生じる——が，主体からの攻撃を受けた後も「生き残り」(Winnicot, 1954-1955/1990)，主体を外側から見つめる〈他者〉の視点を体現するものとなるまでのプロセスを描いたものである。これは(C)において，「牢屋を出るのはお前か，私か」という相克的関係にあった他の囚人たちとの間主観的同一化（相手の思考の想像）の状態から，彼らが動き出さないことを根拠として自分の背中の色を割り出す——このとき他の囚人はその自己規定の拠り所としての〈他者〉に格上げされる——までのプロセスとぴったり重なる。また(A)の幻想が成立するために必要な苦しみの時間，(B)の「行き着くところまで行き着く」ための時間ということを考えると，(C)の間主観性と論理的時間の相関という考え方は，最も原理的なところを突いた説明だと言えるかもしれない。繰り返すように，主体は「跳躍」によって自らの一部を分離するのであるが，その切断の時期はまず，他者（たち）との間主観性と主体固有の論理的時間という2つの相関変数に左右されると言って良さそうである。

例えば，同世代の仲間たちがすでに大人社会に参入しているにもかかわらず，ずっとアイデンティティ拡散状態を続けるのは相当に苦しい。そうなったとき，人は多少の妥協はしてでも社会に早く参入したいと思うかもしれない。これは他者たちとの間主観的関係が分離を早める例であろう。あるいは，将来の進路を決めかねてずっと迷っているという人でも，入試や卒業，就職，20才の誕生日などを節目として，「ここまで来たらやめる」という刻限を暗黙のうちに設定している場合もあるだろう。その場合，その刻限が論理的時間の終点と重ねられていると見ることができるかもしれ

ない。ただし、その一方では、そういった刻限を完全に見失ってしまっている人や、「自分は社会参加が遅れたからこそ、それを取り戻すために、より良い職業を見つけるのだ」などといった考え方をする人もいる。

したがって、私たちはアイデンティティ拡散状態において問題となっていること、すなわち欲望というものの重要性も無視するわけにはいかない。p.209の図12で説明したように、アイデンティティ拡散は新しい世界における欲望の不成立であり、「跳躍」へのつまずきである。今まで有していた欲望や、その欲望の連関によって決まる世界のあり方が、新たに主体に課せられてきた世界に通用しなくなってしまうのである。したがって、アイデンティティ拡散を抜け出すには、新たな世界における欲望が再成立することが不可欠の条件である。では、この欲望はいかにして再成立するのか。

先のフィボナッチ数列を思い起こしてみよう。それは、「自分は〇〇だ」という自己規定に納得のいかない主体が、際限なくこれを繰り返し、彼岸にある対象aを目指す姿を描いたものだった。これについて、私なりに考えてみるならば（Case Study No.4で述べることになる私の体験に沿って考えるならば）、「自分はAだ、いやBだ、いやCだ……」という自己規定を繰り返していく先に浮かび上がるのは、「AにもBにもCにも……成りきれない自分」、すなわち「なんでもない者」である。その「なんでもない者」の卑小さを見出した主体は、それに震撼し、ただちに「何かではあろうとする者」として自己を規定するだろう[49]。本来なら延々と繰り返せるはずの自己規定の連鎖全体を見つめたときに（そこには有限のものから無限のものを導き出す操作、論理的跳躍が必要であるが）、そこに一つの意味――「なんでもない者」、あるいはその反動として生成した「何かではあろうとする者」――が浮かび上がる。恐らくここにおいて、ようやくその「なんでもない者」が〈かつての自分〉として切り離されるのである。だから、そ

＊49　3人の囚人の寓話で言えば、「なんでもない者」＝「黒い背中を持つ者」であり、「何かではあろうとする者」＝「自分は白だと宣言する者」であろう。後者の確信が成り立つためには、前者の視点がそれを裏支えしていなければならない。

の「なんでもない者」は対象 a なのではないか。また，この際，自己規定の連鎖をどこかで区切り，その連鎖のひとまとまりに対して意味を付すという過程があるが，その区切りをどこで入れるかということが論理的時間という概念の意味なのではないだろうか。

　この「跳躍」を可能にした条件とは何だろう。それはまず何よりも，言葉にも意味にもならない対象 a（まさに「なんでもない者」としか呼びようのないものであり，恐らくはかつての「跳躍」のたびに主体が何度も見出してきたもの）を，主体が（再び）見出したということである。ただし，こういう言い方が許されるならば，対象 a の「質」は主体それぞれによって異なる。当然，そこからの反動によって定まる「何かではあろうとするもの」の「何か」の意味も主体によって異なってくる。言い換えれば，主体は自らの固有の欲望を，現在にふさわしい形で（第7層世界の言葉で）再成立させるのである。一見意味のない自己規定の繰り返しとは，実は対象 a（「なんでもない者」）を目指して身を削っていく過程であり，そういう意味で無意識において人はやはりある方向を志向しているのではなかろうか（つまり，盲滅法な状態でただ混乱しているわけでもないのではないか）。そして，その対象 a に至り着くとき，過去の「跳躍」と同じような「跳躍」が起き，新たな欲望の主体が再成立するわけである。

　ともあれ，こうして，アイデンティティ拡散からの「跳躍」の時期は，欲望と論理的時間，間主観性という主要な3変数に，主体の働きかけおよび偶発性による環境の変化という変数を加えた4つの変数（しかも，これらは相関変数である）によって定まると考えられる。この4変数によって定まる，欲望を見失ってから「跳躍」に至るまでの時間を，私は〈主体固有の時間〉と呼ぼうと思う。〈主体固有の時間〉を規定する変数のうち，最も重要なのは欲望だろう。時間がどれほど経っても，欲望が再成立しない場合，これを過去のある段階での「跳躍」の失敗（その段階への固着と言って良いだろう）を原因とする「病理的アイデンティティ拡散」と呼んでも良いのだと思われる。

Case Study No.4　拡散はいかに収束していくのか[50]

　第3章の議論を踏まえ，ここではアイデンティティ拡散状態がいかに収束していくのかを，具体的事例を通して見ていこう。
　ただし，人のありようが変容していく過程というのは多くの場合漸進的なものであって，「いつ，何をきっかけとして拡散状態が終わったのか」という問いは，「いつ，何をきっかけとしてそれが始まったのか」という問いと同様，答えるのがなかなか難しい問題である。それはちょうど，昨日まで風邪だったという人に対して，「あなたの風邪は昨日の何時に治ったのですか？」と訊くのにも似ているかもしれない。本来，風邪をいつからいつまでひいたのかといったことを正確に特定できるわけではない。風邪の自覚症状が始まるずっと前からウイルスは体内で増え続けていたのだろうし，「治った，もう大丈夫だ」と感じるずっと前から徐々にウイルスは減ってきていたのだろう。本人にすら自覚されていないそういったプロセスは，患者の身体のサインを的確に読み取れる医師であればかなりの程度まで把握できるだろうし，何らかの検査器具を用いれば，ウイルスが増大から減少へ転じた時点がどこだったかも特定できるかもしれない。
　アイデンティティ拡散もこれと同様，その始点と終点がどこだったかを特定するのは難しくても，人がそこに向かっているのか，それともそこから抜け出そうとしているのかについては，ここまで導入してきた概念装置によってかなりの程度まで読み取ることができると思われる。すなわち，〈他の場〉の「混乱」と〈否認〉の循環が行くところまで行き着き，〈主体固有の時間〉を経た時点を境として，小さな〈居住自己〉が生まれ，〈他の場〉が〈再認〉されていく――本人すら明確に自覚していないような，そんな流れが見出されるのである（そして，〈再認〉が進む中で，あるとき「ふと楽になる」）。だとすれば，一体〈否認〉から〈再認〉へという転調はどんなふうに生じるのか。〈主体固有の時間〉を規定する諸要因とはどんなものなのか。第3章で理論的に検討したこうした問題について，ここではより具体的に見ていくことにしたい。そして，そのためには再び，まずは私自身の体験から始めねばならない。

（1）私の「せきたて」体験
　それは浪人していた年の秋頃だった。大学進学をするにしても，まずはその動機をはっきりさせておこうという意気込みとともに始めた浪人生活だったが，前に述べたような問いの渦に巻き込まれた私は，自分が一体何者になっていくのかを未だに決められないでいた。春から何もできないまま，ただただ時間だけが過ぎ，もういい加減受験勉強を再開しなければ再び浪人しそうな時期になっていたのである。もちろん，受験勉強

＊50　この Case Study No.4 は大倉（2002b）の第3章及び第4章の一部を本書の議論に合うよう要約，加筆修正したものである。

をしなければという思いは、ずっと心のどこかにはあったわけだが、私はそんな時期になっても何か吹っ切れなさを抱えたまま、相変わらずその「しなければ」を〈否認〉し続けていた。ただ、それと同時に、長い苦悩の末、人生だとか世界だとか善だとかいったものに関わる哲学的な問いには、もはや答えは出ないのではないかということも薄々感じ始めていた。

　夜、私はいつものように一人自室で、何をするということもなく過ごしていた。机に向かおうとしたり、ベッドに寝転がったり、布団に潜って大声を出してみたりと、全く落ち着かない中で不安感、焦燥感と格闘するということが、ほぼ習慣のようになっていた。このままでは何も進まないということも、とにもかくにも受験勉強を始めた方が良いということも、頭では十分すぎるほど分かっていたが、「本当の自分」を探すのを今こそ打ち切って、何らかの行動を起こすということがどうしてもできなかった。その夜も、そんな苦しみが忍耐の限界にまで達しようとしていたときだった。どんな思考の流れがあったか忘れてしまったが、突然、私の中に一つの鮮やかなイメージが湧き起こった。薄暗い背景の中から、あまりに明確な輪郭を持って現れてきたそのイメージを、私は今でも忘れることができない。言葉にすれば何ということもないのだが、私にとってはまさに衝撃的だった。それは、するべきこともせず、一人苦しみもがいている自分に、どう手を差しのべたら良いのかも分からないまま、何も言えないでいる両親、というイメージだったのである。

　なんで突然そんなイメージが湧き起こってきたのかは分からない。それまでも親が自分のことを心配しているだろうということは頭では分かっていたが、その心配が逆にわずらわしくて仕方なかった。私にとって一番問題だったのは、あくまで自分がこれからどう生きるかであり、その答えを導くために、いかなる世界観・価値観を持つかということだった。その問題を考えるときに、親の存在などは全く関係ないはずだったし、実際、そのイメージは私にとって全く思いも寄らぬものだった。

　しかし、私は跳ね起きた。何だか知らないが、悲しくて情けなくて涙が出そうだった。自分は一体何をやっているのか。社会がどうだとか、人生がどうだとか、世界がどうだとか、何だか難しそうな顔をしては、答えが出ない出ないと言って苦しがっている。そうやって悲劇のヒーローのふりをしながら、とどのつまり、自分は受験勉強から逃避しているだけではないのか。この大きな世界の、小さな自室で、一人悶々としているこの自分のなんとちっぽけなことか。なんと身勝手で、なんと無意味なことか。私の中の何かが弾け、そうした言葉が堰を切ったように溢れ出てくると同時に、頭では薄々分かっていた「現実」が、一層の現実性を帯びて心底実感されてきた。そして、寒い冬の朝、布団から出たときのような身を縛るような緊張感と、得体の知れない衝迫に突き動かされ、私は机に向かっていた。その際、身体の一部を切りとられたとでも言うような喪失感があったのと、「それは不可能なのだ、不可能なのだ」という言葉が何度も頭にこだましていたのを覚えている。けれど、私が、いつものように机を離れることはなかった。

＊＊＊

　その一件があって以来、私は「受験生」になった。もちろん、私を取り巻く状況はそ

の前後で何も変わらなかったし、「本当の自分」に出会ったなどという感触もまったくなかった。あったのは、とりあえずは大学に行っておこうという妥協の感覚と、勉強量が全く足りていないという厳しい状況だけだった。現代社会に対する不満がなくなったわけでもないし、受験勉強などは学歴社会の悪しき産物であるという考え方にも変わりはなかった。ともかく、やはり苦しかったし、気持ちは決して晴れなかった。ただ、それでも、以前のように「何のために勉強するのか」という問いに逃避することはなくなっていた。あえて、それを抑えようとしていたかもしれない。それを再び問うことが恐ろしかった。それゆえ私は、思考を整理するためにずっと書いてきたノートも封印してしまった。今、ここで受験勉強を再び止めてしまえば、何も行動を起こせなかった以前の状態、起こそうとしても決して長続きしなかった以前の状態に舞い戻ってしまう、それだけは何としても避けたかったのである。

そして半年後、私は大学生になっていた。大学に入ってからは、前にも述べた通り、基本的に遊び回り、好き勝手をやっていた。その背後には、やはり将来が不透明であるという不安感や、何もする気にならないという無気力、仲間と離れて一人になったときの孤独感などがあったのは確かだが、それも浪人時代ほどひどくはなかったと思う。やるべきことを着実にこなすというほどではなかったが、サークルやアルバイトに行ったり、単位をそろえたりと、必要最低限のことだけはやっていた。大学4回生になり、就職か進学かというときになっても、就職する自分をあまりイメージできなかったこともあり、それほど迷うことなく「まあ、進学でいいか」と決めた。そして、今はいつの間にか、「研究者」になっている自分に気づくのだが、それについても「まあ、こんなものか」という感じである。

こうして見てみると、私にとって、あの一件はやはり大きかったのだなと思う。別にその後何かが急激に変わったというわけでもなく、また、将来のことが決まったわけでもないのだが、それでもあの一件以来、私は「まあ、いいか」という問題の処理の仕方を覚えたような気がする。考えても答えが出ないものは出ない。それに答えを見出そうと躍起になると、往々にして泥沼にはまる。しかも、かつての自分の経験では、それが現実逃避的な要素をはらんでいる可能性も高い。そんなときには、とりあえず一番近い目標に向かって行動するのが良いだろうと、自分に言い聞かせるようになった。

その一方で、私はかつて自分が格闘していた問い、人生だとか世界だとかいったものに対する問いにこだわりつづけてもいる。それには答えが出ないだろうということを認めつつも、そうした問いについて考えることがやはり好きなのだと思う。恐らくは、そんなくだらないことを考えても仕方ないと言い切れる人もいる一方で、私があえて「研究者」で良しとしているのも、そこらあたりに理由があるのだろう。あの一件は、私にそうした問いの答えを見出すことの不可能性を突きつけると同時に、それを考えていく可能性と、これからもずっと考えていきたいという欲望とを、与えてくれたものでもあったのだと思う。ある意味では、その不可能な欲望に基づいた一つの試みが、私のアイデンティティ研究だったと言えるのかもしれない[51]。

次に、そんな私との語り合い調査に応じてくれた友人たちがどんなふうに拡散の苦し

みを抜け出していったのかを見ていくことにしよう。

（2）坂口と間宮
　坂口が本当に苦しんだ時期は，3回生の秋頃だった。投稿の失敗，恋人との別れ，サークルの引退，進路選択といったストレスフルな出来事が重なり，彼は「生きてても死んでても同じ」という根深い無力感・孤独感にさいなまれた。ただ，その苦しみがいつ頃まで続いたのかは定かではない。4回生のときには，大学院進学を目指すのか就職するのかをはっきりさせないまま，何となく1年を過ごすが，大学の授業には出ていたらしい。留年して5回生になってからは，大学院入試の勉強と就職活動とを並行して行っている。そして，院試にも合格し，就職活動の方でもある出版社からほぼ内定をもらうところまではこぎつけている。私が「語り合い」を依頼したのはちょうどその頃だったのだが，そのときにはすでに彼において〈他の場〉の〈再認〉が始まっていたように思う。
　例えば，私と彼とは院試を同じ年に受けたのだが，その勉強の合間に会ったときなどは，お互い「しんどいなあ」と言って慰め合ったりもしたし，試験が終わった日には2人とも手応えが悪く，「もう，絶対落ちたわ」などと言って，気晴らしに映画を見に行ったりしたのを覚えている。結果は，2人とも合格していたのだが，そこに至るまでに私は，彼が一生懸命勉強している姿を常に傍で見てきたのだった。勉強がつらいということはあったにしても，そうやって一つの目標に向かって着実に努力する姿というのは，何かをしようとしてもどうしてもできず，不安だけが高まっていく拡散状態とは，やはり違うものだった。
　しかし，では一体何が違うのか。「語り合い」の中でそれを尋ねてみたのだが，それについては彼自身自分の中の何かが特に大きく変化したという実感は持っていないようだった。少なくとも彼の意識においては，自分の性格が特に改まったわけでもないし，何をしたいというのが明確に定まったわけでもないし，あの真っ暗闇の状態が輝きに満ちた生活に変わったわけでもないという。むしろ，この頃の彼は，院試前に立てていた「試験が終わったら，あれもして，これもして……」といった勉強の予定が全て狂ってしまっている現状に対して，反省することしきりだった。計画を立てても実行できない相変わらずの意志の弱さが何も変わっていないように思われたのだろう，「変わってない？」という私の質問に，彼は「うん」と答えるのだった。

＊＊＊

　Case Study No.2で見たように，彼や私にとって，この社会に参入するに際して，自分の人生をいかにして有意義なもの，起伏に富んだものにするのかということは一つの

＊51　私の中には，浪人時代の〈かつての自分〉に，現在の私のアイデンティティ研究の知見を聞かせたいという欲望が確かにあるように思う。それが不可能である以上，せめてその〈かつての自分〉と重なる今の青年たちにとって，私の研究が幾分かでも役に立てば，というのが私の願いである。

大きな問題だった。しかし、そのためにどうするかということは、結局彼にも私にも答えが出なかったようだ。むしろ、私たちがとりあえず大学に行こう、大学院に行こうと決心したときの一番の動機というのは、「今の自分には、まだ答えを出せない」というものだったように思う。大学院に行って勉強をして「賢く」なったら、「そのあとすごく開けるんちゃうかな」と彼は語ったが、そうやって未来に希望を託しつつ、いろいろ思い悩んでいた問題を、先送りする他なかったということなのかもしれない。

　大学院に行くことを決めても、私たちにとって、先行きがはっきりと見えたわけではなかった。別に「研究者」になろうと思っていたわけでもない。就職して、楽しいとは言い難い仕事をこれから何十年も続けていくのと、大学院に進んで、やはり楽しいとは言い難い勉強をこれからも続けていくのと、そう大きな違いがあったわけでもない。あえて言うならば、幾分かは興味を持てたのも、その後の展望を考えたときに、自分の生き方として少しはイメージしやすかったのも、私たちにとっては後者の方だったということなのだろう（もちろん、前者の方に展望を持つ人だって多いだろう）。ただ、一見全く消極的に見えるそうした選択のうちに、自分で選んだという感覚や、そこに精一杯関わっていこうという能動性・覚悟のようなものが全くないかと言えば、そんなこともなかった。そこには確かに、拡散状態の中では全く感じることのなかった、一応の「やる気」もあったのである。

　アイデンティティ拡散状態において求めていた〈何か〉と比べてみれば、あまりに平凡な選択なのかもしれない。嫌で嫌で仕方なかったそんな平凡さが、なぜ受け入れられるようになったのかは分からない。でも、「めちゃめちゃ名をはすようにならなくても、別にいい」「極端なことを言えば、『博識な隣のおっちゃん』でもいいわ」とも彼は語った。人生を有意義にしたいと意気込んで、「坂本竜馬」のような生き方に憧れていた以前に比べれば、かなり地味な生き方ではあるが、彼はそうしたことについて「あまり考えなくなった」のだという。自分でも、大した結論に辿り着いたわけでもなく、悩んでいた問題について考えなくなっただけだということが薄々分かっているから、やっぱり何となく憂鬱ではある。それでも、何もできず、何もしようとは思わなかった以前と違って、すべきことがあり、実際最低限のことはできている自分がいる。何も変化していないようであっても、私たちにとっては、何よりそれが大きかった。

＊＊＊

　この点に関して、間宮は一見対照的だった。彼女も大学１回生から４回生にかけて、いろいろなことをやりつつも自分が一体何をやっているのかどんどん分からなくなり、「何しに大学に来たんだろう？」といった問いにひどく苦しめられてきた経験を持つ。私や坂口のように何もしなかったわけではなく、政治的な活動などに一生懸命参加したりしたのだが、それでもやはり彼女を襲っていたのは、この世界につながっておれない感覚や、自分のやっていることに没頭できない感覚だった。大学４回生のときには、院試にも落ちてしまう。けれども、大学５回生になって弟と一緒に住み始めた頃から、それが徐々に変化し始める。院に進みたいという目標がより明確になり、「自分がやりたいことを一生懸命やっている」という充実感が感じられるようになる。つまり、彼女の

221

場合は，自分の中の変化——それも良い方向への変化——が，苦しみから充実感への感覚の変化として，明らかに実感されていたわけだ。けれども，その一方で，「別に何か解決したわけじゃない」のだともいう。

いろいろな人がいる。アイデンティティ拡散を経て，自分のやっていることに充足感を感じられるようになった人。気分の憂鬱さはそれほど変わらないけれど，少しは前向きに行動を起こせるようになったと感じる人。けれど，一つ言えることは，アイデンティティ拡散の際に求めていた〈何か〉が得られたわけではないということであり，それでも恐らくはその人の重心がほんの少しだけずれることによって，「自分」のかすかな手応えのようなものが生じ，必要最低限の展望だけは持てるようになったということだろう（ささやかな〈居住自己〉の成立）。そういった意味で，苦しみから抜け出す過程というのは，求めていた〈何か〉を得る過程ではなくて，むしろそれを「今すぐ」求めないで済むようになる過程だと言った方が適切であろう。

ともあれ，問題はこうした態度の変化がいかにして可能になったのかということである。坂口や間宮の語りを詳しく見ていこう。

(3) 目標はいかにして成立したのか？

例えば坂口のように，たとえ「とりあえず」のものであっても，大学院に行こうといった目標が立ち，実際それに向けて一応の努力ができるようになる背景に，いかなるプロセスがあるのだろうか。次の語りを見てみよう。

語り15　決断　坂口（5回生・秋）

（坂口）（同学年の友達からは）信じられないというか，何考えてるの，とか思われてるよ，絶対。なんか「あいつ何考えてんの，めちゃめちゃ心配だよ」って，心配されてる。二浪して一留して，さらに今年もまだ何も決まってないって，院行くかもまだ分からなくて。だから去年だって僕さ，普通4回になったら就職活動したり，院行くんだったら何かやるやん。だけど，考えて考えて考えて，1年過ぎたやん。だけど，それはそれですごい決断かなって思うよ。何も決めなかったということが，十分。
（私）そうやね。
（坂口）とりあえず，どこ行こうっていうんじゃなかったよ。
（私）その何もやらないっていう決断の根拠というかさ，考え続けて1年過ぎちゃったというのはそれでいいと思ってんの？
（坂口）何が？
（私）その，考え続けて，何もしないで1年過ぎてしまうということに対しては，別に？
（坂口）ああ，それに抵抗はなかったかな。なかったというか，毎日毎日やってれば慣れてくるやろ。まだその頃は，会社入ってバリバリやろうとかも思ってたかもしれん。それは当然自分が「すごくいいな」と，好きな仕事っていうのが前提で。だけどそれでいいのかなっていうのもあって。だからほんまにね，前も言ったけど，文筆活動をやりたいなっていうのがあって，会社とか行っちゃったら，そういうのなくなっ

ちゃうしなとか思って。その頃は自信なかったんかな。賢くなりたいっていうのはあったけど，毎日毎日仕事のように勉強するっていうことに対して，自信なくて。で，入れたとしてもついていけへんやんか，みんなに。それで，まあ院も吹っ切れなくって。そんなん考えて行くうちに，1年過ごして，その1年を，だから1年また遠回りしても賢くなればいいやって考えたかな。だから，その後，結局持ち越しや。その次の年に，会社行くか院に行くかというのを考えながら過ごしてたら，賢くなっていくから，別にまだ1年ぐらい遅れても関係ないやって。やっぱり，全然そのときはいいと思ってたんちゃう？ 1年持ち越すってことで。だから別に抵抗なかった。だから，周りからいっぱい言われる，「何しとんねん」て。（自分としては）楽しいねん。
（私）そのさ，院に行って仕事のように勉強することに，今は多少自信が持てるというのは？
（坂口）それは多分，今年授業出て，まあやっていけるんちゃうかって思えたのもあると思うし，心構えができちゃったっていうのかな。結局賢くなるんやったら，そうなっても，そういう生活になったとしても，そういう目標があるんやったら……漠然としてるけどな。
（私）「賢くなる」っていう？
（坂口）そうそう。目標があるんやったら耐えていけると思う。
（私）やっぱり，それはあれかな，院生見たっていうのがでかいんかな？ 院生に会って研究会とか出て，その，「賢い人」を見て，その人たちがどういう生活をしてるのかなっていうのを知ったというのが……。
（坂口）だけど，3回4回生のときに一緒やったけどさ，そのときは（思わなかった）……。
（私）ああ……。
（坂口）だけど今年ぐらいになってさ，やっぱ僕も（ゼミなどで）発表し続けて，きつかったけどなんとかできると思えたから。

3回生の秋，アイデンティティ拡散に苦しみ出す直前に，彼が小説の投稿に失敗していたことは前に述べた。彼はそれを「大きくないと思う」と言っていたのだが，この語りを見ると，文筆活動の魅力というのは，彼にとってやはり小さくなかったのだということが分かる。「会社入ってバリバリやりたい」という思いがあったにもかかわらず，文筆活動へのあきらめきれなさが，就職をためらわせていたようだ。その一方で，院に進学して「仕事のように勉強する」ことにも，自信が持てない。私の場合は院進学に際して，もう少し気楽に構えていたのだが，彼の場合はその選択が文筆家という職業にも直結するような重大なものに思えたからかもしれない。「仕事のように」という表現に，いささか力み返った当時の彼の姿が垣間見える。「仕事のように」勉強しなければならないと思えば思うほど，そんな経験を未だ持たなかった彼は，自信をなくしていったのではないだろうか。

ともあれ，そんな葛藤状態を引きずったまま，彼は4回生のとき，結局何も決められずに，ずるずると1年間を過ごす。けれども，実は，彼も言う通り，そのこと自体が一つの「決断」になったのかもしれない。果たしてそれが本当に一つの決意のもとになさ

れたことなのか，実のところは単に決意を固めかねたまま時が過ぎただけなのかは，今となっては実際に確かめることはできない（彼の語りから漂ってくるのはどちらかと言えば後者のニュアンスだ）。しかし，重要なのは，今の彼にとって，その1年間が自分の意志による「決断」であったと受け止められているということであり，今の「賢くなる」という目標と必然的なつながりを持つものとして捉えられているということである。

「賢くなる」という目標は，いつ発生したのだろうか。もし，それが当初からあったならば，彼は迷わず院進学を目指していただろうから，恐らくは4回生もかなり過ぎてから，何もせず1年が過ぎ去っていくということが確定しつつあったときなのだと思われる。「そんなん考えて行くうちに，1年過ごして，その1年を，だから1年また遠回りしても賢くなれればいいやって考えたかな」という言葉に注目しよう。つまり，何もせぬまま1年が過ぎ去ってしまい，その事実を自分の中で意味づけようとしたときにこそ，彼は「賢くなる」という目標を定めることができたと考えられるのである。

何もないところから「さて，これから何をしようか」と考えるのと，「自分は去年何もしなかった。では，これから何をしようか」と考えるのとでは，実はかなり出発点が違う。後者の場合，恐らく去年1年間自分が何をやっていたのかということを，それなりに意味づける必要が出てくる。彼の場合，それを意味づける際に，今年になって「心構えができちゃった」院進学の方が，つまり「賢くなる」という目標のもとに自分を位置づける方が，幾分自然だったということなのだろう。そこにこそ，就職と院進学とが全く同等だった状態から，院進学が優勢になる下地ができあがってくる。もちろん，それには，「きつかったけど」何とかゼミで発表し続け，周りから認められることで，「まあやっていけるんちゃうか」という自信が芽生えてきたということも大きい。このように，成りゆき上，そうせざるを得なかった行為や，それに伴う周りの状況の変化が，言わば後づけ的に意味を獲得し，それが「決断」を支える一つの拠り所となることがあると考えられるのだ。

私の場合も，やはり浪人時代あえて何もせずに過ごした半年間の経験が，その後の自分のあり方を大きく規定していることは確かである。坂口と同様，考えて考えて過ごした半年間。大いに悩み，苦しんだけど答えは出なかった。だからこそ，私はあのとき，これ以上考えても答えは決して出ないのだという思いに捕われたのだろうし，今までの自分は単に現実逃避をしていただけなのだと思いなすことができたのだろう。あの衝撃的なイメージだって本当は偶然に生じてきたものかもしれないのに，私はそこに何か必然的な意味を感じ取ったのだった。

ともかく，私も坂口もこうした「何も決断しない時期」があったからこそ，自分は十分いろいろなことを考え，やってみたという感覚とともに，「大学に行く」とか「賢くなる」とかいった「決断」を，自らのものとして引き受けることができたと言える。「何も決断しない時期」をそこで打ち切るということは，一つのまとまり，一つの意味をその時期に付与するということである。そして，そこに付与された意味を拠り所に，「決断」が生じてくるのだ。逆に，もしこの「何も決断しない時期」が確定しなかったら，私たちは「本当に自分はこれで良いのか」とか，「まだ他に何かあるのではないか」

とかいった感覚に悩まされ続けていたかもしれない。
　論理的には，私がもう少し考え続けることも，坂口が何もしない時期を2年に引き延ばすこともできたはずであるが，少なくとも私たちにとっては，いろいろやってみる期間として，それで十分だったということなのだろう。その一方で，4年を越えて留年を続けた須賀のこと，あるいは逆に，社会に参入する際に全く立ち止まらない青年がいることを考えれば，「何も決断しない時期」がいつまで続くかは，その主体の固有性（思い切りがいいとか悪いとかいった性格や，〈他の場〉のあり方，独自の欲望など）と周囲の状況によって決まるとしか言いようがない。このように，「もう十分だろう」という納得とともに（ただし，この納得は必ずしも意識には上らないだろう），一つの「決断」が生じ，それに基づいた〈居住自己〉が成立するまでの時間を〈主体固有の時間〉と呼んでいるわけである。

（4）「親そのまんま」を脱するために
　あらゆる決断（の候補）を〈否認〉していた頃から，〈主体固有の時間〉を経て，一つの「決断」が揺るがない参照点として〈他の場〉の位置に据えられていく。一部の青年においてそんな（〈他の場〉の）破壊と再生のプロセスが生じなければならないのは，一体なぜなのか。次の間宮の語りには，それを考えるための一つのヒントがあると思う。

　語り16　ストンと落ちた　間宮（5回生・春）
　（親はすごい人で，自分もまた親と同じような道を歩もうとしているという話から）
　（私）そうしたら，今の間宮は親そのまんまなん？
　（間宮）いや，あのね，最近ちょっと，だから，変わってきたなって思うんだよ。だから大学入った時点では，ほんとにそのまんまだったなって思うんだけど。ほんと，あの職業，将来やりたい職業だとか，あとやっぱり自分が関わっていきたいこととか，そういうのが，ほんとに一回，まだ足りないかなとは思うけど，あの，自分の中で消化できたっていうか。そういうのは，すごいあるから……で，ほんとに「親がやってるからいいな」じゃなくて，自分でやってて「ああやっぱりこれがやりたいな」って思ったっていうのはね，いろいろやっぱり大学の中でできてきたなあと，思う。うん，そうだね。
　（私）じゃあ，何がやりたくなったん？　例えば。
　（間宮）例えば？　ええとまあ，というかね，だからこう，変わってないんだけど，教育っていうか，そういうやっぱり，「社会を変えるために」っていうので，教育とかそういうのやりたいなって思ってるのは変わってないんだけど，やっぱり自分の中で，自分のものにしきれたっていうか。うん，そういうのがやっぱり違うかなと，うん。
　（私）どういう感じなん？　自分のものにしきれたっていうのは……。
　（間宮）だから昔は，勉強が，何だろう，なんでやってるのかとか，分かんなくって……ただそれを目指してきたからっていうの？　惰性というか，そういうのだったんだけど，やっぱりこれまでの人生とか，振り返って，あと，うん，いろいろ本読んだ

り，勉強したりとか，あと団体に関わったりとかしてきて，「あ，やっぱり自分がやりたいのはこれなんだな」というのが，もうストンと落ちたというか……。だから昔はいろいろ悩んで，もう，なんだろう，うん，なんか，そう，うん，母親みたいなお仕事とか，しようかなと思ったんだけど，やっぱりそれも，あの，親の仕事そのまんまだしとか思ってね……。すごく，なんか，悩んだんだよ。世間知らずだから，他にどんな仕事があるのか知らんから，なんかいろんな人の話とか聞いたりとかもしたんだけど，一回弁護士とかもいいなと思ったんだけど，ちょっと大変そうだからやめて（笑）……。うん，で，まあ，うん，やっぱり，というか，やっぱりそういう環境の中で育ったから，私がほんとに確信持って語れるっていうかさ，やっぱりそういうのの，楽しさとかも知ってるし……。やっぱりこれしかないなっていうかね，というのは思った。うん，そうやな……。でも，「まだ足りない」って言われるけどな，人には（笑）。
（私）足りない？
（間宮）うん，まだ（「親そのまんま」の）ぶち壊し方が足りないって言われて（笑）。

　教師の父親，政党職員の母親を持ち，ずっと両親のようになりたいと思ってきた彼女。その彼女が大学に入り，親元を離れて暮らし始めたときに陥った苦しみとは何だったのだろうか。「一緒に住む人がいなくなった」，「世間の荒波」を感じたという環境の変化，「ちょっとできなかったら，ああ向いてないんだ」と感じてしまった勉強面でのつまずきは確かに大きいのかもしれない。けれども，そもそも，そうしたことがなぜ彼女にそれほど大きな意味を持っていたのだろうか。
　まず，上の語りにあるように，「親そのまんま」を「ぶち壊そう」とする志向性が，当時の彼女の中にすでに潜在していただろうということに注意したい。「家族大好き」で「未だに目標というか，お父さんやお母さんみたいな人になりたい」という彼女である。「ぶち壊す」と言っても，表だった反発とか敵意とかいったものがあったわけではないだろう。けれども，両親に対する尊敬の念の背後で，あまりに大きなその影響から何とかして逃れようとする志向性は，やはりどこかで働いていたのではないだろうか。
　例えば，親のようになりたいと思い，親の言いつけを守って，ずっとやってきた勉強。もし，彼女に，その言いつけを頑なに守ろうとする志向性だけしかなかったならば，「ちょっとできなかった」ぐらいで勉強につまずくだろうか。それだけで，勉強から一気に遠ざかってしまうだろうか。あるいは，彼女がもし頑なに親のようになりたいと思うだけだったならば，なぜ父親と同じような教育者を目指し続けることに疑問を抱いたのだろうか。また，なぜ，自分を模索していたときに候補に挙がった「母親みたいなお仕事」を，「それも親の仕事そのまんまだしな」といって却下したのだろうか。
　必ずしも，それまで目指していた生き方（教育に携わること，社会を変えていこうとすること）が彼女に合わなかったわけではないだろう。というのも，彼女は元々自分が目指してきたような方向性へと，結局は回帰しているからだ。では，今までずっと歩んできた道から外れ，一旦寄り道をし，再び元の道に戻ってきたのだとすれば，彼女は一体何をしようとしていたのか。

エディプス・コンプレックスとアイデンティティ｜第3章

　結論から言えば，彼女は自分の生き方が「親そのまんま」であるという，その点に対して不満を持ち，それを「自分のもの」にしようと必死に格闘していたのではないだろうか。勉強につまずいたという事実の背後には，やはり一度，それ以外の可能性も考えてみたいという強い志向性もあったのだと思う。また，「一緒に住む人がいなくなった」寂しさには，今こそ自分は精神的にも親離れをして一人で歩み始めねばならないのだという，決意と不安の入り交じった心的風景が重ねられていたのだと思う。

＊＊＊

　小さい頃から，親のようになりたいと思い，親の欲望をほぼそのまま引き受けてきた彼女。その「流れ」の延長上で，「なんでやってるのか」をあまり考えることもなく，指し示されるままに勉強をやってきた。けれど，彼女もまた，大学に入ってふと考えたのではないだろうか——なんで勉強してるんだろう？　このまま勉強していけば，確かに親のようになれるのかもしれない。でも，それは本当に「自分」なのだろうか？　それは「親そのまんま」なのではないだろうか？　自分には他の可能性もあるのではないだろうか？
　そこから彼女は「自分を模索して」いろいろなことをやり始めたようだ。例えば，政治的な活動に参加してみる。けれど，あまりに忙しくて「スケジュールに動かされてるみたいな感じ」になってくる。同じような方向性で，政党職員である「母親みたいな仕事」も考えるが，結局それも「親の仕事そのまんま」だということが違和感を生じさせる。また，例えば「弁護士とかもいいな」と考えてみたこともあったようだが，それも「大変そうだからやめて」しまう。どれほど「自分を模索して」も決して「自分」が定まらない苦しみから，「男の人に逃げたり」，飲んでばかりいる。そうした一貫性のない生活を続けることで，「自分」が何をやっているのかますます分からなくなっていく。
　恐らくはそうした苦しみが頂点に達した頃だろう，彼女において，かつて自らの目指していたものががぜん大きな意味を持つものに見えてきたのではないか——なんだ，結局これが「本当」だったのか。もう良いのではないか。もう十分なのではないか。親から身を引きはがして，親とはまた違った何かを求めて，懸命に「自分を模索して」きたけれど，他には何もなかった。いろいろやってみた。さまざまな経験をした。その結果が，これなのだ。これが「自分」でいいではないか——そんな「納得」が，彼女において言語化されていたかどうかは分からない。けれど，彼女が「ストンと落ちた」という表現を使って言わんとしたプロセスは，大体このようなものだったのだと思う。
　このプロセスにおいて，一体何が起こったのだろう。端的に言えば，それは，「親そのまんま」だった生き方が，「自分のもの」として「消化」されたということだと考えられる。言うなれば，彼女もまた，「何も決断しない時期」を拠り所にして，「親そのまんま」がぶち壊されたという実感を得，一つの「決断」を（親のものとしてではなく）自らのものとして引き受けるに至ったのである。結果として見れば，単に「教育とかそういうのやりたいな」という当初の目標が復活しただけのようにも見えるが，やはり今やその目標の質は以前とは大きく変わっているだろう。もちろん，「いろいろ本読んだり，勉強したりとか，あと団体に関わったりとかして」きた結果，「教育」に対する彼

女の考え方や知識が深まっているのは恐らく確かである。けれど，それ以上に重要なのは，彼女が自分の「決断」の拠り所を，今までのように「親」にではなく，「何も決断しない時期」という「自らの経験」に求めることができるようになったということであり，「教育とかそういうのがやりたいな」が，本当の意味で彼女の欲望になったということなのである。

(5)「親」との和解
　考えてみれば，坂口も，「親」が院進学を望んでいて，それに対して「親の言いなりにはならないぞ」という「反発」を感じていたと言っていた。恐らく彼において起こったのも，院進学という選択を「親の言いなり」としてではなく，「自分のもの」として選び直すというプロセスだったのではないか。そのためにこそ，彼は「親の言いなり」に進学するのでもなく，その「反発」から就職しようとするのでもない，混乱に満ちた「何も決断しない時期」に自ら飛び込んで，そこで〈主体固有の時間〉を経ることを必要としていたと考えられるのである。本書の協力者では最も「親」にこだわっていた坂口だが，では，〈主体固有の時間〉が経過した後，彼の「親」に対する思いはどのように変わっていったのだろうか。次の語りを見てみよう。

　　語り17　溶けてきた　坂口（大学院1回生・秋）
　(坂口) 僕が嫌やったのは父親やんか，それでなんかちょっと尊敬？　尊敬というか，なんか向こうの気持ちが分かるようになってきた。なんか，だからもう過去のことは一掃しようよって，僕がちょっと思ってきたっていうのがあるかなって，自分で。だから少しは話せるようになってきた。というか，それはまあ，母親との対比やねん（笑）。うちの母親はすごい，全然話せへん，話せへんというか，僕がやってること，勉強のことなんやけど，全然話せなくて。ほとんど無教養な人なんかなあ，あの人って。無教養，無教養とは言えへんけど（笑）。なんか，あんまりものを知らない人で。それと対比して，すごいうちの父親は分かるというか，話せるのかなって思って。だけど，後で考えてみたらさ，僕のやってることなんてすごい特殊なことなのね。だから，そんな話せる人なんて，ほんまはほとんどいないはずなのに，それを考えてみたら……。なんか，それは母さんに聞いたんやけど，僕の先生の本とか買って読んでるみたいなのね。それ聞いて。努力っていうわけじゃないけど。まあ，そういうのもあるし，その，ほんとに一般的なこともよう知ってる人やし。よう考えたら，すごい，もしかしたら全然話せる人なんちゃうかって思ってきた？……〈中略〉……で，まあ，そういう努力とかもしてるし。だから，少しはね，過去のことっていうの，まあ，昔の親父は嫌いだったけど，今の親父は少しは分かることができるかなと，少しは感じるようにはなってきたかなっていうの。すごい自分にとっては画期的なこと。だから，電話とかしても「うわあ，父親や」って，「お母さんいる？」ってすぐそうなってたんやけど，少し，何か別に，自分の周りのこととか，まあ向こうのこととか，ちょっとは話せるかもしれん。
　ああ，すごい事件があってん（笑）。うちの弟がさ，人さまに迷惑かけるようなこ

として……〈中略〉……。でも，父親は「そういうことはしょうがない」って。だから，もしかしたらすごい信用されてんのかなって，弟もそうやし，僕もそうやし。まあ，そういう事件があったわけや。だから，まあそういうこと聞いて，やっぱり何かさ，分かり合うって，何か大きなことがあって，再度再認識する？　その人の良さとかを。そういう大きなことあったら，そういうのはすごい重要かなって思ったんやけど。……〈中略〉……でも，それはうちのおかんが言ってたんやけど，相手の人は，弟の人間性みたいのを否定してたって，それが耐えられなくなったみたいで，うちの父さんが。なんか僕は，僕の琴線に触れたね（笑）。だから，少しは親っていうのは……それにさ，61やしさ，まあ長く生きても，あと20年ぐらいだなとか考えたら，かわいそうやん（笑）。だけど，ちょっとは大丈夫になってきたかなっていうのはある。まだ，手紙とかは出してないけどね。そんなこと伝えてもいないけど，少しは態度で示そうかなっていうの？　成長したかな。
（私）うん，いい事件があったもんだ。
（坂口）弟，めっちゃ悩んでたぞ。僕にまで相談してきてさ，「もう僕悔しいよ，あんなに人間性まで否定されちゃって」とか（笑）。それはすごいもめたよ。何回も何回も電話かかってきた。うちの親からもかかってきたし。相手の人の気持ちも分からないでもないけどな。
（私）そういう事件があったり，実家で父の博学に触れたりしてたら……。
（坂口）ああ，なんやろな，なんか僕の中で，少しは大きなものが少しずつ溶けてきたっていうのは確実やわ。
（私）何だったんだろうね，大きなものってのは？
（坂口）ううん，僕を拘束していたものちゃうかな。
（私）それ，なんやったんやろな？
（坂口）前，言ってなかったけかな。
（私）前言ってたのは，だから，自分のやりたいことを父親に否定されるんじゃないかっていう恐さ？
（坂口）ああ。でも今は全然ないから，何やっても平気やし。というか，もう過剰なまでに好きなことやれって感じやわ。まあそれは，ほんとに勉強に関することやからかな，なんて言うの，早く留学しなさいよとかよく言われる。金渡すしって。
（私）でも，今までも言われてたのに，できないっていうか？
（坂口）それは勉強のことやったからっていうのがあった。
（私）ああ，気持ちの中に？
（坂口）そういう面では，もう何でもする人やった。勉強のことやったら。まあ，好きな，弟とかも，好きなことだったらやっていいっていうの？
（私）その好きなことっていうのは，勉強のことって思ってたんや？
（坂口）うん。
（私）今年に入ってそういう大事件があったら，ほんまに勉強のことに限らず，好きなことやっていいような感じを得たっていうことかな？
（坂口）というか，そう，そういうのがすごい大きいね。で，そういう背景にあるのは，まあ身近に感じてきたのかな，父親を。すごい自分に近いものっていうのかな。だから，今まで神みたいな存在，絶対的な大きなものやったから。逆らうとか自分の

> 意見というのも，端から言へんていうの？　言っても全部返されるというのもあるけど，そういうのがなんか身近な人って感じたら，少しは言えるっていうふうに思える。だから，自分の正当性は主張できるっていうの？　しかも，その正当性を主張して，分かってもらえるんちゃうかなっていう……とにかく大きすぎたのね，全てに。その大きいというのは，まあ尊敬できる面も含まれてたかもしれない。だけど，少なくともあの人より知ってるところがあるっていう，僕が専門でやってるところとか，そういうのも少しはあるかなと思う。

ここにあるような，彼の親に対する態度の変化を，一体どう表現したら良いのだろうか。「大きなものが溶けてきた」というたいへん豊かな一言に，一体どんな意味が込められているのか。親の意向を全面的に引き受けて進学するのか，それともそれに真っ向から「反発」して就職を目指すのか，という二項対立が「溶けて」，親の意向が何であれ，自分は「何やっても平気」なのだというふうに，肩の力がすうっと抜けたような感じ。親に対するたいへんなこだわりを感じさせた以前の語りに比べて，親からほど良い距離を取りながら，親に対して落ち着いた愛情を感じているとでも言うのだろうか。彼が「とにかく大きすぎた」父親を，一人の人間として「尊敬」できるようになってきた感が確かにあるのだ。

それにしても，彼を「拘束」していた「親」，「神みたいな，絶対的な大きなもの」とは一体誰のことだったのだろうか。母親は「一般的に見たら気さくな方」だったというし，彼の嫌っていた「厳格に近いかも知れん」父親も，強制的に「大学院に行け」とまで言うような人ではなかったようだ。恐らくは，むしろ，彼の両親は実際のところは「何も言わない人」，「好きなことはさせてくれる」人だったのであり，上で彼が述べているような，ごくごく普通の，愛情に満ちた両親だったと思われる。

しかし，だとすれば，彼は一体何と格闘していたのだろうか。

＊＊＊

先にも述べた通り，かつての私にとって親の意向などは，完全に背景化された問題，少なくともなるべく無視したい問題だった。自分が今考えている「どう生きるか」という問題には，独力で答えを出さなければならないと思っていたし，また，そんな問題を親にぶつけてみたところでどうにもならないと思っていた。私にとって親は，「好きなことをやったらいい」ということさえ保証していればいい存在，そうするのが当然の存在であったし，また同時に，それ以上自分に口出しすることは許されない存在だった。私は自分の悩みを誰にも打ち明けなかったし，実際，思春期以来，一人で問題を抱えて独力で解決するというやり方をずっと通してきていたのである。そして，そんな私の苦しみを知ってか知らないでか，親は勉強も手につかず，遊び回っているわが子を見ても，ほとんど何も言わなかった。

ある日，テレビを見ながら，そばにいた母親と気のない話をしている中で，ふと母が「お父さんが，得史は苦しんでいるんじゃないかって……」と口にしたことがあった。そのときは，「ふうん」ぐらいにしか思わなかったのだが，なぜかその言葉だけは今で

第3章 エディプス・コンプレックスとアイデンティティ

もはっきりと記憶している。今思えばそれが，明らかに心のバランスを崩しているわが子を見ながらも，自分の心配が息子にとって一層の重荷になることを薄々感じとっていた母の，精一杯の言葉かけだったのだと思う。そして，あの鮮烈なイメージ——一人，もがき苦しんでいる自分を，何も言えずただ見守っているしかない両親——に，私が捕われたのは，それからしばらくしてからのことだったのである。

　それが生じてきたとき，私の中で湧き起こった訳の分からない感情，あえて言葉にすれば，まずそれは「申し訳ない」であり，「哀れな親」であった。さらに，自分がどうしようもない人間であるということが心底実感され，勉強しなければという衝迫に突き動かされると同時に，なぜか泣き出しそうになっていた。実際，それは悲しさと情けなさと，そして有り難さと嬉しさの入り交じった，後にも先にもない奇妙な感動だった。それから，「それは不可能なのだ，不可能なのだ」という言葉が頭にこだまし，その直後ひどい抑鬱が襲ってきた。そして，逃げ切れないと分かってついに観念した逃亡者のように，私はいつまでも机に向かっていたのである。

　何が「不可能」だったのだろう。当時の私にとって，まずそれは，世界だとか人生だとかいったものを根本から規定し，いかに生きるべきかという「完全解答」を見出すことの不可能性だった。今まで必死に追い求めてきた究極の〈何か〉を，今こそあきらめなければならないということの悲痛さ。また，同時にそれは，受験というものから逃げ出すことの不可能性でもあり，「そんなつまらないものに捕われずに自由に生きてやる」というところで，かろうじて保っていたプライドが今まさに崩壊していくような痛みでもあった。

　けれど，今考えてみるに，まだ「不可能」なことがあったのだと思う。すなわち，それは，「親」の心配や気遣いに甘えたまま，いつまでも無為な時間を貪っていることはできないのだということであり，実際もうすでに，自分にそんな圧倒的な庇護を与えてくれる人は，どこにもいないのだということであった。あのイメージの中の親は，あまりに小さくて，あまりに哀れだった。それは，「お前の好きなことをやっていいぞ」と言うことによって，私に無理やり「好きなこと」を選ぶよう迫ってきた以前の「親」とはまったく違う親，わが子に対して「好きなことをやっていいぞ」とだけ言って，あとはただただ見守っていることしかできない親，どこにでもいる普通の人間としての親であった。私が格闘していた「親」はもういないのだということ。いるのは私といつも生活をともにし，いつも心配をかけてくれる等身大の親だけなのだということ。だから私は，いつまでも大きな「親」に頼ってないで，これから意志を強く持ち，一人で生きていかねばならないのだということ。

　その一方で，あのイメージの中の親は，やはり強く，深い愛情を注いでくれる，そんな親でもあった。自分と同じくらいの体格の，自分と同じ一人の人間の中に，どうしてこんなに一途で豊かな愛情が満ちあふれているのかと問いたくなるほどの大きさを，私は親に改めて感じたのである。自分を支えてくれる親は，やはりいつも私の傍にいてくれるのだということ。たとえ私がどんな選択をし，どんな生き方をしたとしても，私に変わらぬ愛を注いでくれるのだということ。だから，もう一つ「不可能」なことがあっ

231

たのだと思う。すなわち，それは，親の影響を完全に無視して，一人屹立して生きていくことなどできないのだということであり，「好きなことをやっていいぞ」という言葉に誠実に従う以外に，自分にできることはないのだということだったのである。

こうして，あのイメージを機に，実は私が無意識のうちに格闘していた「親」は，徐々に等身大の親になっていった。愛の押し売りをしてきた「親」は，自分という存在を根底で支え，かけがえのない愛を注いでくれる親になっていった。私は「親」が自分を心配しているということを，認めたくなかったのだと思う。その心配に流された選択をすることは，自分が「親」の圏域から一歩たりとも外に出ていないということを認めることだったからだ。しかし，その一方では，そうした「親」の心配を振り切ったときに，果たして自分に何が残るのかということが恐くもあったのだと思う。「親」に従ったままそこにのみこまれていくか，それともそこから完全に身を引きはがしてしまうかのアンビバレンス。そんな，押すことも引くこともできない状況に苦しんでいる最中，私の中の重い何かがぐらっと動き，「親」が親になっていく契機が訪れた。あのイメージは，恐らくそうした大きな変化と前後して，生じてきたものだったのだと思う。

＊＊＊

坂口がそれに「拘束」されていたと感じていたもの，「神みたいな存在，絶対的な大きなもの」というのも，やはり，具体的な親とはまた少し違った，超越的な「親」であったと言えるだろう。親が私たちに対して注いでくれる愛情は特権的であり，しかも親がいなかったら今の自分は存在しないのだということを考えれば，私たちは親にどうしても超越性を感じざるを得ない。たとえ大人になって，親を一人の人間として認めることができるようになっても，である。実際どれほど年をとっても，私は親の子どもなのだし，その一点に対してだけは「恩」だとか「感謝」だとかいった言葉で応えるしかない。そして，その超越性は，思わぬところで親と食い違ったり，その影響から抜け出そうとしたりするときにこそ，かえって際立ってきてしまうのだと考えられる。そこに，「親」との葛藤が浮上してくる。坂口にとっての親は，恐らく彼がいよいよ大人になろうとしたときにこそ，超越的な「親」として彼に現前し始めたのではないだろうか。

彼にとって，自分の専門分野の本を読んでまで，自分のことを理解しようとする父親の努力を聞かされたことや，弟の事件といった出来事は確かに大きかったのだろう。それらを通じて，自分も「すごい信用されてる」という実感が彼に生じ，親の愛情を再確認する契機になったように見える。「琴線に触れた」という彼の言葉は，格闘していた「親」が親になっていくときに，私が感じたあの奇妙な感動と，幾分かは重なっているような気がしてならない。恐らくこれがあったからこそ，私たちはたとえ「親」の期待通りの方向へ向かわなかったとしても，親はいつまでも自分を支え続けてくれるだろうということを確信し，一人で生きていく勇気と最低限の自信を持てたのだと思う。

考えてみれば，〈他の場〉の基底層には親との関係がある（第3章図12の第1層：本書p.209）。成長するにしたがって知識や対人関係が増え，〈他の場〉は複雑化していくが，実はその最初の枠組みを与えたものはやはり親だったのである。したがって，そうした枠組み自体への異議申し立てとしての〈他の場〉の〈否認〉は，しばしば親の〈否

認〉をも伴うのだと考えられる。しかも，その親は現実の生身の人間としての親というよりは，むしろ主体に対して〈他の場〉という構造を導き入れた最初の〈他者〉としての「親」，象徴的な「親」である。恐らく私や坂口が格闘していた相手とは，〈他の場〉の基底をなすものとしての「親」だったのであり，そういう意味において，「自分は社会・世界から本当に必要とされる存在なのか」というアイデンティティの問いとは，「自分は親から本当に欲される存在なのか」という「親」の愛をめぐる問いの再燃だと見ることができるわけである[52]。

そのように考えてくると，私が母親からかけられた一言によって，あるいはまた坂口が弟の事件によって，親の愛を改めて実感したことがどうしてこれほど重要な意味を持ったのかが明らかになってくる。それまでの〈他の場〉を〈否認〉（破壊）していく結果，その根本にあった「親」との関係までもが揺らいでいた私たちにとって，自分が「親」から愛される存在であることを思い出させてくれるような出来事は，〈他の場〉の形がいくら変わったとしてもその中核にある「親」との愛の関係は失われないのだという確信を与えてくれるものだったのである。そして，ここにこそ，「親」から与えられた〈他の場〉そのまんまではない，自分で試行錯誤しながら作り上げた〈他の場〉と，新たに関係を取り結ぶための素地ができあがってくるのだと考えられる。親との愛の関係を失わずに，いかに親の圏域を抜け出すか，それが青年期の大きな課題である。

ともあれ，〈他の場〉の〈否認〉から〈再認〉が始まるまでの〈主体固有の時間〉を規定する大きな要因として，幼少期から現在に至るまでの親との関係があるのは間違いない。私や坂口が小さな〈居住自己〉を設立し，とにかくにも進み始めたことと，何らかの形で親の愛を確認したこととは密接に絡まりあった出来事——〈他の場〉の〈再認〉という本質的プロセスの別々の側面——なのである。

（6）他者たちと共に

あの一件以来，私はどこにでもいる，平凡な「受験生」になった。社会がどうだとか，あるべき生き方がどうだとかいった難しい問題について悩み，苦しみながらも，正直心のどこかで抱いていたプライド，「自分は普通の人が考えないような，すごいことを考えているのだ」という優越感が粉々に打ち砕かれ，私は自分をただ勉強から逃避しているだけのわがままな人間にすぎないと思った。思おうとした。それはたいへんつらいことであったし，何とも言えない憂鬱が，その後大学に合格するまで続いたのだが，逆に言えば，そうした自分のちっぽけさ，平凡さをしっかりと実感し続けたからこそ，受験勉強という「俗事」をまじめにやり通すことができたのだと思う。「俗世」を超越した観念的世界に身を置いて，何者にもなろうとしなかった私だったが，恐らくそのとき初めて現実世界に最初の一歩を踏み下ろしたのだろう，他の人たちと同じように焦り必死

---

*52 だからと言って，もちろん私は青年期の問題を全て親子関係の問題に還元できると考えているわけではない。むしろ，青年期の問題の一部としてそれが呼び起こされる構造があるのだと見ている。

に努力しなければ，決して合格しないだろうと心から思ったのだった。

語り18　高いところから降りて　間宮（大学院1回生・秋）
（自分は変わってきたという間宮に対し）
（私）で，何が変わったん？
（間宮）ええとですなあ，端的に言うとですなあ，こう，やっぱりね，人間が変わるというのは，あの，そんな頭で考えて，人からああだこうだ言われて変わるんじゃないと分かった。思った。
（私）ほう。
（間宮）ほんで，だから，いくらさ，そういう社会の問題とか，なんか人に言われても，それが実際自分の実感とか，生活に根ざしたものでないと，いくら人から言われて「ああ，そうかもしれんなあ」と思っても，実際その人の生き方とか行動とかが変わるっていうのはね，少ないと思ったの。
（話が少し流れて）
（間宮）というかね，やっぱり生活の中でしかさ，変わっていかないんだなっていうのをね，思ったんだよ。自分がさ，私はあの，あれだから，生活能力低い人だから（笑），ちゃんと，とりあえず自分が働いて，お金稼いで，ちゃんとやりくりしてっていうような，普通の人がやっているような生活がちゃんとできるように。なんか，だから，親から仕送りもらって全然苦労もしていないのに，政治活動で，なんか学費値上げがどうだとかって言うってさ，なんか，すごいおこがましいっていうの？　うん，なんか，まあそういうことだ。
（私）それは分かるな。
（間宮）だから，ちゃんと自分で苦労してみようと思ったんだよ，要するに。ちゃんと自分が生活をさ，一生懸命やる人になろうと思ったの。それが先だと思ったの。
（私）それは，なんか具体的に生活変えた？
（間宮）うん，だから親から仕送りもらわないことにした。
（私）おう，すげえ。
（間宮）家賃だけ，払ってもらうの。弟はもらってるけど，もう，別会計にして。うん。そう。
　そう，だからね，研究室の人々に対する，あの，なんて言うの，関わり方っていうのも，なんか最近変わってきたっていうのは，そういうのがある？　やっぱり，なんて言うの，自分の周りの人と疎遠でさ，あの，なんて言うの，どっか遠いところで何かやるんじゃなくて，自分と関わりを持つ人と，ちゃんと本音のつき合いとかさ，そういうのをやっていこうかなと思って……。
（私）とりあえず，こう，普段人と接する中で，「変わってほしい」とかいう思いは少し，ちょっと，引いた感じなの？
（間宮）そうそう，そんな感じだなあ。こう，人に押しつけなくなった。なんか，うん，でもやっぱり（社会は）変わらなきゃいけないっていうのは，ずっとあるんだけど，それは前みたいな方法では，なんて言うの，なんか違うなあって思ってきたっていう感じかなあ……うん……。

(私)そのさ、じゃあ、前自分がやってた活動を今でもやってる人たちがいるでしょ、そういう人たちに対してはどう思ってんの？
(間宮)ああ、いや、別にどうも思わない。がんばれよとは思うけど。でもやっぱり、なんか、なんて言うんかな、人にもよるけど、あの、なんだろう、すごい高いところでものを言ってるっていうかさ。
(私)ああ、そういう人たちが？
(間宮)(そういう)人もいるんだよ。だから人にもよるんだけど、ちゃんと自分の周りの人とかに、そういう話ができて、っていう人もいるんだけど、あと自分の実感がないことを言ったりだとか、そういうのっていうのは、私はどうなんだろうとは思うけど。……〈中略〉……だからね、なんて言うの、だから違うと思ったの、やり方が。うん、なんかうまく言えないけど。だから、そう、やり方的には私が昔やってたようなやり方っていうのはさ、時代遅れっていうかさ、一昔前のやり方なんだって、私は思って、まあ(笑)。
(話が少し流れて)
(私)今まで、こう、一生懸命やってたのにさ、(人に対して)「何で分かんないんだ」ってすごい、どっちかって言ったらイライラしてたのかな？
(間宮)ああ、そうだね。なんかさ、たまに話しててさ、あの、違う意見の人がいるやんか、で、そういう人の話を聞くようになった、すごい。何でそんな風になったのかなって。昔はね、議論してたんだよ、そこで。「それは違うと思う」みたいな感じで、言ってたんだけど、あの、そう、「なんでそんなふうに思うのかな？」っていうのを、聞くようになったというか。あと弟との接し方？　もう、なんて言うの、昔はね、どっちかっていうとなんて言うの、姉貴面していろいろ説教したりとか、あの「もうちょっとがんばった方が……」とか、いろいろアドバイスとかね、なんかね、いろいろしてたんだけど……。

「社会を変える」ために、彼女は、一生懸命いろいろな活動をやってきた人だった。その中で、自分の懸命な思いが相手になかなか理解されないこと、自分では絶対正しいと思う意見を言っているのに、それが全く相手に通じないことに、幾度となくもどかしい思いをしたのだと思う。また、そんな相手に対して言いようのない腹立たしさを感じたことも、少なくなかっただろう。

しかしその一方で、彼女自身、自分の足下が全く見えていなかったということ。「普通の人がやっているような生活」すらも、まだまだ自分にはきちんとできていなかったということ。どんなに正しかったとしても、理念だとか理想だとかいったものだけでは、人を動かすことはなかなかできないのだということ。それぞれの生活があり、それを守るために精一杯働いている社会の人たち。自分はと言えば、親のすねをかじったまま、すべきこともせず、堕落した生活を送っている。それを認め、実感しなければならなかったときの、彼女の思いはどんなものだっただろう。

私は、彼女が語る言葉一つ一つにある種の重みを感じながら、ただそれにうなずくばかりだった。もちろん、それは、彼女の語りにかつての自分の体験がどこか重なるよう

な気がしたからだし，また，以前の苦しんでいた状態を，彼女が今，本当に抜け出したのだなということが確かに伝わってきたからだった。今や彼女には，人に何かを言う前に，まず自分がしっかりとこの現実に根ざし，自らの生活を正していくことから始めようとする謙虚さがあり，自分とは異なる他者たちに対しても，やみくもに自分の主張を押しつけるのではなく，「なんでそんなふうに思うのかな？」と耳を傾けることで，その人なりの事情をまずは深く理解しようとする余裕と落ち着きがある。そして，それでも自分の思いを屈折させることなく，他者たちと「本音のつき合い」をする中で，そっとそれを押し出していこうとする柔らかさ，そのことを通して，「やっぱり変わらなきゃいけない」社会に対し，あくまで働きかけていこうとする粘り強さがある。

「遠いところ」「高いところ」とはどこだろうか。それを考えるためには，須賀や私の社会批判を思い起こしてみれば十分だろう。私たちは，苦しみの最中，この社会のありとあらゆることを批判した。けれども，その批判は，何一つとして実際の行動や生活には結びついてはいなかった。あらゆるものを批判すればするほど，何者にもなれなくなってしまい，私たちはますます孤立感を深めていったのである。須賀は，世界や時間の流れから外れた「どこでもないような場所」で，「みんな」が悪いのか，自分が悪いのかという他者たちとの相克的関係に苦しんでいたし，かつての私もそうだった。逆に言えば，そんな場所にいたからこそ，私たちは世界のあらゆるものを批判することができていたのであり，そういう意味で「すごい人間」でいられたのだった。かつての私たちがいたそうした場所，現実や生の次元から「遠いところ」，それを見下ろす「高いところ」，そこでいろいろやっていても実は何も変わらないのだということ，それが彼女の言おうとしたことなのだと思う。

なぜ，彼女はそんなことを言うのか。もちろん，それは，彼女もまた以前はそこにいたからである。そこにあるときの苦しみや，自分のやっていることへの手応えのなさを，彼女が十分すぎるほど知っているからである。彼女は，まず何よりもこの自分が変わるために，そういった場所から抜け出して，生の次元に「降りてくる」，いや，むしろ「這い上がってくる」必要があったということを，そしてそれが簡単ではなかったことを，知っている。人の「生き方とか行動とか」はそう簡単に変わらないのだという彼女の言葉に私が説得力を感じたのは，まさにそうした自分の経験を踏まえ，「実感とか生活に根ざし」た次元で，彼女が語っていたからだと思う。

＊＊＊

前項では，「親」が等身大の親になり，一人の人間，一人の他者として認められるようになると述べたが，今見たように，一人の他者になるのは何も親ばかりではない。自分の思いを貫くのが正しいのか，それを曲げて社会に迎合していくのが正しいのか，という相克的な問いに苦しんでいた頃には，悪しき現実社会の構成員，無数の歯車でしかなかった社会の他者たちも，今や一人一人が犯されることのない尊厳，他性を備えた，本当の意味での他者——自分と異なってはいるが，存在形式においては全く同等な「他なる者」——になってくる。言い換えれば，〈他の場〉が〈再認〉され，主体が〈居住自己〉を得ることによって初めて，別の〈居住自己〉を持つ他者たちと安定した関係を

取り結ぶための下地ができあがってくるのである[53]。

　逆に，〈他の場〉を〈否認〉しながら彼女や私が他者たちから「遠いところ」で理念や論理を振り回していたとき，恐らく私たちがいたのは，実は自分の内部で完結した閉じた世界（独我的世界）だったのだと思う。そして，他者もまた，その閉じた世界の中の一要素に過ぎず，議論や説得でどうにでもなる存在，そうならなければならない存在だったのだろう。しかし，もちろんそうはいかない。私たちは他者たちを自分の中に回収しようとして，できなくて，そのことに怒っていたのだ。そうやって，どんどんと自分の世界を閉ざし，孤立していく一方で，その孤独感がたいへん苦しかった。他者たちから自分一人だけが取り残されているような寂しさから，そこに近づこうとするのだが，結局他者たちが構成する「多」，巨大な社会に埋没してしまうのもまた恐くて，そこに参入していくことができなかった。

　そんな苦しみの中，〈主体固有の時間〉を経て，私たちに湧き起こったのは，「自分のことが全然できていない」という「至らなさ」の感覚だった。恐らくそれこそが，「高いところ」に留まっていた私たちが，ようやくそこから降りて，現実世界の基準で自分を捉え直したとき――つまりは〈他の場〉の中のささやかな〈居住自己〉を引き受けたとき――に生じた感覚だったのだろう。同時にそれは，あくまでも自分の閉じた世界を守ろうとしていた私たちが，それを守り切れなくなり，他者たちの基準で自分を捉え直すことを余儀なくされた際の自分への失望の感覚――「目指していた〈何か〉まであきらめてしまった自分は，もはや『なんでもない者』にすぎない」――でもあったと思う。

　自分なりに正しいと思って精一杯やってきたことの，全否定。自分の閉じた世界の中では，それなりに有意義だった思考や努力が，現実世界の他者たちから，はっきり無意味だと宣告される。この「至らなさ」の感覚は，だから，たいへん悲痛なものである。けれど，恐らくは根源的に他者に向かって開かれている人間存在にとって（鯨岡，1998；新宮，1995），それは引き受けるしか仕方のないものでもある。そして，ここにこそ「なんでもない者」という揺るがすことのできない最初の自己確信も得られるわけである。

　現実世界の生の次元において，私たちは自分とは根源的に異質な他者たちと出会う。その他者は，それぞれ固有の生を持つがゆえに，自分の思いのままには動かせない他者である。けれども，それは同時に，同じ一生活者としての他者であり，自分が一人ではないということを保証してくれる他者でもある。そんな他者の他性を認め，そこに尊厳を見出していくこと。もちろん，私が皆と同じ一人の「受験生」になったからといって，また，間宮が上のように語るからといって，両者とも他者に対して完全に寛容になれたわけではないだろうが，それでも「至らなさ」の感覚を抱きつつ，私たちが自己完結し

＊53　第3章で，主体が新たな言語世界に参入することによって相克的だった他者と自己との関係が境界づけられ，分離すると述べたことを，ここでは〈居住自己〉という概念を用いて表現した。〈他の場〉の連関体系の中に自他それぞれの〈居住自己〉が位置づけられることによって，他者とのほど良い距離感が回復されるのである。

た世界から，ともかくも最初の一歩を踏み出したのは確かだと思う。これ以降〈他の場〉の〈再認〉がさらに進んでいき，やがてはさまざまな「意味」や他者との関係性を身に纏った充実した〈居住自己〉が形作られていくだろうことを考えると，この「至らなさ」の感覚（「なんでもない者」という自己確信）はアイデンティティというものの一番根底にあるものだと言えるのかもしれない。

(7) 須賀の変容

　最後に，須賀がどのように拡散の苦しみを抜け出していったのかを見ておこう。Case Study No.3で，アルバイト先の仕事に彼が心ならずも楽しみを発見し，以前は毛嫌いしていたそこのシステムに自分が乗ってしまっていることについても，「楽しいから，まあいいや」といった感覚を抱いていることを見ておいた。私の見るところ，恐らくちょうどこの頃に彼なりの〈主体固有の時間〉が経過し，〈否認〉が〈再認〉に転じようとしていたように思う。彼が「仕事ができる人」という周りからの評価を引き受けつつ，将来的にこの仕事をしていくのも「あり」かもしれないというようなニュアンスで語るのを聞きながら，私は彼において〈居住自己〉の萌芽が生じ始めているのではないかというかすかな印象を持ったのだった。そして，それからしばらく経ったある日，その印象が確固たるものになるときがやってきたのである。

　その日，私はいつものように「何か変わった？」という切り出しから「語り合い」を始めようとした。そして，それに対する「何も変わらないけどな」という彼の答え，というのを私はどこかで想定していた。そこから，例えば社会批判だとか，中途半端な自分のこととか，選べなさだとか，矛盾のことだとか，今日もまたそういった話になっていくのだろうなと思っていたのである。ところが，その日の彼の返答はかなり意表を突くものだった。「最近何か考えなくなった。考えなくなってしまったっていう感じ。俺的にはそれ，多分『終わってきてんだろうな』とは思ってきてるんだけど。で，それでさ，あんまり良くないと思うんだけど，かと言って世の中の矛盾だとか何とかをそんなに考えなくなった」——彼はそんなことを話し始めたのである。あの苦しみの中で，「考えない自分になりたい」のに，それでも考えさせられるように考えていた彼。その彼の「考えなくなった」という言葉が，どれほど重大な意味を持つものなのかは明らかだった。

　実際，当時の国会で話題になっていた「ガイドライン」や，以前からの「資本家と労働者」の問題についても，「まあ，しょうがないんかなあ」と彼は言った。どういうことかを尋ねると，「まあ，反対なのは反対なんだけど，別にだからどうするってわけでもないっていうか。そんなあきらめに近い感じ」なのだと説明してくれた。以前の彼ならば，「そこまで言わなくても……」というほどに批判していたものが，あまりにあっさりと引き受けられてしまったという印象だった。こちらの方が，「え，そんなのでいいの？」と訊き返したくなるほどあっけない彼の態度変更に，正直なところ，私は幾分拍子抜けもしてしまったのだが，そんな私に，彼は逆に「そんなに許せないことってある？」と問いかけてきた。

語り19 「全部が悪い」のか？　須賀（6回生・春）
（須賀）何か世の中に怒ってることで「これは許せんぞ」ってことある？
（私）ううん……これは許せん……。
（須賀）「許せん」まで強くなくても，「これおかしいやろ」って……。
（私）それは……いっぱいありすぎるって感じ。うん……まさに社会は矛盾だらけ，世界は矛盾だらけっていう……うん。
（須賀）それに対してどうにかしようと思う？
（私）だから，全ての問題は無理だから，まあ，自分なりにできることはあるんじゃないかなとは思ってるけど。まだ具体的な形にはなってないけど……。
（須賀）この間の地域振興券あったやん。何だろう，何が許せんかっていうと，うまく分からへんけど，多分経済が余計ぼろぼろになるんじゃないかというのはあったんやけど。でも，それは後から付けた論理っぽくて，実際そういうのはあるんだろうけど，なんかおかしいなと思ってたんだけど，でも，その話を彼女にしたら，彼女は何が許せんかって言えば，あの，「私がもらえる対象になっていない」ってことが許せんて（笑）。そういうこと言ってて，本当にそう思ってるわけじゃないような気もするけど，まあ「ああ，そうか」って。「なんかおかしいな」っていうのは思うんだけど，何がおかしいのかっていうのが分かんなくて結局……新聞とか，スポーツ新聞に書いてある「むちゃくちゃだ」とかそういう話に影響されてるのかな……。
（私）ん？　どういうこと？
（須賀）俺がな，変だなと思うのはね，そういうことなんかなって……。
（私）スポーツ新聞の影響で変だって言ってたってこと？
（須賀）ううん，変だ変だってことが言われてるから，余計に，もともと何かあると思うけど，何か変だなっていうのはあるけど，それはすごい大きくされたことではあるかもしれないなと。
（私）確かね，以前にも，（私が須賀に）「最近何やってる？」って言ってね，（須賀が）「バイトやってる」って言って，で，バイト先で，前は「何でだよ」と思ってたそこのシステムに対して，「最近は乗っかってる」みたいな……。
（須賀）ああ，言ったね。
（私）そのころからそういう傾向はあったのかな？　少しずつ。
（須賀）あったのかもしれない……ううん，あったのかもしれないし，もっと言えばもともとそうだったのかもしれない。
（私）ほう。というのは？
（須賀）ううん……だから，結局何が悪くてどうしたらいいかっていうのが分かんないし，前は，多分社会が悪いとかシステムが悪いとかすごい大きなわけじゃない，「全部が悪いんだ」みたいな，括り方をしてたから，その，「納得いかん，何だそれは」ってことをすごい言えたし，思ってたんだけど……そのシステムが悪いっていうのは言ってもどうにもならんかなと，どうにもならんかなと具体的には思ってないんだけど，何となく，何となく俺が今生きてる社会のシステムというのを何となく認めちゃったところがあって……。
（私）以前から？
（須賀）いや，今，だから認めてたか認めてないかの違いでね，一つ一つのことが，

いろいろ言ってみるんだけど，しょうがないんかなと，思ってたかもしんない。何を言ったかな，昔だったら。何て言ったか分かんないけどな，いろいろ口には出してみて，問題だとか言うけど，問題だとは思ってるんだけど……うん，だからどうだっていうのはなかったような気がするなあ。
(私) さかんにこう，攻撃してるときも？　何か言って，「だめだだめだ」言ってるきにも，どこかで「言ってもしょうがないんじゃないかな」と思ってたってこと？
(須賀) 言っても……ううん，そうか……「どうにもならん，どうしたらいいんだ」っていうのを言ってたのかな？　昔は。昔はって言ったって，今だって言うだろうし，言うこともあるかもしれないけど……。

「何か許せないことある？」と彼が訊き，「社会は矛盾だらけ」と私が答える。以前とは，全く逆の，不思議な「語り合い」になってしまっていた。
　ともあれ，彼がここで語っているのは，以前の〈否認〉の態度のことであると言って良いと思う。〈否認〉の態度とは，まず端から物事を疑ってかかる態度である。しかも，それは非意識的で，ものの見え方そのものに関わってくる。疑ってやろうなどという意図がないにもかかわらず，ものの見え方としてあらゆるものが「うさん臭く」見えてしまうのだ。例えば，「地域振興券」の話にしてもそうである。情報を集めた結果，何がいけないかを明確にした上で，「地域振興券は良くない」と主張するのではなく，まず「何かいけない気がする」という直感が生じ，それに基づいて理由を「後から付け」る。総じて，彼の社会批判とは本質的にその類のものだった。そして，とめどもなく紡ぎ出される論理的批判の背後にあったのは，実は端から直感されてしまう「うさん臭さ」をどうしても消化できない彼の，「どうにもならん，どうしたらいいんだ」という悲痛な叫びだったのである。「やりたいことがない。進みたい道も見えない。社会は矛盾だらけだ。でも，やっぱり社会に巻き込まれていかなければならない。一体，どうしたら良いのか」——社会批判というベールで隠されていたそうした思いを，彼は今ようやく言語化し得たと言える。
　社会を徹底的に批判していたときも，実は「自分はどうしたらいいのか」ということを叫んでいたのだということ。あることに対して「問題だ」と口にはしてみても，「だからどうだっていうのはなかった」ということ。いくら口で言っても，結局何もしなかったのだから，どこかで「しょうがないんかな」と思っていたのだろうということ。少なくとも「社会のシステムというのを何となく認めちゃった」今と行動的にはそれほど変わらなかったのだということ。「全部が悪いんだ」という括り方をして物事を見ていたからこそ，「何だそれは」ということを言えていたということ。
　ここでの須賀の語りは，実は自分は現実世界から離れた「遠いところ」「高いところ」で「社会を変えたい」と思っていたのだという，先の間宮の語りと確かに響き合っている。実際，須賀もまた，あの「至らなさ」の感覚を確かに感じているように見える。すなわち，自分の意見というのが，案外スポーツ新聞などに踊らされたものだったかもしれないということ。結局，彼がひそかに唯一の信頼を置いていた自らの思考にも，何か「他」なるものの影響が忍び込んでいて，それを完全に排除することはできないという

ことに彼は気づき,「あきらめ」たのではないだろうか。悪しき「他」を〈否認〉することで守ろうとしていた自らの純潔が急速に色褪せ始め,「全部が悪い」というよりも, もしかしたしたら自分の方こそ「悪い」のかもしれないという可能性が浮かび上がる。いや, そこまで言わずとも, 結局何だかんだ言って何もしない自分は実は——多分間違いなく——「なんでもない者」なのではないか。このように, 自らについての「至らなさ」の感覚が生じることが, やはり苦しみから抜け出すための転機であり, 彼もまた〈主体固有の時間〉の経過の中で, 図らずもそこに向かってきていたと考えられるのである。

ここで, 彼の〈主他固有の時間〉を大きく加速させたように見える要因が2つあることに注意しておきたい。一つは先に取り上げたアルバイトであり, もう一つはここで少し話題にのぼっている「彼女」である。

「地域振興券」にしても,「私がもらえる対象になっていない」というとてもユニークな理由で怒る(?)「彼女」。そして, これまでこちらが疲れてしまうほどまじめに論理を展開していた彼も, そんな「彼女」を見て「ああ, そうか」と思ってしまう。一体何が「ああ, そうか」なのか。彼は,「彼女」から何を受け取ったのだろうか。恐らく, それはきまじめな論理に対するきまじめな「解答」などではないだろう。

(8) 恋人との関係
  語り20 「簡単な」人 須賀(6回生・春)
  (私)え, 彼女とつき合いだしたのは, いつって言ってたっけ?
  (須賀)半年ぐらい前。
  (私)半年前……。
  (須賀)多分。何か, だいぶ変わった気がする……。
  (私)つき合い始めてから?
  (須賀)何かが変わった気が……。
  (私)……え, 彼女はどんな子? 一言で言ったら。
  (須賀)……うん, すべてが簡単(笑)。前も言ったかもしれんけど。簡単, 簡単すぎる。彼女にとっては, 全てがマルかバツかで全部分けられてる。
  (私)うん, そういう子?
  (須賀)そういう子。したらあかんことはしたらあかん。理由はいらない。しなならんことはしなならん。理由はいらない。理由はいらないわけじゃないんだろうけど, しなならんことには理由はいるみたいだけど。よく分からんけど, どんなふうに悩んだりした子とか知らないけど, とにかく看護婦になりたいっていうところがあって, そのためには「まあ, これはしなならん。いやだけど, しなきゃいけない」, そういう子。看護婦の職業というのはいろいろあるとか, 医者の悪いところ, まあ悪いところっていうかさ, まあ悪いことをしてる病院もある, そういうのに疑問は感じないかっていう話をしたときに, 何, その, どう言うたかな,「うん, それはそういう人もおるよ。しょうがないんじゃない」っていうような感じ, で言ってたように覚えてる。という子。全部が全部悪い人じゃないし, 悪いとこばっか見ない……見ない……

「悪いとこばっか見なくてもいいじゃない」っていう感じ。
（私）それに影響された？
（須賀）……うん，影響されてるな，多分，分からん。
（私）うん……自分も少し簡単になってきた？
（須賀）どうだろうね，分からんけど……簡単だったらいいなって思うし……うん，また多分それじゃだめだろうっていうのもあるしさ。で，その，簡単だったらいいなっていうのは，そういう面で，彼女とつき合い出したし……。
（私）そこが良かった？
（須賀）「どんなあれなんだろ？」っていう。
（私）簡単なのは（笑）。
（須賀）「どこが，どうして，俺とつき合ってそんな簡単なんだろ？」っていうのですごく思ったのはあるよね。
（私）その，あれ，そんな簡単なんじゃだめなんだろうなっていうのと……最近，そのあきらめ傾向が強い自分が，こんなんじゃだめなんだろうなっていうのは一緒のこと？
（須賀）簡単なんじゃだめなんだろうなっていうのと……。
（私）あきらめ傾向が入ってきた自分に対するちょっとした自己嫌悪っちゅうか……。
（須賀）……簡単なのは……そうかな，同じかな？　簡単なんじゃだめなんだろうなっていうのは，よく分からんけどな，俺の普通の考え，普通の，「なんでそう思うの」って聞かれても困るところ。簡単なんじゃだめだっていうのは。自然な，普通の，「自然な」って言ってもいろいろあるんだろうけど，元々ある。「いろいろおかしいんちゃう？」とか。（自分が）そういう人だったとして，でもそれは破れつつあるのね，簡単派に（笑）。簡単派に，撃破されつつあんのね。なんでかって言ったら，簡単じゃなく考えても，答えが出ないから。出っこしないっていうのも，出るわけないっていうのもあるし。……うん，で，それはそういう意味で，簡単派に俺の中で破れつつあるのね（笑）。で，完全に破れ去っていないところで，やっぱりこう，そういう，なんか「いいんかな，いいんかな？」というのも，なんか，やっぱりどこかにそういうことを考える自分というのが良いことっていうのがあるから，どこか「しょうもなくなってきたんかな」っていう，自分でね。そのような人間になりつつあるんかなって。
（話が少し流れて）
（須賀）もともと考えてたようで，何も考えていなかったんじゃないかなとも思うしな。
（私）ほう。
（須賀）考えてるようなことを口にしたりさ，そういう場合はそういうようなことを言うけれど，やっぱり考え方はあってもさ，現実に即した行動っていうのはできないから，結局何してたか分かんないような感じになってるわけね。だから，何もないところで，ううん，何もないところで走ろう走ろうとして，走ってるつもりだったわけよ。だけど，その場に立ち止まっていた……。

エディプス・コンプレックスとアイデンティティ 第３章

　前にも述べた通り，アイデンティティの問題と愛の対象となる異性の選択の問題は，とても密接につながっている。彼において〈再認〉の態度が強まってきていることと，この語りの半年ほど前から「彼女」とつき合い始めたことのあいだには，何らかの関連があると考えられる。実際，全ての物事に対して自らの態度決定を保留していた以前の彼とは全く対照的に，「全てがマルかバツかで分けられている」彼女に対して，彼は「なんでそんなに簡単なんだろ？」という好奇心にも似た思いを感じつつ，つき合い出したのだという。そして，つき合ううちに「影響され」たというのだが，一体それはどのような影響なのだろうか。
　彼も言葉を濁している通り，彼がただちに彼女のように「簡単」になったというのは少し違うだろう。実際，今も彼の中には「簡単なんじゃだめなんだろうな」という思いははっきりとある。彼は「簡単」になったわけでは必ずしもない。ただ，恐らく彼は「簡単」な彼女とそうではないはずの自分との違いが，実は思っていたほど大きくないのだということに気づいていったのではないだろうか。
　前の語りで見た「地域振興券」の話にしても，「私がもらえる対象になっていない」というどこまで本気なのか分からないような理由で怒って見せる彼女に対して，彼が「その通りだ」などと同調したわけではない。逆に，もっとまじめにその問題について考えようとするのが，これまでの彼だったし，そういった思いは今でも残存している。ただ，いくら考えてみても答えが得られるわけではなく，その思考が実際の行動に結びつくことはなかったのも確かである。そんな状況の中で彼は「だとしたら，自分は何をやっているのだろうか？」と思わなかっただろうか。何も答えを出せず，行動を起こせない自分が，頭の中でひねくり出した「理由」と，彼女の「理由」のどこが違うのか。もちろん，彼の「理由」の方がまじめであるし，論理的ではあるのだろうが，結局何も行動しない問題，自分と直接的な関わりの薄い問題に対しては，彼女のような冗談めかした「理由」で流してしまう方が，自分とその問題の距離のとり方として適切だし正直だとも言えるのではないだろうか。
　そんなふうに論理立てて考えたかどうかはともかくとして，彼はそうやって彼女から「簡単さ」ということがどういうことか，ときにはそれがどれほど大事であるか，そして自分が今まで何をやっていたのか（「何もないところで走ろう走ろうとしていた」）といったことを，徐々に感じ知っていったのではないかと思う。言うなれば，自分を見失っていた彼は，彼女という鏡に，実は何もしていない己の姿を映し出し，また彼女の「簡単さ」にやはり幾分かは同一化もしながら，自分の立ち位置を把握していったわけである。そういった意味で，彼女は彼にとって〈他の場〉の重要要素の一つなのである。
　ただ，誤解を避けるために言っておくと，彼が苦しみから抜け出していった最大の理由は，「たまたま出会った彼女によって救われた」といったものではもちろんない。単に恋人ができたことで苦しみから抜け出せるのであれば，これまで議論してきた社会の問題や価値・規範，他者，親といった話は何だったのかということになってしまう。恋人というのは変化の原因として見るのではなく，むしろ，やはりそうした様々な要素が織り成す全体的変化の一部として見なければならない。すなわち，〈他の場〉の〈否認〉

から〈再認〉へという全体的・根本的な態度変化の中で，新たな恋人との関係がそれに即した形でできあがってくる一方，そうしてできあがってきた恋人との関係が〈他の場〉の〈再認〉をより確固たるものにし，〈主体固有の時間〉の経過を促したわけである。

このことは，逆から言えば，恋人との安定した親密な関係を築き上げていくためには，〈他の場〉が〈再認〉されていなければならないということである。非常に濃密な関係を結ぶことになる恋人という鏡像他者に対しては，とかく「まず第一に大切なのはお前か，私か」という相克的関係が生じやすいわけだが，その他者と自己とを境界づけ，安定した自他関係へと鋳直してくれるのが〈他の場〉という連関体系（秩序の構造）であるからである。エリクソンが，"自己の同一性について確信のもてない青年は，人間関係の親密さからしりごみしてしまう"（Erikson, 1959/1973, p.119）と述べているのも，そうした理由からであろう。

ともあれ，以上のように，須賀はアルバイト先での仕事に楽しみを発見し，「簡単な」彼女とある程度安定した関係を築いていくことで，徐々にさまざまな矛盾を抱えた社会とどのように距離をとれば良いのか，実は同じように矛盾を抱えた自分自身がどこにいるのかといったことを見定めていった。彼の場合，何らかの目標を見定めて大学の授業に熱心に通うということには遂にならなかったけれど，あらゆるものに対する論理的批判に彼自身が巻き込まれて，考えさせられるように考えていた頃から比べれば随分と楽になり，彼は彼なりの仕方で大学生活に別れを告げて，社会に出て行ったのである。

（9）〈他の場〉の〈否認〉はなぜ起こるのか

3人の友人と私の経験に即して，アイデンティティ拡散状態がどのように収束していくのかを具体的に見てきた。最後に理論的な整理を行っておくことにしよう。

まず，当人に意識されているかどうかはともかく，苦しみが終焉に向かうための最大の転機は〈他の場〉を〈否認〉していたそれまでの態度が，〈再認〉に転じることである。言い換えれば，それは〈居住自己〉から〈投げ出し‐投げ出され〉ていた主体が，再度ささやかな〈居住自己〉を設立し，そこに住み着いていくということでもある。〈他の場〉の諸要素が〈否認〉されることでそれまでの連関を切られ，どんどんと連関体系が崩されていった状態から，新たな〈居住自己〉を中核とした新たな連関体系の構築に向かうわけである。この〈他の場〉の破壊と再体制化のプロセスがアイデンティティ拡散の本質だとも言える。

なお，より細かい補足をしておくと，〈否認〉と〈再認〉というのはある人において常にせめぎあっている二つの相反する力，ベクトルであり，量的なものと考えておきたい（これはエリクソン理論において「アイデンティティ対アイデンティティ拡散」という危機が，二つの量の拮抗として提出されているのと同様である；Erikson, 1959/1973）。全体的に見れば〈否認〉のベクトル量がある閾値以上に優勢になっている「〈否認〉の状態」，その逆の「〈再認〉の状態」というのを考えることができるが，どちらの状態においても両ベクトルが常に働いており，「〈否認〉の状態」においても〈他の

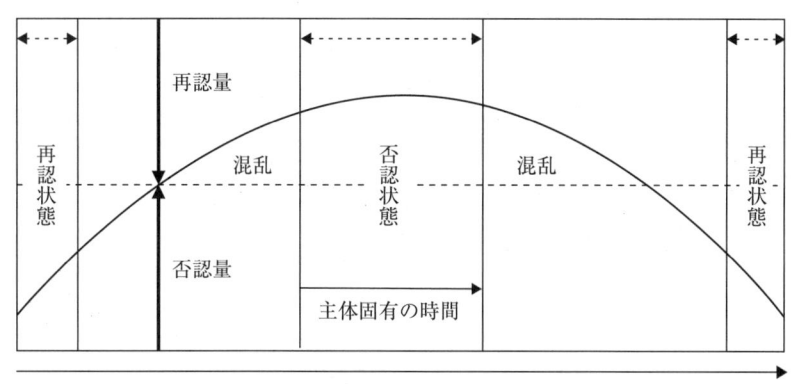

図13 〈他の場〉の破壊と再体制の過程

〈場〉のある要素は〈再認〉され続けているといったこともあるわけである（図13）。本書では，このベクトルという意味での〈否認（再認）〉と，状態という意味での〈否認（再認）〉とを区別せずに使っているので，どちらの意味であるかには常に注意していただきたい[54]。

Case Study No.1で見た川田のように，破壊と再体制化がほとんど起こらない青年（〈再認〉状態が揺らがない青年）もいるが，逆に須賀のように非常に根深いところ（〈他の場〉の根本的要素）まで破壊が進むケースもある[55]。一体どうしてそんな違いが生まれるのだろうか。

一つには何度か指摘している欲望の違いがある。個人差があるとは言え，大学に入り，新しい環境，新しいものの見方に出会うというのは，恐らく多くの青年にとって共通する経験であろう。しかし，それによって〈他の場〉が混乱し，それまでの「もてるエリート」という〈居住自己〉が完全に破壊されねばならなかった（〈否認〉状態にまで至らねばならなかった）須賀に対して，川田の〈他の場〉はほとんど揺らがず，「大学

---

*54 〈否認〉の力をウイルスの増殖力，〈再認〉の力を生体の滅菌力にたとえることができるかもしれない。ウイルスの増殖力が滅菌力を上回っているとき，ウイルスは増え続け，それが一定の閾値を上回ったとき（〈否認〉状態に陥ったとき），人は「調子が悪い」「風邪をひいた」などと感じる（独特の苦しみが生じる）ことになる。しかし，その中でも滅菌力は常に働いており，それが徐々に力を盛り返して，ある時点でウイルスの増加傾向が減少傾向に転じる（図13の放物線の頂点）。さらに，それが進んでウイルスの量がある閾値を下回ったときに（〈否認〉状態から抜け出したときに），人は「ああ，楽になった」と感じるわけである（苦しみからの抜け出し）。むろん，それはまだ「病み上がり」の状態であり，十全な回復となるには〈再認〉状態が明確になるまで待たねばならない。

での専門を活かした仕事」に就ければ良いという〈居住自己〉も維持された。この両者の違いは、結局、現在住み着いている〈居住自己〉にこれから先も住み続けていくことで良しとするか否かという点にあるだろう。須賀の場合は、それまでの「もてるエリート」を中心とした〈他の場〉を、根本から作り直さねばならないような欲望のあり方をしていたために（彼が最終的にたどり着いた「フリーターとしてやっていくのもありかもしれない」といった境地に、その「欲望のあり方」がどんなものだったかが垣間見えるかもしれない）、混乱と〈否認〉の状態がかなり長期にわたったのだと言えるかもしれない。

ただし、こうした説明だけでは、なぜ坂口や間宮が〈他の場〉の〈否認〉に至ったのかを十分解き明かすことはできない。というのも、最終的に大学院に進学して「勉強していこう」と思った坂口にしろ、「教育に携わっていきたい」と思った間宮にしろ、結局は当初から何となく目指していたような方向性に回帰していると見ることができるからだ。「勉強」や「教育」といった言葉で言い表されているもののニュアンスは、〈否認〉の前後で多少変わるのかもしれないが、須賀のように〈居住自己〉が全く違ったものに作り変えられたわけでもないように見える。だとすれば、彼らは〈否認〉状態において一体何をやっていたことになるのか。

ヒントはやはり「親」をめぐる彼らの語りにあるだろう。坂口にしろ、間宮にしろ、自分が進もうとする方向性が「親そのまんま」であるということを気にしていた。彼らは「親そのまんま」であった〈他の場〉と〈居住自己〉を一旦「なし」にして一から考え直そうとし、そこでさまざまな可能性を吟味した上で、最終的には「やはりこれで良かったのだ」といった感覚とともに、当初のあり方と比較的近いあり方を引き受けていった。つまり、彼らの〈否認〉とは、「勉強」や「教育」という方向性が「親の言いなり」ではなく確かに「自分のもの」であると真に納得するためにこそ必要だったように見えるのである。

もちろん、自分の目指していく方向性と親が望む方向性とが重なる全ての青年におい

---

*55 再びウイルスのたとえで言えば、ウイルスがほとんど体内に侵入しないか、強力な滅菌力によってごくわずかな量で抑えられていたのが川田の事例、その逆にはっきりと苦しみの感覚を感じるほどにウイルスが増えてしまい、「風邪をひいて寝込んだ」のが須賀の事例だと言えるかもしれない。もちろん、その中間領域として、ウイルスが一定程度体内に侵入し、それに対する生体の反応・変化が引き起こされているのだが、それに対する本人の自覚がない事例や、「ちょっと風邪っぽいけど学校には行ける」といった事例も多くあるだろう。こうした中間領域は、言わば「〈否認〉のベクトルが優勢にはなっているが、明確な〈否認〉状態の成立にまでは至らない」ケースとして位置づけることができる。Case Study No.3ではこうした状態を「〈他の場〉の混乱」と呼んで、明確な「〈否認〉状態」とは区別した。私見では、須賀や川田の事例というのは、明確な〈否認〉状態ないしは〈再認〉状態という両極的な典型例を示してくれるものだが、むしろそうした典型例以上に中間領域の「混乱」状態にある青年が相当に多いように思う。

て,〈否認〉が起こるわけではない。坂口や間宮と対照的に「親がそれを望むからこそ,自分も心からそれをやりたいと思う」という青年や,「親がそれを望んでいるということとは無関係に,自分がそれをやりたいからその方向に進むのだ」という青年もいるだろう。そうした青年においては,はじめからその欲望が「自分のもの」になっている(主体化されている)。逆に言えば,欲望の主体化が十分でなく,親や周囲の他者の願い(須賀の言葉で言えば「レール」)に自分が乗せられてきたという感覚が生じるときにこそ,一旦それを〈否認〉して,自分自身の欲望を再設立しようという動きが出てくるのである。この感覚が生じるか否かは,その青年の欲望がそれまでにどんな経験や試練を経て形作られてきたかということによるのだろうが,いずれにしても坂口や間宮の事例において〈否認〉の前後で違うのは,欲望の矛先ではなく,主体化の程度である。

ここまでをまとめると,〈否認〉が起こるか否かに影響する大きな要因は3つあると考えられる。すなわち,第一に現在の〈居住自己〉で将来的にもやっていったときに,潜在的な欲望が満たされるか否かという欲望の矛先の問題,第二に現在の(顕在的な)欲望がどこまで「自分のもの」として感じられているかという欲望の主体化の問題,さらに第三として大学入学等の環境の変化に伴ってどのような経験や新たなものの見方に出会うかといった〈他の場〉そのものの変容の問題(やはりこれも重要な要因である),である。つまりは,青年期の課題とは大人社会という新たな層との出会いに際して,そこにおいても通用するような欲望(潜在的な欲望に見合った,主体化された欲望)を設立していくことである(第3章の図12参照:本書 p.209)。ある青年がそうした欲望を最初から有している(あるいは微修正だけで事足りる)一方で,別の青年はその再設立のために〈否認〉にまで至る必要が出てくるわけである。

(10)〈否認〉の積極的意味

しかし,それにしても,この〈否認〉というのは一体何のために必要なのか。〈他の場〉が〈否認〉されるがゆえに破壊され,破壊されるがゆえにますます拠り所としての地位を失っていくというのは,いかにも「悪循環」であり,出口なしの閉塞的プロセスなのではないのか。〈否認〉に何らかの積極的な意味があるとすれば,それはどんなものなのか。

〈否認〉の状態において,主体は〈居住自己〉から〈投げ出し‐投げ出され〉,自分が誰であるのか,世界のどこにいるのか,何を目指したいのかを見失う。言い換えれば,「自分は○○である」という自己確信を支える留め金が失われ,何度も試みられる自己規定は虚しくも「『自分は○○である』と思っている自分は誰なのか?」という終わりのない疑念に取って代わられる。〈他の場〉を〈否認〉する先に可能性としてのみ開けてくる完全な〈何か〉を目指しつつ,主体はどんどん「無意味」へと近づいていくのである。

ところが,そうやって限りなく「無意味」にまで近づいたときに,主体に転機が訪れる。すなわち,あの3人の囚人の寓話のように,「今こそ自分が何者であるかを決定しなければこのまま『無意味』に吸い込まれるしかない」といった感覚に,主体がせきた

てられる瞬間が訪れるのである。求めていたような自己の存在についての完全な保証ではない。正しいか否かが論理的に分かるような自己規定でもない。むしろ、それは「今動き出さなければ一切の自己規定の可能性を失ってしまう」という、「無意味」の深淵に対する慄きから成される苦渋の自己決定（「自分は〇〇である」という宣言）である。しかし、それと同時に、その宣言には確かに「自分は〇〇である」という解答を自分で導き出したという自己確信が伴われているだろう。というのも、それを宣言として成立させるためには、もはや自分でそれを疑ってはいけないわけだし（再び「自分は何者なのか」という問いに差し戻されるというのはあり得ない選択だ）、しかも他者から教えを受けることなく自分は自分でそれを確信し得たのだから。

　求めていた完全な保証、充溢した「意味」を付された〈居住自己〉ではなく、〈否認〉という名の攻撃によって破壊され、断片化された一要素が〈居住自己〉となるがゆえに、最初の宣言はしばしば「自分はなんでもない者だ」といった「至らなさ」の感覚に満ちたものとなる[56]。しかし、逆にそれゆえにこそ、その〈居住自己〉を自分の求める充溢した「意味」に彩られたものにしていこうという主体化された欲望（深いところでの自己確信と結びついた欲望）が芽生えるのでもある。

　このように、一見出口なしの閉塞的状況に見える〈否認〉状態においても、自己確信を得ようとする主体の格闘のドラマは少しずつ進展している[57]。完全な〈何か〉を強迫的に目指すという苦しい快楽を手放せなくなった主体が、やがて「無意味」の深淵に触れ、まさに身を切られるような苦渋の自己決定へとせきたてられて[58]、そこにささやかな〈居住自己〉が成立するまでには、ある程度の時間が必要である。それぞれの主体においてその長短が異なる、そうした〈否認〉状態の始点から終点[59]までの時間を〈主体

---

*56　逆に、「自分自身に纏わりついていた不純物を削ぎ落としていき、ボロボロになったけれども、最後にかけがえのない自分の核に出会った」といった感覚を持つ人もいるかもしれない。

*57　ただし、このプロセスは多くの青年においてほとんど気づかれないまま無意識的に進行する過程だと思われる。間宮の「ストンと落ちた」という言葉によく現れているように、「論理的な過程」であるというよりは「身体的な消化過程」だと言っても良いかもしれない。実際、苦渋の自己決定とは言え、そこには確かに「腑に落ちた」感じも伴われる。

*58　p.245の図13のグラフで言えば、このせきたては〈否認〉の量が頂点に達するときというよりは、「実は自分はこの程度の存在なのではないか」といったことが薄々分かり始めたとき、すなわち〈再認〉のベクトルが少しずつ息を吹き返してきたときに起こるのだと考えられる。つまり、理論的には「せきたての瞬間＝〈否認〉状態が終わる瞬間」である。

*59　浪人時代の苦しみを抜け出した後の私の大学時代のように、〈否認〉の状態を抜け出した後もある程度の混乱状態は続くが、そこではささやかな〈居住自己〉が自分の「芯」のようなものとして感じられ、それを充実させていくための現実的な生産的努力を行えるようになるのが特徴である。

固有の時間〉と呼んでいるわけである（p.245の図13参照）。
　問題は，この〈主体固有の時間〉がどういった要因によって決まってくるのかということである。
　思い切りが良いか，それとも逆に優柔不断であるかとか，論理的思考力があるか否かといった生来の性格的・能力的要因もあるだろうが，私見ではそれ以上に重要なのが現実との接触による〈他の場〉の変容過程である。すなわち，新たな現実と出会うことによって須賀のようにそれまでの〈他の場〉が根本的に作り変えられねばならなくなったときには〈主体固有の時間〉が長引く傾向があるだろうし，逆に〈否認〉状態の最中にあっても，現実的状況の変化や重要な他者との新たな関係の始まりなどによって〈再認〉しやすい要素が出てくるときには，それが短縮される（時間経過が促進される）こともあるだろう。
　例えば，坂口は何となく送ることになった1年間の留年生活を「何も決断しないことを決断した」時期と捉え直し，それを自己確信の基盤に据えたように見える。間宮もそうだったが，「親そのまんま」にも見える方向性を一旦「なし」にして一から考え直し，決断をできる限り先送りしつつ考え得るだけのことは考えたのだという感覚は，たとえ結局は「親」と同じような方向性に進むことになったのだとしても，その欲望が「自分のもの」であるという自己確信の大きな支えとなる。また，坂口の場合は，その間ゼミでの発表を続け，そこで「何とかやっていけるかな」という見通しを持てるようになったことも大きい。そうした彼を取り巻く現実的状況の変化が彼の〈他の場〉の連関体系を変化させ，以前よりもより〈再認〉しやすいものへと変えたことは間違いないと思う。
　一方，須賀においてはアルバイト先での仕事に楽しさを発見したという現実的状況の変化とともに，恋人との関係が重要な変化をもたらしたように見える。すなわち，論理的批判によってあらゆる物事の悪しき側面を強調し，かえって身動きがとれなくなっていった彼にとって，自分が「簡単な彼女」と「結局，何もしない」という点では全く一緒だということや，「簡単さ」がときにどれほど大切かということを知らしめたという意味で，恋人というのはまさに自分を映す鏡──〈他の場〉の新たな重要要素──となり得る存在だった。そうした恋人が現れたから〈他の場〉が変化したのか，〈他の場〉の変化に応じてそうした恋人を求めるようになったのかは決定不能だが[60]，いずれにせよそうした恋人に出会えたということが〈他の場〉をより〈再認〉しやすいものに変えたのである。
　さらに恋人や友人，アルバイト先の人間関係などと並んで重要な他者との関係と言えば，やはり親との関係を無視することはできない。坂口や間宮においては自分が「親そのまんま」であるということが，須賀においては「留年しながら親に学費を出してもらっている」ということが，いつも気がかりの種であった。ある意味では，3人とも

＊60　現実状況の変化も他者との関係の変化も，〈再認〉の原因であると同時に結果でもある。言い換えれば，偶然起こった事柄がたまたま〈再認〉しやすい要素になるという側面と，それらを〈再認〉しようとする主体の傾向があったからこそ，それらがそのようなものとして主体の世界に取り入れられたという側面とがある。

(そして私も)誰かが敷いた規定路線(レール)に自分が乗せられているのではないかという気持ち悪さを感じて，〈否認〉のベクトルを強めていったわけだが，その「誰か」とはまず第一に「親」であった。もちろん，その「誰か」には「教師」や「社会の大人たち」といったものも含まれるのだが，そうしたあらゆる他者たちとの関係も原初における「親」との関係の上に築かれてきたものである。だから，それは今目の前にいる具体的人物としての親というよりは，〈他の場〉の基盤をなす「親」であり，そうした抽象的な「親」と私たちは格闘していた側面があった。言い換えれば，具体的人物としての親に，今問題になっている「親」を中核とする〈他の場〉との関係が重ねられ，その悪しき側面や強制的側面が現実以上に強調された親子関係を私たちは(そうした側面を強く感じたり，それを〈否認〉したりしながら)生きていたわけである。

　その最中に，今目の前にいる実際の親との現実的・具体的関係が何らかの形で変化するということは極めて大きな意味を持っている。例えば，それまでなかなか父親を受け入れられなかった坂口は，弟の事件を通して父の深い愛情を感じたり，自分の大学での専門分野の話にもついてこられるような父の博識と努力に触れたりといった経験を通じて，「好きなことをやれ」という父の言葉を〈再認〉できるようになっていった(「強制的に好きなことをやらされる」という意味合いではなく，「過剰なまでに好きなことをやれって感じ」という意味合いでこの言葉を受け取れるようになった)。また，親のことなど全く問題にしていなかった(つもりだった)浪人時代の私も，ある日ふと母親からかけられた一言に両親の深い愛情を感じ(そのときは意識しなかったが)，それが大きな刺激になって〈再認〉のベクトルがかなり息を吹き返し，それが何日か後のせきたてにつながったのだと思う。

　ともあれ，このようにして具体的他者との人間関係の変化は主体と〈他の場〉との関係に大きく影響し，ときにそれを〈再認〉しやすいものに変えることがある(もちろん，その逆に〈否認〉につながるケースも考えられる)。そして，その結果として〈主体固有の時間〉は，仮に現実との接触による〈他の場〉の変化が全くなかった場合にかかっていただろう時間(第3章ではこれを「論理的時間」と呼んだ)よりも——その場合にはまさに「無意味」との境でさまよっているような危うい精神状態が相当長く続くかもしれない[61]——，短いものになり得るのだと考えられる。

　以上，第9, 10項で行った議論を踏まえると，〈主体固有の時間〉は次の4変数(た

＊61　私の拡散体験というのは，実は他の3人に比べて，現実との接触による〈他の場〉の変化に乏しい事例である。というのも，私は浪人時代，憂さ晴らしに中学時代の友達と飲みに出かけていく以外はほぼ現実世界との接触を絶ち，家で一人で考えていたからである。私がまさに「無意味」の深淵に慄いたとでも言うような「純粋の」せきたて体験を意識に近いレベルで味わうことになったのは，自己決定に際して現実的状況の変化や他者の存在をほとんど当てにすることができなかったためだと思われる。ただし，そうは言うものの，ここで述べたように親からかけられた一言や「もう勉強を始めなければ再び浪人になってしまう」という現実的状況の変化がかなり効いていたことも間違いない。

だしこれらは独立のものというよりは相関変数である）の関数だと言える。この結論が第3章で行った議論と合致していることを確認していただきたい。

① 欲望……潜在的な欲望に〈他の場〉のあり方がどれだけ適合しているか。また，（顕在化された）欲望がどれだけ「自分のもの」として主体化されているか。
② 現実状況の変化……〈他の場〉を〈再認〉（〈否認〉）しやすいものに変えるような出来事が起こるか否か。
③ 他者との（間主観的）関係……〈他の場〉を構成する重要な他者との関係がどのようなものであり，それがどう変わっていくか。
④ 論理的時間……仮に現実との接触による〈他の場〉の変化が全く起こらなかった場合にかかると想定される〈主体固有の時間〉であり，まさに主体の固有性（性格・能力・欲望・〈他の場〉・その他）に規定される部分。

第4章　青年性とは何か

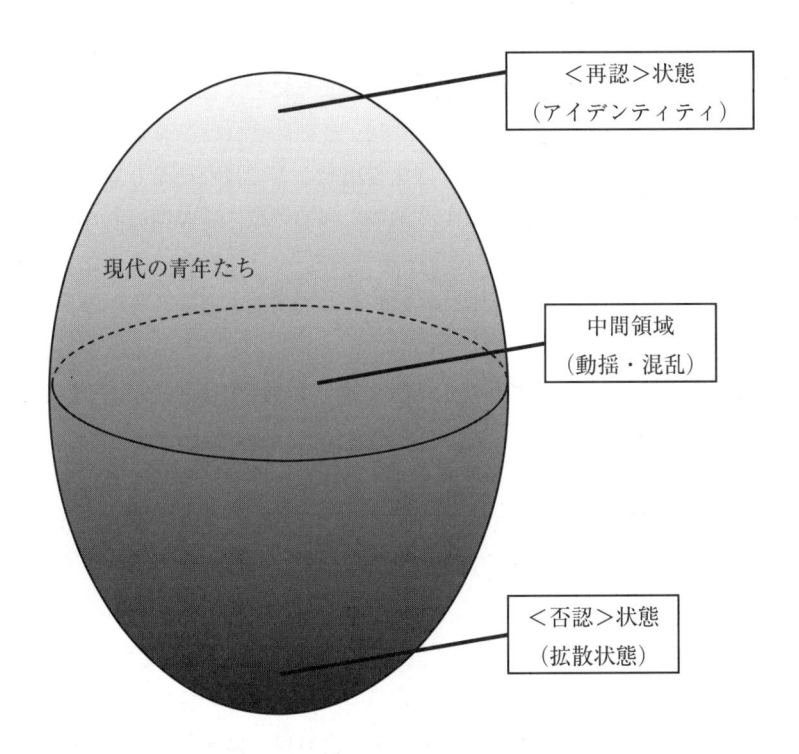

〈再認〉状態
（アイデンティティ）

現代の青年たち

中間領域
（動揺・混乱）

〈否認〉状態
（拡散状態）

　本書のここまでの議論は，主に3人の友人と私のアイデンティティ拡散体験に焦点を当て，その諸側面を〈他の場〉の〈否認〉状態として説明できるのだということを示すことに費やしてきた。また，その対照項として，Case Study No.1で〈再認〉状態が揺らがなかった川田の事例も提示したので，言わば〈否認〉状態と〈再認〉状態という両極がどんなものなのかについての理解はかなり進んだと思われる。しかし，その一方で，その中間領域の「アイデンティティ（〈他の場〉）が動揺したり，混乱したりしているが，〈否認〉状態にまでは陥らない青年」——私見では，こうした青年が過半数以上にのぼると思われる——のあり方をどのように描き出すかという課題は依然として残されている。この第4章ではこれまで行ってきた議論をまとめつつ，〈否認〉か〈再認〉かというある意味二者択一的な概念装置に加えて，グレーゾーンにある青年を捉えるための〈ゆらぎ〉や〈不安〉，その不安への2つの対処型などの概念を新しく導入しながら，より一般的な青年期論の構築を目指していく。

第1章では，先行研究の批判的検討を踏まえ，私なりのアイデンティティ論を構築していくことを目標に掲げた。第2章ではアイデンティティというものの意味を再検討しつつ，現代社会においても（おいてこそ）アイデンティティ問題が青年期理解のための鍵であることを示した。そして，第3章では精神分析学のエディプス理論の観点から，アイデンティティ拡散状態とは何であり，青年がそこからどのようにして抜け出していくのかを考察した。これらと4つのCase Studyとを併せれば，青年期アイデンティティ問題の輪郭についてはほぼ描き出せたのではないかと思う。

　ここまでの議論を踏まえた上で，最後に残るのは，青年期の心理学的特性の本質（青年性）とは何かという問題であろう。「それこそまさに『アイデンティティ対アイデンティティ拡散』の危機である」というのがエリクソンの回答であったわけだが，その「アイデンティティ」の意味を独自の仕方で解き明かしてきた本書の立場からは，青年性とはどんなふうに記述されるものなのだろうか。

　それぞれの時代におけるさまざまな社会状況があり，青年たちはそこを実に多種多様な仕方で生きている。そういう意味では，青年期のあり方はまさに「人それぞれ」「千差万別」だとも言える。しかし，それにもかかわらず青年（期）を青年（期）らしくさせている何かがあるというのもまた事実なのではなかろうか。

　この短い第4章では，これまでの議論のまとめを行いつつ，青年性とは一体何なのかということを模索していく。それは，必ずしも根深いアイデンティティ拡散状態に陥らない青年も視野に入れた一般的青年期論を組み立てようとする試みでもある。

1　「跳躍」に肉づけされるストーリー

　かつて学生たちが全共闘運動を繰り広げていた頃，土居（1971/1993）はすでに青年世代における「父親の権威の喪失」を指摘し，表面上は大学や社会制度に対して反抗しているかのように見えた青年心理の背後に一種の「馴れ合い」の意識，つまりはあの「甘え」を読み取っていた。それから

少し遅れて小此木（1978/1978）は，この考え方を批判的に吸収し，青年たちはむしろ教授会側の「親心」（青年に寛容であることで，青年側に自発的な罪悪感が発生することを期待する心性）に最後まで反発することで，ついには機動隊の突入を「勝ち取り」，それによって大人社会との「甘え-甘やかし」の関係を打破したという実感を得ることができたのだと論じた。前者は一見「父親的なもの」との格闘に見える反抗の背後に存する「甘え」を読み取ったものであり，後者はむしろ「母親的なもの」（「甘え」）との格闘こそが青年を突き動かしていた当のものであって，それとの決別が青年に「一人前意識」を与えたのだとするものである。こうした議論の流れを見る限り，なるほど日本ではエディプス的葛藤よりも，「甘え」をめぐる阿闍世コンプレックス的な葛藤様式の方がより根源的であるという小此木の主張に首肯したくもなるのだが，しかし，私たちはやはり「機動隊の突入」という「父親的なもの」による「去勢」を見逃すことはできない。何となれば，当時の全共闘運動の経過を「父親的なもの」との相克的関係から「去勢」へと至るエディプス・コンプレックスの再現として見るような，（恐らく土居や小此木からすれば）「常識的に過ぎる」見方をすることも可能なのである。恐らくは，当時の青年一人ひとりにとって，エディプス的側面が強調されるのか，阿闍世コンプレックス的側面が強調されるのかは，異なっていたのではないだろうか。大人社会への参入という「純粋形式」に肉づけされるストーリーは，一人ひとり違うのである。

こうした理由から，私は「エディプス・コンプレックスか，それとも阿闍世コンプレックスか」という問いの立て方はしないでおこうと思うのだが，その代わりに，こう言っておくことにしたい。当時の青年たちもやはり，大人社会との相克的関係の中で，ついに〈主体固有の時間〉を作り出すことができたのだ，と。第3章の議論が示す通り，大人社会への「跳躍」につまずいた（ないしは，自ら「待った」をかけた）青年たちが目指すのは，ある種の時間的節目を作り出すことである。「父親の去勢」によるものであるにせよ，「攻撃した母親からの報復」であるにせよ，何らかの時間的節目——そしてそれはしばしば自己破壊を伴うが——を作り出したと

き，青年は大人社会へとせきたてられ得るのである。

　もっとも当時の学生たちは，私の場合のように「なんでもない者」に対する震撼から，大人社会に参入していったのではないかもしれない。彼らが徒党をなしていたこと，その破壊性が大学や体制といった外的なものへの攻撃性に転換されていたことで，彼ら一人ひとりは自尊心や誇りを保ったまま「なんでもない者」になり得たと考えられるからである。「父親的なもの」による「去勢」という幻想は，自らの願望が適えられない主体にとっての「言い訳」としての側面も有している。実際当時の学生たちのどれほどまでが，そうした「言い訳」に心から納得したのかは別にして，ともかく，破壊性の処理に困ったときに，とりあえずはそれをぶつけてみることができるような社会状況が現にあり，そしてそうした反抗が外的な力で無理やり抑え込まれていったということは，彼らの精神的健康に幾分かでも奉仕するところがあったと言えるのかもしれない。

　しかし，それから30年経った今の柔構造社会においては，この破壊性の処理が非常に困難である。それをどこかにぶつけようとしてみても，ぶつける相手がいない。思想のない時代だから，何かを攻撃するための確固たる根拠が何もない。「機動隊の突入」に似た何かを求めるとすれば，それこそ無意味な犯罪でも犯すしかない[62]のだが，もちろん多くの青年はそんなことはしない。そんな中，欲動が鬱積して破壊性がある閾値を越えるならば，あとは文字通りの自己破壊をするぐらいの道しかない。自分の外側に向けて破壊性を放出することで何らかの報復を受けるという間接的方法（その相手が「父親的なもの」であれ「母親的なもの」であれ）ではなく，自分自身を破壊するという直接的な方法で「なんでもない者」になろうとするのである。しかも，この直接的方法には明確な終わりがない。この破壊過程は，「機動隊の突入」などによって外側から無理やり区切られるわけで

＊62　「酒鬼薔薇聖斗」や秋葉原の無差別殺傷事件の犯人たちは，その深層において，犯罪という形で自分の存在を他者に認めてもらおうとしたのではないかと思われる。幻想的に膨れ上がった他者との相克的関係の中で，ついに強大な警察権力から「逮捕」を「勝ち取った」とき，彼らは幾分なりとも安堵したのではないか。

はない。青年は自らの内において、これに何らかの形で終止符を打たねばならないのである。

　現代社会は、「父親的なもの」も「母親的なもの」も投影しにくい社会である。「父親的なもの」を投影できるほどに、頑とした基準や制約を押しつけてくるわけでもなく、かと言ってそこに「甘え－甘やかす」関係を投影できるほど「母親的な」温かみがあるわけでもない。今の青年にとって、社会は得体の知れない巨大な無機物の塊に近い。それに自らの破壊性をぶつけてみたとしても、手応えは得られない。それを踏まえずに、今の若者は何かに当たって砕けようとしないとか、いつまでも「甘え」を断ち切ろうとしないとか言って、その原因を単に核家族化や共同体の崩壊による現代青年の「ひ弱さ」のみに帰着させるのはいささか表面的である（もちろん、そうした側面がまったくないと言っているわけではない）。むしろ、エディプス的なストーリーによっても、阿闍世コンプレックス的なストーリーによっても処理できないような青年期的状況、第3章の第12項で挙げた（A）（B）（C）のうち（本書 p.213）、とりわけ（C）のようなストーリーを独力で作り出さねばならないような状況——そこには（A）（B）にはない「しんどさ」があるように思える——があるのではないか。あるいは、（C）という軸に、日頃の人間関係における（A）（B）的な要因が絡み合って、一人ひとりそれぞれのストーリーが生み出されてくるのが、現代の青年期なのではないだろうか。

2　「青年性」とは何か
——特にアイデンティティ拡散の観点から

　ここまでの議論が示す通り、アイデンティティ拡散を特徴づけるのは〈破壊性〉[63]である。いや、もっと言えば、アイデンティティ拡散にまで至らない青年たちの〈ゆらぎ〉もまた、この〈破壊性〉やそこから導かれ

---

*63　以下の議論で〈破壊性〉と「欲動」とはほぼ同じ意味で用いているが、〈破壊性〉はその欲動が有している破壊的性質はもちろん、それがもたらす破壊的結末などをも視野に入れた概念である。

る〈不安〉といったキーワードでかなり理解できるようになると思われる。すなわち，その処理や克服の仕方には時代や文化背景，また個々人によって差があるものの，この〈破壊性〉や〈不安〉こそが青年期を最も青年期らしくしている当のものであるように，私には思えるのだ。もっとも〈破壊性〉の裏には，自らの欲望を再発見しようとする主体の志向性があるから，それは必ずしも否定的なものではないということは，まずもう一度確認しておきたい。さて，ここを起点にして，たいへん複雑な青年期の心性を整理していくことができるだろうか。

以下の（ⅰ）～（ⅴ）において，試論を組み立ててみたい。

（ⅰ）青年期における制約の解除と〈不安〉，〈ゆらぎ〉

第3章で述べた通り，青年期はそれまで自分を束縛してきた制約の一部が失われ，かつて一度封印した願望（〈かつての自分〉）が再び蘇ってくるという，これまでにない特殊な時期である（逆に，これまでの「跳躍」は，むしろ新たな制約が課せられてくる際に起こったものである）。主体化された欲望とは違って，幼児的願望は主体の外側（より正確には「私」の中の外部）から突きつけられてくるように感じられるという性質を持つ，欲動である。欲動は言わば「無頭無名」のエネルギーであるが，あえてその特徴を言うならば，それはクラインが述べたように羨望と〈破壊性〉に彩られている。したがって，それが回帰してくるということは青年にとって決して望ましいことではなく，それは得体の知れない〈不安〉として覚知される[64]。この〈不安〉は人によって程度の差こそあるが，恐らく多くの青年に共通するものであり，これを完全には統制できないところに青年期特有の〈ゆらぎ〉[65]が生じる。

---

*64 〈不安〉とは，先行きの見通せない状況において，何か良からぬことが起こるかもしれないという不気味さの感覚だと言っておこう。

(ⅱ) 社会という〈他者〉からの問いかけ

　その一方で，いよいよ大人社会への参入を目前に控え，どんな職業に就き，どんな社会的立場を占めたら，自分の価値が最も発揮されるのかという問いも生じる。〈不安〉や〈ゆらぎ〉の中にある主体にとって，普段の対人関係，社会関係の中で，自分が周囲の人たちからどのように見られているのか，果たして彼らから必要とされているのか否かといった問いは切実なものとなる。こうして社会という〈他者〉から「自分は愛されているのか」という問いが突きつけられてくるのである。

　この問いは，特に次のような時期に強まるだろう。(a) 困難な状況に置かれたときや，何らかの挫折ないし失敗体験があったとき。(b) 収めた成功に対して満足のいく利益や状況の変化が得られなかったとき。(c) 何らかの形で将来に向き合わねばならない機会に直面したとき。要するに，現在の自分のあり方が将来にも通用するだろうという自信が脅かされるときであるが，こうしたときには当然〈不安〉や〈ゆらぎ〉は拡大する。

　したがって，これを鎮めてくれるような留め金として，ある青年はますます〈他者〉からの保証を求めるかもしれない。幸いにして肯定的な励ましを受け取ることができれば〈不安〉や〈ゆらぎ〉は多少沈静化するかもしれないが，そうでないときにはさらに〈他者〉からどう思われているかという当初の問いが切実さを増してきて，〈不安〉や〈ゆらぎ〉がさらに大きなものになっていくという循環も生じる。その一方で，そうなることを見越して，逆に現実の対人接触を避けることによって，〈不安〉や〈ゆらぎ〉を小さく保とうとする青年もいることだろう。ただし，その場合でも，価値観や規範，理想などといった内的な〈他者〉からの保証をめぐる格闘は続くかもしれない。

　また，こうした〈不安〉や〈ゆらぎ〉は，周囲からの支えに加えて，今

＊65　厳密に言うと，〈ゆらぎ〉という概念は，〈破壊性〉が〈他の場〉の連関体系を動揺させること，及び〈不安〉に対する2つの対処型（後述）が錯綜することによって青年が感じることになる「落ち着きのなさ」「ふらふらした感じ」を指すものである。

の自分のあり方を決定づけた過去の「跳躍」の記憶を呼び起こし，「これで間違いないんだ」という自信を取り戻すことによっても収まるものだが，一部の青年において不確かになっているのは，まさにかつての「跳躍」の妥当性である。〈不安〉や〈ゆらぎ〉を収めようと過去の記憶を呼び出せば呼び出すほど，あきらめたはずのかつての願望が活性化され，〈不安〉や〈ゆらぎ〉がますます増大してくる。そして，〈不安〉や〈ゆらぎ〉がある閾値を越えて大きくなるとともに，行き場を失った欲動が鬱積し始めると，主体はただただ欲動のエネルギーに翻弄されるだけになっていく（例えば，「進むべき道さえ決まればパワーはあるのに，それが見つからずに悶々とする」といった感覚は，この欲動の鬱積の徴候であろう）。これが，一部の青年が陥るアイデンティティ拡散状態である。

ただし，これに陥るか否かにかかわらず，主体が〈不安〉に対して何らかの対処——〈他者〉からの保証を求めたり，過去の「跳躍」の記憶を呼び起こしたりする他にもさまざまなものがあるだろうが——を迫られるのは間違いない。

(ⅲ) 〈不安〉に対する二つの対処法——〈不安直面型〉と〈不安回避型〉

過去の「跳躍」が今の自分のあり方をしっかりと基礎づけている青年，比較的〈ゆらぎ〉の少ない青年を除いて，かなり多くの青年がこうした〈不安〉に何とか対処することを迫られる。実は，ここで大きく分けて2つの対処型があることを認めなければならない[66]。

一つは，〈不安直面型〉である。名前の通り，この対処型は〈不安〉に真正面から向き合って，それがどこから生じてくるのかを見極め，その原因を何らかの仕方で根絶しようとするものである。この型の対処型をとる青年にとって，〈不安〉はその原因を未だ解消しきれていないことの何よ

---

*66 Case Study に登場する青年について言えば，須賀，坂口，間宮，私は〈不安直面型〉に，Case Study No.1に登場した川田と No.5で紹介する緑川は〈不安回避型〉に，一応分類できると思われる。ただし，以下に述べるようにこの両態度は一人の青年の中に並存しているものなので，明確に切り分けられるわけではない。

りの証左であり，これを何とか解消して，安定した自己を得ることが，彼らの目指すところとなる。彼らがしばしば想定しているのは，一貫した揺らぐことのない「本当の自分」であり，それを手に入れるためには，逆説的にもさらなる〈不安〉，さらなる〈ゆらぎ〉にすら耐えようとする準備がある。言い換えれば，内部の〈破壊性〉が自らを導こうとしている方向性が，苦しみや孤独に満ちた困難な道のりであるということをどこかで認知していつつも，「本当の自分」を目指すためにそれが不可避なものであると感じたならば，あえてそうした方向性──欲望や欲動の自然な動き──に身を委ねてみようとする企投性を，彼らは有しているのである。

そして，そんな彼らを導いているのは，大人社会に参入するに際して，もう一度しっかりとした「跳躍」をやり直そうとする志向性である。自らの〈破壊性〉によって多くのものを失うことになっても（あるいは，むしろそうすることによってこそ），自分にとって本当に大切なもの，これだけは間違いないというものを見出そうとしているのである。しかし，そうした志向性は，完全な〈何か〉を今こそ手に入れなければ気が済まないという幼児的万能感と結びつきやすい面があって，図らずも彼らは欲動の〈破壊性〉に巻き込まれていくことも多い[67]。言うなれば，さらなる苦しみや困難に身を投げ出していくような欲望に対する固執性が彼らの強さであるが，そこで目指されるものが往々にして幻想的なものになりやすいという恨みがある（しかし後で述べるように，いつも必ず幻想的だと言うわけでもない）。

もう一方は，〈不安回避型〉の対処であり，〈不安〉と直面することをできる限り避けようとするものである。この対処型をとる青年にとって，〈不安〉とは一時的，気分的なものであるはずであり，〈不安〉や〈ゆらぎ〉も，自分の力でどうにかできるものであるというよりは，仕方のないものである。彼らは，〈不安〉や〈ゆらぎ〉を食い止めるのではなく，むしろそれをあるがままにさせておく。そして，〈不安〉や〈ゆらぎ〉を感

---

*67 高まってくる〈破壊性〉に自ら身を委ねていこうとする彼らの性向と，〈破壊性〉がある閾値を越えたときについに氾濫を始め，主体を飲み込んでいく側面とが相乗作用をするときに，あの〈投げ出し‐投げ出され〉体験が引き起こされる。

じつつも，決して現実的な視点を見失わず，さまざまな具体的行動（生産的な行動から単なる憂さ晴らしまでを含めた）をとる中で得られる充足感や開放感によって〈不安〉の解消を図る。彼らは〈不安〉の根が自己の非本来的なあり方に由来するとか，だからその〈不安〉を解消するために「本当の自分」を見出さねばならないとかいったことは考えない。むしろ「本当の自分」などを探し求めて明らかに〈不安〉が高まるだろう状態に身をさらすことは，彼らにとってほとんど無謀な試みであり，そこに恐怖すら感じてしまうこともある。要するに，自らの内部の〈破壊性〉の高まりに対して，あくまで自己制止的，抑止的な態度をとるような，堅実な自己保守性を彼らは有しているのである。

そういった意味で，現実的かつ冷静な強さを有する彼らだが，逆の見方をすれば，〈不安〉や苦しみに自らを投げ出していってまで自分の欲望を見出そうとするような固執性には欠けるところがある。内部の〈不安〉と，現在の自分のあり方の問題との関連についてあまり悩み過ぎないようにすることで，自分のあり方が激変にさらされない（自分自身を変に「いじくりまわさない」）という強みはあるものの，反対に今の自分のあり方や欲望——自分が何を目指しているのか，本当にそれで良いのか——に強い確信を持つのには苦労する。したがって，目の前の〈不安〉を回避し得たとしても，そうした強い確信を要求される場面などに置かれると，ある種の弱さを露呈することも考えられる。

〈不安〉に対するこの2つの対処型を認めなければならない。なぜなら，この2つの態度の違いが，次に説明するようなアイデンティティ拡散への陥りやすさに影響してくると思われるからだ。ちょっとしたきっかけから深刻なアイデンティティ拡散へと至る青年，大いに揺らいでいるように見えるのに決してアイデンティティ拡散にまでは至らない青年がいる[68]ということを説明するには，この2つの態度を仮定することが不可欠なのである。

とは言うものの，この両者の態度は一人の青年の中に併存し得る。今，あたかも青年がどちらかの型に分けられるように論じたが，それはあくま

で相対的なものであり，どちらかと言えば〈不安直面型〉の傾向が強い青年，反対にどちらかと言えば〈不安回避型〉の傾向が強い青年，あるいは両者を半々ずつ使い分けている青年，といったことをイメージしてほしい。しかも，どちらの態度が優勢になるかは主体の欲望のあり方や置かれた状況と相関的であり，時と場合に応じて変化し得るものだろう。

ちなみに，ある青年がどちらの態度をより強く持つのかということに関しては，今の段階ではその人の生育史や過去における「跳躍」のあり方，周囲の環境といったものによって決まるだろうと言っておくぐらいしかできない。

(ⅳ) アイデンティティ拡散と2つの態度それぞれの親和性

さて，今〈不安直面型〉と〈不安回避型〉という2つの態度を導いたが，アイデンティティ拡散はこの2つのうちどちらの態度をとっていても起こり得る。〈不安直面型〉にしろ〈不安回避型〉にしろ，何とかして〈不安〉に対処しようとするその個人なりの努力であることに違いないわけだから，そこにはその態度をとろうとする主体の意志ないしは能動性がまだ確保されていると見ることができる。しかし，アイデンティティ拡散は，むしろ意志の統制が効かない欲動への巻き込まれであり，言わば〈不安〉に圧倒されることによって起こるのである。直面しようとしてもしきれないほどに，回避しようとしてもしきれないほどに，〈不安〉が鬱積してしまうのがアイデンティティ拡散である。

青年は2つの対処型を織り交ぜながら何とか〈不安〉に対処しようとするのだが，それによっても〈不安〉が増大し続ける状況というのを考えることができる。すなわち，過去の「跳躍」の記憶が主体に自信を取り戻さ

＊68 もちろん，本書の議論を共有しない研究者はこうした青年にも「アイデンティティ拡散」という名を当てはめることがあるかもしれないが，本書ではあくまでも次に述べるような「欲動への巻き込まれ」をもってアイデンティティ拡散状態と呼ぶことにし，主体化された欲望を何とか維持できている「混乱」と，欲動に突き動かされる〈否認〉状態とを区別する。

せることもなく，むしろかつての幼児的願望がどんどん活性化される一方，大人社会において今の欲望を存続させることを断念せざるを得なくなって，欲動の鬱積をどうすることもできなくなってしまうような状況である。逆に言えば，こうした欲動の一定以上の鬱積がなければ，（少なくとも本書の立場からは）アイデンティティ拡散とは認められない。

　ただ，上述の議論より，〈不安直面型〉の人たちがアイデンティティ拡散に対して親和的であることは明らかである。彼らは〈不安〉の原因を自らのあり方の非本来性として捉え，自らのあり方を刷新しようとする傾向を強く持っている。すなわち，ある程度の〈不安〉が生じると，まさにそこに「のめり込むように」して，自己の本来的なあり方を目指していくのが彼らであり，その作業の中でかつてあきらめたはずの願望をさらに掘り起こしてしまうと同時に，将来への連続性を自ら一旦断ち切ってしまい，自ら〈不安〉の多い状態へと突入していくこともしばしばである。〈不安〉に圧倒され，欲動に支配されるところまで至りやすいと考えられるのである。

　また，この型の人は，現実世界と自分とを一旦切り離してから，〈不安〉に向き合おうとすることがある。あたかも自分が行おうとする作業の困難さが分かっているかのように，今立ち止まっても生活に大きな支障がないだろうと思えるような時期に（そういう時期を自ら作り出したときにこそ），しばしば彼らは〈不安〉と向き合おうとするのである。これは Case Study No.3, No.4 で述べてきたような〈否認〉の態度にかなり近い態度である。もちろん，そうした〈不安直面型〉の対処法が功を奏し，より本来的なあり方を見出して再び現実に還っていくケースもあるのだろうが，その反対にそのままなし崩し的に欲動に巻き込まれ，本当に〈否認〉状態に陥ってしまうこともあると考えられる。

　こんなふうに見てくると，彼らがそもそも「本来的なあり方」などというものを目指していること自体が，すでにいささか幻想的（幼児的）であり，欲動に巻き込まれていることになるのではないかと考える人もいるかもしれない。しかし，私はやはり「本来的なあり方」を求める志向性自体

は必ずしも幼児的なものではないし，幻想的なものでもないという立場をとる。むしろ，〈不安直面型〉の人がしばしば持っている欲望に対する固執性というのは，その人自身の個性的な生き方にとっても，周囲の人たちとの関係性を営んでいく上でも非常に重要なものだろう。〈不安直面型〉の態度とアイデンティティ拡散状態との親和性が比較的高いのだとしても，いつも必ず両者が結びつくわけではない。すなわち，主体化された欲望を維持し，現実と接触を保ちながら，生じてくる〈不安〉に向き合うことを通じて，「本来的なあり方」を目指すことは可能なのである。

　一方，〈不安回避型〉の人はどうだろうか。彼らは〈破壊性〉に自らを委ねていくということがなく，常に現実的に行動するが，実際それで多くの〈不安〉は乗り越えられてしまう（あるいは忘れることができてしまう）場合が多いと考えられる。自分の意志で〈不安〉と向き合おうとせずとも，人は，常に無意識過程において〈不安〉の解決を少しずつ成し遂げているものだし，世の中現実的に行動しておれば「そうそう悪いことは続かない」ものだからである。したがって，この態度の強い人は，次の社会への参入に際して自らの欲望を完全に見失うほどにならない限り，そのまま何とかやっていけるものである。〈不安〉がある程度大きくなっても，アイデンティティ拡散にまでは至らない場合が多いと考えられるのである。

　ただし，過去の「跳躍」の失敗が足を引っ張るとき（病理的固着がある場合）や，欲望を「一から」組み替える必要がでてきた場合（環境の激変などによって）には，その限りではない。先行きの見えない圧倒的な〈不安〉を前に，「回避」という対処法が通じなくなるのである[69]。

　付言しておこう。

　私見では，この〈不安回避型〉の態度は現代モラトリアム社会に適応的である。「本当の自分」などにこだわらず，その場その場で現実的な判断を下していこうとするあり方は，まさにモラトリアム人間のあり方そのも

---

*69　こうしたケースにおいては自己企投を含む〈投げ出し－投げ出され〉体験というよりは，突然の受動的な〈投げ出され〉体験が生じるのかもしれない。

のであろう。流動的で，自分独自の強い信念を要求されることも少ない社会にあっては，せっかく一旦立ち止まり，大きな〈不安〉に耐えながら何とか「本当の自分」を見出したと思ったのも束の間，それがあまり意味をなさなかったり，かえって邪魔になったりする可能性もある。実際，頑固一徹よりは柔軟適応が，重厚よりは軽やかさが好ましく思われるような風潮もあり，いちいち〈不安〉に真正面から向き合っていたら「とてもではないがやっていけない」というのは確かであろう。ある意味，〈不安回避型〉の処理法を身につけることは，現代青年にとっての必須課題であるとさえ言えるのではないか。

　逆に，かつての大学闘争の時代，どのセクトに身を置き，どういった思想や方法を選択するのかといった問いを突きつけられ，自らの「主体的アイデンティティ」を確立することが声高に称揚されていた時代には，青年たちは嫌でもある程度までは〈不安直面型〉の態度をとることを余儀なくされたのかもしれない。小此木はそのときすでに日本社会のモラトリアム化を見抜いていたわけだが，少なくともタテマエの上では「あるべき自分」や「あるべき社会」への信仰——そうした「本当のもの」がどこかにあり，努力次第で実現可能なはずだという信仰——がまだ生きており，また転職も今ほど一般的ではない風潮——会社への就職が「一生もの」だと感じられるような雰囲気——の中で，青年が自己の本来的あり方とはいかなるものなのかを問い直すべく差し向けられる契機が多かったように見えるのである。

　青年が〈不安直面型〉と〈不安回避型〉のいずれの態度をとるかは，生活史や過去の「跳躍」のなされ方の他に，そうした時代背景によっても規定されているに違いない。

(ⅴ) アイデンティティ拡散における〈他者〉との関係——〈他者〉の〈否認〉

　ところで，欲動に巻き込まれた主体は，もはや自らの意志を越えた力によって，さらなる〈破壊性〉へと導かれていく。〈破壊性〉の矛先は何だっただろうか。クラインの乳児にとっての母親にしろ，エディプス・コ

ンプレックスの渦中にある男児にとっての父親にしろ，それは〈他者〉に向けられるのだった[70]。自分に離乳を突きつけてくる母親，母親との一体化を阻止する父親，つまりは「自分は愛される存在か否か」という問いを突きつけてきた〈他者〉に対する攻撃性，および〈他者〉が有している存在の保証を与える能力に対する羨望が，主体を突き動かすのである。さらにこのとき，離乳しなければならないとか，母親とは交われないといった現実を，主体が〈否認〉していることにも注意しておこう。〈他者〉への〈破壊性〉の発露は，出会われてきた現実——新たな〈他者〉との関係——を主体が引き受けきれないとき，つまりこれを〈否認〉するときに，起こる。だから，冷静な第三者の視点から見れば，〈他者〉に対する攻撃は必然的にいささか「現実離れ」した，「幻想的なもの」となる（もちろん，主体の視点から見ればその「幻想的なもの」こそが現実的なのだが）。〈他者〉への〈破壊性〉は，〈他者〉の〈否認〉なのである。

　第3章で述べた通り，青年期には，親や教師，親友や恋人，さらには社会を構成する他者たちなど，さまざまな人物が有している〈他者〉としての機能が問題になる。すなわち，ときに矛盾し合うようなことも言うさまざまな人物がいる中で，どの人物を自らの拠り所となるような〈他者〉として認め，どの人物を〈他者〉の位置から（一般他者の位置にまで）格下げするのか，それらの人物を自分の中でどう関連づけるのかといった問題に取り組まねばならないわけである。

　ところが，ここで主体が〈破壊性〉に巻き込まれていると，〈他者〉の

---

*70　これまでの議論では，〈他者〉は（鏡像）他者との〈破壊性〉に満ちた相克的関係を秩序だったものにし，他者への同一化を安定させるものとして説明してきたので，この言い方には戸惑われる読者がいるかもしれない。これについては，新たな現実との遭遇により〈他の場〉の秩序体系が変容し，それまでその秩序の体現者だったはずの〈他者〉から十分な存在の保証が得られなくなると，その〈他者〉は再び間主観的次元（想像的次元）の他者の位置にまで格下げされ，攻撃性や羨望の標的となるのだと理解していただきたい。Case Study No.4で見た坂口や私の「親」との格闘はその一例であるし，実は〈他の場〉の〈否認〉状態というのも，〈他の場〉が本来の超越的秩序としての機能を失って，想像的な攻撃対象となる現象のことなのである。

機能を持っているほとんどの相手と相克的関係に入ることになってしまう。主体は自分に存在の保証を与えてくれるような〈他者〉の能力そのものを羨望し，〈他者〉を自らの拠り所とすること，〈他者〉につき従うことを拒否する。その人物が現実にどんな人であるかは見えにくくなり，自らの幻想を重ねた「悪い〈他者〉」を，ときに空想的に，ときに実際に攻撃し，傷つけてしまう。結局，〈他者〉たちが織り成す一つの連関体系としての〈他の場〉，主体の世界を構成している〈他の場〉がその機能を失って，主体の行動と自他関係は安定性やまとまりを欠いたものになってしまう。

　一方，青年期には倫理，規範，理想，価値観，論理といったものも〈他者〉になっているのだが，これらに対しても同様のこと——羨望と攻撃——が起こる。

　具体的に見てみると，倫理や規範，理想，価値観，論理といったものに対する攻撃性は，まずそれら一切を〈否認〉するという形で現れる。Ａという規範をＢという倫理に照らして〈否認〉し，Ｃという価値観はＤという理想によって，Ｅという倫理はＦの論理でもって〈否認〉する，といった具合なのである。ところが，そのようなアナーキーさばかりに目を奪われると，もう一つの重要な側面を見落とすことになる。すなわち，羨望に取り憑かれた青年にとって，それらは自分に存在証明を与えてくれる絶対的な力を有しているようにも感じられているのである。全ての倫理や理想の汚点，弱点を見抜いてしまいながら，それでもより高邁な倫理，理想を貪欲に求め，また，全ての論理を別の論理で突き崩しながら，より完全な論理を求めていく。そうした究極の〈何か〉を求めつつ，それによって自己の存在を保証されることを願うような極めて理想主義的な一面もまた，その青年には存するのである。

　このように，倫理や規範，価値観，論理といったものとの一見理性的な格闘の背後にあるのは，実は〈他者〉が有する絶対的能力への羨望と攻撃性であり，こうした欲動に巻き込まれている状態にあっては，主体は自らの意志によってこの思考をやめることができなくなってしまっている[71]。結果的に，〈他の場〉を構成する言語的なものの連関体系は本来の超越的

秩序としての機能を失っていき，世界における出来事の「意味」は極めて流動的で，一貫しないものになってしまうのである。

　最後に，こうした諸々の〈他者〉との相克的関係は，自分がこれから大人社会に参入していかねばならないという現実の〈否認〉と同時的に起こっている。主体は，大人社会への参入を前に一旦立ち止まり，これを幾分幻想的な仕方で攻撃している。自分のことなど歯牙にもかけないかのような巨大な社会を前に，どうしたら社会から欲される存在としてそこに参入していけるのかに思い悩み，より確実な存在の保証──まだ社会に参入していない以上，それは原理的にあり得ないのだが──を求める。あるいは，現実の社会がどうあるかにかかわらず，本来自らが享受すべき幸福や利益，快楽などを掠め取っていくものとして，社会の「悪い」面がクローズアップされ，これを徹底的に批判し尽くしてしまおうとする。こうして「悪いもの」となっていく社会にますます参入し難くなる一方で，それでも自らの存在意義は社会の中でしか確かめられないというジレンマにさいなまれつつ，そこを一気に乗り越えるためのさらに完全な〈何か〉へと強迫的に駆り立てられていくのである。

　以上が欲動論的観点から見た〈他の場〉の〈否認〉状態，すなわちアイデンティティ拡散状態の全貌である。〈破壊性〉に巻き込まれた主体は，〈他者〉との相克的関係にしても，完全な〈何か〉への強迫にしても，言わば通常の意味での現実とは異なる時空を（「幻想的なもの」の次元を）生きている。そして，それは〈破壊性〉が行き着くところまで行き着いて，主体がその完全な〈何か〉をあきらめざるを得なくなる時点まで続く。しかし，そのような〈主体固有の時間〉を経てこそ，主体は欲動に翻弄される

---

*71　ただし，このように言うからといって，青年の社会批判や理屈っぽい論理，新しい価値観などが全て幻想的で意味がないものだというわけではもちろんない。欲動に突き動かされて物事の悪い面が過度に強調され，良い面が過度に理想化される嫌いがあるのは事実だとしても，その物事に確かにそのような側面があるということもまた否定できない場合が多いからである。大人社会は，そうした青年からの「純粋な」指摘を大切にしながら，改めるべき点は改めていく必要がある。

ばかりではない，新たなる欲望の主体として再出発できるのであり，マクロに見れば，大人社会でもやっていけるようなそうした新たな（主体化された）欲望を再設立するためにこそ，従来の〈他の場〉，従来の欲望を打ち壊すための〈破壊性〉が必要だったということが明らかになるだろう。そういう意味において，〈破壊性〉がもたらす〈不安〉や〈ゆらぎ〉，それが高じた場合のアイデンティティ拡散状態など，どれをとっても必ずしも否定的なものとは言えない側面を持つ。それらはそれぞれの主体が一人ひとり異なる独創的な仕方で潜り抜けていく，その主体にとっての必然なのである。

Case Study No.5　混乱しながらも〈否認〉状態に至らない青年[72]

　青年期というのは実に多種多様である。本書ではその中でも特に，世界の「どこでもないような場所」とでも言うべき不思議な時空に〈投げ出し‐投げ出され〉，ある種の「幻想的なもの」との格闘へと導かれていった青年たちのアイデンティティ拡散体験に焦点を当ててきた。しかし，何度か指摘してきたように，必ずしも全ての青年がそうした根深い拡散状態にまで陥るわけではない。Case Study No.1で見た川田のように，主体と〈他の場〉との〈再認〉関係が極めて強固で，それ以前に作り上げてきた世界がほとんど動揺しない青年と，須賀や坂口，間宮，私のように欲動の波に飲まれて自分の意志では一歩も進めなくなる〈否認〉の苦しみを経験する青年を両極とする中間領域に，さまざまな〈ゆらぎ〉や〈不安〉を感じつつも，一定の自律性と現実世界との接触を保ったまま自分なりの模索と努力を続け，混乱した〈他の場〉に収まりをつけていく青年が相当数いると思われるのである。
　〈他の場〉が一定程度混乱しながらも〈否認〉にまでは至らない多くの青年たちが一体どのようなあり方をしており，青年期という時期をどのように潜り抜けていくのか。このCase Studyでは，緑川という女性協力者との「語り合い」を紹介しながら，その一例を示してみたい。アイデンティティ拡散体験の解明をまずは目標としてきた本書では，必ずしも十分な一般的青年期論を展開することはできなかったが，この問題に対して少なくともどのような枠組みで臨もうとしているかを示すことによって，今後の展望を切り開くとともに，これまで行ってきた議論が青年期のどの領域をカバーするものなのかをより明確にすることができるだろう。

＊72　このCase Study No.5は大倉（2002c）を本書の議論に合うよう要約，加筆修正したものである。

第4章 青年性とは何か

今回新たに取り上げる友人協力者（名前は仮名。年齢，身分は調査開始当時のもの）。
・緑川優子（女　24歳　就職1年目）

（1）緑川との出会い
　私が友人の友人だった緑川に出会ったのは，大学2回生のときだった。彼女は私と同学年だったが，周りと比べると落ち着いた感じの女性で，賑やかなその場の会話に静かに参加していたのを覚えている。学部が違っていたこともあり，とりたてて頻繁にというわけではなかったが，それから，ときどき仲間うちでの飲み会などで顔を合わせるようになった。一見，大人っぽくて物静かなイメージだったが，何回か会ううちに，実は結構よく喋る，気取らない彼女の性格を知るようにもなっていった。そして，そんな遠くもなく近くもないつき合いは，お互い学部を卒業するまで続いた。
　それからしばらく経った頃だったと思う，彼女が某県の機関でカウンセラーになったと，人づてに聞いた。私の方は大学院に進んで心理学を専攻していたのだが，そんなとき彼女が自分と近しい分野で職に就いたということを聞いたのは，ちょっとした驚きだった。というのも，私の知る限り，彼女は学部時代，確か心理学とは違った分野を専攻していたはずだったからだ。普段はそう顔を合わせることもなく，ましてや二人きりで語り合ったことなどなかった彼女だったが，自分と似たような分野に関わっている人ならやりやすいかもしれないという直感と，幾分かの親近感や好奇心を覚え，私は思いきって彼女に調査協力を依頼してみた。彼女は快く了承してくれ，こうして彼女との「語り合い」が始まったのだった。

（2）初回の語りから
　初回，彼女にこれまでの経緯を，思いつくままに語ってもらった。

> 語り21　病気というもの　緑川（就職1ヶ月）
> （緑川）まあ，大学を卒業して，就職したわけですけど，で，今行ってるところは，カウンセリングの施設で。それで，初めは全くそんなつもりなかったんだけど，もともと外国に興味があったから，そっち方面のことでいろいろ仕事しようと思ってたけど，卒論で精神障がいの人の施設のことやって，それが私の中ですごくインパクトがあって，それで精神障がい者のことにもだいぶ興味を持ち始めて。その施設がすごく居心地が良かったのと……〈中略〉……，で，そこでたまたま来たお話で，先生に声をかけてもらって，今のところに，まあ勤めてます。で，うーん，まあそうやって今，なんか，一応「精神病」って言われる人たちと毎日接して，仕事してるわけやけど，こう，自分が何をやりたいとか，自分がどうしてこれに興味を持っているとかっていうのはまだ全然分かんなくて，ただなんとなくの流れでここまで行き着いたから，今からどうなるかも分からなくて……。ほんで，もともとそういう精神病とかに興味がなかったわけじゃなくて，やっぱり自分の，自分の父親がもともとね，……〈中略〉……なんか，鬱気味の人やったから，病院こそ行ってなかったけど，多分そういう感

じの病気やったと思うんよ。ほんで，それが高じたのかしらんけど，今，あれ，アルツハイマーになってしまって……。で，結構病気やっていうことが，すごい，病気っていうことについて考えることがすごい多くなって，実はお兄ちゃんも鬱病みたいになってて，なんか，病気に関わっていることによって，自分も分かってくるんじゃないかなっていう，そういう気持ちもあったんやけど……。

　思考の流れをそのまま言葉にするように，彼女は語っていった。
　高校のとき毎日の生活が退屈で，日本から逃げ出したい気持ち半分，外国への興味半分で留学したこと。そこで，日本がすごく恋しくなって，自分はやっぱり日本にすごく「縛られて」いると思ったこと。家族の「専制君主」だった父親が「すごい教育パパ」で，その期待に沿うために，一生懸命受験勉強をし，父親の「夢」だった「一流大学」に入ったこと。大学に入って「一生懸命勉強するぞ」と思っていたけれど，全くやる気が出なくなって，アルバイトをしたり，「ふらふら」するだけになってしまったこと。それまでの専攻分野にも「それほど興味がないんじゃないか」と思い出したら，結局自分が何をしたいのかが分からなくなってしまったこと。そんなとき，男の人に頼ってしまって，一度彼氏ができると他のことを何も考えられなくなる状態になったこと。4回生のときには，安定していて自分の好きなこともできる公務員の試験を受けたが，それに失敗したこと。一つだけ，ある民間会社から内定をもらったが，その後に今の仕事の話が出てきて，すごく迷った結果，今から思えば「父親の面倒を見る大変さを避けたいというのも」あり，結局は実家から離れた今の職場を選んだこと。好き勝手をやってばかりいた父親の背後で，家計を支え，子どもの世話もし，さらに今，病気の父親の面倒を一人で見ている母親のこと。

＊＊＊

　私は，こうした彼女の来歴を聴きながら，一言も口を挟まなかった。挟めなかったのかもしれない。彼女は誰に話しかけるともなく，とめどもなく語りつないでいった。私が最初に，思いつくままを言葉にしてほしいと伝えたのも大きかったのだろうが，彼女はあたかも精神分析の「自由連想」をするかのように語り続けた。他の友人たちのときには，同じような教示をしても，しばらくすると私の方に話しかけてきたり，言葉に詰まったりするのが普通だったが，彼女は違っていた。そして，決して平穏無事とは思えない半生を語っているというのに，彼女の口調はあまりに淡々としていて，そこにどんな感情が動いているのかを容易につかみ取ることはできなかった。また，随所に折り込まれる自己分析——「『大学に行きたい』というのは，父親の期待に応えるために作り上げた思い込みだった」「男の人に頼ることでしか自分の存在を確かめられない」「父親の面倒を見るのが嫌だというのもあった」「相手につまらない奴だと思われるのが恐くて，自分の悩みを人に話せない」など——は，自らの負の部分も過不足なく開示する，たいへん冷静な視点からなされていた。彼女がカウンセラーだったからだろうか，それともそんな彼女だからカウンセラーになったのだろうか。ともかく，私はそうした自己分析について，それ以上のことを尋ねられなかった。

＊＊＊

　ここまでの語りの字面だけを見ると，一見彼女もまたこれまでに見てきた3人の友人たちと同様の体験をしたかのようにも見える。実際，当初は私もそうした想定のもとに彼女の語りを聴いていた。

　3人の友人と私自身が経験した世界の「どこでもないような場所」での「立ち止まり」。他人から見れば立ち止まる前と後で何が変わったというわけでもないのだろうが——そして本書で明らかにしてきたような激しい内的プロセスの存在とその意味を理解する前は，自分でもその変化が何であるかを言葉にできなかったわけだが——，少なくとも私たち自身の実感としては，やはりあの体験がその後の生き方を大きく規定するような重要性を持っているという感覚が確かにあった。そして，だからこそ私たちはとても熱っぽくあのアイデンティティ拡散体験を語り合えたのだと思う。

　ところが，緑川の語りは何か異質だった。確かに彼女も大学時代に自分は何がやりたいのか分からなくなったというし，高校時代の留学経験を語る言葉の端々からは，彼女が当時から「自分の居場所はどこにあるのか？」といったアイデンティティの問いを，漠然と感じていたのではないかということも匂ってくる。親のこと，異性とのこと，アイデンティティ問題とは切り離せないそうした問題も，彼女は開示してくれている。けれど，そうしたことをあまりに淡々と，冷静かつ適確に言語化していく彼女の語りは，逆に言えば，それゆえにこそ違和感を生じさせた。一言で言えば，他の3人の友人たちのような，アイデンティティ問題に対する「熱っぽさ」のようなものが，彼女の語りにはなかったのである。

　あえて言うならば，私や3人の友人たちの青年期の中心にあったのは，やはり職業的アイデンティティの問題だったと思う。「自分は何者か？」と悩み始め，たいへん苦しい思いをする青年期中期。その問題にこれといった解答を導いたわけでもなく，自分の何が変わったということも明確には言語化できないのだが，その一方で，やはり一つの道をある程度の覚悟とともに選び取ることができるようになり，そこに確かに自分は落ち着いてきたなという実感も伴われる青年期後期。そんな枠組みでもって彼女の「青年期」を取り押さえようとしたとき，私は戸惑ったのだ——一体彼女はアイデンティティ問題をどう潜り抜けたのだろう？　いや，今の彼女はこれを（すでに）潜り抜けたと言えるのだろうか？

　一番の問題は，彼女がかなり思いきった就職をしたという事実をどう捉えるかということだった。私や3人の友人の場合，これからいかなる職業に就いて，いかなる生き方をしていくのかということが見えなくて，それが留年や浪人という形での「立ち止まり」につながっていた。私たちの苦悩とは，有意義でやりがいのある職業を懸命に模索するのに，それがどうしても見つからないという苦悩であり，そこからの抜け出しとは，必ずしも明確な解答を得るわけではないにせよ，「何がしたいのか？」という問いの渦に一応の収まりをつけ，ある一つの道を「まあ，これでいいか」と引き受けられるようになっていく過程だった。ところが，彼女は今でも「本当は何がしたいのか？」という問いをかなり強く感じているように見える。そして，それにもかかわらず，そこで進め

なくなるわけでもない。
　そもそも「本当は自分は何がしたいのか？」を問う志向性は，多かれ少なかれ自らの願望や意志に対する確信のなさから出てくるものであり，「自分は○○になる」という決意を鈍らせる方向に働くはずである。それなのに彼女はどうして動いたのか。動けたのか。それを尋ねる私に，彼女は「考え続けたら，ああ，このまま発狂するわっていう恐れがあって」と謎めいたことを言った。「自分は何をしたいのか？」を思慮深く問う一方で，今まで考えたことすらなかった職業へ思い切り良く飛び込んでいく。両極端とも言えるこの2つの態度がどうして併存し得るのか，私の経験からは，それがなかなか分からなかった。

（3）彼女と私の同質性，異質性
　はじめは訳も分からず飛び込んだ仕事だったが，彼女は行きつ戻りつしながら，徐々にそこに身を浸していった。仕事に対する彼女の思いを時系列で見てみよう。

> 仕事に対する思い
> （就職3ヶ月後の語り）
> 「今の仕事を3年間やって，次，何したらいいんやっていうのが全く分からへん」「なんか3年経ったら，大学院戻って，勉強して資格取る，それを決めてたんや。でも『それもなあ』と思い始めて，今，分からん状態やね」
> （就職6ヶ月後の語り）
> 「6ヶ月経って，何か分からない部分が増えてきたっていうか」「自分は専門的な観点から，自分の見方を言えないから，自分の未熟さっていうのがすごい嫌で，私はここで何のために働いてんのやろとか，思うふうになってきたかなあ」
> （就職17ヶ月後の語り）
> （「3年経ったら全く違う方向に行くんじゃなかった？」と問いかけると）「前のとき？　前のときはね，うーん，はっきりしてなかったんだと思う，方向とか。だから，自分でも今の仕事に対して何をしてるのかっていうのが分からなかったし，していきたいのかっていう気持ちも分からへんから，もっと可能性があるんちゃうかって，他のところにも？　でも，今は別に『どれをやっても結局一緒やわ』と思うようになった」

　「語り合い」を始める前は，他の友人たちと比べて幾分縁遠かった彼女だが，回を重ねるうちに，初回のようなぎこちなさは薄れていき，彼女の独白的な語りは，徐々に私との自然な対話へと変化していった。そんな中で，私は，彼女の問いの立て方が「本当は自分は何がしたいのか？」というものから，「今の仕事の中で，自分に何ができるのか？」というものへと，ゆっくり置き換わっていくのを感じていた。もちろん，彼女が今やっている仕事に完全に満足できるようになったとか，一生この仕事でやっていく覚悟を決めたなどというのは言いすぎだろう。私もあの拡散状態から抜け出して，一応大

学院に進学し，研究職というものを目指すようになっていったわけだけれど，それでも当初はどういう研究をしていこうかとか，これが本当に自分の進むべき道なのかということは，しばしば考えた。〈否認〉状態を抜け出して「この方向性でいいかな」と思えるようになったとしても，そして実際に就職をしたとしてもアイデンティティの問いはなくなりはしない。エリクソンも言うように，恐らくそれは生涯続くものなのだろう。

ただ，それでも，人がもうすでに社会の中の一つの職業と具体的に関わりを持ち始め，それによって周りから「○○として」（例えば私の場合「研究者として」）見られるようになってくるにつれて，恐らくそれ以外の道を新たに目指し始めるのがより困難（「億劫」と言った方が良いかもしれない）になってくるのは確かである。私の場合は，今すでに自分が身を置いている研究職という世界の中で，あるいはその周辺で，「自分に何ができるのか？」を問うていかざるを得ないし，実際そうやって私が「研究者」であることはさらに動かし難い「前提」――全ての思考の出発点，ないしは〈他の場〉の中心的要素――になっていくのだろう。彼女との「語り合い」の当時からすでにそんなことを感じ始めていた私は，彼女もまた，やっていることがそのまま「自分」になっていくという，似たようなプロセスを進んでいるのだと思った。

しかし，私と彼女が同じようなプロセスを進んでいったのだということが正しいとしても，一体，職業選択の際に見られた両者の態度の明らかな差異は何を意味するのだろうか。結局は，同じような流れに沿って何となく目指した職業を「自分のもの」としてきた私たちだが，そこに乗っかる以前には，つまり各々が通り抜けてきた青年期には，何か決定的な差異があったのではないか……。

だいぶ2人きりでの「語り合い」に慣れてはきたものの，私はいつも彼女に対して「分かるようで分からないような」感じを抱き続けた。もちろん，彼女はある意味では他の友人たち以上に率直に，いろいろなことを語ってくれるのだが，それを語り出してくる視点というのが，たいていあの自己分析的な視点であり，そう語る彼女自身が一体どんな感情でもって語っているのかは，やはり依然としてつかみにくいことが多かった。「～と思っている」という言い方を「～と思い込んでいる」へと，「～と納得して」という言い方を「～と自分を納得させて」へと言い換えるのが彼女の特徴だったが，それがまた今彼女自身がどこにいるのかをぼやけさせて，何かもどかしかった。「自分は絶対～だと思う」といった執着をあまり見せない彼女，「自分は男性依存だ」ということをも淡々と語ってしまう彼女は，何となく頼りなく，ふらふらした感じがすると同時に，どこか凛としていて，語りの内容がどうであれ，言わば決して「弱み」や「甘え」を見せなかったのである。

＊＊＊

こうして，私は彼女に対してある種の「分からなさ」を感じ続けたのだが，しかしある日，私は彼女の感情がいつになく動いたような，そんな感じを受けたことがある。

語り22　お母さんを安心させたかった　緑川（就職8ヶ月）
（緑川）結局就職するときって誰でもそうやろうけど，未知の世界なんやろうな，就

職するときっていうのは……。それでもお金のために就職せなあかんと思ってたから……〈中略〉……。
（私）わりと，あれやん，今の仕事見つけたのが大学のさ，もう4回生も後半になってぐらいやん？
（緑川）うんうん，真ん中ぐらい……。
（私）で，それまでは漠然と，まあ，国際的なことで……。
（緑川）そうそうそう。自分は日本で生まれて育ってるし，なんかこう，つなげるものができたらって漠然と思ってた。
（私）なんかこう，働かなきゃいけないっていうのは大前提なん？
（緑川）うん，それは大前提。
（私）それは大前提なんや……。ふうん……。フリーターとかあるやん？
（緑川）やっぱりねえ，それはねえ，お母さんを安心させたかったのが一番よ……。
（私）ああ……，そう？
（緑川）やっぱり家族の中に一人ぐらい堅気がおらなっていう（笑）。

　動いたのは彼女の感情だったのか，それとも私の感情だったのか，よく分からない。でも，「お母さんを安心させたかった」という彼女の言葉，いつになく情感豊かな彼女の言葉に，私は「ああ，そうだったのか」とそれまでになく事情を飲み込めたような気がした。同時に「家族の中に一人ぐらい堅気がおらな」という彼女の苦笑は，解答の出ないことが薄々分かっている哲学的な難問にあえて徹底的に取り組もうと思えるだけの時間的・経済的・社会的な「ゆとり」を享受してきた私には，何だかとても堪えるものだった。
　将来自分が何になるべきかを模索していた浪人の頃，私にとって一番の問題は，自分が何らかの職業に就くということの「必然性」を，いかにして作り出すかということだった。勉強するなり何なりして，とにもかくにも前に進まねばならないという「必然性」は確かにあったはずなのだが，私はどこかでそれを〈否認〉していた。自分がどんな職に就いたとしても，そこに何の「必然性」もないように感じられて，「世界を旅する一生なんていうのも悪くはないな」などと考えたりしていた。親のことなどは二の次で，とにかく自分にとってどんな生き方が納得できるかということだけが，私の関心事だった。いや，むしろ，恐らくは親に負うところが大きいそれまでの価値観をあえて棚上げして，自分独自の道を一から探り直していくところにこそ，自分が本当の意味で「親離れ」をしていく可能性を求めていたという方が正確だろう。しかし逆に，それによって，私は何に対しても価値を見出せない状態に陥ってしまい，結果的には浪人という形で親に「甘える」ことにもなってしまったのだった。
　ところが，彼女の場合，働かねばならないという「必然性」は決して〈否認〉されなかったのだと思う。私と同じように「自分は何がしたいのか？」をずっと問いながらも，「何かにはならねばならない」という最低限度の「必然性」だけは失われなかったのだと思う。そして，だからこそ，その「必然性」に従って就職してからも，彼女は依然「本当は何がしたいのか？」という問いを抱き続けてもいたのではないか。この問いに

巻き込まれ，身動きが取れなくなったときに初めて，「この問いは，ある意味不可能な問いだ。今はとにかく前に進まねばならない」ということに思い当たった私とは違って，彼女は何よりも先に「前に進んだ」がゆえに，この問いは別のところにそのままの強度で残存していたのではないか。

　「お母さんを安心させたかった」という言葉から私が感じたのは，単に当時の家庭の状況が厳しくて，立ち止まることは許されなかったといったことだけではない。彼女は次のように語ったことがある。

「何言っても昔やったら，何言っても文句で返されるし，なんか逆らえへんていう感じのお父さんやったし，親しくできるようなお父さんじゃなかったけど，最近そういう病気になってからは，まあ，そういう病気の特徴なんやろうけど，感情鈍磨になってて，怒りもそんなに出さへん，話しやすい『いいおじいさん』っていう感じで……」
「自分の人生を生きたことがないから，お母さんは。結婚してまあ，さんざん苦労してきて，父親が生活力のない人やったからお母さんがお金の面でも支えてきたし，子育てもせなあかんかったから。どの親でもそうやろうけど，子どもが二十歳になるまでは自分の時間ないやろうし，私らが大きくなるまで何にもできなかったから，せめて私らが大きくなってからは，何かしてほしいっていうのもあるけど，今，今度はお父さんの面倒見なきゃいけないし……」

　彼女との「語り合い」の中でいつも見え隠れしていたテーマ，それは父親のことだった。家族の「専制君主」でよく反発もした父親。好き勝手ばかりやって家族を振り回したけれど，母親も含めて皆何となく頼りにするところもあった父親。その父親が，病気で「話しやすい『いいおじいさん』」になってしまうということ。彼女は，そんな父親の話をこそ実に淡々と語った。多分，それは彼女自身，今，父親に対してどんな感情を持っていけば良いのか分からなかったからではないか。今まで持っていた価値観を全て〈否認〉することで，何とか親の影響から逃れようとした私とは対照的に，暗黙のうちに彼女の行動の軸となっていたように見える父親の存在が，現実的に急速に薄れてしまった戸惑いが，いつも彼女の語りの背後にあったように思う。そして，だからこそ，何が何でも就職し，母親とともに家族を支えようとしなければ，それこそ「自分」の全てが崩壊してしまうような不安感があった，そういうことではなかったか。
　「やっぱりねえ，それはねえ，お母さんを安心させたかったのが一番よ……」。いつになく訴えかけるような調子を帯びていた彼女の言葉に，私はそれまで今一つリアリティを感じることのできなかった彼女という存在者の生の迫力を，少しだけ感じ取れた気がした。同時に，そんな状況を苦笑という形で表現してしまう彼女と，「なぜアイデンティティ問題をそれほど淡々と語れるのか？」という「熱っぽい」問いの立て方をしてしまう私との違いの大きさに，一人ひとりの青年の多様な生のありようを取り押さえていくことの難しさを改めて感じたのだった。

(4) 理論的考察

　須賀や坂口，間宮の語りに対しては「ああ，分かる，分かる」と大いに共鳴しつつ耳を傾けていた私だが，一見とても似たようなことを語る緑川に対しては，逆に何か共感しきれないものが彼女の世界にあるように感じていた。そんな「共感しきれなさ」を，逆に分析の材料にして，何とか彼女の生きる世界に迫ろうとした事例である。

　すでに述べたように，アイデンティティ問題の奥底には，〈他の場〉の基盤にある「親」といかなる距離をとるかというテーマがある。私や3人の友人の場合，それは，何とか「親」の影響から逃れようとする〈否認〉という形をとったわけだが，緑川の場合は，今まさにそうした志向性が芽生え始めたときに，「専制君主」だった父親が現実的にその影響力を失ってしまったという事態が，相当の空虚感を彼女に与え，それを埋めようとしたのが就職という行為だったようにも見える。もし彼女の父親がずっと健康であったらどうなっていただろうか。その場合には，それこそまさに「専制君主」のような父親の期待に懸命に応えようとしてきた半生を省みて，そんな父親の影響を脱するために〈否認〉の渦の中に自ら巻き込まれていったのだろうか。あるいは逆に，そんな父親の伴侶として「自分の人生を生きたことがない」母親にどこかで同一化しつつ，父親と同様に自分を引っ張ってくれるような何かに身を任せていったのだろうか[73]。それは誰にも分からないが，私が長い格闘の末，ついに「哀れな親」のイメージを形作り，それに突き動かされたのと似た状況が，彼女においては現実問題として先取り的に生じてしまったようにも見えるのである。

　このように見てくると，私や3人の友人が〈他の場〉を〈否認〉するベクトルを強め，一時的な神経症的状態に陥っていった背景には，そうした「立ち止まり」が可能な状況であったということがかなり重要な前提条件としてあったのではないかということが見えてくる。留年をした3人の友人も，浪人生でありながら全く勉強をしなかった私も，卒業や入試といったタイムリミットをあえて度外視し――それはとても〈不安〉なことだ――，全てを一から考え直そうとしたという点で，〈不安直面型〉の傾向を多分に持っていたと言える。ところが，そうやって〈不安〉に直面していこうとする志向性は，やはり時間的・経済的・社会的にそうするだけの「ゆとり」があるという安心感や，どうしてもギリギリのところでブレーキがかかるだろうという自分自身への信頼感が基盤にあってこそ発揮されるものなのだろう。仮にその基盤を欠いていたならば，私たちもより〈不安〉の高い状態にあえて身を浸していこうとはしなかったのかもしれない。

　また，そうは言うものの，私たちがいつも必ず〈不安直面型〉の行動パターンをとっていたわけではないことは明らかだ。拡散状態の中でしばしば友達と飲みに行ったり，異性を求めたりしたのは，それによってほんのひと時でも根深い苦しみを忘れようとす

＊73　語り21において，彼女が精神障がいを抱える人々と父親を同一視しているのは興味深い。というのも，彼女は今まさにそうした人々に奉仕する（つき従う）仕事に就いているからである。一方で，「父親の面倒を見る大変さを避けたい」という理由で実家から離れて暮らそうとするなど，彼女は両親と非常に微妙な距離をとっていたように見える。

る〈不安回避型〉の行動であったことは間違いないし，そもそも卒業して訳も分からないまま社会に参入していくことへの〈不安〉や，ただただ受験戦争の波に飲まれていくことへの〈不安〉を引き受け切れなかったがゆえに（それを回避するために），私たちは〈否認〉の態度を強めていったのだと言えるかもしれない。そのように考えると，〈不安直面型〉の青年においても〈不安回避型〉の行動傾向というのは見られるものであり，両者は〈不安〉を何とか軽減していこうとするそもそもは同一の志向性の表裏二側面なのではないかと思われる。

　一方，「このまま考え続けたら，発狂するわっていう恐れがあって」という言葉に端的に現れているように，緑川というのは「考え過ぎる」ことの危険性によく気づいている人だった。自分があれこれ考え過ぎているなと感じたときには，外にジョギングをしに行ったりして，ともかく気分を変え，無理にでも思考をストップさせてしまうのだという。生来そうした対処法をとる人だったのか，それとも置かれた現実的状況がそのような「発狂」の〈不安〉を生じさせるものだったのかは定かではないが，彼女はどちらかと言えば〈不安回避型〉の行動傾向が強かったと言える。そして，それゆえに「自分は一体どういった方向性に進むべきか」という点に関してかなり大きな〈ゆらぎ〉（〈他の場〉の混乱）を経験しながらも，〈否認〉状態にまで至ることはなかったのだと思われる。いろいろと迷いながらも，4年で卒業をして「お母さんを安心させたい」という〈他の場〉の重要要素だけは固守されたのである。

　ただし，彼女の場合もやはり〈不安回避型〉の側面だけを持ち合わせていたわけではない。というのも，目指していた公務員の試験に落ち，将来に対して抱いていたイメージ（〈居住自己〉）がかなり崩れたときに，それまで考えもしなかった現在の職種——彼女にとってほとんど未知の世界——に飛び込むだけの「思い切り」を彼女は有していたからだ。この「思い切り」は，将来に対する〈不安〉に対して一旦立ち止まり，それを回避しようとした3人の友人や私には決定的に欠けていたものである。緑川はその〈不安〉に対してはまさに〈不安直面型〉の行動をとったわけである。

　このように，一人の青年において〈不安直面型〉の傾向と〈不安回避型〉の傾向は絶えず並存している。したがって，重要なのはその青年がどのような不安をどのようにして引き受け，どのような不安をどのようにして回避しようとしているかを見定めていくことである。恐らく，そこにこそ必ずしも〈否認〉状態にまで至らない青年も含めたさまざまな青年のあり方を視野に入れた，より包括的な青年期論を構築していくためのヒントがある。そして，その分析の際に，〈不安直面型〉と〈不安回避型〉という2つの行動傾向を表す概念は役に立つだろう。

　ともあれ，以上のように，〈他の場〉の混乱の程度が大きくなれば，いつも必ず〈否認〉状態にまで至るというわけではない。諸々の条件（主体生来の傾向や現実的状況等）によって，差し当たり〈不安回避型〉の行動パターンをとるよう余儀なくされる場合には，例えば緑川のように，人は〈他の場〉の何らかの要素に「しがみつく」ことで〈不安〉を軽減しようとすることがあると考えられる。その一方で，仮に〈他の場〉の混乱の程度がそれほど大きくなくても，諸々の条件が主体に〈不安直面型〉の行動傾向

をとらせることによって，〈他の場〉の諸要素の一からの見直し（〈否認〉）が進み，そのことが結果的にさらなる混乱を招いていくこともあるだろう（すでに何度か指摘してきた混乱と〈否認〉の循環が始まるわけである）。
　〈否認〉や〈再認〉といった概念のみではなかなか理解することが難しかった，〈他の場〉の混乱が大きいにもかかわらず〈否認〉状態にまで至らない青年がいるのはなぜなのかという問題や，〈再認〉状態がほとんど揺らがない青年がどんなふうに〈不安〉を処理しているのかという問題に対して，〈不安直面型〉の行動と〈不安回避型〉の行動といった作業概念を用いながら，さらに分析を深めていくことが今後の課題であろう。

第5章 「語り合い」の方法論

A) 従来のインタビュー法

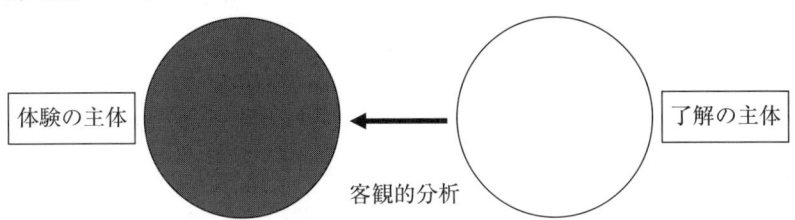

体験の主体 ← 了解の主体

客観的分析

B)「語り合い」法

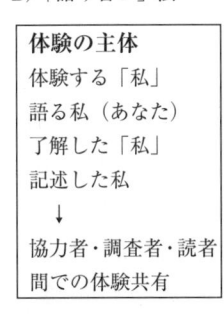

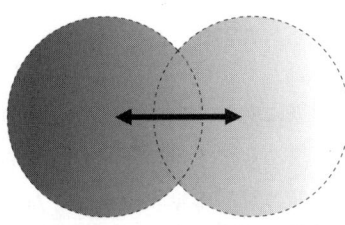

体験の主体
体験する「私」
語る私（あなた）
了解した「私」
記述した私
↓
協力者・調査者・読者
間での体験共有

往復運動による協働的模索・構築

了解の主体
了解する＜私＞
聞くあなた（私）
記述する＜私＞
読むあなた
↓
協力者・調査者・読者
間での了解共有

　前章までで青年期アイデンティティ問題についての考察は一区切りとし，本章では「語り合い」の方法論について論じる。本章の肝は，仮に私自身が協力者であった場合に，＜私＞が（幾分他者的な視点から）「私」自身の体験を了解するということと，調査者である「あなた」がある態度のもとで「私」の体験を了解するということとが原理的に同一の事態になり得るのだというアイデア，およびそれに基づいた議論展開にある。従来のインタビュー法（物語論的アプローチを含む）は協力者という「体験の主体」と調査者という「了解の主体」とを切り分け，後者が前者の語りを客観的視点から分析することを推奨してきたわけだが，むしろこの両者が切り分けられないものであるからこそ，協力者の私の体験は調査者であるあなたによってきちんと了解され，記述されることが可能になる。問題はそこに至るまでのプロセスである。
　まず，＜私＞が「私」の体験を了解し，言語化するとはいかなることか。言語とは何であり，私（協力者）の言わんとしていることをその私（協力者）の視点から了解するために，あなた（調査者）はどのような態度をとらねばならないのか。翻って私が調査者の立場に立ったとき，「語り合い」の現場で協力者の体験を了解したという体験を，どのようなものとして了解し，記述していったら良いのか。本章ではそうした非常に原理的な問題について，「体験の主体-了解の主体」関係を協力者自身の中に見たり，協力者と調査者のあいだに見たり，研究者自身の中に見たり，記述者と読者のあいだに見たりしながら，徘徊するように議論していく。

第4章までの議論によって，青年期のアイデンティティ問題とはいかなるものなのか，また青年期とはどんな時期なのかについて，本書の見解を一通り示したことになるが，まだ一つ議論しておくべき重要な問題が残っている。それはCase Studyにおいて用いてきた「語り合い」という方法――従来の心理学研究には見られない新たな方法――が，いかなる意味で心理学的方法として正当化され得るのかという問題である。
　すでにお気づきの通り，「語り合い」法では，研究者である「私」が現場で感じた事柄や一生活者として経験した事柄を積極的に記述し，それをも分析の材料にしていく（というより，ある意味では協力者の語りの字面以上に，「私」が感じた事柄が中心的な材料となることも多い）。これは，「研究者たるものは自らの主観を排して，中立的かつ客観的な視点から，淡々と事象を記述しなければならない」というような従来の客観主義的な観察法・インタビュー法などとは相当に異なる方法である。もちろん，本書の立場からはむしろ「語り合い」法こそが本当の意味で客観的で，事象に忠実な記述であること――協力者との対話の生き生きとした様相を蘇らせ，協力者の人となりを最もよく伝える方法であること[74]――を主張したいのだが，それが本当に説得力を持って心理学の世界に迎えられるためには相当多くの議論が必要になってくる。そのためには，従来暗黙のうちに信じられていた事柄を一つひとつ検討し直して，従来とは相当異なる知の集積の仕方を模索していかねばならないのである。
　この第5章では，そうした非常に困難な道のりの起点となるような原論を組み立てていくことにする。誰が読んでも「語り合い」法の方法論について明快に理解できるといったようなものにはまだならないだろうが，それでもこの方法が心理学的方法として成立するためにはおおよそどんな問題群に取り組んでいかねばならないのかといったことについては，多少の見通しを立てることができるかもしれない。いずれはここでの考察を踏ま

＊74　5つのCase Studyを通じて，読者にそのことを多少なりとも感じていただいているといいのだが。

えで，より具体的な方法論へと落とし込んでいかねばならないだろうが[75]，その準備段階としてそもそも「語り合い」法は何故に必要になってきたのか，言葉とは何か，人が人を分かるとはどういうことか，「客観」とは何かといった諸々の難問について，今できる限りの思索を進めていくことにしたい。

1 「語り合い」法が必要になってきた理由

まず，第1章で提起したいくつかの問いのうち，私の問題意識を最も凝縮した形で言い表していたものをもう一度見ておこう。

問い5：アイデンティティとは，そもそも，一体何であるのか。青年は，今という時を，どのように生きているのだろうか。

従来のアイデンティティ研究は，未だアイデンティティの意味を十分に解明してはいない。その多義的な側面や，それと関わる錯綜した問題群，その複雑な構造の一端については，第1，2章で見た通りである。しかし，従来のアイデンティティ・ステイタス研究や統計的実証研究は，まずアイデンティティを操作的に定義するところから始まる。それは，ある青年がどうやらアイデンティティ拡散状態にあるらしいとか，逆に達成しているように見えるとか，あるいはアイデンティティと何らかの心理特性とが関係しているということを明らかにしはするが（そして，それはさまざまな問題を提起したりして，それなりの成果を挙げてはきたが），そうした方向性のみによってはアイデンティティが何であるかということそれ自体を解明することは困難である。

さらに，それらの研究はどうしても研究者側がある概念的枠組みないしはカテゴリーを用意しておき，そこに多くの青年たちを位置づけていくという方向性，つまりは，本来さまざまな要素群が分割不可能な形で結びつ

---

[75] 大倉（2008）においてより具体的な議論を行っているので，そちらも参照のこと。

いた，有機的なつながりの中で成立している人間存在の全体的なありようを，研究者が用意した何らかの概念に還元していくという方向性を持つがゆえに，そこから一人の人間の全体像を構成するということがしにくくなってしまう。もちろん，ある理論が実際どれだけ多くの青年たちに当てはまるのかを調べていく作業は不可欠だが，それは，実際に生を送っている一人の青年において，そこで用いられている諸概念がどういった有機的連関をなしているかを調査していく作業と並行して行われなければならない。後者の作業は，また，アイデンティティがどのように変容していくのかを「丸ごと」（ステイタスからステイタスへの移行といった，断片的な形でではなく）捉えることにもなるだろう。

　こうして，西平直 (1993) が言うように，アイデンティティの定義を先送りにして（というのも，その「意味」が分からない以上，「定義」できないからであるが），「生きた現実との往復運動の中に自らを住み込ませるための場」，青年たちが「生きている世界を丸ごと捉えるための，より正確には，彼らとの関係の中に住み込むための手掛かりとして」，アイデンティティという語を柔らかく用いていくという方向性が有力になってくる。

　一方，臨床的研究はクライエントを「治療」するという要請のもとに，やはり従来からの精神分析学ないしは自我心理学の概念を用いて，クライエントのあり方を「説明」する傾向が強い。アイデンティティには自我心理学的な「機能」としての側面と，人間の生のアクチュアリティを語るための「意味」としての側面があるが，多くの臨床的研究で語られるアイデンティティはやはり「健全な自我機能」としての側面が強調され，後者の側面が取り落とされてしまう。また，そこで際立ってくるのはやはり一人の青年の「患者」としての側面，何らかの治療すべき心理的問題を抱えた「患者」としての側面であり，実際に彼が青年期をどう生きているのかということに関しては，やはりもう一つ伝わってこない感は否めない。アイデンティティ・ステイタス研究や統計的実証研究と並んで，あるいはそれ以上に豊かな知見をもたらしてきた臨床的研究であるが，その点に若干の不満が残る。

私の考える方向性――アイデンティティという語を柔らかく捉えておいて，それを実際の事例の中で用いることを通じて，その「意味」を再考していくという方向性――で言えば，伝記的・歴史的研究が最も有力な手法として浮かび上がるが，現代社会を生きるごく平凡な青年たちのアイデンティティ問題を照らし出そうとするときに，そうした方法をとることは難しい。むしろ，西平直（1998）がしてみせたように，今を生きる一人の青年との出会いを通して，彼が送る青年期に素朴に「つきあってみる」ような方法が有力であろう。

　こうした理由から，私は「語り合い」法という方法を試みた。すなわち，今を生きる一人の青年に，一切の学問的枠組みを一度保留して，素朴につきあってみるという方法，実験や半構造化面接など研究者の側が用意した枠組みに青年をつきあわせるのではなく，むしろこちらが青年の生きる現実に住み込んでみる方法，彼ないしは彼女といろいろなことを「語り合ってみる」という方法をとったのである。そうする中で，彼ないしは彼女にとってのアイデンティティ問題とは何であるのかということを考え，またアイデンティティとはそもそも何なのかを考えていく。さらに，彼らの生を「説明」してしまうのではなく，彼らが今生きている現実(アクチュアリティ)のありようはどんなものなのかを「描き出す」こと，彼らの内面生活に少しでも迫ること，それを目指したのである。

　ただし，西平が言うように，そうした作業は「フィクション」の創出であって，学問ではないという意見が根強く残っている。私見では，アイデンティティにはそもそも「機能」としての側面と同時に，人間の生のアクチュアリティを語るための「意味」としての側面があるが，特に後者の側面を語っていこうとするときに，「私が見た彼のありよう」や「私にとっての彼という存在者の意味」を描き出していくことがどうしても必要になってくる。したがって，決してそれが「フィクション」ではないのだということを示すための，あるいはそれが実際に「フィクション」になってしまわないための，方法論的裏づけが必要である[76]。ある人のことを知るために，その人に話を聴くという方向性自体は間違っていないだろうから，

あとはどうやって話を聴き、どうやってそれを記述していくかという点が問題になってくる。本章は、その問題の、特に根幹部分について議論するものである。

2　物語論的(ナラティブ)アプローチとの比較

　近年、物語論的(ナラティブ)アプローチという方法が登場し、注目されつつある（やまだ，2000；やまだ・サトウ・南，2001）。例えば、やまだは「物語」というものを次のように定義している。"私たちは、外在化された行動 (behavior) や事件の総和として存在しているのではなく、一瞬ごとに変化する日々の行動を構成し、秩序づけ、「経験」として組織し、それを意味づけながら生きています。経験の組織化 (organization of experience)、そして、それを意味づける「意味の行為」(acts of meaning) が「物語」と呼ばれるものになります"（やまだ，2000, p.5）。もう少し付け足すと、私たちは絶えず自己を「物語る」ことによって、その「物語」の主人公としての自己を組織化しているのであり、自己の変容とはすなわち自己を「物語る」その仕方の変容、自己の「物語」の変容である（矢野，2000）。したがって、人間の生を理解するためには、「外在化された行動や事件の総和」を追うだけではなく、むしろそれらがどのように組織化され、意味づけられるか、どのような「物語」の中に組み込まれるかということを追究する必要がある。物語論的(ナラティブ)アプローチの基本的立場とは、大体そういったものであると言えよう。

　こうした考え方が、私が今考えようとしている方向性、すなわちアイデンティティの「機能」としての側面だけでなくその「意味」的側面を何とか記述していこうとする方向性と、大きく重なってくることは明白だろう。

---

*76　もちろん、西平が自分の研究はあくまで一つの「心象風景」にすぎず、それを「フィクション」であると言うならばそれはそれで良い。しかし、少なくとも「語り合い」法においては「私が見た彼のありよう」を記述していくこと自体は決して「フィクション」などではないし、むしろ大いに必要な作業であるということが、本章を通じて示されるだろう。

第5章 「語り合い」の方法論

「外在化された行動や事件の総和」から人間の生を「説明」していこうとしていた従来の心理学に対する一つのアンチテーゼとして、人がそれらをどう意味づけていくか、どのような物語を生み出すのかという側面にこそ注目していこうとする物語論と、さまざまな外的・内的環境条件に規定されているものとしての人間存在が、その規定をどのように生きているのかということ、人間の生の現実性ないしは「意味」をこそアイデンティティという概念によって語っていこうとする私の立場には、かなり似通ったものがある。特に、私が「語り合い」という方法によって、言わば協力者の「物語」を聴き取っていこうとするというのであれば、なおさらだろう。

しかしながら、私のやろうとしていることは、やはり物語論の立場とは微妙にずれているかもしれないということを、予め断っておきたい。

まず、物語論はまさにその名の通り、協力者の語る「物語」にこそ焦点を当てようとする。もう少し言えば、物語論は「人間の生ないし自己とは、物語である」というすでに用意された前提にしたがって、「物語」の意味やその変容を追究することが、そのまま人間の生や自己のありよう（およびその変容）の理解につながると考え、実際にさまざまな「物語」を提示していく。それに対して、私が焦点化したいのは、むしろやはりそれを語る協力者のありようであり、その変容である。物語論からすれば、「同じことではないか」ということになるかもしれないが、私は必ずしも「人間の生ないし自己とは、物語である」という前提を共有してはいない。もう少し言えば、「物語」を提示することのみによって、そこに協力者の生き生きとしたありようが浮かび上がるとは、必ずしも考えていない。私が向かおうとするのは、協力者それ自体であって、彼の語る「物語」ではない。端的に、私はさまざまな心の動きを有する一人の「私」として、協力者の存在それ自体に触れようとするのであって、彼の語る「物語」以上の何かをそこに感じたいのである。

私が生の現実性ないしは「意味」と呼んでいるものは、語られる「物語」の「意味」であると同時に、語られない「物語」の「意味」でもある。

上で，私が物語論とは必ずしもその前提を共有しないと述べたことと矛盾するようだが，私の考え方からしても，私たちが自己をある「物語」の主人公として組織化しているということは，恐らく正しい。しかし，である。しかし，その「物語」全てを，例えば私という一人の生活者が誰か他の研究者に調査されるとして，果たして物語れるものだろうか。一生懸命整合的な「物語」を語ろうとしてみても，「いや，そうじゃないかもしれない」とか「そういうことにしておこう」とか，そうしたさまざまな思いが働くのが自然ではなかろうか。そして，そんなつじつまの合わない部分も含めた「物語」，だからこそ言葉にはし尽くせない豊穣さを備えた「物語」をこそ，私は生きているのではなかろうか。私が語る「物語」は，私が生きている「物語」の断片である。逆に，私が「語り合い」の調査者として協力者に臨むときには，そこで彼が語る以上の「物語」を何とか読み取ろうとしなければならないだろう。

　ところが，そうやって物語論との異質性を強調しようとするときに，そうしきれない理由がある。つまり，自身を物語論的アプローチ（ナラティブ）と称する一部の研究の中には，確かに研究者の「私」が協力者の存在そのものに触れて，そこでのさまざまな「思い」の交流を描き出しているような研究，単に協力者が語った「物語」の変容過程を提示したり考察したりするにとどまらずに，むしろそれを語った協力者そのもののありようやそれを聴き取っていた研究者のありようを伝えてくれるような研究が，実際いくつか見られるからである。そうした研究は，私の考えようとする方向性の中でも，大きな示唆を与えてくれる。

　どうしてこのような事態（混乱）が起こってくるのかと言えば，それは恐らく物語論的（ナラティブ）アプローチの枠内で，協力者の「物語」を聴き取り分析するのは誰なのかという問題，協力者の「物語」をさらに「物語化」して記述する記述主体の問題が曖昧になっているからだと考えられる。協力者の「物語」には斯々然々の「意味」があった，といったことを，その「意味」を読み取る研究者側の「物語」の問題を抜きにして果たして語れるものだろうか。研究者は，予め用意しておいた枠組み（学知の「物語」）にした

がって，協力者の「物語」を読み取ってはいないだろうか。研究者は，自身が持つ生活者としての「物語」にしたがって，協力者の「物語」を読み取ってはいないだろうか。総じて，研究者は，協力者が生きている「物語」の「意味」を，果たして適確に捉え得ているだろうか。

　実は，こうした問題に自覚的である物語論的アプローチ(ナラティブ)は，私の方向性と大きく重なってくることになる。例えば，ナラティブ・セラピーの枠内では，クライエントの「物語」に対して，治療者側が一切の既成の枠組みを排す「無知」の態度（野村，1999）で臨まなければならないといったことが言われていたり，治療者の「物語」にクライエントのそれを無理に当てはめてしまう「物語的潤滑化」（森岡，1999）への注意が促されていたりと，私の方法論にとっても極めて示唆的な考え方が提起されているように思う。

　ともあれ，私は私なりに「一から」出発してみることにしよう。相当難解で困難な議論もあるだろうが――しかも，この方法が発展途上にあるという理由から，それは完全に整理された形にはまだなっていないが――，以上のような基本的スタンスがあることを念頭に読み進めていただければ，読者の方にも多少はついていきやすくなるのではないかと思う。

3　「語り合い」法がまず第一に目指す了解について

　「語り合い」法は，端的に，協力者を了解しようとする方法である。しかし，一口に協力者を了解すると言っても，例えば「彼はいい奴だ」というのも一つの了解であろうし，「彼はアイデンティティ拡散状態で，自分で自分がよく分からなくなっている」といったややアカデミックな了解もある。あるいはまた，ある事柄に対する彼の怒りは「よく分かる」というのを了解（共感とも言うだろうが）と呼ぶこともあるだろう。しかし，私と彼との共鳴が非常に進んで，私自身も真剣にその事柄に対して「彼と一緒になって怒る」というところまで行くと，これは微妙で，むしろ彼への同一化などと言った方が良いのかもしれない（同一化によってより一層見えてくるものと，かえって見えなくなるものがあるだろう）。

さて，では私が協力者を了解すると言うとき，それはどんな意味において「了解する」ことなのだろうか。
　結論から言うことにしよう。通常，私たちは日常の生活世界を「無我夢中」で生きている。もちろん，そこには「嬉しさに我を忘れる」「美しさに目を奪われる」といったいわゆる「忘我的」ないしは「即自的」な体験もあれば，「私とは何なのか」とか「私はどう行動すれば良いのか」とかいった「対自的」な体験もあるのだが，そうした体験全てに言えることとして，私たちは「無我夢中」で生きているのである。実際，忘我的に生きているときはもちろんのこと，対自的に「私はどう行動すれば良いのか」などといった問いを生きているときにも，通常私たちは，「私はどう行動すれば良いのか」と私が考えているのはどういうことか，という問いの立て方まではしないものである。こうした問いの立て方は，まさに学者や研究者のそれであって，現実生活においてそれを生業としている人たちを除いて，それ以外の人の日常生活に組み込まれていることはほとんどない（もちろん例外はあるにしても）。
　ところが，そんな「無我夢中」の生を送っている私たちが，ときどき優れた学者や研究者の言説に触れるとき，それが見事に私たちの生の様相だとか存在のあり方だとかを言い当てていて，「そうそう，確かにそうだなあ」と納得し感心することがある。つまり，「無我夢中」にさまざまな体験や感覚，「思い」といったものを生きていた私たちが，その言説によって「自分が何を生きているか」に目を開かれるような瞬間がときどきある。もちろん反対に，「ふうん，学問の世界から見ればそうなるのか」とか「あまり自分には関係ないな」などといった程度の理解に終わってしまう場合もある。後者の場合，読み手である私たちの力量が足りないという可能性と，その言説自体がそもそも何か違ったものを指向している可能性とが考えられるが，ともかく，私が一人の研究者として，できることなら生み出したいと思うような言説は，前者である。だから，端的に，私が協力者を了解することを目指すと言うとき，まずそれは協力者をして「そうそう，確かにそうだなあ」と言わせるような記述を可能にするような了解を

目指すということである。非常に直感的な物言いではあるが，このことは押さえておかねばならない。

4 体験を言葉にすることの困難と，それでも言葉が体験を伝え得る可能性について

「そうそう，確かにそうだなあ」――この言葉は，その言説によって，私が自分の生や体験をさらによく了解できたときに生じる。言わばその言説が，私が自分の生や体験について有している了解を，さらに一歩先まで進めてくれたのである。したがって，まずは，私が自分の生や体験を了解しているとはそもそもどういうことか，というところから始めなければならない。

例えば，深夜，今こうして一人で書き物をしているとき，私が感じるこの孤独。晩秋の底冷えが身体を包み，薄暗い部屋の電燈と無機質なワープロの明かりだけが，私の顔を照らしている。窓の外を見れば車も人もなく，世界中がしんと静まり返っているかのようだ。煙草臭い6畳ばかりの和室には，飲み終えた空のペットボトルや，書棚から引っぱりだされた無数の書物が散乱している。筆は思うように進まず，締め切りまでの時を刻む時計の音と，「これじゃ間に合わない」という声がやけに耳につく……。

見ての通り，これは私が今さっき一瞬ばかり「無我夢中」に生きた孤独感のありようを，他ならぬ私自身が記述したものである。トートロジーだが，一応私にとって「そうそう，そうなんだ」というものになっている。もし，上の記述を誰か他の人がなしたのだとしても，私はつい先ほどまで自分が生きていたこの孤独感を思い起こさずにはおれないだろう。つまり，この記述は，私が自らの体験を了解しているその仕方と，ある程度「合致」しているのである。

「語り合い」の方法論的問題は，次の点に要約されるだろう。

私が調査者となって「語り合い」に臨むとき，協力者の体験世界を上と同じような形で，すなわちその人が「そうそう，そうなんだ」と思えるような形で記述するためには，まず何よりも私がその人の体験世界を了解し

ていなければならない。それはいかにして可能になるのか。

　この問題は換言すれば次の問題に置き換えられる。私は今，自分が体験した孤独感を（「語り合い」における協力者のように）語ったわけだが，果たしてその孤独感のありようは，読者（調査者）にどれほどまで伝わったのか。もし，多少なりとも伝わったのだとすれば，それは何によって可能になったと考えるべきか。

　後者の問題から考えることにしよう。これを考えていくときに，まず気をつけねばならないのは，自分の体験した孤独感を語る私自身にとっても，この孤独感は曰く言い難いものであるということである。そもそも私が先ほど感じた孤独感というのは，厳密に言えば，これまで私が体験してきたどの孤独感とも微妙に異なる，たった一回きりの経験であるはずである。また，私以外の他の人が同じような状況に置かれ，同じように孤独感を感じたのだと言ったとしても，やはり私の孤独感とその人の孤独感はわずかに（あるいは大きく）ずれているはずである。こうした，私という固有の人間が，ある一回的な状況に置かれた中で感じた個別特殊的な孤独感を，言葉という公共物によって語るということ。ここには，主体固有の独特の体験を，多くの人に共有される言葉という道具を用いて再現することの，原理的な困難があるのである。

　では，その困難があるにもかかわらず，ある程度までは私の孤独感を読者に伝えることが可能になるのは，なぜなのか。この点については，独自の身体論に基づいて，言語行為をも一つの「所作」と捉えるメルロ＝ポンティ（Merleau-Ponty, 1945/1967, 1945/1974）の言語観が有効な示唆を与えてくれる。

　例えば，私は他者が怒っているのを了解することができるが，それは何も「その人の所作の背後に怒りという感情があって，その所作はその感情の表現であるに違いない」などと類推することによって可能になっているわけではない。そうではなく，怒りの所作は怒りそのものであり，私は怒りをその所作そのものの中に読み取っている。言わば，それは直に相手の指向を伝えてくるのである。

言葉も同様であるとメルロ＝ポンティは言う。言葉とは単にそれと対応する一義的な意味や概念を指示するための記号などではない。私は，言葉によって今まで全く知らなかった意味や概念を理解することができるが，そのためにいつも辞書を引くわけではない。つまり，その言葉が指示する何かを予め知っていなければその言葉を理解できないわけでは決してない。むしろ，言葉それ自体にそれが指示する独特の意味——一般的に共有されている辞書的意味とは限らない——，すなわち言葉を語る主体の指向対象や"彼の目指す〈世界〉"（Merleau-Ponty, 1945/1967, p.301）を運んでくる力能があるのだと言わなければならない。

　もちろん，相手の指向のこうした了解が可能になるためには，私と相手双方にある程度共通の地盤がなければならない。それはやはり言葉の一般的・常識的意味体系や，過去の表現行為の集積など，文化や二者関係に共通の言語世界である。言葉の意味とは，その言葉がこの共通の言語世界を使いこなす仕方であり，それゆえにこそ，その言葉自体は，そうした共通の言語世界を乗り越えていく可能性を秘めているのである[77]。

　私が私の孤独感を，言葉というものによって読者に伝え得るとすれば，まさにこの可能性を認める他はないように思う。私の部屋の様子や，周囲の雰囲気，私自身の焦燥と不安を織りまぜながら描いた上の孤独感の記述は，まさに言葉一つひとつ，あるいは情景一つひとつの私独自の組み合わせ方，使いこなし方によって，その個別特殊性をある程度までは再現できるようになるのだと言える。読者もまた，最初に与えられた「孤独」という言葉に刺激を受けて，自らの孤独体験と引き比べながら，記述者である私がその独特な言葉の用い方によって一体どんなことを言わんとしているのか，徐々に的を絞っていけるのだろう。

　さまざまな問題に関する議論はまだ始まったばかりであるが，一番の基

＊77　ソシュール的に言うと，言語の公共的・辞書的・一般的意味体系（ラング）も，実は絶えざる言語活動（ランガージュ）によって構築されているのであり，それゆえランガージュは原則としてラングに従う一方で，ラングを超える意味や用法を生み出し得るのだということになる（Saussure, 1949/1972；丸山，1981, 1987）。

本として，言葉によって相手の体験世界を了解するということの可能性は，こうした点にこそ認められるべきだろう．

5 言葉の記号的側面（シニフィアン）と意味的側面（シニフィエ）の関係

さて，批判的に読まれる読者であれば，上のような考え方がちょっとした矛盾を抱えていることに気づかれるだろう．上の議論に従えば，私が自らの内に先ほど生きた孤独感の体験を有しており，それを読者に伝えるために，日本文化共通の言語世界を私独自のやり方で使いこなしながら，何とかそれを表現し得たのだということになる．ところが，そうした，言語の指示対象や意味（私の孤独体験）と言語の記号的側面とを切り分ける考え方をこそ，メルロ＝ポンティは排したのではなかったか．怒りの所作が，単に怒りという感情的実体の「表向きの」表現であるというよりも，むしろそれがそのまま怒りそのものであるからこそ，私たちはそこから怒りを感じ取ることができるのだと彼は言う．そのことを敷衍すれば，私の言葉が単に孤独感を指示する何らかの記号であるというよりも，むしろ孤独感そのものを何らかの形で体現しているのでなければならない[78]．

もう少し詳しくメルロ＝ポンティの説明を見てみよう．彼は次のように言う（Merleau-Ponty, 1945/1967）．

所作の了解とは，他者の所作と私の内的可能性との相互性，もっと言えば，私の側のある行為（能動性）との相互性があったときにのみ起こる．

[*78] 私と他者とのあいだに安易に「共通の言語世界」があることを仮定してしまうと，「それをうまく使いこなして私の体験の個別特殊性を表現する」というときの「個別特殊性」はせいぜい常識的な意味の組み合わせに過ぎなくなってしまう．そうした考え方は実のところ，言葉は意味を表す一義的な記号であると考えるような古典的な言語観が陥っていたような罠，言葉は常に既存の意味を乗り越え，新たな「共通の言語世界」を作り出していくという事実を説明できないという罠に再び陥っているのではなかろうか．つまり，それでは「語は意味を持つ」とメルロ＝ポンティが述べたことの真意に反することになってしまうのではないかというのが，以下の議論の骨子である．

他者の所作は，ある指向対象を「点描によって描き出して」おり，私の身体の能力がその対象に調節され，それと重なるときにのみ，他者の意図が十全に了解される。まずもって，私は私の身体によってこそ，他者を了解するのである。

言語的所作も他の全ての所作と同じく，おのれ自らその意味を描き出している。ただし，言語的所作の場合，他の所作と違うのは，指向対象が所作と同時に与えられるわけではないという点にある。他の身体的所作の場合は，自然的世界の中にある指向対象を少なくとも「点描」することができる。ところが，言語的所作においては，それが目指すのは一つの精神的風景であって，これははじめから各人に与えられたものではなく，むしろその伝達こそが言語的所作の指向だからである。けれども，言語的所作の場合，自然が与えなかったものを，代わって文化がこれを提供している。手持ちの意味，過去の表現行為の集積が，語る主体たちのあいだに一つの共通世界を確立している。そして，言葉の意味とは，その言葉が共通の言語世界を使いこなす仕方なのである……。

こうしたメルロ＝ポンティの言説をどのように受け取るべきか。まず，自然の中にある指向対象を2つの身体が互いの所作を交わらせながら共有し得るように，共通の言語世界の中にある指向対象を2人の語る主体たちが互いに言語的所作を交わらせながら共有していくのだ，といったふうに理解するのでは十分ではないだろう。それだと，2人のあいだに未だ共有されていない精神的風景がどうして伝達可能になるのかといったことは全く理解できないからである。「語り合い」で問題になる言語活動というのは，すでに共有されている諸対象の中から相手の指向しているものを選び出すといった作業ではなく，むしろその諸対象の共有自体を作り出していく作業である。

そもそも，言語的所作において，他の所作の場合のようには自然が与えなかったもの，すなわち各主体がその上で所作をなすような共通の地盤を，代わりに文化が提供しているのだということを予め前提してしまって良いものだろうか。なるほど，確かに先ほど私は「孤独」という言葉を用いて，

一回きりの独自の体験を記述したし，読者もそれをある程度までは了解しただろう。それが可能になったのは読者と私のあいだで「孤独」という言葉の意味が共有されていたからだ，というのは一見もっともな説明である。

しかし，実際のところ，その意味は本当に同じものであったのだろうか。すなわち，読者が「孤独」という言葉によって思い起こす意味と，私のそれとが食い違っている可能性はないのだろうか。あるいは，逆にもし全く同じ「孤独」の意味が共有されていたのだとしたら，私がそこにいくら言葉——それらも共有された意味の集まりだろう——を付け加えてみても，結局それは最初から共有されていた意味の「亜種」「アレンジ」「組み合わせ」にすぎないのであって，本当に一回きりの私の孤独体験の個別特殊性を表現するものにはならないのではなかろうか。結局，予め文化的に共有された言葉をシニフィアン（記号的側面）として，私の独自の孤独体験というシニフィエ（意味的側面）を表せるのだと言わんばかりのメルロ＝ポンティの説明は，そのシニフィアンが同じものとして共有されている保証はどこにもないという点においても，また公共的なシニフィアンがなぜ全く独特の個別特殊的なシニフィエを表せるのかが十分説明されないという点においても，まだ不十分なものに留まっているのではなかろうか。そもそも，彼はシニフィアンとシニフィエがそのような形では切り分けられないのだということを言おうとしたのではなかったのか。むしろ，次のように考えたらどうだろうか。すなわち，「語り合い」の現場において，もし私が調査者として協力者の語りを聴く立場に立たされたら，協力者が用いている言葉（シニフィアン）が果たして私の用いるそれと同じものなのか否かも，またそれらを使いこなして協力者が言わんとしていることの中身（シニフィエ）も，全く不確定のところから——私の前に示されるのは全てが謎のシニフィアンばかりだというところから——始めねばならないのだ，と。

メルロ＝ポンティは「語は意味を持つ」とはっきりと述べている（Merleau-Ponty, 1945/1967）。あるいは"言葉は一つの真の所作であって，所作がその意味を内に含んでいるように，言葉もまたその意味を内に含んでいる

のだ。意志伝達が可能になるのもこのためである"(Merleau-Ponty, 1945/1969, p.301)とも述べている。要するに，文化的な約束事としてシニフィアンとシニフィエのあいだの一対一の結びつきが決められているとでも言うようなラベル論的言語観を乗り越えて，シニフィアンそのものがその都度独特のシニフィエを運んでくるのだというのが彼の主張であった。

　しかし，今私たちは，それを次のように言い換えなければならない。「言葉（シニフィアン）と言葉（シニフィアン）との連結が，ある意味（シニフィエ）を暗示する」のだ，と。「言葉は意味をその内に含んで」はいない。言葉（シニフィアン）にとって意味（シニフィエ）とは常に外部的なものである。

　もちろん，そう言うからと言って，私は，語とは一義的な意味を指すための記号であるという素朴なラベル論的言語観に立ち戻ろうというのではない。そうではなく，もっと徹底的な形で，「言葉は意味を持たない」。意味は，言葉と言葉とがつながれたその隙間からにじみ出てくる。一見したところ，それは一般的・一義的な意味に収まりきらないような個別特殊的な意味を，言葉が運んでいるかのようにも見える。だが，本当のところは，言葉の内部に意味が抱え込まれているのではなく，言葉にとっては外部的な意味を，言葉と言葉の連結が暗示しているということなのである。

　そういう視点から，もう一度メルロ＝ポンティの説明を振り返ってみよう。そうすると，彼は必ずしも間違ったことを言っているわけではないということが見えてくる。というのも，彼は「言葉の意味とは，その言葉（シニフィアン）がこの共通の言語世界（シニフィアン）を使いこなす仕方である」とはっきりと述べているのだから。言葉それ自体が意味を持つのではなく，むしろ，言葉と言葉がいかに連結されるかという動的側面（所作）の方にこそ，私たちは（そこに暗示された）意味を見て取るのである。

　したがって，次のことが帰結する——すなわち，意味はいつも暗示的に開示される。

6 「語り合い」は「共通の言語世界」を作り上げる作業である

　先の孤独感の記述について言えば，私は私の孤独体験を暗示することができるのみである。私の言葉は，その意味（孤独体験）にまでは，「決して届かない」。このことが明らかになった今，読者は次のような不安にとらわれるのではないだろうか。つまり，「筆者（私）の孤独体験に対して自分が有している了解の仕方は，果たして正しいものなのだろうか」という不安である。そして，私もまた同様に「自分の行った記述は，果たして読者に正しく了解されたのだろうか」と常に不安に思っている。

　前項での議論を踏まえて言えば，原理的にこの不安は決して完全には解消され得ない。それがどれほど丁寧な記述であっても，私はあくまで言葉によって私の体験を記述する他ないわけだし，読者はあくまでそこに暗示された（と読者が思った）ような何かでもって，自分の了解を形作るしかないからである。

　さらに，先に述べたことを繰り返すと，この不安は次のような事実によっても増長されるだろう。すなわち，それは，私と読者がそれぞれ有している言語世界は，それが日本語であるという最低限度の共通性を除いては，何一つ共通性を持たないかもしれないという事実である。「孤独」という言葉に関しても，私の思うそれと読者の思うそれとがどれほどずれているのかを確かめる術はない。私が私の思う「共通の言語世界」を，私独自の体験を表現するために独自のやり方で使いこなすのだとしても，そもそもその「共通の言語世界」が読者の思うそれと大いに異なっている可能性は否定できない。そんな中で，私が暗示しようとしたものと，読者が了解したものとが一致するとしたら，それは何によるのだろうか。

　極めて平凡な結論であるかもしれないが，それは私と読者とがより多く「語り合う」ことによるしかない。本当は，先の7行ばかりの記述によって，私の孤独感の全貌を明らかにしようなどという試み自体がそもそも無謀なのであって，もし本気でそうするつもりなら，私は私の孤独感をめ

ぐってもっと読者と語り合わねばならないのだ。この「語り合い」は2つのことを結果する。

　一つは，私の孤独感を言い当てようとするさまざまな言葉が紡ぎ出されてくることによって，それが私の言語体系（世界）のどこに位置づけられ，どのような質を持っているのか，読者の方で徐々に的を絞れてくるということである。言い換えれば，私と読者とのあいだにあった単なる「日本語という点でのみ共通な言語体系」が，読者と私に共有されるこの紙面の上にさまざまな言葉が投げ入れられることによって，「より緻密な共通性を備えた言語体系」へと書き換えられていくのである。

　もう一つ重要なことは，私が言葉と言葉とをつなぐその仕方，すなわち言語的所作のあるパターンが，何度も繰り返されることによって，徐々に読者にとって馴染んだものになっていくだろうということである。先に述べたように，言葉にとっては本来外部的なものであるその意味（孤独体験）を最終的に伝えるのは，言葉と言葉をつなぐ所作の中から浮かび上がる暗示の効果である。私と読者とのあいだにどれほど緻密な「共通の言語世界」が編み上げられようとも，それを使いこなす私独自の仕方に慣れ親しんでいないのであれば，読者はその暗示を十全に受け取ることはできない。メルロ＝ポンティは，"他者の言葉を発動させた彼の意味的指向は，はっきりと顕在化した思惟ではなくて，充足されることを求めているある一つの欠如態であったが，それとまったく同じように，この指向を捉える私の作用の方も，私の思惟の操作ではなくて，私自身の実存の同時的転調であり，私の存在の変革なのだ"（Merleau-Ponty, 1945/1969, pp.301-302）と述べているが，要は文章の流れ（私の言葉の紡ぎ方）が作り出すそうした「実存的な」水準における何らかの動的変化があってこそ，読者の側にもそれに対する「同時的転調」が起こり，私の孤独感の「雰囲気」が伝わるのである。実際，先の孤独感の記述においても，私はこのことを若干ながら利用している。つまり，それは明らかに他の箇所の文体とは異質である。それまでの私の文章の流れに慣れ親しんでいた読者ならば，そこにおいて何か字面以上のものを感じないだろうか。

ともあれ，この2つの要件をある程度満たすためには，語り合いを重ねるしかない（とは言え，読者と私とは必ずしも語り合っているわけではなく，これがあくまで私の中での対話であるという点に，記述独特の難しさがあるのだが）。私と読者のあいだの「共通の言語世界」を，私はできるだけ当てにはしないようにしよう。また，だからこそ，私はできる限りの言葉を尽くして書きもするのだ。もし，先の孤独感の記述が多少なりとも読者に伝わるのであるとすれば，それはそこまで私の議論につき合ってきていただいた読者の姿勢によって，上の2つの要件がある程度満たされていたからに他ならない。「共通の言語世界」は最初からあるのではない。それは「語り合い」の中で，徐々に形作られていくのである。

7 了解の保留について

先に私は，協力者をして「そうそう，確かにそうだなあ」と言わしめるような記述を可能にする了解を目指すのだと述べた。上の議論を踏まえて言えば，そうした了解を可能にする条件とは，逆説的にも「了解を常に保留すること」である。ある言葉によって言われていると私が感じたものは，原理的に，どこまで行っても協力者が暗示したものの私なりの捉え方にすぎない。たとえ私が，私が協力者を了解していると協力者は確かに感じている，と感じたとしても，その可能性は否定できない。私の言語世界と協力者の言語世界の完全な一致や，その使いこなし方の完全な一致などということは，恐らく彼岸にしか存在しないものであり，言ってしまえば，私の「了解」は常に幾分かの「誤解」を孕んでいるのだ。

この点に極めて敏感な注意を促すのが精神分析であり，ラカンである。ラカンは次のように述べている。"間主観性はシニフィアンであるということ，シニフィアンそのものであるということ，しかも主体によって純粋に意味するものとしての目的だけで扱われているために，その意味されるところは謎のままである，そういうシニフィアンであること"（Lakan, 1981/1987下, p.61）。今，私たちの議論に即して，彼の言う「間主観性」を「共通の言語世界」と言い換えても良いと思う。協力者は，協力者自身

が「共通」だと思う「言語世界」をある仕方で使いこなすことによって，言い換えれば，（協力者にとっての）その「共通の言語世界」とある言葉とを独自の仕方で連結させることによって，ある独特の意味を暗示しようとするだろう[79]。しかも，当然のことながら，協力者はその「共通の言語世界」が，何であるのかをはっきりと知らないままにそうするのである。それは私とて同じことで，私は今，私が「共通の言語世界」だと思っている何かと，一つひとつの言葉を組み合わせることによって，私独自のさまざまな意味を暗示しながら書き連ねているのである。むしろ，実際はその作業を続ける中で，私と読者とのあいだに本当の意味での「共通の言語世界」がゆっくりと開けてくる，というのが前項の議論であった。

　一方，フロイトも"われわれが患者から聴き取ったことは，そのほとんどが後になってやっとその意味がわかってくるようなものであるという事実を忘れてはならない"（Freud, 1912/1983, p.78）と述べて，早すぎる段階で「了解したと思い込んでしまうこと」に注意を促している。

　またナラティブ・セラピーの立場にある森岡（1999）は，患者の夢や空想といった断片的な物語のあいだに共通する筋やテーマを見出していき，ついには語られることのなかった無意識のマスターストーリーが言語化される現場に立ち会うが，これも彼が各物語を単にそれとして了解するばかりではなく，その背後でどんな物語（マスターストーリー）がそれらを産出させているのかを探ろうとしていたからだと考えられる。

　精神分析は，その都度その都度の了解を絶えず保留していくことで，より深いレベルにある何か，つまりはクライエントにそれを語らしめたところの無意識を構成していく。もし，分析家がある時点でクライエントの語りを了解したと思い込んでしまったならば，その時点でクライエントの語りの意味を追究する作業は終わってしまうだろう。無意識が言語的に実現されたときに症状が消失するという精神分析の考え方は，その背後に「治

---

*79　しかも「共通の言語世界」そのものは決して字面には現れてこない。それは語られる言葉の「暗黙の前提」として，いつも言葉の向こうに見え隠れしている何かである。

療」という目的を有しており，その点において，「語り合い」法が目的とするところ——協力者の体験世界を描き出すこと——とは微妙にずれているとは言え，この両者が「了解の保留」という，かなり似通った態度を要請するのは確かである。未だ語られぬ無意識を追究するためであれ，協力者の体験世界をより詳細に明らかにするためであれ，とにかくある語りは語り手の言わんとするところを暗示するものでしかないという点に留意しながら，常により深い了解を目指さなければならない。

　ただし，これは重要なことだが，私はその都度その都度の了解をすべきではない，と言っているのではなく，一旦は了解した上でそれを保留すべきだ，と言っているのである。精神分析にしろ，「語り合い」にしろ，そこに対話が成立するためには，その都度その都度相手の言っていることが何であるか，どんな形であるにせよ，一度は決定されなければならない。その決定がなければ，私は何の応答もできないだろう。それは「誤解」であるかもしれないが，その「誤解」があればこそ，「ああ，実はこうだったんだ」という後からのより精確な「了解」も可能になる。先に私の「了解」は常に幾分かの「誤解」を孕む，と言ったが，それは決して否定的な意味で言ったのではない。「了解」であれ，「誤解」であれ，聴き手と語り手のあいだに何らかの形で共有される言葉があってこそ，両者はそれを基盤にして，次なる言語的所作をなすことができる。大切なのは，語り手の語りを一度はそれとして「了解」（「誤解」）しつつ，けれどそこに囚われたり留まったりすることなく，次なる所作を引き出すことなのである。

8　孤独感に対してまだ付け加えるべきことがあった

　したがって，先の孤独感の記述についても，私が読者なら記述者である「私」に向かってきっと尋ねるだろう。「その孤独感というのは，どんな感じでしたか？」とか「どうして孤独感を感じたのですか？」とかいった具合に。

　実は先ほどから，この問いが私の中に浮かんできている。自分が感じた孤独感をもっと詳細に伝えるために，どんな言い方をすれば良いのか。私

はなぜ孤独感を感じたのか，何が私に孤独感を感じさせたのか。

　あの記述をなす前，私は「語り合い」の方法論をどんな切り口でもって議論していくべきかを考えていたが，なかなかその取っ掛かりを見出せないでいた。何度書き始めても，すぐに頓挫してしまう。時間がないのだから，どんな形でも良いからさっさと書いていかなければという思いとは裏腹に，「何か違う」という感覚がすぐに沸き起こって，どうしても先に進めない。いろいろ書きたいことはあるはずなのだが，それが言葉となり形となっていかないということは，私に，何か自分が「独り相撲」をとっているかのような感覚を生じさせた。こうやって今，悪戦苦闘しながら書いては捨て，捨てては書いている言葉の断片は結局人目につかないまま闇の中へ葬られて，相変わらず目の前にあるのは直前まで書き進めてきた文章の，いかにも中途半端な生々しい「切れ目」だけである。読者はそれを見て，多分「中途半端だな」としか思わないだろう。私が一生懸命張り上げようとしている声は決して届かず，読者と私とをつなぐ「架け橋」がどうしても実現されないもどかしさ。そんなとき，ふと今いる部屋の状況やそこに取り残されたように座っている自分の姿を見てしまった——私が感じた孤独感というのは，そういう類いのものであった。

　私が先の孤独感を記述した理由は，もちろん，そうすることによって「語り合い」における調査者と協力者双方の立場から一挙に議論を展開していけるかもしれないというアイデアが，自分でも多少気に入ったということもあるが，もう一つ，やはり自分がそこで体験した苦労の痕跡を，いささか不細工な形でではあるにせよ，文章の流れの中に刻みつけておきたいという思いがあったからなのだと思う……。

　このように，語り手にとって重要な意味をもつ体験というのは，聴き手の方が「もう了解した」と思い込まずに突っ込んで質問をすれば，新たな所作（言語的なものであれ，そうでないものであれ）を引き出せることが多いが，ここで一つ問題が生じてくる。すなわち，先になした孤独感の記述に対して，今ここでさらに付け加えられた孤独感の説明は，どんなふうに位置づけられるのか，という問題である。

この両者の関係は，実は思ったほど単純ではない。つまり，例えば，先の孤独感の記述をなしたとき，私はとりあえず私が感じたものをある程度までは表現し得たと感じたのだが，それは私の不注意だったのであって，もっと丁寧な記述を心がけてさえいれば，私は今付け加えたようなより詳細な説明もその場で加えることができたのだと，そんなふうに簡単には片づけられない何かがここにはあるのだ。この両者は，単に「不十分なもの」と「そのより詳細な説明」といった関係にあるのではない（しかし，そうした側面がないわけでもない）。

　それと言うのも，先の記述をなしたとき，私は今ここで付け加えたような孤独感の側面をおそらく言語化することはできなかったからだ。そのときの私は，先の記述である程度満足していた。しかし，文章を書き進めていくにしたがって，一度片がついたはずの孤独感の記述に，もう少し付け加えるべき「何か」——上のような新たな記述——があるような気がしてきた。それは，かつての孤独感に対する単なる「後づけ」などではないと思う（「後づけ」という側面が確かにあるとしても）[80]。というのも，はっきりと意識化されてはいなかったとは言え，その「何か」が孤独感を感じたまさにそのときに，すでに確かに存在していたという確信が，私の中にあるからである。一体私の中で何が起こったと言うのだろうか。ある体験を生きること，それを語ること，それを語り直すこと，そして了解すること，これらの関係——「語り合い」法の核心部——に迫っていかねばならない。

＊80　もしこれが単なる後づけなのだとしたら，孤独感の記述などというものはその都度いかようにでも書き換えられる（再構成される）ものとなり，それが事象を忠実に記述し得ているかどうかを問うことなど無意味になってしまうだろう。以下の議論は，事象の捉え方（「物語」）は再構成される可能性に開かれつつも，その再構成が単なる「後づけ」や「フィクション」ではなく，何らかの意味で事象の実際とつながっているということがいかにして可能になるのかという問題をめぐる思索である。

9 「かつての私」と「今の私」をつなぐ「物語」はある「真理」を射抜いていなければならない

「例えば，深夜，今こうして一人で書き物をしているとき，私が感じるこの孤独。晩秋の底冷えが身体を包み，薄暗い部屋の電燈と無機質なワープロの明かりだけが，私の顔を照らしている。窓の外を見れば車も人もなく，世界中がしんと静まり返っているかのようだ。煙草臭い6畳ばかりの和室には，飲み終えた空のペットボトルや，書棚から引っぱりだされた無数の書物が散乱している。筆は思うように進まず，締め切りまでの時を刻む時計の音と，『これじゃ間に合わない』という声がやけに耳につく……。」

これが先になした孤独感の記述であるが，まず気づかれるのは「『これじゃ間に合わない』という声がやけに耳につく」といったあたりについて（調査者からさらに）突っ込んで尋ねられていれば，当時の私にも前項で示したようなより詳細な記述が可能だったのではないかということである。逆に言えば，私はそもそものはじめからもう少し丁寧に自らの孤独感を記述すべきだったのかもしれない。そうした側面があるのは否めない。当時の私にとって必要だったのは，まずは議論を始めるためのきっかけであり，それゆえこの程度の記述で十分だろうとあまり深入りしなかったのは確かである。

しかし，ではそこで深入りしておけば，前項のような付加的記述が全て実現されたのかと問えば，それも無理だったように思われる。というのも，以前の記述をなしたときの「私」と，前項でそこに新たな記述を付加した「私」とでは，若干ながら生きている次元が違うからである。端的に，前者の「私」はまだ議論の取っ掛かりをつかめていない存在，読者との「架け橋」を築こうとしているがそれがまだ実現するかどうかあやふやな状態にある存在であるのに対して，後者の「私」は少しばかり議論に乗ってきている存在，「架け橋」がもしかしたらつながるかもしれないという希望を持っている存在である。あの孤独感が議論の停滞と深く関わっていたと

いうのが，今の私の了解であるが，それが確かなのだとすれば，未だその停滞の最中にあった「私」とそこから幾分抜け出した「私」とで，ものの見え方が違うというのは当然だろう。もう少し言えば，私は議論の停滞から抜け出して初めて，はっきりとあの孤独感と議論の停滞とを結びつけることができたのである。

よく「自分を冷静に振り返ったら，正しいものが見えてきた」などといった言い方がなされる。なるほど，議論の停滞に巻き込まれていた「私」にとって，自分が今停滞しているのだということも，そのことが自分の孤独感とどういった関係にあるのかといったことも十分には見えておらず，そこから身を引きはがして「冷静に」振り返ってみたら，あのときの自分の停滞や，それと孤独感とのつながりといった「正しいもの」が見えてきたのだと，そういう言い方は確かにできる。しかし，それは本当だろうか。「正しい」とは誰にとって「正しい」のか。逆に，こう考えることはできないだろうか。

「今の私」は「かつての私」との差異を感じた。どんな差異か。「今の私」は少しばかり調子がでてきて，「とりあえず書く」という目標に向けて議論の流れも幾分かはスムーズだ。書くことに多少なりとものめり込んでいるから，孤独感というのも今はそれほど強くない。そうか，あのときの自分は，議論の停滞もあって読者とつながることができているという感触が得られなくて，それがあの孤独感の成立に大きな役割を果たしていたのではないか。そして「かつての私」の記述と「今の私」のそれとを引き比べてみれば，これからの議論の取っ掛かりも得られそうだ。だから，議論の停滞と孤独感が結びついていたというのは「正しい」ことなのだ……。

と，そんなふうな構成が行われた可能性はないだろうか。いや，実はこうした可能性が恐らくは大いにあるのだ。つまり，「かつての私」と「今の私」とが差異化される何らかの契機があって，「かつての私」が体験していたものが，「今の私」によって「整合的に」，「より精確に」[81]言い換えられるという側面が，実際にあるのである。例えば，もし，私が孤独感の記述を手始めとしてここまで進めてきたような議論をしていなかったと

したら，もし私が未だに議論の取っ掛かりを得ることもできないまま，う
んうんとうなっていたとしたら，あの孤独感の意味は全く違ったものに
なっていたのではなかろうか。もしかしたら，それはこの紙面の上に刻ま
れることもなく，ただ私を取り巻く陰鬱な空気を構成する一分子として周
囲に溶け込んでいったのかもしれない。

　これはいわゆる過去の経験の語り直しの問題，ナラティブ・アプローチ
の立場からしばしば取り上げられる絶えず修正されつつ展開していく「物
語」の問題であると言って良いだろう。やまだ (2002) は言う。"「真理は
いかに知られるか」というような認識論の問いと，「私たちは経験をいか
に意味づけるか」というような物語論の問いの違い…〈中略〉…二つの
違った問い方，二つの違った現実認識の仕方，二つの違った思考様式があ
るのです"。

　「かつての私」が感じた孤独感は，「今の私」の「物語」の中に組み込ま
れ，書き換えられていく——ナラティブ的な捉え方をすればそういうこと
になるが，そうだとしてみると，「かつての私」が記述した孤独感も，「今
の私」がそこに付け加えた記述も，そしてその両者をつなぐ議論も，全て
「物語」だと，そういうことになるのだろうか。いや，それとも，議論部
分だけは「真理」であって，それを展開するための足場にした私の体験
（とその記述）は一つの「物語」だったと，思いきって言ってしまえば良い
のだろうか[82]。

　今，私は「語り合い」法の方法論を論じている。そして，ここでとって
いる戦略というのは，私が語り手で読者が聴き手である場合と，協力者が

[*81] ここで「整合的に」「より精確に」と括弧を付したのは，もちろん，それが実は「今の私」にとって都合の良い「脚色」なのではないだろうかという疑念があるからである。以下の議論では何とかそれが単なる「脚色」ではないことを示そうとしているが，実際のところは，より精確な描写が生まれるときには常に，確かにそれが真の意味で「より精確な」ものになるという側面と，「今の私」にとってそう捉えることに何かしら都合が良いところがあるという側面が両方あるのだろう。我々が得る知のあり方は，我々の欲望のあり方と不可分である。逆に言えば，欲望のないところに知は成立しないのかもしれない。

語り手で私が聴き手である場合とを，一挙に想定しながら書き進めるというものだ（語るということと，記述するということの相違の問題は後回しである）。語り手が自らの体験を物語る。それは過去の体験の絶えざる捉え直しであり，意味づけである。そういう見方は，後者の場合においては確かに非常に有力な方向性を与えてくれるかに見える。ところが，前者の場合にそういう見方をとると，私は途方に暮れてしまう。私は読者に向けて「語り合い」の方法論——「真理」でなければならないと思っていたのだが——を述べているのであって，それが「物語」であると言われるとどうしても戸惑ってしまうのだ。徳田（2002）はナラティブという枠組みには"たったひとつの物語（の形式）に人間の生を還元してしまうことに抗おうとする厳しく確かなまなざしが潜んでいる"と述べているが，私の戸惑いは結局「たったひとつの物語」を実現しようとしてできなかった一人の研究者の戸惑いにすぎないのであろうか。

　ナラティブ的な考え方は有力である。しかし，私が私の体験を語るとき，あるいは協力者の語りを聴いてその人を了解しようとするとき，そしてそれをもとに理論を立ち上げようとするとき，それらはどこかで「真理」の次元とつながっていなければならないのではないか。ナラティブ的な考え方を活かしながら，しかも「真理」を語るような研究をするための方法論を，私たちは作り上げることができるだろうか。

10　生きられる現実性（イメージ）とそれを支える事実性

　少し予備的な考察をしておこう。

＊82　やまだの上の言説は，研究から生み出される学知も一つの「物語」だと考えたときに，その学知が「真理」とつながっていることをどうやって保証するのだろうか。あるいは，学知は認識論の問いを立て，生活者は物語論の問いを立てるものだというのが彼女の主張なのだろうか。しかし，そうだとすると，研究者は結局生活者の物語を外部からの視点で冷静に分析していくということにならざるを得ず，生活者の物語の（その人にとっての）「真理性」を本当の意味で了解することはできないのではなかろうか（大倉，2008）。物語論的アプローチが依然として協力者と調査者を切り分けすぎていると私が考えるのは，そうした理由からである。

木村（1970/2001）は，ある体験世界に私たちが没入し，そこを生きている様態を指して，次のように述べている。"「意識」とかその「構造」とかが問題になる以前に，私が音楽を聞いている，あるいは私が美を感じている，ということは私にとってはもっと素朴で直接的な事実である。さらに言うならば，「音楽」とか「美」とか，さらには「私」ということすらも「意識」される以前に，（「聞いている」という）事実が開かれている。「事実」と言ってしまってはまた嘘になる。言葉を用いなければならない最小限ぎりぎりの苦しまぎれに，（「聞いている」という，あるいは「感じている」という）ことがある，とでも言っておこう"（木村，1970/2001，p.107）。彼は，この「こと」こそ，あらゆる意識に先立つ絶対的所与なのであり，そこから「私が」という主語的な意識や「音楽」「美」といった対象への意識が分化してくるのだという。
　この言説を自分の体験に照らして了解しようとするとき，私には「音楽」や「美」といったものの経験以上に，好きな野球で自分がヒットを打つ瞬間が想起される。
　バッターボックスに入って，フォームをチェックしたり，ベンチからの声に耳を傾けたり，もう一度「打つぞ」という気持ちを強くしたりと結構忙しかった私も，投手が投球モーションに入って球がその手元を離れる瞬間に，そうした一切のことを全て忘れてしまう。全神経がこちらに向ってくる球に集中し，それが飛んでくる辺りめがけて思いきりバットを振り下ろす。そして，まさにその瞬間，球がバットの芯に当たったときの独特の手応えのなさとともに，投手の頭上，青空の中を一直線の白いライナーが飛んでいく。「やった」と心の中で叫んで，走り出し，それからようやく再び「私」の意識が戻ってくる。
　ここには確かに，木村の言うような，「私」という主語的意識と「球」や「バット」といった対象との境がなくなってしまう体験，生きられる「こと」の体験があるように思う。本当は「球が飛んでくる」「バットを振り下ろす」といった言い方も精確とは言い難くて，「球－振る－飛んでいく」と言った方が感覚に近いのだが，それでは何がなんだか分からないだ

ろう。

　このように他者に向かってある体験を語るときに，私たちはそれを言語化しなければならないのだが，実はその言語によって伝えられようとしているものは，言語化しにくいイメージ的なもの，球がバットの芯に当たったときの感触やライナーが飛んでいくという視覚的映像などが一体となったイメージ的なものである。このイメージをこそ，私はことあるごとに自慢顔で野球仲間に伝えようとするだろう。

　ところで，今考えたい問題は，このイメージが生きられた「こと」体験に対してどのような関係を持っているのかということに関し，一見相反する2つの見方があるということである。

　一方では，そのイメージがどれほど体験に肉薄しているとしても，体験そのものではなく，むしろその加工物であるとする見方がある。まずそれは，投手の手から球が離れるという始点と，「私」の意識が戻るという終点を持っている。本来生きられる体験世界は絶えず流れ去り，変容していくものであろうから，始まりも終わりもないはずである。なのに，それがあるということは，そこに体験を区切るような人為的作用が働いているということである。しかも，「青空の中を一直線の白いライナーが飛んでいく」といういかにも爽快な映像は，幾分脚色がかってもいる。例えばこの体験の主人公が「ヒットを打つのは当たり前」というぐらいの強打者で，一発ホームランを狙っていたとしたら，投手のわずか頭上をかすめる程度のライナーに，むしろ失望しさえするかもしれない。そんな彼ならば，例えば「当たり損ないの低いライナーになってしまって」などといった，だいぶ違ったイメージを持つはずだ。つまり，今私が描いたようなヒットのイメージというのは，私という固有の主体がその体験にかなりの加工を加えた結果できあがったものなのであって，言わば一つの「物語」のようなものなのだと，そういう見方が成り立ち得るのである。

　しかし，もう一方では，やはりこのイメージは生きられた体験そのものなのだという見方がある。確かに私はこのイメージに輪郭を持たせるために，そこに始まりと終わりを作り出すのだが，その区切りは体験そのもの

の中にその基盤を持っている。すなわち，「私」の意識が一瞬なくなってまた戻るまでの間の世界の見え方のある特異性，普段とはかなり異質な凝縮された世界体験が，私をして必然的にそのような区切らせ方をさせるのであって，それは決して私の「恣意的な」加工によるものではない。「青空の中を一直線の白いライナーが飛んでいく」という表現にしても，その爽快さはまさにそのとき私が生きた爽快さそのものなのであって，それがやや脚色がかっていると言われればその通りなのかもしれないが，むしろまさに単なる空が真っ青な空に，土のついた球が真っ白な白球に，厳密に言えばゆるやかな弧を描いているはずの打球の軌跡が一直線のライナーに見えるほどの感動を，私は実際に生きていたのであり，私が実際に見たのもやはり「青空の中を一直線の白いライナーが飛んでいく」ところだったのである。曰く言い難いイメージではあるが，もし仮にそれを全て人に伝えることができるならば，人は私の体験のありようを十全に了解するに違いない——そうした現象学的な見方も成り立ち得るのである。

　この両者の見方は一見丸きり正反対の立場にあるようでありながら，決して相容れないものではないと私は思う。もちろん，強調点ないしそもそもの出発点は全くと言って良いほど違っている。今，リアルな事実性の次元とアクチュアルな現実性の次元とを区別することにすれば，リアルな事実性を「物語化」したアクチュアルな現実性の最中をこそ，私たちは生きているのだというのが前者の立場であり，体験というのはそもそもアクチュアルな現実性をもって私たちに立ち現れてくるのだというところから出発し，その現実性を支えるリアルな諸条件を明らかにしていこうとするのが後者の立場だと言えるだろうか（この場合は，事実性とはむしろ現実性を分析した結果見出されるいくつかの諸条件のうちの一つである）。前者は事実性の「加工」によって現実性が構成されてくるプロセスを追うだろうし，後者は逆に現実性にある種の「加工」——現実性を支える諸条件を可視化するための「現象学的還元」(Husserl, 1950/1965；Husserl・立松, 2009) といった[83]——を施すことによってそれを支えている事実性をあぶりだそうとするだろう（したがって，事実性の方が現実性に後続することになる）。しか

し，どちらの立場に立つにせよ，通常私たちが生きているのはアクチュアルな現実性であるという点では一致していると言える[84]。

したがって，人々が生きているものを明らかにしていくという本書の関心からすれば，まずは人々の生きる現実性にこそ注目し，それを描き出していけば良いということになるのだろうが，私見ではそのためにはやはり事実性の探究も進めていく必要があるように思う。それは，事実性の因果関係から現実性を「説明」するためというよりは，事実性が現実性の「素材」となるからである。「一直線の白いライナー」という現実性を私が生きたのが確かだとしても，それはボールが実際にある角度で飛んでいったという事実性抜きには成り立たない（角度がある一定の範囲内になければ，それは決して「ライナー」とは呼ばれ得ない）。事実性のみを積み上げていけば現実性が解明されるわけではなく，現実性にはそれ固有の次元があり，それ自体の解明を欠かすことはできないのだが，その一方で現実性が事実性の支えを得ていることも確かである以上，両者は同時並行的に解明されていかねばならないのである。問題は，私たちは私たちの現実性を基礎づけ

---

*83 「事象そのものに還る」ための「現象学的還元」を「加工」と見ることは，現象学者たちから反発を受けるかもしれない。しかし，私見では常に事象を意味づけながら生きている主体が，その意味づけを保留して再度事象を分析し直すといった試みをする時点で，主体によって「生きられる」次元からある意味「距離をとる」ことになる。ただし，それは決して否定的な意味で言っているのではなく，「生きられる」次元を明るみに出すには，現象学的な方法で「距離をとる」しかないということを，私は認めている。もう少し後で，どういった「距離のとり方」をすれば協力者の真に生きている体験に迫ることができるのかを議論していくことになるだろう。

*84 まず事実性が先にあってそれを構成するところに現実性が成り立つという見方は，例えば脳細胞を電気信号が流れることによって我々の知覚している現実世界が成り立つのだと捉える自然科学などに特徴的であろう。逆に，そもそも我々が現実性を生きているというところから出発し，自然科学の営みなどもそうした現実性を生きる一つの生き方であると考えるのは，いかにも現象学的な見方である。私見では，このどちらもが大切な見方である。現象学者は自然科学を「基礎づける」ために我々の生そのものに肉薄しようとするが，しかしそうした現象学の営みは自然科学的営みがすでに行われていることをどこかで前提に（あるいは材料に）して進めていかざるを得ないという点にも注意が必要である（冨田，2002）。

ている諸条件（事実性）を，当の現実性から出発したときにいかにして見て取ることができるのだろうかという点にある[85]。いや，そもそも協力者が語っている現実性のありようを，調査者がそう簡単に捉えること（そこから「出発」すること）はできるのだろうかということも大きな問題である。そうした視点から考えてみると，事実性とは私たちには決して手の届かない次元，決してその全体を捕獲することのできないような次元として立ち現れてくる。例えば，ヒットを打ったということが「図」として前景に出てきていた先の場面で，投手の表情や，土の匂い，どこかから聞こえていた鳥の鳴き声といった「地」の事実的要素は，私が生きた現実性の内部からはほとんど見えない。「地」がなければ「図」は成り立たないから，それら事実性も確かに私が生きた現実性の構成において一役買っていたことに間違いはないのだが，そうした事実性の全てを捕獲することは決してできないのである。もちろん，事実性の一部はアクチュアルな現実性（イメージ）の中心に顔を出してもいる。例えば球がバットの芯に当たったときの形容し難い感触そのものや――「手応えがあった」という人もいれば，「手応えがない」という人もいるような感触――，「カーン」とも「キーン」とも「ゴーン」ともつかないそのときの音そのもの，打球の角度といった事実性は，現実性の核としてイメージの中にきちんと組み込まれてもいる。イメージとは，事実性のうちのあるものに焦点化し，それを包み込み，捕獲しようとするものなのだ。主体は，事実性から，自らにとって重要な意味（「良い意味」「悪い意味」にかかわらず）を持つものを「図」として現実性――今の議論においては「イメージ」や「物語」と同義語にして良いだろう――を構成し，その中にこそ生きているのである[86]。

　さて，以上の考察を踏まえて，本論に戻ることにしよう。

---

*[85] 「現実性の何たるかを解明するためには，その現実性の内部から，それを構成する事実性を見極めねばならない」という後述する仮定が，ここで先取り的に前提されている。事実性と現実性のどちらが先行するのかといったことは，さして重要な問題ではないのだといった気分が，ここでの議論を組み立てていた当時の私の中にあったように思う。

11　イメージの再体制化について

　かつて私が感じた孤独感は，一つのイメージないしは現実性として私のうちに保有されていた。

　もちろん，そうしたイメージの背後には，それを支える事実性が確かにあったのだろう。例えばその事実性とは，底冷えの感触やしんとした静けさ，部屋に転がった空のペットボトルや書物，時計の針の音や不安な気分，といったものが私を包み込んでいるということそのものであり，世界のいろいろな要素が織り成すそうしたゲシュタルトを「孤独」と名づけて記述しなかったならば，恐らくそのまま時の彼方に忘却されていっただろう諸々の要素である。いや，それすらも不十分な言い方で，底冷えの感触やしんとした静けさなどといった諸々の知覚がそのようなもの（孤独を感じさせるようなもの）として私に「大きく迫ってきた」のも，私がこの「孤独」というゲシュタルトを捉えた瞬間においてであって，それ以前には，私は恐らくそれらを生物学的な意味では（ないしは周辺的な「地」としては）知覚していたにもかかわらず，「孤独」という主題（図）のもとには知覚していなかったのだと思われる。底冷えやら静けさやら，時計の音やら不安やらを，私が主題化（図化）したのは，それらの織り成すゲシュタルトを「孤独」という様相のもとに捉え，それによってこれらを「知覚の中央に」据えることができたからであり，仮にこのゲシュタルト生成がなかっ

＊86　自ら命を絶ったある天才芸術家の作品に，絵画批評家は「美」を，精神科医は「病」を見て取るかもしれない。同じ場面に遭遇したとしても，その人がどういった知識や前提を有しているかによってその人の生きる現実性は変わってくるわけだが，それと同時に取り出される事実性も変化してくることに注意したい（批評家はその絵の人物の衣服の皺が特に素晴らしいのだと言い，精神科医は机の上にさりげなく置かれたナイフの刃がその人物の方を向いていることが芸術家の死を暗示していると言うかもしれない）。有名なハンソンの観察の理論負荷性の議論（Hanson, 1958/1986）は，この現実性と事実性の相互規定的な関係を指摘したものだと思うが，本書の議論はややこの関係を単純化しすぎている—すなわち，まず確固たる事実性というものがあって，その上に現実性が構成されるという見方に陥っている—感は否めない。本来は，現実性と事実性の区分はもっと流動的なものだと思われる。

たならば、私は底冷えや静けさを「ただそれとして」漠然と感じたまま、再び書き物に向かっていたはずである[87]。

　この「孤独」というゲシュタルトの生成は、それがどれほど自然的であるように感じられるとしても、私という主体による構成作用をすでに被っている。例えば、私がそれまで自分が住み込んでいた現実性——書き物への没入——からふと抜け出して、その「孤独」というゲシュタルトのもとに周囲のあらゆる要素を捉えた瞬間、単なる冷気がまさに孤独を感じさせるような底冷えになり、夜の静寂の中からひと際大きな「しんと静まり返った音」が浮き立ってきたのである。それはすでに事実性そのものというよりも、そこから抽出されてきた孤独という名の底冷えであり静けさ——孤独という現実性（アクチュアリティ）——なのである。そうした「孤独という現実性（アクチュアリティ）」の抽出によって、先ほどから電気ストーブが私の右足をほのかに温めてくれていることや、着ているセーターの柔らかさだといったこと、つまり「孤独」という名にふさわしくないものは、決して無くなりはしないにせよ、背景的知覚として周辺に追いやられる。私が「孤独という現実性（アクチュアリティ）」を生き始めた瞬間に、それを裏づけているはずの事実性の大半は、背後にそっと退いているのである。

　私が一番初めに記述したのは、そんなふうに成立した「孤独という現実性（アクチュアリティ）」イメージであった。そして、それをもとに議論を進めていく中で、私の中に「その孤独感は、もう少し詳しく言うと、どんなものだったのか」とか「なぜ自分は孤独感を感じたのだろうか」という問いが生じ、

---

*87　現実性の成立なしに事実性は捉えられない。「事実」を追究するとされる人間のいくつかの営為（科学、報道、犯罪捜査等）においても、それら諸々の営為に固有の文脈（現実性）と無関係にそうした「事実」が成り立つわけではない。科学には科学なりの、報道には報道なりの、犯罪捜査には犯罪捜査なりの「事実」があるのだ。これらの「事実」は必ずしも相容れないわけではないが、やはりそれぞれ固有の要素を含んでもいる。ちなみに大倉（2008）では、自然科学の営為が「操作性の欲求」という文脈の中で行われていることを指摘し、「人間的了解の欲求」に基づいて行われる「語り合い」法はそれとは違った「事実」（及びそれが構成する現実性）に注目していくのだという立場を明らかにした。

私は付加的な記述を新たに加えたのだった。そして問題は、その付加的な記述が以前の記述に対してどのような関係を持っているかということであった。

　結論を言うと、私は付加的な記述によって、孤独感のイメージを再体制化したのである。しかも、その再体制化は、古いもの（かつての記述）を新しいもの（付加的な記述）によって「上塗り」したということでも、「書き換えた」ということでもない。そうではなく、そのイメージの中に、その核や背景としてそっと折り込まれていた事実性を新たに発見し、事実性の布置ないしは意味づけを見直したのである。新たな付加的記述をする際に私がしたこと、それはもう一度孤独感のイメージの中に折り畳まれていた事実性、つまりは、そのときの感触、感覚、気分を一から捉え直そうとすること、言わばそれらに向かって「お前は何だったのか？」と問いかけることであった。そして、それに対する回答が、「議論の停滞のもどかしさ＝孤独感」ということだったのである。

　では、私はなぜ、そうした捉え直しをしたのか、し得たのか。先にも少し述べた通り、それは「今の私」の生きている現実性が、「かつての私」の現実性とは異なっていたからである。

　その都度その都度出会われてくる事実性に基づきながら、私は常に現実性を変化させ、その中に生きている。その一方で、「かつての私」が生きた現実性は、「今の私」の現実性の一部として、そのどこかに組み込まれていく。また、もちろん「かつての私」の現実性の内に折り込まれていた事実性も、かつての現実性と一緒に、「今の私」の現実性の内に折り込まれる[88]。そうしたプロセスが絶えず進行しているのだが、そんな中で、「今の私」の現実性にとって、「かつての私」の現実性が、何らかの意味で

＊88　ここまでの議論が示す通り、事実性と現実性はそう明確には区別できないので、ここでの説明にも曖昧なところがある。差し当たり「事実性とは現実性という全体を構成する部分である」といった捉え方をしていただければ良いのだが、だとするとここでしているような「かつての現実性が今の現実性のうちに組み込まれる」と言い方は誤解を招く危険性があるかもしれない。

「異色」のものになってくることがある。例えば，かつて体験したことがどうも不合理であるということに気づいたり，ある状況に遭遇したときに急に過去のある出来事が大きな意味を持ってきたりするときなどはそれに当たるだろう。

　私の場合も同じであった。かつて記述したときにはこれで十分だろうと思っていた孤独感の描写が，「今の私」にとって，決して十分には「言い尽くせていない」ものとして立ち現れてきたのである。その理由としては，議論を進めていく中で私の中にいろいろな着想が生まれてきたということもあっただろうし，「了解を保留して，突っ込んで尋ねなければならない」という自らが吐いた言説が逆に自分に突き刺さってきたということもあっただろう。あるいはまた，自分が多少議論に乗れてきていること，それによって自分の内で読者との内的対話が盛んになされていることを感じたということも大きかった。ともかく，そんな形で，私が今の現実性──今進めようとしている議論──の内を安心して生きようとしたときに，かつての現実性の「異色」さが浮き立ってきて，私はそれをもう一度周りの色に馴染ませる（再体制化する）よう迫られたのである。

　ただ，その再体制化はどうなされても良いわけではなく，そこにはある制限がある。すなわち，現実性を構成するために，事実性を用いてしなければならないという制限である。言わば，使える素材が決まっているのである（実は，事実性そのものを無視してしまう機制も人間存在には備わっているのだが，そのことは今は措く）。例えば，かつての「孤独という現実性（アクチュアリティ）」を構成していた冷気や周囲の静けさという要素に対して，今の私は「暑かった」「にぎやかだった」という現実性を構成することはできない。あるいは，今の私は，「ヒットを打った」という事実性を用いて，「ホームランを打って嬉しかった」という現実性を構成することはできない（もう一度言うと，そういうことを実際にし得る可能性が人間にはある）。かつての現実性を全面的に書き換えるなどということは，そうそうあることではないし，私がしたのもそういうことではない。

　では，何をしたのか。私は，かつての「孤独という現実性」の内に折り

畳まれていた事実性――感触，感覚，気分――をどう意味づけるべきか，もう一度一から問うたのだ。そのためには今一度，かつての「孤独という現実性」（孤独感のイメージ）のうちに潜り込むことが必要だった。そして，その「孤独という現実性」の内部にあった事実性と，今の私の現実性（つまり，かつての「孤独という現実性」の外部）の視点から見たときに初めて明らかになった事実性（議論の停滞）とを，関連づけたのである。言うなれば，その結果得られた「議論の停滞のもどかしさ＝孤独感」という回答は，かつての「孤独という現実性」の内部に，それを外部から見る視点を導入したことによって――あるいは逆に，外部に内部からの視点を導入することによって――得られたのである。幾分神秘的に聞こえるかもしれないが，今説明してきたように決してそうではなく，事実性の再体制化とは，実際，こうしたプロセスなのである。

12 「物語」が単に変容したという以上に，了解が深まったのである

してみると，まず協力者がある体験を語り，それに対して質問したり，何度も面接を重ねたりする中で，その体験が語り直された場合に，私はその2つの語りをどう捉えるべきであろうか。あるいはまた，私が協力者の生きる現実性を構成して記述し，しばらく経ってから，それを私にとってより妥当だと思われるようなものに再構成する場合に，私は先に構成してあったものをどのように扱っているのだろうか。協力者にしろ，私にしろ，ある現実性（「物語」）から次の現実性（「物語」）へと移り住む際に，一体何が起こっているのか。

私は今，この両者の問い――協力者の「物語」の語り直しの問題と，私の記述（「物語」）の再構成の問題――をあえて同じものと考えようとしている。協力者が自らの生を「物語」にして語っているのだと捉えるのであれば，研究者である私の議論も「物語」であるはずだ。私の議論だけが「物語」であることを超越して，協力者の「物語」をいかなる形であるにせよ，結局外側から分析したり考察したりしているうちは，協力者の語り

の真の重みを記述することはできないだろう。しかし，逆に私の議論が「物語」にすぎないのだとすると，どんな「物語」も"あくまでひとつの意味の秩序の創造，ひとつの現実の創造であって，それがより確かな現実であるという保証はない"(野口，1999，p.27)とする，社会構築主義的な考え方にどう答えるかということが問題になってくる。

　実際，そうした考え方が有力であることは否めないのだ。協力者の語りにしろ，私の語りにしろ，結局出会われてきた新たな事実性をその都度組織化していく「物語」である。新たな「物語」が以前のそれに対して優位であるという保証はないし，その逆もまた然りである。私たちにできるのは，「物語」が絶えず変容していくありさまを忠実に記述していくことぐらいである……。

　これは確かに一つの言説ではある。しかし，そうした言説は，まさにそのように言うことの「真理性」を——自己の言説が単なる「物語」や一時的な現実性ではなく，確かに「真理」であるという保証を——どこから確保してくるのだろうか。それともそんなものは，そもそも「求めるべきではない」というのがこの立場なのであろうか。あるいは，それは従来想定されていたような「真理」に対していかなる「真理」を提出しようと言うのだろうか。

　私たちは，私たちなりに，以下のように考えることにしよう。

　新たな「物語」(現実性)のうちには，かつての「物語」(現実性)が，あるときはそのままの形で，あるときは周囲の色と馴染むよう修正された形で，組み込まれている。そして，かつての「物語」(現実性)を支えているのはかつて出会われた事実性であり，新たな「物語」(現実性)は，新たに出会われた事実性とそうした過去の事実性すべてを再体制化して作られるものである。

　まずそれをしっかりと押さえた上で，ここで一つの経験則的な仮定を示しておかなければならない。すなわち，私たちがある「物語」(現実性)を了解するとき，それがいかなる事実性(現実性の素材)をいかにして用いた結果得られたものであるのかということが把握されなければならない，

という仮定である。

　例えば実際に野球をやったことがあって、ヒットを打ったことがある人と、そうでない人とでは、先のヒットのイメージにしても伝わり方が全く違うのは明らかである。野球をする人が必ずしも私と同じヒットのイメージを持っているのではないのが確かだとしても、彼らと私とに共有されているだろう事実性によって、彼らは私がその素材をどのように活かしたのか比較的容易に把握し、私のイメージを了解するだろう[89]。あるいは、小説では細部が大切である。主人公の心情を読者によりよく了解させるには、主人公の心情という「図」を浮き立たせるような「地」の部分――主人公の日常生活だとか、そこで起きた出来事――を丁寧に描写することが効果的である。すなわち、事実性がどのように構造化されているかということが伝わらなければ、結局読者は何を「図」にし、何を「地」にして読めば良いのか分からないのである。

　ところで、先の孤独感について言えば[90]、私にはまず「孤独という現実性」を生きた瞬間があった。しかし、実はこの時点で、私は「孤独という現実性」については何も了解していなかったのだと言える。先の木村に倣って言えば、「（孤独という）こと」の内を完全に生きているときには、私はその「（孤独という）こと」を体感しているのみであって、それを了解してはいないのだ。

　まず第一の了解が現れたのは、その「（孤独という）こと」から「私」という主語的意識と「孤独」という対象的意識が分化して、「私は孤独を感じる」が成立したときである。さらに、その成立は次の分化を引き起こす。すなわち「私は、自分が孤独を感じていると、感じる」が成立する。これ

＊89　例えば、野球をやったことがない人に対しては、私はバットの芯で球を捕らえたときの感触とは実際のところ何の感触（その人が経験したことのありそうな）に似ているのかといったこと（事実的要素）を伝えるところから始めねばならないだろう。

＊90　だとすれば、先の孤独感の記述は、どのような事実性をどのように組み立てた結果得られたものなのか、またそうした事実性の発見はいかなるプロセスでなされていったのかについて以下で論じる。

が第二の了解をもたらし，恐らくはこの時点において初めて，私は「自分が孤独を感じている」ことについての記述を，つまりは最初の孤独感の記述をなすことができたのである。さらに，そうやって「（記述をなすという）こと」の内を生きるようになり，議論をようやく展開させ始めることができるようになって，しばらく孤独感から遠ざかっていたのだが，いろいろな紆余曲折があって，やがて「私は，自分が孤独感についての記述をなすことで孤独感を感じないようになったと，感じる」が成立する。この時点において，第三の了解がもたらされ，私は付加的記述を加えようという気になったわけである。

　この一連の過程の言語表現に現れているように，「私」の存在は，そもそもあった「（孤独という）こと」からはどんどん遠ざかっている。しかし，それにもかかわらず，私の「（孤独という）こと」に対する了解はその都度深まっているのだと見なければならない。一体それはどういった機制に基づいているのだろうか。

　よく言われるような，「（孤独という）こと」を見ることができるのは，言わば「私」がそこから抜け出して「孤独」を対象化するからなのだ，などといった単純な説明では，それは決して押さえきれない。もし，そうした説明で満足するならば，私たちは外部からしかその「孤独」を目撃できないことになり，了解が深まるなどということは全く考えられなくなる。私たちは結局，「私は，自分が孤独感についての記述をなすことで孤独感を感じないようになったと，感じる」という最後の了解を，単なる「後づけ」や「物語の変容」とする見方に再び舞い戻ってしまい，私の了解はその都度その都度のご都合主義に過ぎなくなってしまうだろう。

　むしろ，事情は全く逆なのだ。私が「（孤独という）こと」を見ることができるのは，私が「（孤独という）こと」の内にすっかりはまり込んでいるということを私が見るからなのである。「私は孤独を感じる」の成立は，実は「私は，孤独を感じている私自身を，見る」という事態の成立なのだ。「孤独」という対象的意識とは，「孤独」の内にある自分自身の発見である。言い変えれば，平板ないしは渾沌としていた「（孤独という）こと」の内に

突如「私」という浮島，繋留点が出現し，私はそれを内部的な足場にして外部から「孤独」を見るのである。これによって，私は孤独を感じながらに，それを感じている自分自身を見ることができる，つまりは「私」を「孤独」と分化させることができるのだ。そして，これはその後の全ての過程についても当てはまる。
　最初の記述の段階で，私は周囲の冷気や静けさといった事実性については「孤独という現実性」を構成する要素として取り上げることができた。一方，右足を温めるストーブや着ている洋服の柔らかさだとかいった事実性については記述しないことで，これらを背景化した。私は，孤独を感じている私自身に尋ねながら，何が孤独を感じさせるのかを一つひとつ取捨選択していき，一応の「図」と「地」の構図を作ったのである。これはこれで，一つの了解である。その時点で，私はある程度孤独感を了解したと言える。
　「ある程度」と言ったのにはもちろん理由がある。つまり，私はもはや孤独を感じていない自分自身に気づくことによって（「私は，孤独を感じていない私自身を，見る」の成立によって），孤独を感じていた自分を取り巻いていた事実性（例えば「議論の停滞」）をもう少し発見することができた。しかし，それは，孤独を感じていた自分を単に対象化し，その自分を外側から眺めることによって達成されたのではない。むしろ，私は，孤独の内にもう一度潜り込んで，孤独を感じていた頃の私自身に，「何が孤独を感じさせるのか」を尋ねなければならなかったのである。こうして孤独を感じていた私自身との内的なつながりを持ちながら，同時にそれを対象化し，私は孤独に対する了解をある程度深めることができたのである。
　しかし，ここでもやはり「ある程度」と言わざるを得ないのは，つまり，結局のところ私が事実性に出会えるのは，私の生きる現実性（「物語」，イメージ）を通してのみだからである。私は，私を取り巻いていた事実性の全てを完全には知ることはできない。現実性を構成する事実性のうち，背景化されたものの中でも比較的まだ核に近かったストーブや洋服のこと，現実性の変化によって偶然浮上した議論の停滞と孤独感とのつながりは，

確かに発見することができる。しかし、それ以外の事実性の大半を私は意識できなかったし、今もできないのである。そういう意味では、私も私の孤独感を完全に了解することはできないのだと言わねばならない。

付言しておかねばならないが、この了解過程はいつも必ず起こっているわけではない。全ての人々が、かつて孤独を感じていた頃の自分と対話し続けようとするわけではないだろう。たいていの場合、人は「私は孤独を感じている」が成立したあたりで（「孤独感を感じている自分自身」を見たあたりで）、さっさと頭を切り替えようとするのが普通であって、孤独を感じた自分に対して「何が孤独を感じさせたのか」などと問うことは滅多にない。「孤独感のアクチュアリティを明らかにするため」という要請は、今私が置かれている「研究者としての現実性」に特有のものであって、実際、日々の生活の中の全ての現象についてそんなことをしていたら、やっていけなくなってしまうだろう。ただ、そんな要請のない日常生活の中でも、ちょうど私が新たな付加的記述をなすよう迫られたように、何らかの偶発的事情により、かつての現実性に向き合う必要が出てきたときに、それに対してより深い了解がなされることがあるというのも、また確かである。

さらにもう一言添えておけば、私はかつての孤独感の様相を単に「後づけ」的に変更したのではなく、むしろそれをより深く了解したのだと述べたが、この了解の深まりは決して一本道ではない。つまり、私の場合は、孤独の記述をなすことによって議論の波に乗れて、そうした現実性の変化が私に新たな事実性を垣間見せてくれたわけだが、もしかしたら、私は未だ議論にも乗れないままうんうんとうなっていたかもしれない。しかし、その場合であっても、私が孤独感とはどんなものだったのかを問うてさえいれば、（議論に乗れていないなら乗れていないなりの）状況に応じた何らかの現実性の変化が、また違った仕方で孤独感の別の側面に光を当てることだろう。私の記述は、それを構成する膨大な事実性のほんの一部のものについての構図を示しただけであって、まだまだ違った側面からの探究が可能であるに違いないのである。

長くなったので，ここで一旦項を区切る。

13 完全な了解が不可能な中での方法論，およびそれが目指す「真理」観

　私も私の孤独感について完全に了解することはできない。というのも，私に与えられるのはいつもすでに体制化された事実性，つまりは現実性ばかりであって，私は事実性がどう組織化されてきたかということを完全には明らかにし得ないからである[91]。先に立てた仮定によれば，結局それを明らかにすることが，現実性を了解するための要件であるにもかかわらず，である。

　このことは協力者という他者の語りを聞くときにはもっと顕著である。先にも述べた通り，彼らは自分の体験を現実性という枠に当てはめて（というより，彼らの現実性がそのまま彼らの体験なのだが），それを私に伝えようとしてくる。私は，そこで盛んに強調される現実性（「物語」，イメージ）のみを通して，彼らがどのような事実性に出会い，それをどのように体制化したのかを把握しなければならないのである[92]。これは相当大変な作業である。すでにすっかり構成され，体制化された素材（つまりは「加工」された素材）を，言わば「生(なま)の」それに戻していかねばならないからである。生(なま)の素材がいかなるものであって，それがいかに体制化されているのか，現実性の内部構造を見極めることがそれを了解するための条件であるにもかかわらず，私に与えられるのは言わば外観を整えられた「既製品」とし

＊91　平たく言えば，最初私は孤独感の内を生きるのみであって，何がその孤独感を構成しているか知らなかったし，ある程度それを明らかにした今でも背景化したままの構成要素は無数にあるだろう，ということである。

＊92　こういう言い方をしてしまうと，現実性（協力者の生きる体験）がまず与えられてくるかのような誤解を与えてしまうので不適切だったかもしれない。正確には，協力者の生きる現実性とそれを構成する事実性は，それぞれが少しずつ明らかになってくるというのが普通である。したがって，以下の議論は協力者が「語る物語」（「既製品」としての現実性）から協力者の「生きる物語」（真に生きられている現実性）を明るみに出していくための方法論について論じたものとして読んでいただければ幸いである。

ての現実性ばかりなのである。

　実は先に立てた仮定は，完全には成し遂げられないものである。現実性という枠の中からどうしてもこぼれ落ちてしまう事実性がある以上，その現実性ばかりを伝えられたとしても，そこにはどうしても不可知な部分が残る。全ての事実性と，それがいかにして体制化されたのかということを事細かに知ることが，先の仮定から導かれる完全な了解のあり方だが，それは彼岸にしかないものなのである。

　しかし，そう悲観的になってばかりもいられない。完全な了解などは原理的に不可能ではあるが，少なくともそこを目指そうとするからこそ，私は方法論を必要とするのである。いくつかの有力な方向性を挙げておこう。

　まず第一に，人はさまざまな体験を同じような形式（を有する「物語」）で語る。ここまでずっと孤独感の例で説明してきたが，もし私が「語り合い」の協力者であったなら，もちろん，そこで語られるのは何も孤独感のことばかりではないだろう。孤独感の「物語」，ヒットを打つ「物語」，あるいは未だ語られていない諸々の「物語」を，それぞれ見比べてみれば，そこには私独自の「物語」の作り方，事実性の組織の仕方の特徴が浮かび上がるはずである。前述の森岡は"セラピーの方向性は，断片的に語られる出来事と出来事とのあいだに繰り返し使用されるプロット（筋）やテーマを発見していくこと"（森岡，1999，p.82）であると述べているが，それと同じように各「物語」を縦に横に貫いているその人なりの構造化傾向を明らかにすることで，その人がどのような体制化を行う人なのかが見えてくる。実は，そうした事実性の体制化の仕方こそ，まさにその人の固有性なのであって，私たちが一番初めに挙げた目標「協力者を了解する」は，これ[93]を明らかにすることを目指すものなのである。この構造化傾向が明らかになり，その人が出会われてくる事実性をどのように体制化しているのかが調査者に逐一伝わってくるようになったときにこそ（事実性はその人の語る「物語」を通してしか知られようがないから，これはまさにその体制化の過程を「遡行」していく過程であるが），その人が語る各「物語」の本当のアクチュアリティも了解されてくるのである。

第二に，人は語り直しをすることがある。私の孤独感の例に明らかなように，この新たな「物語」がかつての「物語」を（逆にかつての「物語」が新たな「物語」を）よりよく了解させることがある。というのも，新たな「物語」が，かつての「物語」において背景化されていた事実性を「図」として取り上げ直すことで，どのような事実性がかつての「物語」を支えていたのかが一層明らかになるからである。かつての「物語」は新たな「物語」の中に組み込まれるが——「かつての物語は間違いだった」という組み込み方もあり得る——，それを支えていた事実性はなくなってしまうわけではない。それぞれの「物語」が違うからと言って，またそのどちらも事実性そのものを直接的に伝えるものではないからと言って，私たちは「『物語』の変容するありさまの忠実な記述」の域に留まる必要はないのだ。かつての「物語」も新たな「物語」も，相対的なものにすぎないと言うのは簡単であるが，私たちはむしろ両者を積極的に照らし合わせることで，生(なま)の事実性（素材）が何であり，それが両者の「物語」においてどのような位置を占めているのかを探究し，それぞれの「物語」をより十全に了解するよう努めるべきである。

　第三に，共通の事実性に触れていると思われるような人たちの「物語」を比較検討してみれば，その事実性の生(なま)の様態と，それがどのように組織化されているかということが，共によりはっきりしてくるに違いない。これは，個人の各「物語」を貫く構造化傾向を見出していくという方法を，複数の人たちが語る各「物語」に応用するものであると言える。具体例を挙げて言うとすれば，例えば，青年期にある人たちはある共通の事実性に触れていると考えられる。青年たちとの「語り合い」の中で，その事実性

＊93　それはそのまま，その人が住み着いている世界，ないしはその人の「ありよう」であると言って良いだろう。ただしそれ（構造化傾向）はそれ自体で取り出せるものではなく，必ず構造化されるべき素材とともに提示されなければならない。例えば「アイデンティティ拡散は〈他の場〉の〈否認〉である」といっただけでは何を示したことにもならないのであり，そこには必ず「何が，どんなふうに〈否認〉されるのか」という具体例の提示が必要である。

が何であり，それが彼らにおいてどのように体制化されているかを明らかにすることができ，しかもそれが青年期独特のものであることが分かれば，その事実性，およびその体制化の仕方は青年期の特徴とでも言うべきものを強く示唆するだろう。同時に，ある一群の青年たちにはある特徴的な体制化の仕方があり，別の一群の青年たちにはそれとは違った体制化の特徴があることが分かれば，それは青年たちの類型論に寄与するだろう。さらに，そうした作業を進めつつ，ある個人に向かってみれば，その人の生きるアクチュアリティやその人独特の「ありよう」というものが，一層はっきりしてくるに違いない。青年心理学は，これらの各作業を全て同時に，ゆっくりと進めることで，青年一般の特徴と青年の類型論的特徴，ある青年の個人的特徴を次第に確定していくことができるのだと考えられる。

　以上，3つの方法に共通することは，ある人が生(なま)の事実性を組織化して作り上げた「既製品」としての「物語」(現実性)に対して，各「物語」を比較検討する中で「真理」に迫ろうとする点である。ここで私が言う「真理」とは，青年一般の特徴でも良いし，類型論でも良いし，ある青年の個人的特徴でも良いのだが，ともかくある「物語群」[94]を貫く「事実性の組織の仕方」(同時に，それによって浮かび上がる「物語」のアクチュアリティ)を指す。したがって，その「真理」は全ての事象，全ての「物語」をそれによって説明してしまえるような絶対的原理としての「超越的真理」ではなく，出会われた「物語」全てに「一応」妥当するような「遍事象的真理」，新たな「物語」が現れたときには再び検討に付されねばならないような「遍事象的真理」である[95]。また，事象の説明原理というよりはむしろ，その事象そのもののより深い意味の発見である。

　「物語」一つひとつは，「超越的真理」に対して確かに等価であるかもしれない(そんなものがあったと仮定しての話だが)。一つの「物語」が語り直され，別の「物語」になっていくという側面にのみ注目すれば，そして私

---

*94　青年たち一般が語る物語群，あるタイプの青年たちが語る物語群，一人の青年が語る物語群などを指す。

たちの手に入るものはいつもすでに加工された「物語」（不完全な事実性）だけなのだとすれば，私たちは結局いつも「（超越的）真理」の一歩手前で動くしかないようにも見えるし，そういう意味で「真理なんて無いのだ」と言いたくもなる。だが，それら各「物語」を比較検討してみれば，少なくとも「遍事象的真理」に近づくことは恐らくできるのであって，むしろそうすることによってのみ，各「物語」の本当のアクチュアリティも了解されてくるのだ。

そして，そうした考え方をするときにのみ，ある「物語」に対して別の「物語」の方により高い「真理性」を置くということもできるようになる。つまり，「遍事象的真理」というものを解明していこうとする中で，ある「物語」がそれを浮き彫りにしてくれるような示唆に富むものであるならば，私たちはその「物語」により高い「真理性」を置くことができるのではないか。「遍事象的真理」の観点から，という条件つきでならば，私は自らの議論展開，理論構築において，より高い「真理性」を有する「物語」を語っていくことを目指すのだと，はっきり言ってしまっても良いのではないか。一方，協力者の方でも，自らの「物語」の「遍事象的真理」を知ることによって，自分自身の体験をより深く了解することができるようになるのではないか。つまり，私の行う研究が，私だけの独断的な「真

---

*95　例えば，多数の被験者に対して統計的手法を用いて知見を導き出すような数量的研究の場合，有限な数の被験者への調査を通して「誰にでも当てはまる」一般法則が導かれる。ここには有限のものから無限のものへの跳躍があり，そういう意味で数量的研究は「完全な知」を目指していると言えるかもしれない。一方，協力者一人ひとりの「生きる物語」を地道に探究していく「語り合い」法では，常に完全には了解できない領域が残り，そこでの知見は「不完全な知」に留まる。それは必ずしも悪いことではなく，そこにこそ一人の人をよりよく了解する余地が，また次に出会う人の生に丁寧に向き合う姿勢が生まれるのではないか。そして，そうした視点のもとでは，各「物語」は決して「多様だが等価なもの」や「一般法則のもとに没個性化されたもの」ではなくなって，ときに了解をぐっと深めさせるような極めて意味深いものからそうでないものまで，ある程度の優劣がつけられるものになるのではなかろうか（そうでないと研究者の生み出す学知という「物語」は何であっても良いことになってしまう）。大変混乱した「真理」概念の用い方であるが，ここでは概ねそういったことを述べようとしている。

理」に基づくのではない，協力者とそれを分かち合えるような豊かな「物語」になるのではないか。

　私の議論も協力者の語りも，確かに「物語」ではある。しかし，そのどちらともに「遍事象的真理」により近い，「真理性」の高い「物語」となることが稀にあるのだと，私はそう考えたい。恐らく先に挙げた社会構築主義的な言説，全ての「物語」は「あくまで一つの意味の秩序の創造，一つの現実の創造であって，それがより確かな現実であるという保証はない」という言説も，これまで幾多の「物語」に出会い，それが更新され続けるのを見てきた結果生み出された一つの「遍事象的真理」として，それ固有の価値を持つものなのである（もっとも，やはりそれは注意深く検討されねばならない）[96]。

14　私は「物語」のアクチュアリティにいかにして迫れるのか

　"心理学や社会学や歴史学は，その研究が進むにつれて，あらゆる思考あらゆる意見，特にあらゆる哲学を，心理的・社会的・歴史的等外的諸条件の複合作用の結果として示そうとしました。……〈中略〉……ところが，そのためにかえって，これらの諸科学はおのれの基礎を危うくする破目に立ちいたりました。事実，もしいろいろな思考や精神の指導原理が，いつでも，精神に働きかける外的諸要因の結果にすぎないとしたら，私が何ごとかを主張する際に拠り所とする〈理由〉は，実は私の主張の本当の〈理由〉ではないことになります。私の主張には〈原因〉，つまり外からの決

[*96]　ここでようやく明らかになったように，ここまでの議論は，ある種の危うさを孕む物語論的アプローチや社会構築主義と何とか距離をとろうとするものであった。その危うさとは，協力者の真実の告白も，研究者の渾身の言説も，全て語り手の構成による「物語」にすぎないという見方を醸成しかねない論理構造をこれらが有しているということであり，下手をすれば協力者の語りの本当の意味を探究することもなく，各研究者が好き勝手にそれらを料理すれば良いのだといった軽薄な風潮を生み出しかねないということだったのだが，残念ながら現在の一部の質的研究においてそうした危惧が現実のものとなっている感がある。大倉（2008）を参照のこと。

定だけをこととする原因はあっても，理由はないことになるわけです。その結果，心理学者や社会学者や歴史学者のそうした根本仮説さえも，彼らの研究の成果そのものによって疑わしいものになってしまうでしょう"(Merleau-Ponty, 1962/1966, p.8)。

かつてメルロ＝ポンティは，人間科学一般が置かれた危機的状況をこのように述べたが，物語論的(ナラティブ)アプローチのそもそもの発想も，事実性を絶えず意味づけながら現実性を構成している「語る主体」の導入によって，言わば原因追究型の人間科学から脱却しようとするところにあったと言える。人間存在は，「外的諸条件の複合作用の結果」としての生を生きながら（生かされながら），同時にそれ以上の何か（現実性(アクチュアリティ)）を生きている。私たちがある経験を生きているという事実と，その経験を通じて私たちが生きているものとを区別しなければならないのだ（Merleau-Ponty, 1962/1966）。

実際，私もそうした発想のもとに議論を進めていきたいと思ったのだが，そこには大きな問題があった。つまり，協力者が語るある「主張」とその「理由」を「物語」と捉えたとして，では，私はその「物語」をどうやって扱っていけば良いのかという問題である。原因追求型からの脱却として構想されたナラティブ論は，当然ながら「物語」の変容の「原因」を研究テーマにすることはできない。かと言って，「物語」の変容が起きたという事実報告をしてみたとしても，それだけでは「物語」を通じてその人が生きているものの本質的意味を明らかにしたことにはならない。しかも，研究者の議論も一つの「物語」であると言われた場合に，どう答えたら良いかも定かではない。

そういうところから，前項までの議論がなされたわけだが，それでもまだ「物語」を通じて協力者が生きているもの，つまりは現実性(アクチュアリティ)をいかにすくい上げるかという問題に十分答えられてはいない。それは，ある「物語」が語られたという事実報告や，どうも協力者は斯々然々の現実性を生きているらしいという推測を，その人の外側から行うだけでは達成されない。では，内側から記述するのか。確かにそう言う方が私の感覚には合うのだが，しかし，それは具体的にどうすることなのか。例えば，協力者に

「共感」しつつ，彼の語りをそのまま記述してみても，実は外側からの記述と大差ないものができあがるというのが，私の経験である。また，「共感」という概念自体，曖昧であることは否めない。

そこで，私は前項の3つの方法を基本軸として据えたいのだが，しかし，協力者の語る「物語」の比較検討という，ある意味ではかなり分析的な態度が，一体いかにして「内側」からの記述を可能にすると言うのだろうか[97]。

まず，注意しておかねばならないのは，私が自らの孤独感を了解していなかったように，協力者も自らの体験を十全には了解していないということである。「語り合い」法の唯一の要請は，「あなたについて聞かせてほしい」ということであるが，これにより，協力者は自分についてであれ，自分の体験についてであれ，彼が見る諸々の出来事であれ，ともかく自らの体験世界を語るよう求められる。普段，私たちは自分の体験のうち，他者に伝えたいものだけを伝えて，それが伝わったと感じた時点で満足する。よっぽど不思議な体験をしたときを別にすれば，その体験の意味を改めて問うということはあまりしない。つまり，「嬉しかった」ことは「嬉しかった」こととして，「悲しかった」ことは「悲しかった」こととして，そのまま胸の内に留まるのである。しかし，「語り合い」法は，それが協力者にとって「どのように嬉しかったのか」「どのように悲しかったのか」を探ろうとする。もちろん，初めての面接などでいきなりそんな聞き方をすれば，協力者も困ってしまうだろうから，そこはやんわりと聞き出すような努力が必要である。ただ，ある程度回数が進んで，その「どのように」といった辺りを尋ねられるような信頼関係ができあがってくると，

---

*97　前項のような議論の仕方では，語られた「物語」の逐語録分析をしていくような方法論をイメージしてしまう読者がいるかもしれない。ここからの議論は，「語り合い」法が扱っていくのは決して語りの字面ではないのだということを強調し，では具体的に「語り合い」の場で，あるいは分析の際に，どんなことに注意しながら何をしていくべきなのかという問題について検討するものである。前項で述べたような構造化傾向を探っていくという方法は，決して語られた「物語」（逐語録）の構造分析をしていく「テクスト解釈」と同じものではないのである。

「語り合い」は徐々に「嬉しい体験」の意味や「悲しい体験」の具体的様相を明らかにしようとする志向性を強めてくるだろう。要するに，協力者は自らの体験にもう一度向き合って，それを私という他者に向かって言語化するということ，つまりは私という他者に了解させることができるように，協力者自身が自らの体験をより深く了解することをごく自然に求められていくわけである。「語り合い」の要請とは，言い換えれば，「あなたの体験を一緒に了解していきたい」というものなのである。

　実はここに大きな発想の転換がある。

　これまでの議論において，私が私自身の内面で孤独感の了解を深めていく過程を見てきた。そのときの鍵となったのが，第一の記述に対して私の中に生じた問い，すなわち「もう少し詳しく，その孤独感はどんなものだったのか」という問いであった。言うなれば，「語り合い」の中で，調査者である私はその問いの位置を占めるのである。私の中にいた2人の「私」（「私は，孤独を感じる私に，問いかける」）の一方の位置を協力者が占め，もう一方を調査者である私が占める。了解に至るまでの内面的な語らいが，「語り合い」の場に移されるわけである。あるいは逆に，「語り合い」の場で生じた対話は，そのまま協力者と私双方の内面に移されると言っても良い。

　私の問いに対し，協力者はいろいろな答え方をするだろう。つまり，彼が生きる現実性(アクチュアリティ)を私にいろいろな形で伝えようとするだろう。私はそれを了解しつつもこれを保留し，それが実際どんなものだったのかを探っていくために，ときには再び問い，ときには自分で考える。そうした私の態度は，やはり協力者にとって問いの意味を持つ。協力者はそれに対してときには答え，ときには「うーん」と考え込む。そうしたことを繰り返しながら，話題は少しずつずれていく。話題はときに新たなものに展開し，ときにかつて語り合ったものに戻ったりするが，そうやって，私は協力者のさまざまな「物語」が徐々に形をなしてくるのを待つのである[98]。

　もちろん，いつも必ず私がそういった問いの位置を占めるわけではなく——セラピーのように「治療」という目的があるわけではないのだから，

それはいささか窮屈に過ぎるだろう――，ときには協力者が問いの位置を占めたり，あるいはそれぞれ相手の体験を了解して（した気になって）喜んだり，それは違うと反論を楽しんだりもする。そんな中で，ふと協力者にとって重要な「物語」が語られたりすることもあって，私は再び「それはどういうこと？」と尋ねてみる。

　「語り合い」とはそうした場（まず，純粋に自由な会話を楽しむ場）である。実際，そこでは極めて流動的に両者がさまざまな役割をとる。ただしかし，その根底にあるのは，協力者からできるだけ多くの，豊かな「物語」を引き出していこうとする態度であり，大きく見ればやはり，協力者の内面的な語らいにおける問いの位置を私が占めているような，そんな状況なのである。

　ところで，問題は，前項で挙げたような各「物語」の比較検討という方法が，いかにして「内側」からの記述を可能にするかという点にあった。今の議論から分かることだが，実は，私は「語り合い」という場において，もうすでに協力者の内面に入り込んでいる。それは彼の内面を了解しているなどということではなく――彼だってしていないのだから――，より正確に言えば，その了解に至る際に鍵となる問いの位置を私が占めているということである。あるいはまた，彼の体験について彼とともに考えようとしているということである。そんな私にようやく与えられているのは，彼の体験についてのいくつかの「物語」，イメージだけである（これを得るのも大変なことだが）。それらだけが確実に彼の生きている世界の一部を反映している。言わば，彼の世界は断片的にしか見えてこないのである。

　しかし，ここで（やりたくなるが）やってはならないことは，そうした世界の不足分を補うために，何らかの既成の学知や常識に訴えて彼の体験を説明してしまうこと，あるいは無理やり断片を結びつけるような「推測」をしてしまうことである[99]。なぜか。それは，即そのまま，彼とともに考

[*98] ここで述べていることは，後に「三角形の対話」（神田橋，1997；大倉，2008）という「語り合い」法の方法論に結実する。

えることの放棄を意味するからである。例えば，彼が感じた孤独が一体どこから来ているのか，私に今一つ伝わらない場合でも，それは彼が自分の孤独をその程度においてのみ了解しているということであって，彼とともに考える私は，一緒にそこから考え出さなければならないのである。つまり，ここで大事なのは，私が問いの立場，彼とともに考える立場を堅守することである。「不足を補う」という発想は，その立場を捨て去ること，それを繋留点とすることによってのみ私が彼の内面に入れていたところの，その足場を自ら放棄することである。

　そうではなく，彼の世界の体制化の仕方，事実性の構図は，もうすでに私の手持ちの（それはそのまま彼の手持ちであるわけだが）「物語」，イメージの中にしっかりと顔を出しているのだと見なければならない。それぞれの「物語」の中に，すでに「遍事象的真理」は具現化されているのである。私が行うべきことは，それぞれの「物語」に共通する筋やテーマ，つまりは彼という固有の主体が行う独特の体制化の仕方（構造化傾向）を，「物語」一つひとつにじっくりと向き合うことで（それぞれを安易な「推測」によって結びつけることでは決してなく），発見することなのである。実際，何らかの専門的学知や推論に訴える手段とは全く逆に，これは彼自身にとっても実行可能な唯一の方法である。ふと感じた孤独感についての内面的な（あるいは，「語り合い」の場における）語らいの中に，すでに現れていた「これじゃ間に合わないという声がやけに耳につく」という表現。その表現から広がるイメージにじっくり向き合い，それを感じようとしてみること。それは彼自身が行っていることでもある。そうしつつ，他の「物語」――

＊99　ここにあるように，博論執筆当時は協力者の語りに対して「知的解釈」を加えることを戒めるような立場をとっている。了解を絶えず保留し，相手の言わんとしていることを間主観的に把握しつつ，これを客観的に分析していく（後述）ということが，「語り合い」という方法の第一原則だと思われたからであるが，最近ではこの「間主観的把握」そのものに何らかの知的活動（知識，想像，比較，洞察といった）が不可欠なのではないかと考えるようになってきた。したがって，ここで戒めているのは，あくまで「強引な頭での解釈によって協力者の語りを分かった気になってしまうこと」であると理解していただきたい。

孤独感以外の「物語」——にも向かいながら、そこに共通する何かを発見する[100]。「そうか、あのときの自分（彼）は……」という彼による彼自身の、あるいは私による彼の、了解が一つ深まるときに起こっているのは、そうした過程なのである。

　そういった意味において、「物語」一つひとつからイメージを膨らませて、それらを比較検討するという作業は、彼による彼自身の了解と、私による彼の了解とを「同じもの」にする可能性を秘めている。鍵になるのは、その作業が「共感的」か「分析的」かではなく、それをする際に彼の「物語」の外側に出てしまわないことである。何らかの学知によってイメージを説明してしまうのでもなく、それらを安易な「推測」で結びつけるのでもなく、あくまでもそのイメージの中に留まること。つまりは、彼の内的語らいの内部に留まること。それを自らの規約として課し、「物語‐内在的」な位置を固守しながら、彼の「物語」を了解しようと努めれば、そこには彼のものであると同時に私のものでもあるような了解が、単に彼の語りの羅列に終わらないような記述が、生み出されてくるに違いない。

15　「語り合い」法を支える研究観

　協力者の「物語」を学知や「推測」で説明することを拒否しつつ、あくまで彼の「物語」の内部に留まるということは、彼の語った言葉を忠実に紙面で再現することで良しとするといったことではないし、彼の「物語」に分析や考察を加えることを一切拒否することでもない。言葉の意味というのは、どこまで行っても「暗示的に開示される」しかない以上（本書p.297）、そんなことをしてみても「厳密性」にいささかも寄与することがないのは明らかである。調査者や読者一人ひとりがそこに読み取る意味はきっと違うだろうし、たとえそれが同じだったとしても、その意味が協力者の体験を十全に表現しているわけではない。むしろ、調査者は「語り合

---

*100　構造化傾向とは語りから広がるイメージを協力者と共に味わおうとする中で感じられる、構造を次々と生み出していく運動そのものであり、逐語録分析のみによってそれを明らかにすることはできない。

い」の場で彼の内面に入り込んだ者として，協力者自身にすら十分了解されていない彼の体験のより深い意味を，調査者自ら了解しようと努め，その結果をこそ協力者と読者に示すべきである。言わば，読者の代わりに，そして協力者の代わりに，調査者自身が協力者の語りの意味を了解する作業を遂行し，その過程を示すのである。

　これは一見，不遜で傲慢な態度であるように見えるかもしれない。調査者である私が，他者である協力者の内部に入るとか，その内部に留まって協力者とともに彼の体験の意味を考えるなどと言ったって，所詮そこから導き出されてくることは調査者の主観性の産物にすぎないのではないか，そう言われるかもしれない。そうした批判には，私がここまで行ってきた議論（かなり慎重な方法論）が全て答えているとは思うが，一度それに「正面切って」答えておくのは有意義なことだろう。そのためには，「自然科学や人間科学における学知とは何であるか」という，やや「大きな」話をしなければならない。

　まず，協力者の体験について〈私〉が了解するということ，それを記述すること，それが〈私〉の主観性の産物なのだと言われれば，「そうだ」と言うしかない。協力者の体験が確かに「有る」ということ，そしてそれが「どのようなものとして有るか」ということを，了解し記述したのは，〈私〉である。

　話が前後するが，了解の最初の萌芽は，ある存在が確かに有るということ，どのようなものとして有るかということを，〈私〉が認めるということである。ちょうど，〈私〉の孤独についての第一の了解が，「孤独」が有るということ，それが確かに「孤独」というものとして有るということを（他ならぬ「孤独」としての性質を持つということを）認めることであったように。

　このことは，〈私〉の世界の中の全ての存在に対して，〈私〉が保有している最も素朴な了解全てについて言えることである。すなわち，〈私〉は〈私〉の目に映る全ての存在が，少なくとも有るということを，そしてどのようなものとして有るかということを，（極めて素朴にではあるにせよ）了

解している。

　さて，今〈私〉の目の前にはリンゴが有り，丸くて赤く，食べると甘酸っぱいなどといった性質特徴を持つものとして有る。今そのリンゴを手に持って，手を離してみると，当然それは下に落ちる。それを繰り返すうちに，ふと，この「落ちる」という性質特徴はリンゴと地球が引き合っている結果ではないかという事象のより深い意味（一つの本質的意味）が直観される。ついに，リンゴの性質特徴から「万有引力」という意味が〈抽出〉され，リンゴと地球に限らず，全ての物体は引き合っているのだという理論が組み立てられる（万有引力の法則の成立）。その法則の妥当性は，〈私〉の世界に有るもの全てにそれが当てはまるということによって保証されている（実際，ニュートン力学に矛盾する極限的事象が〈私〉の世界に有ることが発見されたことによって，相対性理論が必要になったわけだが）。

　さて，今のが自然科学の誕生だとして，次に人間科学，とりわけ心理学における学知とは何であろうか。

　この〈私〉の世界の中には「私」が「私性」を持つものとして有り，「他者」が「他者性」を持つものとして有る。「私」も「他者」もそれぞれ固有の内面（こころ）を持つものとして有ること，それゆえ「私」も「他者」も「人間」として有ることを〈私〉は了解している。〈私〉はこの「私」にも「他者」にも当てはまるような「遍事象的真理」——とりわけその内面生活を明らかにするようなもの——を見出そうとする（それが必ずしも自然科学的な真理ではないことには，前項の冒頭で触れた[101]）。

　さて，そのためにはどうするのが近道か。

　自然科学と同様，人間科学においても，〈私〉には最も身近なものとして手に入る「リンゴ」が必要である。「リンゴ」という存在にも顔を出し

---

*101　つまり，自然科学が主に（ある特殊な）事実性の次元の諸法則を明らかにすることを目指すのに対して，人間科学（少なくとも私の目指す学）は人々が生きているもの，現実性の次元を照らし出すような言説を生み出そうとするのである。この区分は，後に自然科学の「操作性の欲求」と「語り合い」法の「人間的了解の欲求」の区分として煮詰められていく（大倉，2008）。

ていた（具象化していた）「遍事象的真理」を、〈私〉はその「リンゴ」の性質特徴を吟味することによって〈抽出〉したのだった。では、この場合、「リンゴ」は何か。つまり、私にとって最も身近な心理学的材料（人間の内面生活）とは何か。

〈私〉にとって最も身近な内面生活、それは「私」の内面生活である。〈私〉は「私」の内面生活を深く吟味しこれを深く了解することによって（というのも、それはまだたいへん浅くしか、つまりは、例えば「私が感じたのは（単なる）孤独である」という形でしか了解されていないからであるが）、「私」に限らず「他者」にも当てはまるような「遍事象的真理」──事実性や構造化傾向、生きられる現実性など──を〈抽出〉することができるのではないか。少なくとも、それが「遍事象的真理」である限り、それは「私」の内面生活に必ず顔を出している（具象化している）はずであろう。こうして〈私〉は、まず何よりも「私」の内面生活を分析し、そこからある本質的意味を導き出してこようとする。人間科学においていつも必ずそうした方向性がとられるわけではないが──すなわち、いきなり「他者」の内面生活に向かおうとする方向性もあるのだが──、少なくともそこで導かれる言説は各研究者固有の「私」にも当てはまるもの（当てはまらないのであれば、なぜ当てはまらないのかを明らかにするもの）でなければならないだろう。

もちろん、〈私〉が〈抽出〉した「私」の内面生活についての言説が一つの本質的意味、ないしは「遍事象的真理」の表現にまで洗練されるためには、ある条件が必要である。すなわち、〈私〉に時折垣間見える「他者」の内面生活を考慮したときに、その言説がそれらに矛盾しないということである。あるいは、矛盾するならば、なぜ矛盾するかということが明らかにされねばならないということである。〈私〉は「私」の内面生活からある本質的意味を〈抽出〉するときに、常に、〈私〉の世界の中の全ての「他者」──実際に出会った「他者」であれ、小説や映画で見た「他者」であれ、人間科学諸研究が提示してきた人間像であれ──の内面生活にも留意しておかねばならないのだ。

ごく簡単にまとめてしまったが、以上が、私の最も根底にある学問観、

方法論である。これを支える，とりわけ重要な鍵は，世界を了解しようとする〈私〉と，その世界の内部を日常的に生きている「私」とを明確に区別する点にある。私が協力者の内面生活を考察する——あたかも私自身の内面生活を語るかのように——のをつかまえて，「それは結局あなたの主観性の産物ではないか」と批判する人たちの問題は，この〈私〉と「私」とを混同してしまっていることである。〈私〉が〈私〉の「主観世界」において，リンゴの落下について吟味するのと同様に「私」の内面生活を吟味するからと言って，それがただちに（「恣意的」といった悪しき意味で）「主観的」であることにはならない[102]。

　心理学がその彼岸に指向するのは，人間の内面生活の了解である。それを了解するためには，誰かの内面生活が質草として与えられていなければならない。究極的にはそれは各研究者固有の「私」の内面生活である。「悲しかったから泣いたのだ」という最も素朴な了解でさえ，〈私〉が「私」の内面生活において「悲しい」ということと「泣く」ということとの関連を認めていなければ決して成り立たない。研究者にとって大切なのは，それを自覚することである。自分のやり方は厳密に「客観的」だと思っている人ほど，案外無自覚的に「私」の内面生活を「他者」にまで適用してしまっている場合が多かったりもする。〈私〉が「私」の内面生活におけるいかなる前提を用いて「他者」を了解しようとしているのか，それに自覚的でなければならない。そうでなかったら，（ひどい例だが）「Aさんが死んでBさんが泣いた」のを見るときに，実はBさんが嬉し泣きしていたのかもしれないという可能性を見落とすことになる。心理学においては，〈私〉と「私」の峻別は最初の出発点なのである。

　けれども（あるいは，したがって），〈私〉がやろうとしているのは，「私」の内面生活そのままに「他者」を了解しようということでは全然ない。「私」にとって「他者」は，ある絶対的な異質性（他者性）を持つがゆえに

---

*102　日常性を生きる「私」の「主観」を吟味する〈私〉の〈主観〉はフッサールが言うところの「超越論的主観性」（Husserl・立松, 2009）に近いと思われる。

「他者」なのだ。その極としては——しかもこれは大いにあり得ることだが——，「私」の内面生活の何一つとして「他者」のそれと合致しないということ，「あの人のことが全然分からない」ということだってある。しかし，そんなときにこそ，〈私〉は「私」の内面生活（むしろ，この場合は「存在条件」といった言葉がふさわしいかもしれないが）という質草を徹底的に検討して，「私」とその「他者」との異質性が何であり，それがどこから生じてくるのかを究明していく必要がある。逆に言えば，そうした異質なものとの出会いが人間科学を一段進める契機にもなるのであり，だからこそ〈私〉は「私」の内面生活の吟味に自足せず「他者」に向かうのでもある。「私」と「他者」の異質性の正体がそうやって突き止められれば，それはすなわち「私」と「他者」を共通の光のもとに了解させる新たな視座——異質な両者をつなぐ一つの論理——が生まれたということであろう。それが「遍事象的真理」ということの意味である。

16 〈私〉と「私」を切り分けることは不可能であるが，しかし，それでも〈私〉は記述する

しかしながら，私はやはり「それは結局あなたの主観性の産物ではないか」という批判には常に耳を傾けていたいと思う。なぜなら，〈私〉と「私」とを完全に切り分けるのは絶対不可能であることを，これまでのさまざまな学知（精神分析なり社会構築主義なり）が教えてくれているからだ。〈私〉は「私」の存在条件の全て，「私」の現実性を構成する事実性全てを一挙に照らし出すことはできない。〈私〉は，ある現実性の「図」や「地」として構造化されている諸々の事実性を確定し，それがどのように構造化されているかを見極めることによって，その現実性を了解しようとするのであるが，それでも「地」の「地」となった事実性，あるいは現実性の外側に追いやられることで現実性に輪郭を与えている事実性といった，より「周辺的な」事実性までを全て見通せるわけではない。

言い方を換えれば，何かを了解するというのは，さまざまな事実性をあるゲシュタルトへまとめあげることであるが，それは他の現実性が成立す

る可能性やそれ以外の意味が見出される可能性を狭めることにもなり得る。ゲシュタルト心理学で有名な「若い女と老婆」の絵において，一度「若い女」という現実性が形作られてしまうと，それを「老婆」に変えるのに一苦労である。「老婆」という現実性（あるいはそれを構成する事実性）は，自らを主張しないことによって，「若い女」という現実性を支えていたのである。つまり，完全な了解は不可能であるばかりか，むしろ了解には現実性の輪郭を明確にすることによって，逆にそれ以外の現実性が成り立つ可能性を抑えてしまう働きがあるのである。

したがって，〈私〉が「私」を十全に了解するということは不可能であると同時に，一つ了解を重ねることによって必ず背後に退こうとする何かがあるということになる。「私」はいつも〈私〉によっては了解されない存在条件を背後に抱えているのであり，そういった意味で，〈私〉と「私」とのあいだには常に了解されざる無意識的な関係（ある不透明な結びつき）が成立しているのである。

だが，〈私〉が「私」の内面生活や体験，それらを支える存在条件について，ある程度の了解を持ち，自覚的にそれを用いなければ，「他者」の内面生活やその体験の了解もままならないというのが前項の議論であった。だから，〈私〉はやはり「私」の体験についてどう了解しているか，そしてそれを「他者」の了解にどう役立てたかについて，しっかり記述していくことにしよう。研究論文などに一般的な主語省略の形ででではなく，それが他でもない「私」の体験であるということを明示しながら，本来〈私〉と「私」が切り分けられないものであることに絶えず注意を促していこう。言い換えれば，〈私〉が「私」について記述するということは，自らにとって究極的な意味では不可能な「私」についての了解をどこまでも繰り返していくことなのである。

逆説的にも，〈私〉と「私」の峻別とは，〈私〉がいかに「私」と分かち難いかを自覚することであり，「私」を「絶対的客観的視点」から見ることができるような超越的〈私〉には決して到り得ないのだということ——自然科学のように匿名の記述主体などにはなり得ないということ——

をわきまえることである。同時にそれは，それにもかかわらず「私」についての終わりのない了解を重ねる中で，仮想的にのみ想定される純粋な〈私〉の視点を実現しようと志向することなのである。

17 「語り合い」法は「間主観性」の分析を通して他者の内面生活に関する資料を得る

　前にも述べた通り，純粋な〈私〉を志向するなどと言うと，すぐさま「私」を対象化し，「冷静に」自分を見つめることなどと混同されてしまうのだが，〈私〉が「私」を了解する過程は全くそのようなものではない。自然科学の対象であるモノのように「私」を外側から見つめたところで，「私」についての了解など一向に進まないことにすぐ気づくはずだ。そうではなく，了解とは〈私〉がある体験や内面生活を生きる「私」にもう一度住み込むことである。言い換えれば，「私」が今まで無自覚的に生きていた現実性を自ら積極的に生き直そうとしたときにこそ，新たな了解をなす〈私〉が生成する。「(孤独という)こと」の内を生きていた主体が，それを積極的に生き直すとき「私は孤独を感じる」(「〈私〉は，孤独を感じる「私」を，見る」)という最初の了解が成立したのを思い起こしてほしい(本書 p.321)。〈私〉による「私」や「孤独」の対象化は，その結果であって条件ではないのだ。

　ところで，〈私〉による「私」の体験の了解から〈抽出〉されたある言説が，確かに「遍事象的真理」であることが確認されるためには，ある条件が必要だった。すなわち，〈私〉の世界の中の「私」によって感受される，「他者」たちの内面生活に対しても，その言説がきちんと妥当する，あるいはそれらの異質性をきちんと説明できるという条件である。この条件が完全に満たされるのは，それこそ「私」も「他者」も含めた全ての人間存在の内面生活が包み隠さず露わになっており，それら全てに妥当するような言説を生み出せたときであろうが，残念ながら〈私〉にとって「他者」の内面生活はいつも断片的にしか開示されないし，全ての「他者」に当たってみることもできない。したがって，少なくとも一応〈私〉に見え

ている「他者」の内面生活全てに妥当するような「遍事象的真理」で事足れりとする他ないわけだが，もちろん究極的に目指されるべきは全ての「他者」の全内面生活への妥当性ということであろう[103]。

　では，その究極的な目標を目指してどのような調査を行うべきだろうか。一方では「他者」の数をできる限り増やせば良いとする見方がある。ある程度の人数を集めて統計学の助けも借りれば，「他者」の数という点では究極的な目標にかなり近づけるだろう。ただ，この方法の弱点は，もう一つの要件がかなり怪しくなるということ，すなわち「他者」の内面生活というにはあまりに断片的な資料しか手に入らないということである。また，その一方では，次のような見方も成り立つ。すなわち「遍事象的真理」というからには「私」の内面生活の中にもそれは必ず顔を出している（具象化している）はずだから，〈私〉は「私」の内面生活を十全に了解することによって，諸々の「遍事象的真理」を導き出せるに違いないとする見方である。ただし，この方法の弱点は，〈私〉は決して「私」の全てを了解できないということ，およびそこから〈抽出〉された言説が確かに「他者」にも妥当することを確かめようとする際に，やはり断片的にすぎる「他者」の内面生活の資料しか手元にないということである。どちらの方法も原理的な方法論的正当性を持ち，またそれらの方法で研究することは重要でもあるのだが，どちらも「他者」の内面生活の資料に乏しいという弱みを持つ。そこで有力な第三の方法が浮上する。すなわち，たとえ少数ではあっても「他者」と深く関わる中で，彼らの内面生活についてのより豊かな資料を手に入れようとする事例研究である。「語り合い」法もこれに入る。

---

*103　人間存在の深部に切り込むほどに，全ての人間に当てはまる一般法則の発見は難しくなることは明らかだから，ここでこのように言ったのは不適切だったのかもしれない。「語り合い」法は全ての人に当てはまるような「一般法則」を目指すものではない，というのが今の私の考えである。ただし，ある協力者についての深い了解が，読者に対して何か訴えかけるところを持ち，生の何たるかについての洞察を与えるといった意味での，「全ての他者の内面生活に深く関連する記述」，あるいは「異なる他者をより深く了解させる記述」は可能かもしれない。

さて，そうすると，ここで事例研究ないしは「語り合い」法に特有の一つの問題が生じてくる。すなわち，他者の内面生活はどのようにしたら私に対してより開かれてくるのかという問題である。その問題に答えるためには，まず，「他者」の内面生活が私に対して（すでに）どのようにして開かれているのかを考えなければならない。

　何かを了解しようがしまいが，私は常にある現実性の内に生きている。私を取り巻く諸々の事実性は私固有の仕方でいつもすでに「図」と「地」に構成されている。その現実性の内に他者も含まれている。私にとって，他者は私と同じように彼固有の内面生活（志向性）を持つ「他の私」として有ると同時に，その内面生活（志向性）は私のそれとは異質で，いつもその一部は不透明だという性質（他者性）を持つものとして有る（したがって，ここにはすでに「有る」を認める最低限の了解は成り立っていることになる）。しかし，そうした他者の存在（に対する了解）は，そもそもいかにして可能になっているのだろうか。

　第一に，他者が私と同じように内面生活（志向性）を持つ存在であることが私に了解されたのだとすれば，少なくともその了解以前のどこかの時点で，私の志向性と他者の志向性とが合致する経験，正確に言えば他者の志向性が私のものとなったり，私の志向性が他者のものとなったりといった形で両者の志向性が絡み合うような経験があったのでなければならない。いや，未だ他者の存在が成立していない状況について考えているのだから，そうした言い方も正確さに欠けているのであって，それは私も他者もないような経験，私と他者が一体であったような経験なのだと言わねばならない。

　私は必ずしも，他者の言動や表情から「推測」することによって，彼の志向性を把握するのではない（そうしたことをすることが全くない，と言っているのではない）。というのも，そうした「推測」をするためには，まず，その前提として，他者が（私と同じように）何らかの志向性を持つ存在であること，および「推測」が必要なほどに彼の志向性が謎に包まれているということ——つまりは彼が他者であること——が了解されていなければな

らないからだ（この了解がなければ，どうして「推測」すべき内面生活の「ありか＝他者」をそれとして見定めることができようか）。今問題にしているのは，その了解自体がどうやって成り立っているかということである。その了解が成り立つためには，やはりまず第一に，私の志向性と他者の志向性が絡み合う経験，私が他者であり他者が私であるといった「自他混交」の経験が必要である。

　第二に，他者の内面生活（志向性）が私のそれとは異質であるということが了解されるためには，私の志向性と他者の志向性とがずれる経験が必要である。これは第一の条件よりはまだ分かりやすいかもしれない。それというのも，私たちの日常生活は，実際，私と他者の志向性がずれる経験に満ちているからであるが，かと言って，第一の経験に全く思い当たらないわけでもないだろう。

　この第一，第二の条件のもとに初めて，私の現実性の中に特異な存在，他者が成立する。この2つの条件を（私なりに）「間主観性」と定義することにする。「間主観性」は他者が成立するための条件であり，他者は「間主観的」存在として，つまりはその志向性を幾分かは開示し幾分かは包み隠した存在として，いつもすでに私の現実性の内に立ち現れているのである。

　ここで私は，私の現実性を了解するために（厳密に言えば，今まで有していた「最低限の了解」を，新たな了解へと再体制化し深めるために），了解の主体である〈私〉を立ち上げることにしよう。〈私〉の世界の中には「私」と「他者」，および「私」に対しての「他者」の立ち現れ方である「間主観性」という三者が，それぞれそういうものとして有ることになる（とは言うものの，この三者は決して切り分けられないのだが）。すでに，〈私〉は「私」についても「他者」についても実は十全には了解していないのだと述べたが，これは「間主観性」についても当てはまる。〈私〉は「間主観性」という体験を完全に了解してはいない。

　例えば，今日親友との帰り道に，彼が突然押し黙るように無口になってしまったということがあったとする。そのとき私は特に何とも思わなかっ

たのだが，後でそのことが妙に気になってくる。彼のあの無口の意味は一体何だったのだろうと，もう一度あの場面を振り返って考えてみる。こんなとき，私はすでにある体験を了解しようとする〈私〉を立ち上げつつ，あの場面を生きていた頃の「私」に感受された「彼（他者）」の志向性を——当時は別に何とも思わなかった彼の志向性，つまりは私にとってそれほど問題となるような（例えば怒りだとか，不機嫌さだとかいった）ものではないと捉えられていた彼の志向性を——，もう一度再体制化しようと（了解し直そうと）しているのだ。当時，「私」と「彼（他者）」とのあいだに成り立っていた「間主観性」は，今や謎を秘めたものになる。

　ここで〈私〉がすることは「間主観性」そのものの意味を問うということである。気の早い人ほど，例えばそれは私に対する彼の怒りの現れであったのだと決めつけて慌てたりするものだが，彼のことをよく分かろうとする人は全ての了解を一旦保留し，もう一度当時の「私」に住み込んでみることによって，「あのとき彼は怒っていたのだろうか，あるいは何か不機嫌になることでもあったのだろうか，それとも何か他の意味があるのだろうか」と問うだろう。同時に，それは「私」や「彼（他者）」の志向性のあり方を問うということでもある。言ってしまえば，すべての意味決定を一旦保留して，もう一度「私」「彼（他者）」「間主観性」の三者関係を一から構成し直そうとするわけである。

　その構成がうまくいくと，例えば次のようなことが導かれるかもしれない。

　あのとき彼は確かに何か私に言いかけた。ところが，私はそれを特段気にすることもなく，ちょうど目に入った馴染みのお店のことを話題にした。彼は物静かな男だから，自分の気にかかっていたことを引っ込めて，私の話に合わせてくれたのだろう。その話題が一通り終わったところで，彼はまた自分の気にかかっていることを私に言うべきか否かを考えていたに違いない。だから無口になったのだ。しかし，今になって思えば，私は心のどこかでは，彼が何か少しばかり深刻な問題について話し出そうとしているのを感じていたのだ。ただ，そのとき私は実のところ彼女にふられたば

かり。かなり参っていて，そうした話をできれば聞きたくないという思いがあったような気がする。だからこそ，特別面白くもないお店の話などを話題にしてしまったのだ。彼もそんな私の思いをどこかで察していたからこそ，無理にその話をするのをためらっていたのかもしれない……。

こうして，〈私〉は「私」や「彼（他者）」の心の内面深く入り込んで，彼の無口に対して新たな了解を形作る。もちろん，ここにおいて「間主観性」の意味も「単なる違和感」といったものから，より深いものへと変わっており，その内容構造（「図」や「地」）もかなり明瞭になってきている。「私」「彼（他者）」「間主観性」の三者，およびその関係は，こうしてより深く了解し直されるのである。

ただし，こうした了解が形作られてくるためには，いくつかの条件が必要である。他者の内面生活はどのようにしたら私に対してより開かれてくるのかという問題に答えることにしよう。

まず上記の例に明らかなように，その場を生きていた当時から，彼の行動や表情に現れたその志向性について私がある程度の敏感さ（印象受容能力：Blankenburg, 1971/1978；鯨岡，1999a）を有していなければならない。私が彼の志向性から自らを閉じて，無理にお店のことを話題にしたという上の例では，彼というよりもむしろ私の内面に対する了解が深まっているが，もしその当時私が彼の志向性にもう少し気を配っていたならば，事態は彼の内面がより明らかになる方向へと向かい，少なくとも彼の言わんとしていたことがどういったことであるのか，もう少し深く了解されていたに違いない（上の例も，これはこれでなかなかに興味深い，一つの了解の形ではあるが）。

しかし，他者の志向性に気を配るというのは案外難しく，例えば相手の一挙手一投足も見逃さないような凝視の姿勢ではあまりに不自然で彼に「どうしたの？」などと聞かれかねないし，かえって見えるものも見えなくなる。先に述べたように，「間主観性」は他者の言動からその内面生活を「推論」することではないので，言動にばかり目を奪われてもその内容はあまり豊かにはならない。むしろ，まず何よりも彼の志向性を感じよう

とすること，次に雰囲気や印象といったものを大切にすること，その場の流れに逆らわず自然にあること（例えばそこで緊張してしまうのならば緊張に身を委ねてしまう，といった意味で），言わば「身体を開く」こと（鯨岡, 1999a）などが重要になってくる。私見では「彼のことがよく分からなかった」というのも，それ自体立派な分析の材料であるから，ともかくあまり構えずに，「彼はどう思っているんだろう？」といったくらいの気持ちでその場に向かえば，なにがしかの「間主観的」材料は必ず手に入るだろう。

　さらに，いかに印象受容能力を高めてみても，初対面の他者の志向性をいきなり深く感受するのは困難である。上の例でも，彼の普段の態度や，物静かだという彼の性格，それに対する普段の私のあり方といったものについての情報，つまりは私と彼との関係の歴史の中で積み上げられてきたあらゆる蓄積物がなければ，彼の様子がいつもと違うなどといったことすら把握できないだろう。他者の内面生活がより開示されてくるためには，当たり前だが，ある程度の関係の歴史が必要である[104]。

　ところで，上記の例に対し，再び「間主観性とか何とか言っておいて，それは結局あなたの主観性の産物ではないのか」という批判が繰り返されるかもしれない。それに対しては私も再び「そうだ」と答えることにするが，それは決して「恣意的」であることを意味しない。そういう批判をする人は，またしても〈私〉の主観性と「私」の主観性とを混同してしまっているのだ。

　言うまでもなく，「間主観性」はまずは「私」の主観内において捉えら

＊104　このように「間主観性」には諸々の知識・情報・信念等がすでに含み込まれている。身体的次元での感受性を高めるだけでなく，こうした言語的次元における蓄積物を増やすことが「間主観性」の中身を了解するためには不可欠である。もう少し言えば，ある青年についての事例研究が，他の青年の了解をも助けることがあるのは，その研究が蓄積した何らかの知識が，後者の青年とのあいだに生じた間主観性の了解にも役立つためだと思われる。そういう意味においてならば，学知を利用して一人の人間を了解するということもあって良いのかもしれない（青年を無理に学知に当てはめるのではなく，学知を青年の了解に生かすのである）。

れる。ただし、すでに見てきたように、それこそがまさに「間主観的」存在としての他者の成立要件なのでもある。了解の主体としての〈私〉は、この「私」が捉えた「間主観性」を保留しつつこれを再吟味し、それを「私」や「他者」の内面生活と新たに関係づける（新たな三者の関係を、さまざまな情報を用いつつ、矛盾が出ないように慎重に構成する）。これは、「私」に捉えられた「間主観性」を無自覚的かつ恣意的に利用し、例えば「あのときの無口は、彼が怒っていたことの印だ」などと即決してしまうこととは全然異なる客観的な操作である。上のような批判をする人は、自分のこれまでの「間主観的」経験、他者経験に一切頼らずに、一体どうやって他者を他者として同定し、その内面生活――感情であれ、意図であれ、欲望であれ――に迫ろうと言うのだろうか。

18 方法論の総括
――間主観的アプローチとしての「語り合い」

　「語り合い」の場とは、一見言語的なやりとりの場であるように見えるかもしれないが、むしろそれ以上に「間主観性」の場であると言った方が良いかもしれない（ただし、先に私がこの概念を他者と「つながれた感じ」を指すためにも、「つながれない感じ」を指すためにも使い得るものとして導入しておいたことには注意していただきたい）。

　実際、言葉の意味というのは、話し手と聴き手両者の拠って立つ一般的な言語体系や常識といったものをある程度下敷きにしながらも（前にも述べた通り、これは共通していると思われているだけで、大いに異なっている可能性がある）、それ以上にその場の雰囲気や話し手の表情、語り口、身ぶり、聴き手の態度、両者の関係の歴史といったものに大きく左右される。いや、そうやって言葉と意味とを切り分けるのをやめて、「言語活動は所作である」としたメルロ＝ポンティに従えば、"話すということは決して思考を話し言葉に翻訳することではなく、言葉によって或る対象を志向すること"（Merleau-Ponty, 1962/1966, p.73）であり、聴き手は話を聴きながら"単におのれ自身の思考を生きているだけではなく、言葉(パロール)の遂行のなかでおの

れが聴き入っているその相手になる"（Merleau-Ponty, 1969/2001, p.157）のである（当然，話し手も自ら言葉(パロール)を遂行することで，ある対象を志向しつつも，いつも半分ほどは聴き手に「成り込んで」いることだろう）。言葉の意味とは，この「間主観的」交流の中で，次第にくっきりと示されてくるのである（とは言っても，どこまで行ってもそれは「暗示的」なのだが）。聴き手は，まずこうした言葉の意味をその都度しっかり了解しなければならない。そうすることで，話し手はようやく自分の話が通じたことに満足して[105]，話を展開させていくことができる。

　しかし，「語り合い」法は，こうして捉えられた暗示的意味ないしはイメージの了解を，その場でであれ，後になってからであれ，いずれ必ず一旦は保留する（それを「語り合い」の場で実行すると，先に「調査者は協力者の内面的対話の問いの位置に入る」と言ったことの具体的実践になるわけである）。「間主観的」に捉えられたものの本質的意味を，私は十全には了解していない。それは他の「間主観的」（ないしはそれ以外の）素材との比較吟味を通して，慎重にその意味を決定し直されなければならない。ただ，何度も言うように，「間主観性」をそうした仕方で利用すること自体は，決して恣意的な作業ではなく，むしろ語りの意味を決定しようとしたり，それを検証しようとする際には絶対的に必要なことなのだ。協力者の語る「物語」の本質的意味を，そこに「内在」しながら〈抽出〉するということも，こうした作業——「間主観性」の場に住み込みつつ，それを吟味していくという作業——を通じてのみ可能になるのである。

＊＊＊

　こうして，私たちは方法論に関する一応の予備的議論を終えたことになる。「語り合い」法は非常に素朴な方法であるが，一度その方法論を語り出してみれば，実はこれまで見てきたようなさまざまな議論が必要になっ

＊105　話し手が聴き手に「成り込んで」いるだけに，自分の話が通じていないことは明白に伝わる。ときにそれは協力者のより詳しい話を引き出すために効果的に働く場合もあるが，たいていの場合，話の流れを滞らせてしまうと考えた方が良いだろう。

てくる。これらの議論は，この方法が研究としての価値を主張するためにはぜひとも必要なものであるが，しかし，「語り合い」法の真価はやはりその素朴さにあると思う。最も素朴に考えてみれば，ある人について知るためにその人と対話するという方法が有効であることは間違いない。「あなたについて聞かせてください」という他者への好奇心，しかも実験的な状況でではなく日々の生活に近い次元で他者の姿を捉えたいという好奇心こそ，「語り合い」を支えている当のものであることには，最後にもう一度注意を促しておきたい。

第6章　最終考察――さらなる探究のために[106]

1　全体の振り返り

　まず，もう一度，私が何をしてきたのかを振り返っておくことにしよう。
　第1章では，先行研究を概観する中で，アイデンティティに関して未だ明確な回答が得られていない諸問題を指摘し，それを問いやテーゼの形でまとめた。アイデンティティとはそもそも何であるのかという問題や，生き生きとした青年像を描き出さなければならないというテーゼも，そこから導かれたのだった。そして，それを踏まえたCase Study No.1では，マーシャのステイタスで言えば，「アイデンティティ拡散型」だと思われる須賀と，「予定アイデンティティ型」だと思われる川田の事例とを比較検討し，彼らのありようの異質性がどこから生じているのかを考察した。そこから導かれた〈自己－世界体系〉，およびそれを「問う」態度とそれに「基づく」態度といった各概念は，後に導入される〈他の場〉，およびその〈否認〉と〈再認〉といった本書の鍵概念の下敷きになったものである。
　第2章では，私なりにアイデンティティというものの意味を見定めようと，まずは私自身のアイデンティティ拡散体験を徹底的に反省するところから出発した。そして，Case Study No.2において，須賀の他にも坂口や間宮といった友人たちが同様の経験をしているということを私が見出していく過程を示し，〈居住自己〉や〈投げ出し－投げ出され〉体験といった概念を新たに導入しながら，拡散体験の共通構造を抽出した。
　また，小此木の「モラトリアム人間」論を批判的に検討しながら，アイデンティティ問題は現代の柔構造社会においても（おいてこそ）青年たち

＊106　本章の議論の一部は，大倉（2002b）の総合考察からの抜粋である。

にとって非常に重要かつ困難な問題になり得ることを示した。それを踏まえて Case Study No.3 では，須賀が陥っていた非常に根の深い苦しみの本質を，〈他の場〉の〈否認〉状態として定式化できることを示した。

第3章では，「大人」になったことを示す明確な外的指標がない現代社会において，青年が〈他の場〉の〈否認〉状態からいかに抜け出し得るのかという問題に関して，精神分析学のエディプス・コンプレックス論を組み込んだ青年期論の構築を目指した。また，実際に Case Study No.4 で3人の友人や私がどのように拡散の苦しみを抜け出していったかを示しながら，〈再認〉のベクトルが息を吹き返し，〈否認〉状態から抜け出していくために必要な〈主体固有の時間〉が，どういった要因によって決まってくるのかを考察した。

第4章では，青年期アイデンティティ問題についての以上のような知見をまとめる形で，本書の立場から青年性とは何かについて論じ，アイデンティティ拡散に陥らない青年をも視野に入れた一般的青年期論の枠組みを準備することを目指した。また，Case Study No.5 では，〈他の場〉がかなり混乱しているように見えながら〈否認〉状態には陥らなかった緑川の事例について考察し，〈不安直面型〉ないしは〈不安回避型〉といった作業概念が，拡散状態にまで至らない青年のありようを描き出すために有効であることを示した。

第5章では，Case Study で用いた「語り合い」法が心理学的方法としてどういう意味において正当化され得るのかという問題に取り組んだ。より具体的な方法論の礎石となるような原論的な議論の中で，調査者である「私」が協力者の語りを間主観的に了解し，記述者の〈私〉がその間主観性を吟味していくという，従来とは別の意味での「客観性」に基づく方法の可能性を模索した。

以上が本書で議論してきた内容の全てであるが，結局のところ本書が従来の研究に何を付け加え，どんな新たな見方を提示したのか，そして本書において十分煮詰めることのできなかった問題とは何なのかについて，この最終章で整理していくことにしよう。

2 アイデンティティ拡散とは何か

　本書において明らかになった最大の事柄と言えば，やはり根深いアイデンティティ拡散体験がなぜ，どのように生じ，青年がそこからいかにして抜け出していくのか，ということである。その骨子だけを示すと以下のようになる。

　青年期，人はある独特な苦しみを経験することがある。自分が何者であるかを実感するために，人間存在にとってなくてはならない〈他の場〉を〈否認〉した状態に陥ってしまうという苦しみである。〈否認〉のベクトルと常にせめぎあっているのが，〈再認〉のベクトルであるが，前者が後者をある閾値を超えて上回るようになると，もはやその均衡を回復するのは難しくなり，〈否認〉が「混乱」を呼び，「混乱」が〈否認〉を呼ぶという循環——破壊衝動に翻弄される状態——に陥って，主体の自律的意志に基づいた生産的・現実的な努力によって〈否認〉状態から抜け出すことが難しくなってしまう。
　〈他の場〉に対する参照関係が崩れることで，〈主体〉はこれまで住み着いていた世界や〈居住自己〉から，〈投げ出し‐投げ出され〉ていく。そして，そこに，何者にもなれない苦しみと，自分だけが世界から取り残されたような根深い孤独感が生じてくる。それまで信じてきた価値・規範や理想が全て相対化されていくと同時に，何をやったら良いのか分からず，完全な〈何か〉を求めて，強迫的な思考をやめられなくなってしまうような状態に陥るのである。そしてさらに「無意味」な存在へと近づいていくわけだが，これは，大人社会に参入してもやっていけるだけの欲望を再設立しようとするプロセスの一環であり，必ずしも否定的なものではない。
　そんな苦しみの中，やがて〈主体固有の時間〉が過ぎようとする頃，ようやく〈再認〉のベクトルが息を吹き返してき，主体が自らの「無意味さ」に慄いてせきたてられるとき，人は〈否認〉状態からようやく抜け出していく。手に入れるのは，求めていたような完全な〈何か〉ではなく，

ささやかな〈居住自己〉と未だ混乱した〈他の場〉だけであるが，とにもかくにもそれを拠り所にして現実的な行動を起こせるようになり，人は徐々に苦しみから解放されていく。

　以上が，アイデンティティ（拡散）とは何かについての本書の理論的骨組みであるわけだが，私見ではこの新たな理論は Case Study に見たような生きた青年の姿と併せて提示されてこそ意味を持つものである。言い換えれば，理論と事例どちらだけでも本書の成果とは言えず，この両者が響き合うことによってもたらされる青年の内的格闘への深い了解（読者の身体の次元にまで響くような生きた了解）こそが，本書が見出した「知」なのだと，そのように言っておきたいと思う[107]。
　問題はこの「知」が従来の「知」とどう違うかということである。次項以下でその点について考えていこう。

3　本書で目指されたものと「自我」概念

　本書で用いた概念の特徴として，極めて非実体的であるということが挙げられる。〈他の場〉の〈否認〉，〈再認〉といった，一見抽象的な概念が，いかなる意味で有効性を持つと言うのだろうか。
　まず言えることは，これらの概念が，協力者が語った「実感」に基づいて導かれたということ，ないしはこれらを説明するために導かれたということである。例えば，〈他の場〉という概念は，信じられるものが何もないという「実感」，あるいは世界からポツンと外れているという「実感」

＊107　実験的手法にしろ，統計的手法にしろ，さらにはそれに対するアンチテーゼとして提案されている質的手法にしろ，事例から理論を抽出することを目的とする心理学的手法が多いのが気になる。そのような方向性では結局一人ひとりの生きた青年は理論作りのための「材料」にされ，理論ができた後は「用済み」にされてしまう。そのように全ての事例を説明してしまうがゆえに各事例を「用済み」にしてしまうような理論ではなく，むしろそれによって事例の見方がさらに深まり，もっともっとその事例に寄り添ってみたくなるような，そんな理論を作り上げられたらと思う。

に基づき，これらを説明するために提出されている。これら2つの「実感」は，世界そのものとしての〈他の場〉を〈否認〉するという，ある種の存在論的な説明によって結びつけられている。さらに，これに，〈否認〉の先にただ可能性としてのみ見えてくる究極の〈何か〉という概念を絡めると，苦しみにもかかわらずそこを離れがたいという「実感」や，そこから抜け出していくときのある種の「あきらめ」のような「実感」が，どこから生じてくるのかが説明されるという具合になっている。

　さらに，こうした概念が精神分析学（特にラカン）の考え方とどのような関係にあるのかについて相当に突っ込んだ議論を行い，それぞれの概念の奥行きと射程を広げる作業も行った。ただし，本書は青年期の問題をエディプス・コンプレックスで説明していくという方向性ではなく，逆に精神分析理論を利用しながらアイデンティティ拡散の苦しみや，そこからの抜け出しに伴われる曰く言い難い「実感」を説明していくという方向性によって，新たな青年期論を作り上げたものである。

　こうした概念装置は，「自我」の統合機能に全てを委ねてきたエリクソン以来の従来のアイデンティティ研究とは，かなり異質である。過去の「同一化群」の混乱を「自我」が統合するという考え方は，「やりたいこと」が一つに決定できないとか，これまで取り入れてきた規範や価値観のどれを選んだら良いのか分からないといった，苦しみの一側面を言い当ててはいるが，本書で協力者が語ったような「実感」全てを説明することはできない。人がどうやって青年期を送り，どうやってアイデンティティらしきものを形作っていくのかと問うたときに，まず一番大切なのはその人にどういった「実感」が生じているかということであろうという考えのもとに，その詳細を明らかにしようとしたのが本書だったわけである。

　とは言うものの，私は「自我」の統合機能という説明の仕方を全て否定しようとしているわけではもちろんない。実際，エリクソンの著作は人生を通して人がいかなるアイデンティティを作り上げていくのかについて，ある面では本書以上に示唆に富んでいる。また，彼の著作はアイデンティティと社会・歴史との関係を論じているという点では，本書よりもはるか

にスケールの大きいものでもある。もし彼が青年一人ひとりの微妙な心の揺れ動きに焦点を当てていたら、そうしたスケールの大きい理論を立てることはできなかったかもしれない。つまりは、エリクソンと私とでは明らかにしたい事柄が微妙に違っていたということではないかと思うが、いずれにしても両理論の弱いところを補い合わせながら、より説得力のあるアイデンティティ論を作り上げていくことが重要だろう。

4　主体という概念

　本書では〈居住自己〉から〈投げ出し‐投げ出され〉ていく当の者、また〈他の場〉を〈否認〉したり〈再認〉したりする当の者を、主体という言葉で呼んできた。第1章の注5（本書p.22）でも述べたように、この主体は必ずしも意識や意図の主体のことではなく（したがって「個人」や「私」と必ずしも同じものではない）、無意識的な志向性や欲望をも預かる主体、例えば「考えない自分になりたい」という意識内容にもかかわらず、それでも思考を続ける主体のことである。この主体と〈他の場〉の関係如何によって、またこの主体が欲動に巻き込まれてしまっているのか、それとも欲望の主となり得ているのかによって、個人の意識内容や世界の見え方は大きく異なってくるのである。

　厳密に言えば、私の意識内容は「いつも、すでに」どこかから与えられたものであり、私が考えたことは全て「何かが私の中で考えた」ことである（丸山，1987）。何を意図するでもなく、ふとしたことが頭に浮かんだときなど、それは明らかだろうし、何かを意図的に考えようと思って考え始めたときでも、まず「考えよう」という思考がどこから湧き起こってきたのかと問うならば、私には決して手の届かない思考の外側に、そうした思考の起点たる何かを想定せざるを得ない。本書では、その「何か」を主体と呼んでいるのである。なぜ、そんなことにこだわるのか。

　従来のアイデンティティ研究は、あたかも青年がいろいろな問題に悩み、それを解決しながら、一つの統合的状態に到達するかのような「達成図式」でもって、青年期を描き出してきた。一つ一つの問題と必死になって

格闘する真剣さと，それを解決していく力を備えた青年。自らの意志で自らが進むべき道を選択していく青年。しかし少なくとも私には，こうした青年像がどうしてもしっくりとこなかった。例えば，須賀や坂口，間宮，そして私は自らが格闘していた問題に対して一つの解答を見出したから，苦しみから抜け出していったのだろうか。あるいは，私たちは本当に自らの意志で，自分の進むべき道を選んだのだろうか。どうしてもそれは言いすぎのような感じを受けるのだ。

むしろ，Case Study No.4 で見たように，私たちは何も解決していないのに，自然に楽になっていったのであり，何らかの解答を見出したというよりは，そうした問題と格闘せずとも済むようになっていったのである。また，自分の進む道を自ら選択したというよりは，むしろ，ある道を進んでいる自分にふと気づき，「まあ，これでいいや」ぐらいの気分で，それを自らの意志の結果として引き受けていったわけである。つまりは，〈他の場〉を〈否認〉したり〈再認〉したりするのは，必ずしも私たち自身ではないということである。それをするのは，私たち自身も預かり知らぬ次元でうごめいている主体である。なぜいつのまにか楽になり，「まあ，これでいいや」と納得できるのか。これを説明するために主体による〈再認〉や，欲望の主体化という説明を提示したのである。

したがって，ぜひとも注意してほしいのは，〈否認〉していた〈他の場〉を〈再認〉することによって拡散状態から抜け出していけるという本書の理論は，決して今アイデンティティ拡散の苦しみの最中にある人に対して「いろいろなものを〈再認〉していきなさい」といったことを言おうとするものではないということだ。そうしたことを言う人がいるとすれば，その人は意識の主としての「個人」や「私」と，本書で用いてきた主体概念とを混同してしまっている。新たな欲望の再設立のために主体が〈他の場〉を〈否認〉していこうとしているときに，意識的な努力によってそれを〈再認〉しようと試みても，それは何の問題の解決にもならないだろうし（むしろ欲望の再設立を阻害することにすらなるかもしれない），そもそもいくら頭で〈再認〉しようとしてもできないのが〈否認〉状態の特徴なので

ある。

　したがって，本書は〈他の場〉の〈再認〉と〈否認〉どちらを推奨するものでもない。むしろ，それぞれの態度が持っている意味を理解しつつ，その主体の自然な運動を阻害しないで「信頼して見守る」——ここには「他者がある青年を見守る」という意味と同時に，「その青年自身が自分の心の動きを見守る」という意味が含まれている——ことが大事だというのが本書の立場である。もう少し積極的に言うなら，信頼できる何かに支えられた〈再認〉状態にある青年に対しては，それを大事にしながら自らの欲望をさらに充溢したものにしていくことを勧め，〈否認〉状態にある青年に対しては，〈主体固有の時間〉がいずれ来ることを信頼しながら，のんびりと考え続けることを勧めることが，本書の知見から導かれる実践的態度だということになるだろう。

5　他者関係とアイデンティティ

　従来の研究においても，アイデンティティの変容プロセスにおける他者との関係の重要性が指摘されてきた（e.g. 金子，1985；杉村，1998）。エリクソンも，"(若者は)自分が自分であると感じる自分に比べて，他人の目に自分がどう映るかとか，それ以前の時期に育成された役割や技術を，その時代の理想的な標準型にどう結びつけるかとかといった問題に，時には病的なほど，時には奇妙に見えるほどとらわれてしまう"(Erikson, 1959/1973, p.111)と述べて，青年が他者を強く意識することを示唆している。さらには，アイデンティティの混乱・拡散を補償するために，"徒党を組んだり""党派や群衆の英雄と自分を，一時的にせよ過剰に同一化"(Erikson, 1959/1973, p.115)させようとする青年が，周囲の他者から大きな影響を受けているのは疑い得ない。言うまでもなく，アイデンティティ問題と他者関係の問題は密接に絡み合っているのである。

　しかし，アイデンティティとは何かと問うとき，例えば杉村（1998）のように"自己と他者の関係のあり方こそがアイデンティティである"とまで，言い切れるものだろうか。すなわち，アイデンティティの問題の全てが，

具体的他者関係に存すると言えるのだろうか。上のエリクソンの引用からもすでに明らかなように，そうではないだろう。青年は，具体的他者との関係に加えて，「理想的な標準型」がどうだとか，自分の「役割や技術」がどうだとかいった問題，もう少し理念的な，理想とかイデオロギーだとか，職業だとかいったレベルの問題をも抱えているのである。したがって，"自己と他者の関係のあり方こそがアイデンティティである"という杉村の発言は，その「他者」として，理想とかイデオロギーとか社会とかいった非具体的な他者，（具体的な他者も含めて）全ての「他」なるものをも射程に入れたときに，初めて十全なものとなるだろう。

　言うまでもなく，本書の最大の鍵概念である〈他の場〉は，そうしたあらゆる「他」との関係が主体の世界を構造化している様を明らかにし，「自」をめぐるアイデンティティの問題が実は「他」との関係の問題であることを強調するためのものである。第3章ではその成立起源，その構成要素（言語的秩序，その体現者たる〈他者〉，間主観的同一化の対象たる他者，欲望連関によって結ばれた事物や出来事，等々），対象aや欲望といったものと〈他の場〉との不可分な関係，主体が新たな〈他の場〉を引き受けようとするときの苦闘などについて，徹底的に議論した。そこで明らかになったのは一口に「他」と言っても，それには実にさまざまなもの，さまざまな側面があるということであった。

　例えば，鏡に映った像は自らの姿として引き受けられる以前には，主体にとって他者として現れる。主体はその鏡像に対して間主観的同一化を向けながら，「統一的身体像を手に入れるか，それとも今ある存在に固執するか」という相克的な関係を生きる。その鏡像への同一化を安定させてくれるのは，「あれがお前だよ」と指し示してくれる母親という〈他者〉である。主体は「鏡の中にある者＝鏡の手前にいて鏡を見ている者」という言語的秩序（等式）——この秩序自体，そもそもは主体にとって異質な「他」なるものである——を引き受け，母親を真理の体現者としてみなす。そして，母親の欲望を自らの欲望として世界のさまざまな事物や人物といった「他」なるものを関連づけていく。その一方で，具体的他者として

の母親には間主観的同一化をも向け，母親のように振舞うことによって，言葉という「他」なるものを使いこなせるようになっていく。そこには自らを「○○」と呼ぶ他者の立場に立つか，それとも「○○」と呼ばれる今の立場に固執するかという言語世界への参入に際しての葛藤が再び生じるが，結局，言葉を話す者として他者たちの世界に参入していかねばならない主体は，自らを「○○」と思いなし，当初あった存在とは別様のもの（「他」なるもの）になっていく……。

　要するに，主体の目の前に現れるあらゆるものが間主観的同一化の対象としての具体的他者としても，それを支える超越的な〈他者〉としても，世界（〈他の場〉）を構成する言語的要素としても，さらには「自分（と同等なもの）」としても現れたりするということである。アイデンティティ問題が「自己と他者との関係のあり方の問題である」というのが一面では真実なのだとしても，そうした素朴な言い方で満足することなく，そこにおける「他者」や「関係」とは何なのか，その中身をこそしっかり議論していかねばならないだろう。そうした議論をするための「舞台」「場」を用意しつつ，青年期のアイデンティティ問題の本質を直感的に了解させるための概念が，〈他の場〉であったわけである。

　非実体的で，難解な概念であることは確かだし，これが〈否認〉されるとか〈再認〉されるとか言われても直ちには理解しにくい部分があるという方も多いだろう[108]。しかし，友達と一緒に楽しく過ごしているにもかかわらず，気分の底の方からじわじわと浸食してくるような根深い孤独感や，信じられるものが何もないという苦しみ，「自分」の喪失，さらにはとても不思議なそこからの脱出などを理解するために，やはりこの〈他の場〉という概念は有効だろう。

　アイデンティティ問題は，単に自分自身との格闘だと言うことはできない。また，単なる具体的他者関係の問題でもない。それは，私たちがさま

---

*108　要するに〈否認〉とはあるものを真理の次元から引きずり下ろすことであり，〈再認〉とは信頼に足るものとして認めることである。主体の欲望や〈他の場〉のあり方などの諸要因によって，どちらに転ぶかが決まる。

ざまな「他」なるものとどのような関係を取り結ぶかという問題であり，「他」なるものがなければ自らを捉えられないという，人間存在の根源的「弱み」をどのように引き受け直していくかという問題なのである。

6 本書を超えたアイデンティティの問いへ

　私見では，アイデンティティを「自我」の「統合機能」によって説明してきた従来のアイデンティティ研究に対して本書が新たに行ったことは，結局「アイデンティティとは何か」という問いを再び「開いた」ことだと言えると思う。本書の錯綜した議論展開が示す通り，アイデンティティについては未だよく分かっていない事柄が数多く残されているが，その全てを本書において扱うことは当然ながらできなかった。

　もちろん，本書は青年期のアイデンティティ拡散状態について，それがなぜ，どのようにして起こり，青年がそこからどのように抜け出していくのかについて，従来にはなかったような詳細な理論化を行ったという点で，一定の意義を有するものではあろう。特に，アイデンティティの一般的構造と，乳児期以来それが発展してくる経緯を明らかにし，生涯続くアイデンティティ形成のプロセスのうち青年期に解決すべき問題とは何であり，その問題に大いに悩む青年とそれほどでもない青年の差異がどこにあるのかといった問いについて一定の見通しを与えたことは，かなり大きな前進だったのではないかと考えている。

　しかしその一方で，本書はまだアイデンティティの一般構造論（形式論）としての性格を十分脱しきれたとは言えないところがある。プロローグで述べたように，以前の拙著（大倉，2002b）においてすでに明らかになっていたアイデンティティの一般構造（形式）——アイデンティティは〈他の場〉に支えられている——に対して，本書ではさらにその「内容」を肉づけしていこうということが，当初の目標の一つだった。これに関しても，特に現代モラトリアム社会におけるアイデンティティとはいかなるものなのかという議論や，〈他の場〉を構成するさまざまな要素（言語的秩序，具体的他者，事物，出来事，等々）がいかにして〈他の場〉の中に引き入れら

れ，どのようにその連関体系を変化させていくかという議論などを通じて，かなり〈他の場〉の「内容」に踏み込むための基盤ができあがってきたという印象はある。しかし，それでもまだ，なぜその人がそのようなアイデンティティを形作ることになったのかという一番核心的な問題にまでは届いていない。例えば，拡散状態に陥った3人の友人について言えば，なぜ坂口が「賢くなる」という目標を立てたのか，なぜ間宮が「教育者」を目指したのか，そして，なぜ須賀が最後に「フリーターも辞さず」といった地平に辿り着いたのかは，まだ分かるようでいて分からないような状態なのだ。

　私見では，この点をきちんと扱っていけるような枠組みを用意しないと，アイデンティティ拡散に陥らない青年も視野に入れた一般的青年期論を組み立てていくことはできない。拡散に陥らない青年の場合，本書の議論に従えばそもそも〈否認〉状態に陥らない——「混乱」のみで終わる——わけだから，〈否認〉状態から〈再認〉状態へという単純な理論的枠組みによっては十分そのありようを捉えることはできない。もちろん，本書では〈不安〉や〈ゆらぎ〉，〈不安直面型〉と〈不安回避型〉といった概念を用いて，本書のアイデンティティ論と一般青年期論との接続を試みると同時に，〈他の場〉がかなり動揺していたにもかかわらず〈否認〉状態には至らなかった緑川の事例に対して試論的分析を行うことで，今後いかなる理論的枠組みが必要になってくるかについての見通しを立てるということも行ったわけだが，まだそれはいささか不十分なものに留まっている感がある。

　要するに，もっと一人ひとりの青年の欲望のあり方を詳しく探っていけるような調査方法と，〈かつての自分〉や対象aといった概念をより青年期論にふさわしい形で鋳直したような理論的枠組みが必要だろうということである。それによって，大学に入って同じような出来事を経験することになった青年たちのうち，どうしてある者が大いに苦悩し欲望の再設立を目指さねばならないのに，どうして別のある者は（何とか）これまで通りの欲望でやっていけるのかといったことをさらに吟味していかねばならな

い。アイデンティティ拡散に陥らない青年の青年期——もちろん，彼らにおいてもアイデンティティは徐々に変容し，作り変えられていく——をさらに生き生きと描き出していくためには，本書で見出した知見に満足していてはならない。アイデンティティとは何であり，いかにして形成されていくのか，どんな生き方がアイデンティティと呼び得るものなのかといった問いは，この先もずっと私たちの眼前に開き，問い続けていかねばならない問いなのである。

以上が，今後に残された中心的課題であるが，これと関連した2，3の小課題を以下に述べて，本書を閉じることにしよう。

7　何が「強い」のか

Case Study No.1では便宜上，川田に対して「強い」という言葉を当てたが，実はどういったあり方を「強い」とするのかは難しい問題である。確かに川田は，将来に対していつもどこか楽観的であるし，また多少の困難には負けない粘り強さや着実さを感じさせもした。しかし，話が難しくなってきたときの彼の「そんなこと僕には分からない」にはどこか「防衛」的なところがあるのは確かなのであって，例えば，将来「分からない」で済まされないような状況に立たされたならば，よく言われるように「途方に暮れる」のではないかという可能性は否定できずに残る。ただ，それを言うならば，「アイデンティティ達成型」の人だって，よほど困難な状況に立たされたときには「途方に暮れる」かもしれない。たとえ天が裂けて地が割れたとしても，あらゆる状況に対して適確に対処していける「強さ」を持つ人など，そうそういるはずもない。

ところで，ならば「アイデンティティ拡散型」の人は「弱い」のかというとそれも難しい。というのも，苦しみに耐えてでも自分が本当に納得できるものを見出そうとするという点では，彼らはある意味「強い」のかもしれないという見方が成り立つからである。〈投げ出し‐投げ出され〉という語に表れている通り，私たちは何も一方的に「投げ出され」た結果，苦しみに陥ってしまったのではない。その当時はほとんど意識されてはい

なかったが，確かに「レール」から降りてやろうとか，「一旦すべてを保留して徹底的に考えてみよう」といった「投げ出し」のベクトルもどこかに孕まれていたのである。能動態で語るか，受動態で語るかでだいぶ印象が変わってくるのだが，少なくとも一見受動的な苦しみの最中にあっても，そこから「飛び出して」しまわずに，じっと耐えているだけの最低限の「強さ」はあったと言えるのではないか。

　Case Study No.5の緑川の場合は，また異質である。彼女は，「自分とは何か」という問い——〈他の場〉を揺るがすような問い——を「全く受けつけない」かに見える川田とは違って，「本当は何をしたいんだろう？」ということを絶えず考えていたし，そういう意味でアイデンティティ拡散に一見近いような部分を持っていた。ところが，確かにそうやって考え込んだり，不安にさいなまれたりするときが多々あるのだが，彼女は決してそこには「深入りしない」。彼女曰く「発狂」しそうになるからなのだが，そういうときには外にジョギングに行ったり何か他のことをして，気分の「色」を変えるのだという。こう言って良ければ，やや「固い」感もする川田に対して彼女は柔軟さも兼ね備えており，しかし，だからと言って，私のように問いの渦に巻き込まれたりすることもなく，いつも何とか気晴らしをして「考えを止める」ことができるだけの堅実さ，生産性も持っていたわけである。

　では，彼女のようなあり方が最も「強い」のか。私は，そういう印象を全く持っていない。むしろ，彼女はいつもどこか頼りなげで，ふらふらしたところがあり，とりあえず日々の生活をこなしてはいるけれども，いつでも再び不安にとらわれてしまうような危うさを抱えているように見えた。本文中にもあったように，「〜だと思って」を「〜と思い込んで」へ，「〜と納得して」を「〜と自分を納得させて」へとすぐに言い換えてしまうがゆえに，私の方で今彼女がどこにいるのかしばしば分からなくなる，というのが彼女との「語り合い」の特徴であったわけだが，それと同様に，たとえ一度身の振り方を決めたように見えたのだとしても，またいつでもそれを反古にしてどこかへと飛んでいってしまいそうな，そんな印象を受け

たのである[109]。

　結局，私は次のように言うしかないと思う。青年それぞれのあり方には，それぞれ強みと弱みがある。恐らく，各人各様の仕方で青年期の諸問題を処理していくのであって，どのあり方が「強い」とかどれが「弱い」とかいったことは一概には言えないのだ，と。やはりここでも大事なのは，青年に内属する能力特性のように「強い」か「弱い」かを判断するということよりも，むしろ青年一人ひとりがどのようにして身に振りかかってきた問題を処理しようとするのか，そうした「他」なるものとの関係の「質」にこそその人の固有性があるのだということだろう。それを吟味する際にも，やはりその青年固有の欲望が何を目指しているのか，どういった条件のもとに成立しているのかを探っていくことが必要なのである。

8　「病理的なアイデンティティ拡散」と「正常なアイデンティティ拡散」との境について

　第2章の冒頭で，「病理的なアイデンティティ拡散」と「正常なアイデンティティ拡散」とを見分ける指標がどんなものであるかを常に考えておかなければならないと述べたが，本書ではその問題を十分に解明することができなかった。その一番の理由としては，明らかに「病理的なアイデンティティ拡散」だと断定するに足る事例に出会わなかったことが大きい。留年を続けていた須賀にしても，別にどこかの治療機関に通うわけでもなく，最後は〈再認〉の態度を取り戻していったわけだから，彼を「病理的」と位置づけることはできない。逆に言えば，何らかの条件により〈主体固有の時間〉の経過が大きく阻害され，いつまで経ってもそうした〈再認〉のベクトルが息を吹き返さないようなケースや，そもそも本書で論じたような〈他の場〉という審級自体が形成されないケースなどがあって，

＊109　もっとも，そうした印象は就職して時が経つにつれ，徐々に減退していったのも確かである。すなわち，私の「まあ，研究職で仕方ないか」といった感覚と同じ程度の感覚，「まあ，今の仕事で仕方ないかな」といった感覚を，彼女もやがては感じるようになっていったようである。

それを経験ある臨床家たちは「病理的」と呼ぶのかもしれない。

　いずれにしても「病理的なアイデンティティ拡散」という言葉で，エリクソンが何を言わんとしたのか，それも今後考えていくべき課題である。

9　「語り合い」法の検討，検証をしていく必要がある

　第5章では，「語り合い」法の方法論的問題についても論じた。この方法は，そもそもの発想からして，従来の方法論——実験的・統計的研究，あるいは客観主義的インタビュー法など——とはかなり出発点を異にしている。もちろん，それは，（少なくとも私の立場からは）両者がまったく相容れないということを言っているのではなく，相補的な役割を果たしていくべきものだと主張しているわけである。

　質問紙などを用いたアイデンティティ測定に対して，ステイタス研究が多少なりとも青年たちの「質」を扱おうとしたのは，間違いなく大きな功績である。ただ，第1章で述べたような，近年生じてきたさまざまな諸問題に答えていくためには，ステイタス研究の平面に留まっているわけにはいかないという事情がある。青年をタイプ分けして良しとするのではなく，もっとより詳しく，一人の青年存在においてさまざまな諸要素がどのように絡み合い，どのように連動しているのかを探究していく必要があるのだ。

　一人の青年に向き合い，彼という存在者の息吹を感じようとするとき，私はもはや「客観主義的観察者」ではいられなくなる。ある程度関係ができあがってくると，彼の言いたいことや志向性を全く感じるなという方が無理な話である。人間は，客観主義の主体として「透明な目」になるべく身体を殺している場合を除けば，いつもすでに「間主観性」に開かれてしまっている。いや，その「間主観性」を通じてこそ，「透明な目」になっているつもりのときでも，他者の志向性を感じ取り，その行動を解釈したりもできるのだと言った方が良いだろうか。

　第5章で議論したので繰り返さないが，ともかく，こうした事態においてはすでに感じられてしまった「間主観的なもの」の意味を慎重に決定していく作業，「私」の主観において捉えられたものを〈私〉が慎重に吟味

していく作業がどうしても必要になってくる。だから，本書ではその吟味の作業とはいかなるものなのかということを，各「物語」の比較検討という方法を提示しながら，しっかり議論したつもりであるが，ここで一つ問題が生じてくる。私は自らが理論的に導いた方法論——とは言っても，もちろん，これまでの「語り合い」の経験に基づいた理論であるが——に基づいて，協力者の生のありようを描き出した。しかし，本当のところ，それはどこまでうまくいったのか，どこまで妥当だったのだろうか。つまり，協力者の内面生活に迫るという私の目標は，一体どこまで達成されて，どこから達成されていないのだろうか（完全な「了解」は不可能であるというのが理論的帰結であるから，恐らくどこかには「誤解」があるだろう）。

　私が今回とってきた方法論は，未だ理論から導かれたものにすぎず，協力者によって綿密に検証されてはいない。一応何度か私が行った分析を協力者に見てもらったが，「よく書けているね」といった当たり障りのない評価をもらうぐらいで，それが本当に妥当な分析になっているのかどうかはもう一つ定かでないのである。協力者本人にとっても明確に言語化できなかった部分にまで踏み込んでいくのが「語り合い」法であり，「間主観性」の分析なのであるが，それが果たして協力者をして「ああ，そうそう，確かにそうだなあ」と言わしめるような，適確な記述になっているのか否か[110]。それをこれから検証していく必要がある。具体的には，Case Study で行った議論の細部に至るまで，協力者とそれが果たして適確なものになっているかどうかを話し合う「メタ語り合い」などの構想がある。「語り合い」の方法論は，やはりまだ発展途上なのであり，今後さまざまな形でこれを精緻化していくとともに，可能な限りその妥当性を検証していかなければならないだろう。

＊110　大倉（2008）の最終章において，この点について若干の検証を試みている。

文　献

天貝由美子　1995　高校生の自我同一性に及ぼす信頼感の影響.『教育心理学研究』，43(4)，364-371.

遠藤辰雄（編）　1981　アイデンティティの心理学. ナカニシヤ出版.

Blankenburg, W.　1971　木村敏（訳）　1978　自明性の喪失. みすず書房.（Der Verst der natürlichen Selbstverständlichkeit.）

Bob, S.R.　1970　An investigation of the relationship between identity status, cognitive style and stress. Dissertation Abstracts International, 30(9-B), 4358.

Boysson-Bardies, B. de　1996　加藤晴久・増茂和男（訳）　2008　赤ちゃんはコトバをどのように習得するか——誕生から2歳まで. 藤原書店.（Comment la parole vient aux enfants, De la naissance jusqà deux ans.）

Descartes, R.　1642　山田弘明（訳）　2006　省察. ちくま学芸文庫.（Meditationes de Prima Philosophia.）

土居健郎　1993　注釈「甘え」の構造. 弘文堂.（1971「甘え」の構造. 弘文堂.）

Donovan, J.M. 1975 Identity status and interpersonal style. Journal of Youth & Adolescence, 4, 37-55.

Erikson, E.H. 1950 仁科弥生（訳）　1977　幼児期と社会（I,II）. みすず書房.（Childhood and Society.）

Erikson, E.H. 1958 西平直（訳）　2002　青年ルター１. みすず書房.（Young Man Luther: A Study in Psychoanalysis and History.）

Erikson, E.H. 1958 西平直（訳）　2003　青年ルター２. みすず書房.（Young Man Luther: A Study in Psychoanalysis and History.）

Erikson, E.H. 1959 小此木啓吾（訳）　1973　自我同一性. 誠信書房.（Identity and the Life Cycle.）

Erikson, E.H. 1968 岩瀬庸理（訳）　1969　主体性——青年と危機. 北望社.（Identity: Youth and Crisis.）

Erikson, E.H. 1964 鑪幹八郎（訳）　1971　洞察と責任——精神分析の理論と実践. 誠信書房.（Insight and Responsibility.）

Erikson, E.H. 1969 星野美賀子（訳）　1973　ガンディーの真理１——戦闘的非暴力の起源. みすず書房.（Gandhi's Truth: On the Origins of Militant Nonviolence.）

Erikson, E.H. 1969 星野美賀子（訳）　1974　ガンディーの真理２——戦闘的非暴力の起源. みすず書房.（Gandhi's Truth: On the Origins of Militant Nonviolence.）

Erikson, E.H. 1982 村瀬孝雄・近藤邦夫（訳）　1989　ライフサイクル，その完結. みすず書房.（The Life Cycle Completed.）

文　献

Fairbairn, W.R.D. 1952 山口泰司（訳）　1995　人格の精神分析．講談社学術文庫．(*Psychoanalytic Studies of the Personality.*)

Freud, S. 1900 高橋義孝（訳）　1969　夢判断（フロイト著作集2）．人文書院．(*Die Traumdeutung.*)

Freud, S. 1905 渡邉俊之（訳）　2009　性理論のための三篇『フロイト全集6』．岩波書店，163-310．(*Drei Abhandlungen zur Sexualtheorie.*)

Freud, S. 1909 総田純次（訳）　2008　ある五歳男児の恐怖症の分析（ハンス）『フロイト全集10』．岩波書店，1-176．(*Analyse der Phobie eines fünfjährigen Knaben.*)

Freud, S. 1912 小此木啓吾（訳）　1983　分析医に対する分析治療上の注意『フロイト著作集9』．人文書院，78-86．(*Ratschläge für den Arzt bei der psychoanalytischen Behandlung.*)

Freud, S. 1915 井村恒郎・小此木啓吾（訳）　1970　抑圧『フロイト著作集6』．人文書院，78-86．(*Verdrängung.*)

Freud, S. 1916-1917 懸田克躬・高橋義孝（訳）　1971　精神分析入門（正）『フロイト著作集1』．人文書院，5-383．(*Vorlesungen zur Einführung in die Psychoanalyse.*)

Freud, S. 1923 井村恒郎・小此木啓吾（訳）　1970　自我とエス『フロイト著作集6』．人文書院，263-299．(*Das Ich und Es.*)

藤田博史　1990　精神病の構造──シニフィアンの精神病理学．青土社．

福島章　1979　対抗同一性．金剛出版．

福富護・服部彩　1984　青年期におけるIDENTITY形成についての実証的研究（その1）．『日本教育心理学会第26回大会総会発表論文集』，378-379．

Geertz, C. 1973 吉田禎吾・柳川啓一・中牧弘允・板橋作美（訳）　1987　文化の解釈学I．岩波書店．(*The Interpretation of Cultures.*)

浜田寿美男　1999　「私」とは何か．講談社．

浜田寿美男　2002　身体から表象へ．ミネルヴァ書房．

Hanson, N.R. 1958 村上陽一郎（訳）　1986　科学的発見のパターン．講談社学術文庫．(*Patterns of discovery: An inquiry into the conceptual foundations of science.*)

細見和之　1999　アイデンティティ／他者性．岩波書店．

Husserl, E. 1950 立松弘孝（訳）　1965　現象学の理念．みすず書房．(*Die Idee der Phänomenologie.*)

Husserl, E.（著），立松弘孝（編）　2009　フッサール・セレクション．平凡社．

一丸藤太郎　1975　自我同一性混乱の臨床像に関する一考察──臨床心理学的観点からみた青年期の諸問題（第三報）．『広島大学教育学部紀要』，24, 181-191．

一丸藤太郎　1989　アイデンティティとナルシシズム．『青年心理』，73, 29-34．

伊藤研一　1984　青年期における親密さ対孤立の危機と自我同一性．『東京大学教育学部紀要』，23, 325-330．

岩田純一・吉田直子・山上雅子・岡本夏木　1992　発達心理学．有斐閣．
Jordan, D. 1971 Parental antecedents and personality characteristics of ego identity status. State University of New York at Buffalo.（Dissertation, Marcia, 1976による．）
神田橋條治　1997　対話精神療法の初心者への手引き．花クリニック神田橋研究会．
金子俊子　1985　青年期における他者との関係のしかたと自我同一性．発達心理学研究，6(1), 41-47.
河合隼雄　1982　中空構造日本の深層．三陽社．
河合隼雄　1996　大人になることのむずかしさ．岩波書店．
木村敏　1972　人と人との間——精神病理学的日本論．弘文堂．
木村敏　1988　あいだ．弘文堂．
木村敏　2001　自覚の精神病理（木村敏著作集I）．初期自己論・分裂病論．弘文堂．（1970　自覚の精神病理．紀伊国屋書店．）
Klein, M. 1952a 小此木啓吾・岩崎徹也（編訳）　1985　乳幼児の行動観察について．『妄想的・分裂的世界』，誠信書房，117-156.
Klein, M. 1952b 小此木啓吾・岩崎徹也（編訳）　1985　幼時の情緒生活についての二，三の理論的結論．『妄想的・分裂的世界』，誠信書房，77-116.
Klein, M. 1957 松本善男（訳）　1975　羨望と感謝．誠信書房．（*Envy and Gratitude.*）
小林春美　1995　語彙の発達．大津由紀雄（編）『認知心理学3 言語』，東京大学出版会，65-79.
Kohut, H. 1974 水野信義・笠原嘉（監訳）1994　自己の分析．みすず書房．（*The Analysis of the Self.*）
小出浩之　1999　シニフィアンの病．岩波書店．
鯨岡峻　1986a　発達臨床心理学の諸問題（その2）．『島根大学教育学部紀要（人文・社会科学）』，20, 25-45.
鯨岡峻　1986b　心理の現象学．世界書院．
鯨岡峻　1997　原初的コミュニケーションの諸相．ミネルヴァ書房．
鯨岡峻　1998　両義性の発達心理学．ミネルヴァ書房．
鯨岡峻　1999a　関係発達論の構築．ミネルヴァ書房．
鯨岡峻　1999b　関係発達論の展開．ミネルヴァ書房．
鯨岡峻・鯨岡和子　2001　保育を支える発達心理学．ミネルヴァ書房．
Lacan, J. 1966 宮本忠雄・竹内迪也・高橋徹・佐々木孝次（訳）　1972　エクリI．弘文堂．（*Écrits.*）
Lacan, J. 1966 佐々木孝次・三好暁光・早水洋太郎（訳）　1977　エクリII．弘文堂．（*Écrits.*）
Lacan, J. 1966 佐々木孝次・海老原英彦・葦原眷（訳）1981　エクリIII．弘文堂．（*Écrits.*）

Lacan, J. 1973 小出浩之・鈴木国文・新宮一成・小川豊昭（訳） 2000 精神分析の四基本概念. 岩波書店. (*Le séminaire, Livre XI, Les quatre concepts fondamentaux de la psychanalyse.*)

Lacan, J. 1975 小出浩之・小川周二・小川豊昭・笠原嘉（訳） 1991 フロイトの技法論（上・下）. 岩波書店. (*Le séminaire, Livre I, Les écrits techniques de Freud.*)

Lacan, J. 1978 小出浩之・鈴木国文・小川豊昭・南淳三（訳） 1998 フロイト理論と精神分析技法における自我（上・下）. 岩波書店. (*Le séminaire, Livre II, Le moi dans la théorie de Freud et dans la technique de la psychanalyse.*)

Lacan, J. 1981 小出浩之・川津芳照・鈴木国文・笠原嘉（訳） 1987 精神病（上・下）. 岩波書店. (*Le séminaire, Livre III, Les Psychoses.*)

Lacan, J. 1994 小出浩之・鈴木国文・菅原誠一（訳） 2006 対象関係（上・下）. 岩波書店. (*Le Séminaire Livre IV, La relation d'objet.*)

Laing, R.D. 1960 坂本建二・志貴春彦・笠原嘉（訳） 1971 引き裂かれた自己. みすず書房. (*The divided self: An existential study in sanity and madness.*)

Marcia, J. E. 1965 Determination and construct validity of ego identity status. *Dissertation Abstracts*, 25(11-A), 6763. (Ohio State University, Dissertation, 1964.)

Marcia, J. E. 1966 Development and validation of ego-identity status. *Journal of Personality & Social Psychology*, 3, 551-558.

Marcia, J. E. 1976 Identity six years after: A follow-up study. *Journal of Youth & Adolescence*, 5, 145-160.

Marcia, J.E. 1980 Identity in adolescence. In J. Adelson (ed.), *Handbook of Adolescent Psychology*. New York: John Wiley & Sons, 159-187.

丸山圭三郎　1981　ソシュールの思想. 岩波書店.

丸山圭三郎　1987　言葉と無意識. 講談社現代新書.

松本邦裕　1996　対象関係論を学ぶ——クライン派精神分析入門. 岩崎学術出版社.

松本真理子・村上英治　1985　女子青年の性同一性に関する研究——枠づけ面接法による接近の試み. 『心理臨床学研究』, 2(2), 32-43.

Merleau-Ponty, M. 1945 竹内芳郎・小木貞孝（訳） 1967 知覚の現象学 I. みすず書房. (*Phénoménologie de la perception.*)

Merleau-Ponty, M. 1945 竹内芳郎・木田元・宮本忠雄（訳） 1974 知覚の現象学 II. みすず書房. (*Phénoménologie de la perception.*)

Merleau-Ponty, M. 1962 滝浦静雄・木田元（訳） 1966 人間の科学と現象学. 『眼と精神』, みすず書房. (*Les sciences de l'homme et la phénoménologie.*)

Merleau-Ponty, M. 1969 木田元・滝浦静雄・竹内芳郎（訳） 2001 アルゴリズムと言語の秘義. 『言語の現象学』, みすず書房, 152-174. (*L'algolithme et la mystère du langage.*)

南保輔　2000　海外帰国子女のアイデンティティ——生活経験と通文化的人間形成. 東

信堂.
宮下一博　1987　Rasmussen の自我同一性尺度の日本語版の検討.『教育心理学研究』, 35(3), 253-258.
水野正憲　1982　青年期の自我同一性と不安の関連性.『関西青年心理学研究会』, 34-46.
森岡正芳　1999　精神分析と物語（ナラティブ）. 小森・野口・野村（編著）『ナラティブ・セラピーの世界』, 日本評論社, 75-92.
森岡正芳　2002　物語としての面接――ミメーシスと自己の変容. 新曜社.
森岡正芳　2005　うつし――臨床の詩学. みすず書房.
向井雅明　1988　ラカン対ラカン. 金剛出版.
永田忠夫　1987　同一性拡散に関与する家族の要因.『東海心理学会第36回大会発表論文抄録集』, 54.
西平直喜　1983　青年心理学方法論. 有斐閣.
西平直喜　1987　コンプレックスとアイデンティティ――人格理解と二つの鍵概念.『青年心理』, 61, 34-40.
西平直喜　1990a　現代日本青年の深層――「全生活空間」の構造から.『日本人の深層』, 有斐閣. 41-64.
西平直喜　1990b　成人（おとな）になること――生育史心理学から. 東京大学出版会.
西平直喜　1992　青年心理学研究の課題意識――成人性移行の視点から.『青年心理学研究』, 4, 28-35.
西平直喜　1997　青年心理学研究における〈問い〉の構造『青年心理学研究』, 9, 31-39.
西平直　1993　エリクソンの人間学. 東京大学出版会.
西平直　1998　魂のアイデンティティ――心をめぐるある遍歴. 金子書房.
野口裕二　1999　社会構成主義という視点――バーガー＆ルックマン再考. 小森康永・野口裕二・野村直樹（編著）『ナラティブ・セラピーの世界』, 日本評論社. 17-32.
野村直樹　1999　無知のアプローチとは何か――拝啓セラピスト様. 小森康永・野口裕二・野村直樹（編著）『ナラティブ・セラピーの世界』, 日本評論社. 167-186.
小此木啓吾　1978　情報化社会の病理.『モラトリアム人間の時代』, 中央公論社, 140-180.（1975　情報化社会の病理.『中央公論』1月号）
小此木啓吾　1978a　モラトリアム人間の時代.『モラトリアム人間の時代』, 中央公論社, 8-75.（1977　モラトリアム人間の時代.『中央公論』10月号）
小此木啓吾　1978b　モラトリアム人間を診断する.『モラトリアム人間の時代』, 中央公論社, 300-323.（1977　モラトリアム人間を診断する.『中央公論』12月号）
小此木啓吾　1978　日本人の阿闍世コンプレックス.『モラトリアム人間の時代』, 中央公論社, 194-258.（1978　日本人の阿闍世コンプレックス.『中央公論』6月号）
小此木啓吾　1983　アイデンティティ人間から自己愛人間へ.『青年心理』, 39, 69-81.

文献

大倉得史 2000 「アイデンティティ」再考．修士論文．京都大学大学院人間・環境学研究科蔵．

大倉得史 2002a ある対照的な2人の青年の独特なありようについて．『質的心理学研究』, 1, 88-106.

大倉得史 2002b 拡散 diffusion──「アイデンティティ」をめぐり，僕達は今．ミネルヴァ書房．

大倉得史 2002c 終わりのないアイデンティティ問題とともに．『発達』, 91, 80-87.

大倉得史 2008 語り合う質的心理学──体験に寄り添う知を求めて．ナカニシヤ出版．

大野久 1987 現代青年の充実感と同一性地位との関係 『日本教育心理学会第29回総会発表論文集』, 494-495.

Orlofsky, J.L., Marcia, J. E., & Lesser, I. M. 1973 Ego identity status and the intimacy versus isolation crisis of young adulthood. *Journal of Personality & Social Psychology*, 27, 211-219.

Rasmussen, J.E. 1964 The relationship of ego identity to psychosocial effectiveness. *Psychological Reports*, 15, 815-825.

佐方哲彦 1988 同一性拡散の心理的特徴の一側面──自己愛傾向および共感性との関連．『日本心理学会第52回大会発表論文集』, 108.

Saussure, F. de 1949 小林英夫（訳） 1972 一般言語学講義．岩波書店．(*Cours de linguistique generale*. Charls Bally et Albert Sechehaye.)

新宮一成 1989 無意識の病理学──クラインとラカン．金剛出版．

新宮一成 1992 エディプスコンプレックスは如何にして知られ，如何なる運命を辿るのか．『精神分析研究』, 36(1), 53-59.

新宮一成 1995 ラカンの精神分析．講談社現代新書．

新宮一成 2000 夢分析．岩波新書．

杉原保史 1988 自我同一性地位における早期完了型について──事例に基づく考察．『心理臨床学研究』, 5, 33-42.

杉村和美 1998 青年期におけるアイデンティティの形成──関係性の観点からのとらえ直し．『発達心理学研究』, 9(1), 45-55.

杉山成 1995 時間次元における諸自己像の関連から見た時間的展望．『心理学研究』, 66(4), 283-287.

砂田良一 1979 自己像との関係から見た自我同一性．『教育心理学研究』, 27(3), 215-220.

「少年A」の父母 1999 「少年A」この子を生んで……悔恨の手記．文藝春秋．

田畑洋子 1985 "お前は誰だ！"の答を求めて──ある登校拒否女子高生の自我体験．『心理臨床学研究』, 2(2), 8-19.

高村和代 1997 課題探求時におけるアイデンティティの変容プロセスについて．『教育心理学研究』, 45(3), 243-253.

武則祐子　1981　定年退職期の自我同一性に関する研究(1)——定年退職前期の自我同一性と定年退職危機の検討.『広島大学大学院教育学研究科博士論文集』, 7, 90-96.

鑪幹八郎　1974　自我同一性の危機の様態に関する臨床心理学的考察.『広島大学教育学部紀要』, 23, 329-342.

鑪幹八郎　1990　アイデンティティの心理学. 講談社現代新書.

鑪幹八郎・山本力・宮下一博（共編）　1984　アイデンティティ研究の展望 I. ナカニシヤ出版.

鑪幹八郎・宮下一博・岡本祐子（共編）　1995a　アイデンティティ研究の展望 II. ナカニシヤ出版.

鑪幹八郎・宮下一博・岡本祐子（共編）　1995b　アイデンティティ研究の展望 III. ナカニシヤ出版.

鑪幹八郎・宮下一博・岡本祐子（共編）　1997　アイデンティティ研究の展望 IV. ナカニシヤ出版.

谷冬彦　1997　青年期における自我同一性と対人恐怖的心性.『教育心理学研究』, 45(3), 254-262.

谷冬彦　1998　青年期における基本的信頼感と時間的展望.『発達心理学研究』, 9(1), 35-44.

近田輝行　1983　自我同一性と親密性——大学生のクラブ活動と自己確立をめぐって.『日本心理学会第47回大会発表論文集』, 655.

徳田治子　2002　『人生を物語る』（やまだようこ編著）書評.『質的心理学研究』, 1, 149-151.

冨田恭彦　2002　科学哲学者柏木達彦の番外編【翔と詩織, あるいは, 自然主義と基礎づけ主義をめぐって, の巻】. ナカニシヤ出版.

鳥山平三　1988　現代青年のアイデンティティ——その確立の功罪と真偽を問う.『青年心理学研究』, 2, 1-11.

都筑学　1994　自我同一性地位による時間的展望の差異——梯子評定法を用いた人生のイメージについての検討.『青年心理学研究』, 6, 12-18.

若松養亮　1994　大量調査式相関研究に感じる"もどかしさ"とその対策への試論.『青年心理学研究』, 6, 84-88.

Wallon, H. 1946 浜田寿美男（訳編）1983 『自我』意識のなかで『他者』はどういう役割をはたしているか.『身体・自我・社会』, ミネルヴァ書房, 52-72.（Le rôle de《l'autre》 dans la conscience du 《moi》.）

Wallon, H. 1956 浜田寿美男（訳編）1983 自我の水準とその変動.『身体・自我・社会』, ミネルヴァ書房, 23-51.（Niveaux et fluctuations du moi.）

Waterman, A. S. 1982 Identity development from adolescence to adulthood: An extension of theory and a review of research. *Developmental Psychology*, 18(3),

341-358.

Winnicot, D.W. 1951 北山修（監訳） 1990 移行対象と移行現象.『児童分析から精神分析へ』, 岩崎学術出版社, 105-126.（*Transitional Objects and Transitional Phenomena.*）

Winnicot, D.W. 1952 北山修（監訳） 1990 精神病と子どもの世話.『児童分析から精神分析へ』, 岩崎学術出版社, 92-104.（*Psychoses and Child Care.*）

Winnicot, D.W. 1954-1955 北山修（監訳） 1990 正常な情緒発達における抑うつポジション.『児童分析から精神分析へ』, 岩崎学術出版社, 147-171.（*The Depressive Position in Normal Emotional Development.*）

やまだようこ 1997 モデル構成を目指す現場心理学の方法論. やまだようこ（編）『現場心理学の発想』, 新曜社, 161-186.

やまだようこ（編著） 2000 人生を物語る. ミネルヴァ書房.

やまだようこ 2002 喪失と生成のライフストーリー.『発達』, 79, 2-10.

やまだようこ・サトウタツヤ・南博文（編） 2001 カタログ現場フィールド心理学——表現の冒険. 金子書房.

矢野智司 2000 生成する自己はどのように物語るのか——自伝の教育人間学序説. やまだようこ（編著）『人生を物語る』, ミネルヴァ書房, 251-278.

索　引

見出し語の内，「　」〈　〉等の括弧が付くものは，それぞれの括弧があしらわれた語のみを拾っている。

[あ行]

アイデンティティ　206,356
　アイデンティティ・ステイタス
　　24-26,29,58,66,111,283,284
　アイデンティティの意味　11,61,62,
　　70,71,73,74,76,116,283
　アイデンティティ拡散　1,3,4,8,15,
　　16,26,37,44,53,57,74-78,86,97,
　　100,101,110,113,117,118,129,
　　132,140,141,147,153,155,158,
　　162,165,182,183,186,212,
　　214-217,221-223,244,253,254,
　　257,260,262-266,269,270,273,
　　283,289,325,353-355,357,359,
　　363-368
　アイデンティティ拡散型　→拡散型
　アイデンティティ達成　24,54-56,
　　110,112,141
　アイデンティティ達成型　→達成型
　社会的アイデンティティ　102,182,
　　185
　集団的アイデンティティ　102,103,
　　110
　職業的アイデンティティ104,118,273
　文化的アイデンティティ102
　民族的アイデンティティ102
　予定アイデンティティ型　25-32,65,
　　98,353
アクチュアリティ（現実性）　64,67,
　　284,285,287,315,317,323,325,
　　327-330,332
アクチュアル　311-313
阿闍世コンプレックス　163,186-189,
　　193,213,255,257
甘え　82,121,144,187,190-194,231,
　　254,255,257,275,276
暗示　297-302,313,335,350
異性　65,79,85,86,148-154,159,191,
　　207,243,273,278,311
至らなさ　237,238,240,241,248
居場所　94-96,98,146,212,273
印象受容能力　347,348
鬱積　49,86,94,100,212,256,260,263,
　　264
境遇（ウムヴェルト）　→境遇（きょうぐう）
エディプス・コンプレックス　8,67,
　　112,133,163-166,183,184,186,188,
　　189,194,207,210,212,213,255,354,
　　357
黄金数　186,189
「親」　236-240,244,255,258,259,276,
　　278
親そのまんま　225-227,246,249

[か行]

外部　5,6,20,22,23,117,147,156,157,
　　178,179,210,297,299,307,318,321,
　　322
拡散型　25-28,56,111,112
語り合い（法）　1,9,31-35,37,43-50,
　　52,67,78,80,81,86-88,100,134,
　　136,158,219,220,238,240,270,271,
　　274,275,277,281-283,285,287-289,
　　291,292,295,296,298-300,302-304,
　　307,308,315,325,326,327,331-335,
　　337,342-344,349-351,354,366,368,
　　369
〈かつての自分〉　199,202-204,207,
　　210-212,215,219,258,364
関係の歴史　194,348,349
還元　60,233,284,308,311

観察の理論負荷性　313
間主観性（的）　185,214,300,345-350,
　　354,368
　間主観的同一化　→同一化
間身体的　193-195,203
完全主義的　134,141
完全性　141,148,154,166,174,175,177,
　　200,214
完全な　39,120,139,144,174,180,256,
　　257,270,277,278,309,333,334,336,
　　337,350,364,378
危機　16,24-26,29,31,56,65,76,102,
　　103,165,199,201,207,211,244,254,
　　330
基盤　5,58,73,74,77,78,97,101-103,
　　113,114,249,250,278,302,311,364
客観　281-283,333,339,341,349,354,
　　368
究極の　134-136,141,147,154,158,231,
　　268,357
境遇　5,6,116,117,119,123
鏡像　170,175,267,361
　鏡像自己　168,172,173
　鏡像他者　168,172,185,195,203,209,
　　244
　鏡像段階　128,163,167,169,172,177,
　　183,184,194,195,203
虚構　123,125,126,129
〈居住自己〉　94-101,133,147,154-158,
　　160-162,209,217,222,225,233,236,
　　238,244-248,279,353,355,358
去勢　165,169,174,183,213,255,256
空虚感　84,85,90,91,94,100,278
ゲシュタルト　32,62,314,315,341
決断　48,49,109,154,222-225,227,228,
　　249
現実感　51,119,124,125,129,130,131,
　　142
現実性　63,64,67,124,125,218,287,
　　308,311-320,322-325,327,330,332,
　　337,338,340-342,344,345
現象学　2,18,60,74,75,77,128,186,
　　311,312
言語世界　163,165,169,173,175,178,
　　199-201,237,293-295,298-301,362
言語的秩序　173,174,178,199,203,205,
　　206,361,363
構造化傾向　325,326,331,334,335,338
誤解　57,159,201,243,300,302,316,
　　324,369
孤独感　79,84-86,90,94,95,97,100,
　　152,219,220,237,291-294,298-300,
　　302-307,314-318,320-326,331,332,
　　334,335,355,362
「混乱」　155,217,245,262,355,364

[さ行]

罪悪感　153,184,186-190,193,213,255
〈再認〉　155,158-162,217,220,233,236,
　　238,243-248,250-252,280,353-356,
　　358-362,367
3人の囚人　137,163,175,176,177,213,
　　215,247
「自」　4-6,116,119,195,361
自我　14,15,46,58,61,62,63,64,65,74,
　　116,122,132,141,158,165,192,356,
　　357,363
　自我心理学　3,18,19,21,23,66,68,
　　185,284
時間感覚　134,140,141
時間的展望　56,59,113
自己イメージ　51,52,53,95,96,104,
　　121,182
自己愛　17,18,19,24,57,115,125,131,
　　132
〈自己－世界体系〉　52-54,86,95-97,
　　101,133,141,146,178,353
事実性　63,308,311-320,322-328,330,
　　334,337,338,340,341,344
自然科学　60,120,312,315,336,337,342
シニフィアン　181,303,305,306,309
シニフィエ　303,305,306
社会構築主義　319,329,340
社会的性格　14,103,106,107,110-113,

115, 116, 118, 161
社会的アイデンティティ →アイデンティティ
柔構造社会　119, 256, 353
主観　282, 300, 333, 336, 339, 340, 342, 345-350, 354, 368, 369
主体　3-5, 21, 22, 42, 43, 52, 72, 74, 95, 96, 99, 100, 127, 128, 141, 147, 148, 155-158, 163, 165-167, 169, 171-175, 177, 178, 183-186, 189, 194, 195, 198, 199, 201-204, 207-217, 225, 228, 233, 236, 237, 244, 247-251, 256, 258-263, 265-268, 279, 281, 288, 292, 293, 295, 300, 310, 311, 313, 315, 330, 334, 342, 345, 349, 358-362
　主体化　166, 247, 248, 251, 258, 270, 359
　主体固有の時間　137, 216, 217, 225, 228, 233, 237, 238, 241, 244, 249, 250, 251, 255, 269, 354, 355, 360, 367
純粋形式　186, 189, 190, 194, 213, 255
象徴界　169, 174, 175, 178, 184, 189, 203, 213
象徴的同一化　198, 203
職業　13, 24, 25, 36, 38, 39, 42, 50, 64, 85, 86, 92-94, 103, 104, 122, 130, 140, 141, 153-155, 215, 223, 225, 241, 259, 273-275, 276, 361
　職業的アイデンティティ →アイデンティティ
所作　292, 294-297, 299, 302, 303, 349
神経症　3, 112, 113, 154, 156, 157, 165, 184, 278
身体を開く　348
信頼感　18, 56, 57, 59, 195-197, 202, 203, 278
真理　18, 108, 134, 135, 180-183, 305, 307, 308, 319, 324, 327-329, 337, 338, 343, 361, 362
　超越的真理　327
　遍事象的真理　327-329, 334, 337, 338, 340, 342, 343
すごい人間　142-146, 236
精神病理　8, 71, 74, 75, 77, 97, 100, 101, 191
精神分析（学）　8, 18, 66, 126, 162-164, 171, 175, 183, 187, 194, 201, 254, 272, 283, 300-302, 340, 354
青年性　123, 253, 254, 257, 354
せきたて　184, 193, 220, 221, 224, 257, 259, 265, 364
羨望　53, 166, 183, 258, 267, 268
全生活空間　119, 123, 125, 138
相克的　172, 173, 185, 203, 214, 236, 237, 244, 255, 256-269, 361

[た行]

「他」　1, 141, 195, 241, 362, 363, 367
体験構造　153
対抗同一性　15, 16
対象　31, 32, 35, 52, 108, 123, 148, 152, 153, 165-168, 172, 175, 177, 180, 182, 196, 202-204, 212, 213, 215, 216, 239, 241, 243, 267, 293-295, 309, 320-322, 342, 350, 361, 362
　対象a　166, 175, 177-179, 182-185, 202-204, 206, 210, 216, 361, 364
　対象関係論　123, 195, 196
タイムリミット　135, 137, 138, 140, 278
〈他者〉　169, 174, 177-180, 195, 202-210, 259, 267-269, 361
他者的なもの　4-6
達成型　25-30, 111
〈他の場〉　120, 123, 147, 153-158, 160-162, 177-179, 195, 204, 209, 212, 233, 243-247, 268-270, 275, 354
父親的なもの　255-257
〈抽出〉　337, 338, 342, 350
跳躍　164, 165, 194, 197-216, 254, 255, 258, 260, 261, 263, 265, 266, 327
直観的把握　72, 73
伝記的・歴史的　63, 285
投射　123, 166, 169, 196, 213

381

統計的　54, 58, 60, 64, 283, 284, 327, 356, 368
同一化　15, 62, 65, 105, 158, 165, 166, 167, 168, 169, 171, 172, 173, 185, 195, 198, 203, 204, 209, 210, 211, 212, 213, 214, 243, 267, 278, 289, 360, 361
　間主観的同一化　210, 211, 213, 218, 221, 370, 371
　象徴的同一化　198, 203
　同一化群　3, 62, 63, 158, 185, 209, 357
同一性　15, 16, 46, 55, 58, 65, 129, 162, 244
統計的　54, 58, 60, 64, 283, 284, 327, 356, 368
投射　123, 166, 169, 196, 213
「問う」態度　53
どこでもないような場所　91, 94, 97, 98, 153, 156, 157, 236, 270, 273
取り入れ　169, 188, 204

[な行]

内的自己　2, 75, 102
〈投げ出し-投げ出され〉　97, 99, 100, 140, 154, 155, 244, 247, 261, 265, 270, 353, 355, 358
〈何か〉　90, 134, 136, 137, 140-142, 154,
何も決断しない時期　232, 233, 235, 236
ナラティブ（物語論）　286, 288, 289, 301, 307, 308, 330
　ナラティブ・セラピー　289, 301
ナルシシズム　17, 168
なんでもない者　156, 158, 215, 216, 237, 238, 241, 248, 256
にせ自己　75, 101
日本文化　13, 188, 189, 193, 194, 294
のみこまれたい願望　106-108, 111, 112, 114
のみこまれたくない願望　114, 115
のみこまれる不安　109, 110, 111, 114, 115

[は行]

破壊性　256-258, 261, 262, 265-267, 269, 270
発達心理学　80, 184, 194, 196, 201
母親的なもの　255-257
反省　60, 68, 139, 220, 353
必然　7, 22, 55, 100, 198, 270, 311
〈否認〉　120, 123, 147, 153-158, 232, 233, 240, 243-251, 262, 266-270, 275-280, 325, 353-360, 362, 364
病理　26, 74, 76, 77, 101, 113, 216, 265, 367, 368
〈不安〉　253, 258-265, 278, 279, 364
　〈不安回避型〉　260-263, 266, 279, 280, 364
　〈不安直面型〉　260, 263-265, 279, 280, 364
フィボナッチ数列　181, 182, 215
フリーター　158, 159, 161, 246, 276, 364
物語の潤滑化　289
物語論　290, 295-298, 316, 338, 339
分離　64, 65, 196, 198, 199, 212, 214, 237
文化的アイデンティティ　→アイデンティティ
本質的意味　11, 60, 71, 330, 337, 338, 350
本当の自分　15, 104, 105, 125, 180, 218, 219, 261, 262, 265, 266

[ま行]

民族的アイデンティティ　→アイデンティティ
無意識　29, 99, 123, 126, 128, 147, 172, 188, 190-192, 201, 208, 216, 232, 248, 265, 301, 302, 341, 358
無意味　40, 79, 122, 146-148, 156, 158, 175, 218, 237, 247, 248, 250, 256, 304, 355
無気力　73, 93, 94, 100, 132, 139, 145, 219
無力感　39, 93, 120, 220
妄想分裂態勢　196, 197
モラトリアム　14, 15, 17, 26, 27, 103, 105-116, 119, 120, 122-125, 130, 131, 133, 141, 161, 266

成熟したモラトリアム人間　15-17,
　　110,114,161
モラトリアム型　24-27,56,111
モラトリアム社会　119-121,123-125,
　　129,131-133,164,265,363
モラトリアム人間　15,17,104-108,
　　110-114,122,161,265,353
モラトリアム成人　129,131
モラトリアム青年　129,131
モラトリアム的心理　103-105,107,
　　109-112,114,129
モラトリアム的性格　15,110,114,
　　131,161

[や行]

優越感　40,142,144,146,148,233
予定アイデンティティ型　→アイデンティティ
幼児的万能感　212,261
抑鬱態勢　167,183
欲動　112,113,120,137,166,184,
　　212-214,256-258,260-264,266,
　　268-270,358
欲望　42,43,53,64,81,100,117,127,
　　128,145,161,163,165,167,175-177,
　　184-186,194,197-213,215,216,219,
　　225,227,228,245-249,251,258,261,
　　262-265,270,306,349,355,358-362,
　　364,367
欲望連関　210,211,212,361

[ら行]

理想　48,56,86,117,121,140,150-154,
　　168,185,187,189,196,206,212,213,
　　235,259,268,355,360,361
離乳　196-199,201-203,205,207,267
了解　32,78,184,186,190,281,289-296,
　　298,300-304,307-309,311,315,
　　317-328,331-350,354,356,362,369
臨床的　54,64-66,284
レール　36,37,45,49,53,94,98-100,
　　133,139,142,155,247,250,366
劣等感　18,65,122,132,142,146,148
論理的時間　214,216,250,251

[わ行]

(記述者としての)〈私〉　68,281,
　　336-346,354,368
(現場を生きる)「私」　68,281,282,288,
　　302,305,309,321,332,337-343,
　　345-349,354,358

著者紹介

大倉　得史（おおくら　とくし）

1974年東京都生まれ。京都大学総合人間学部卒業，大学院人間・環境学研究科博士課程修了。博士（人間・環境学）。臨床心理士。九州国際大学講師・准教授を経て，現在京都大学大学院人間・環境学研究科准教授。専門は発達心理学。主な著書に『拡散 diffusion——「アイデンティティ」をめぐり，僕達は今』（ミネルヴァ書房，2002），『語り合う質的心理学——体験に寄り添う知を求めて』（ナカニシヤ出版，2008），『大学における発達障害者支援を考える』（中川書店，2009）など。

（プリミエ・コレクション 3）
「語り合い」のアイデンティティ心理学

2011年6月10日　初版第一刷発行

著　者	大　倉　得　史	
発行人	檜　山　爲次郎	
発行所	京都大学学術出版会	
	京都市左京区吉田近衛町69	
	京都大学吉田南構内（〒606-8315）	
	電話 075(761)6182	
	FAX 075(761)6190	
	URL http://www.kyoto-up.or.jp	
印刷・製本	亜細亜印刷株式会社	

© T. Okura 2011　　　　　　　　　　　　　　Printed in Japan
ISBN 978-4-87698-565-4 C3311　　定価はカバーに表示してあります

本書のコピー，スキャン，デジタル化等の無断複製は著作権法上での例外を除き禁じられています。本書を代行業者等の第三者に依頼してスキャンやデジタル化することは，たとえ個人や家庭内での利用でも著作権法違反です。